脱贫攻坚口述史丛书

山 东 卷

脱贫攻坚

口述史

主　　编　赵国卿
副 主 编　林　杰
　　　　　董立新
执行主编　徐鹏堂

中共党史出版社

图书在版编目（CIP）数据

脱贫攻坚口述史.山东卷/赵国卿主编；林杰,董
立新副主编；徐鹏堂执行主编.--北京：中共党史出
版社,2023.12

ISBN 978-7-5098-6256-8

Ⅰ.①脱… Ⅱ.①赵… ②林… ③董… ④徐… Ⅲ.
①扶贫-工作概况-山东 Ⅳ.①F126

中国版本图书馆 CIP 数据核字（2022）第 251940 号

书　　名：脱贫攻坚口述史（山东卷）

作　　者：赵国卿（主编）　林杰 董立新（副主编）　徐鹏堂（执行主编）

出版发行 **中共党史出版社**

协调编辑：王媛

责任编辑：王媛

责任校对：申宁

责任印制：段文超

社　　址：北京市海淀区芙蓉里南街 6 号院 1 号楼　邮编：100080

网　　址：www.dscbs.com

经　　销：新华书店

印　　刷：北京中科印刷有限公司

开　　本：710mm×1000mm　1/16

字　　数：436 千字

印　　张：29.25

版　　次：2023 年 12 月第 1 版

印　　次：2023 年 12 月第 1 次印刷

书　　号：ISBN 978-7-5098-6256-8

定　　价：72.00 元

"脱贫攻坚口述史丛书"编委会

（按姓氏笔画为序）

邢光龙　刘正平　刘荣刚　刘晓晨

严爱云　杜　丹　李　良　赵国卿

目　录

让老百姓生活越来越好

李干杰

2021年2月25日，习近平总书记在全国脱贫攻坚总结表彰大会上庄严宣告，"我国脱贫攻坚战取得了全面胜利"。这一刻，我的心情无比激动，全国广大干部群众几年来的辛勤付出，有了最好的回报。回想起20世纪90年代末，我在湖南平江挂职一年县委副书记，那时还有一个头衔，就是国家科委井冈山湖南片区科技扶贫团团长，从此与扶贫工作结下不解之缘。2016年以来，我相继到河北省、生态环境部和山东省任职，无论在什么岗位，都始终把脱贫攻坚工作摆在重要位置，注重调动各方面积极性，坚决打赢这场硬仗。

2021年10月，习近平总书记到东营调研，看到黄河滩区贫困村庄旧貌换新颜，称赞这是一件了不起的事情。现场看到脱贫群众脸上洋溢的笑容，我感到非常自豪。经过脱贫攻坚大战的洗礼，老百姓对党更亲了，党群干群关系更加密切了，党的执政根基更加牢固了。这些成绩的取得，根本在于以习近平同志为核心的党中央坚强领导，在于习近平新时代中国特色社会主义思想的科学指导。习近平新时代中国特色社会主义思想既是世界观，也是方法论，是我们谋划工作、推动解决问题的定盘星、金钥匙、指南针。事实证明，只要我们坚定不移贯彻落实习近平总书记重要指示要求，悟透以人民为中心的发展思想，始终同群众想在一起、站在一起、干在一起，我们的事业就一定能取得一个又一个胜利。

抗疫、战贫两手抓

2020年4月，我来到山东工作，当时正是全国脱贫攻坚决战决胜、全面收官的关键时期，也是打赢新冠疫情防控阻击战的重要阶段。从山东来看，2018年底已基本完成脱贫攻坚任务，后两年主要是防止返贫和新致贫，推动巩固拓展脱贫攻坚成果同乡村振兴有效衔接，这个任务并不轻松。突如其来的新冠肺炎疫情，对我省脱贫享受政策人口中"老病残"群体的基本生活造成了一定影响，对贫困人口就业、生产发展等都产生了不同程度的冲击，巩固脱贫攻坚成果面临新的挑战。我体会，做好这项工作，必须重视和运用好策略方法，既要注重统筹兼顾，也要注重综合施策。

到山东工作后，我第一时间主持召开会议，深入学习贯彻习近平总书记重要讲话精神，要求各级各部门把握好各项工作的关联性、协同性、平衡性，做到"十个指头弹钢琴"，统筹推动疫情防控和脱贫攻坚各项工作落地落实。工作过程中，我坚持脱贫攻坚逢会必讲、调研必看、下乡必查，一有时间就不打招呼、不定路线、随机入户，看实情、查实效、找实策。通过在济宁、潍坊、淄博等地调研走访，深入了解全省脱贫攻坚情况，督促各地各部门有序推进产业扶贫项目复工复产，加快实施农村饮水安全攻坚行动，加强省内扶贫协作地产销对接，落实好即时发现即时帮扶机制，避免了因疫情或其他原因返贫或新致贫。

脱贫攻坚，容不得一丁点水分。一就是一、二就是二，必须把"真"和"实"作为生命线。在脱贫攻坚评估验收工作中，我们采取"遍访核查＋第三方评估＋专项验收＋实地验收"的方式开展省级评估验收，由16位省级领导同志带队，吸收"两代表一委员"、民主党派、新闻媒体代表等参加，共核查抽查了2941个省扶贫工作重点村、5.23

万户贫困户、857 个产业扶贫项目，从严从实检验脱贫攻坚工作成效。经过 5 年接续奋战，全省累计减少省标以下贫困人口 251.6 万人，8654 个省扶贫工作重点村全部退出。2020 年，我省扶贫标准线为户人均年收入 3888 元，高于全国 670 元。

现在回头看，习近平总书记关于扶贫工作的重要论述，为山东打赢这场攻坚战提供了根本遵循和强大动力。党中央一声号令，全省各级各部门尽锐出战、迎难而上，解决好人民群众所急所盼所思所忧，乡村整体面貌得到前所未有的改善。贫困地区和贫困群众不等不靠、自立自强，社会各界守望相助、扶危济困，以扶贫善举彰显社会大爱，汇聚起战贫斗困的磅礴力量。广大党员干部尤其是扶贫干部，舍小家顾大家，俯首甘为孺子牛，用实际行动甚至是宝贵生命诠释了初心使命，矗立起新时代优秀共产党人的精神丰碑。全国脱贫攻坚表彰大会后，我省获奖代表一起合影留念，家义同志和我坚持请获奖代表前排就座，因为他们是五年来奋战在脱贫攻坚一线的杰出代表，他们是真正的人民英雄。

安居、乐业齐步走

"黄河宁，天下平。"让黄河永远造福中华民族、造福人民，始终是总书记萦绕于心、念兹在兹的大事。山东黄河滩区总面积 1700 多平方公里，作为下游河道的行洪区，长期受洪水威胁，水利、交通、能源、教育、卫生等基础设施建设滞后，经济发展受到制约，群众生活也受影响。我在菏泽调研滩区迁建工作时，基层同志向我描述了当年漫滩的场景："黄河一滚动的时候，掉岸就和切豆腐一样，快得很，一动就是几米，啪啪都掉进去了，一个村庄就没有了，全部都是水。有的群众一辈子盖了七八次房，所有积蓄都花在盖房上。"基层同志的话让我深受触动。

2017 年 8 月，在党中央坚强领导下，山东全面启动黄河滩区居民迁建工程，涉及 7 个市、16 个县（区）、588 个村，共 60 万人。这是山东省投资规模最大、涉及人口最多、支持政策最优的农村群众安置工程。我到山东工作时，滩区迁建工程正处在攻坚关键期，面临资金土地保障协调困难、推进工作存在堵点等棘手问题。为此，我们深入一线调研，逐个研究谋划，逐个督促落实。

济南长平滩区护城堤工程，施工时需暂停南水北调供水，我们积极到相关部委协调，科学制定方案，为项目建设争取到 4 个月的施工时间。当时受新冠肺炎疫情影响，项目原定土料场无法使用，我们又多方协调，重新确定了 24 个土料场，保障工程顺利推进。

整个滩区迁建工作中，我们始终坚持以人民为中心，始终站在群众角度想问题、解难题。济南、淄博有些区县迁建群众意愿发生了变化，要求调整安置方式，我们在充分征求民意后，依法依规予以及时调整。迁建后期，各地对搬迁入住新居的滩区群众，在物业费、水电费等方面予以适当补贴，并加大对困难群众帮扶力度，切实增强群众获得感。

2021 年 5 月，山东黄河滩区迁建任务全面完成，累计投资 371 亿元，建设村台社区 28 个，改造提升旧村台社区 99 个，建设外迁社区 27 个、撤离道路 473 公里、护城堤 33.9 公里。黄河滩区群众彻底摆脱了"三年攒钱、三年垫台、三年盖房、三年还账"的恶性循环，60 万滩区群众圆了千百年来的"安居梦"。

搬出黄河滩不是终点，还得让群众稳得住、能致富。房子收拾得再漂亮，老百姓兜里没钱也不行，必须得发展产业、拉动就业。迁建过程中，我们统筹安排各级投入财政专项扶贫资金 4.4 亿元，在滩区迁建乡镇实施 467 个产业扶贫项目，发展多种优势产业，推动产业转型升级。有关市县编制出台特色优势产业发展规划，推动安置社区和产业园区"两区同建"，加快 44 个产业园区或项目建设，规划总投资 106 亿元，可吸纳 2.9 万人就业，保障滩区群众既安居又乐业，既"挪穷窝"又"拔穷根"。

搬出滩区住进社区，群众的生产生活方式发生了巨大改变。我们提前谋划、周密安排，推动各级各部门跟进完善教育、医疗、养老、托幼等公共服务配套设施，滩区"行路难、买菜难、就医难、上学难"等民生问题迎刃而解，公共服务设施水平全面提升。

2021年10月21日，习近平总书记在东营市垦利区董集镇杨庙社区调研时强调，要扎实做好安居富民工作，统筹推进搬迁安置、产业就业、公共设施和社区服务体系建设，努力把社区建设成为人民群众的幸福家园。

有幸现场聆听总书记的谆谆教诲，我深感使命光荣、责任重大。当前，滩区迁建工作进入群众搬迁和后续发展的新阶段，个别市县还存在筹资压力大、群众搬迁慢、社区管理服务水平不高、群众致富长效机制未完全建立等问题。我体会，黄河滩区居民迁建，落脚点是改善群众生活、促进共同富裕，让人民群众过上更好的日子。因此，我们要继续强化产业支撑，因地制宜发展现代农业，推动农村一二三产业融合发展，拓宽群众增收渠道。同时，进一步完善水电气暖等配套设施，提升就医、入学、养老等公共服务水平，增强社区服务功能，不断丰富滩区群众的精神文化生活，努力把黄河滩区打造成美丽宜居乡村示范区和乡村振兴样板区，将昔日的"黄河滩"变成美丽的"花果园""幸福滩"。

协作、支援共推进

习近平总书记指出："东西部扶贫协作和对口支援，是推动区域协调发展、协同发展、共同发展的大战略，是加强区域合作、优化产业布局、拓展对内对外开放新空间的大布局，是实现先富帮后富、最终实现共同富裕目标的大举措。"这深刻阐明了对口支援工作的历史使命，也赋予了我们重大政治责任。

山东是孔孟之乡、礼仪之邦，素有扶危济困的优良传统。在扶贫协作、对口支援上，无论是对哪个省区市，我们一直都是广泛动员、全力以赴，集聚资源、整合资金、集成政策，开展"组团式"帮扶。2010年以来，山东累计向受援地、协作地投入财政援助资金303.6亿元，实施援建项目6978个，选派党政干部2502名、专业技术人才2.03万名。2017年以来，在国家组织的援藏、援疆、援青工作考核中，山东均取得了综合优秀的成绩。2019年、2020年，山东的东西部扶贫协作工作连续两年取得"好"的最高等次。

工作中，我们坚决贯彻落实习近平总书记重要指示要求，把做好扶贫协作、对口支援工作作为分内之事、应尽之责。我先后带队到青海、西藏考察调研，迎接湖南、重庆党政代表团来山东交流指导，推动兄弟省区市之间加强交流、扩大合作，确保取得实效。

面对新的形势任务，我们明确提出，山东推进脱贫攻坚、乡村振兴，除了切实做好自身工作以外，对中央安排的对口支援、东西部协作等工作，"十四五"期间力度只能加强、不能减弱。2021年更是投入财政援助资金44.4亿元，助力协作地巩固拓展脱贫攻坚成果，全面推进乡村振兴。比如在重庆，我们借鉴打造乡村振兴齐鲁样板经验，帮助协作地完善乡村振兴建设规划、公共基础设施建设等，在协作区县选择一批主导产业突出、发展特色鲜明、发展潜力较大的村（社区），"一村一策""一村一品"，滚动建设100个左右的乡村振兴示范村。目前已启动91个示范村建设，示范村安全饮水率、通电率、道路硬化率、4G网络覆盖率、义务教育入学率、"两险"参保率均达到100%。

实践中我体会，无论是扶贫协作，还是对口支援，不是简单的支援与受援关系，也不仅仅是出了多少钱、援了多少物，而是不断增进交往交流交融，促进民族团结，为全国大局作贡献。工作中，我们始终聚焦"智力支持、产业发展、民生改善、交往交流、文化教育"五大领域，切实做到重视程度不减、支援力量不减、投入保障不减、政策举措不减，全力打造东西部协作和对口支援样板，同兄弟省区市一起携手迈向共同富裕新征程，确保向习近平总书记、向党中央交上一份满意答卷。

打造乡村振兴齐鲁样板

2018年3月，习近平总书记在参加十三届全国人大一次会议山东代表团审议时，指示我们"要充分发挥农业大省优势，打造乡村振兴的齐鲁样板"。同年6月，习近平总书记视察山东，要求我们"扎实实施乡村振兴战略"。2021年10月，习近平总书记再次亲临山东，一路深情关怀，一路殷殷嘱托，指示我们"努力在服务和融入新发展格局上走在前、在增强经济社会发展创新力上走在前、在推动黄河流域生态保护和高质量发展上走在前，不断改善人民生活、促进共同富裕，开创新时代社会主义现代化强省建设新局面"，为我们做好各项工作提供了总遵循、总定位、总航标。

山东是农业大省，素有"全国农业看山东"之说，农业状况对全国影响很大。习近平总书记把打造乡村振兴齐鲁样板的任务交给我们，充分体现了对1亿齐鲁儿女的关心厚爱，体现了对山东广大党员干部群众的信任期望。近年来，我们始终牢记嘱托、不断探索实践，把实施乡村振兴战略、打造乡村振兴齐鲁样板作为"三农"工作的重点，作为全省"十二个着力"重点任务之一，聚焦农业强、农村美、农民富，健康有序推动乡村产业、人才、文化、生态、组织全面振兴，累计建成高标准农田6778万亩，粮食总产连续8年稳定在千亿斤以上，2021年首次突破1100亿斤，寿光蔬菜、烟台苹果等优势特色产业集群迈向千亿级，农林牧渔业总产值突破万亿元大关，打造乡村振兴齐鲁样板取得重要阶段性成效。

站在新的历史起点上，我体会，高质量高水平打造乡村振兴齐鲁样板，最根本的就是要始终坚持以人民为中心的发展思想，全面提升农业发展效益、农村建设水平、农民生活质量，促进农民农村共同富裕。

首先，要做到为了人民、服务人民。始终把人民的安居乐业、安危冷暖放在心上、抓在手上，对低收入农民、困难群体，必须格外关心，完善和落实帮扶措施，稳步提升他们的生活水平。为此，我们出台了巩固拓展脱贫攻坚成果同乡村振兴有效衔接的20条政策措施，通过健全防止返贫动态监测和常态化帮扶机制，加强农村低收入人口帮扶，抓好易地扶贫搬迁后续帮扶，确保脱贫人口不返贫。

第二，要做到依靠人民、仰仗人民。充分尊重人民的主体地位和首创精神，和群众想在一起、干在一起。在乡村振兴推进过程中，办什么事情、发展什么产业，都和农民群众一起商量，让广大农民群众参与到我们的工作中。2021年，我们针对不同县域、不同村庄的发展基础，按照赶超发展、加快发展、率先发展和城乡深度融合四种类型，制定分类推进乡村振兴的实施意见，积极探索形成符合实际、各具特色的乡村振兴路子。

第三，要做到惠及人民、造福人民。通过不断完善优化政策，抓好农村人居环境整治提升，完善农村公共基础设施，加强乡村社会治理，建设好生态宜居美丽乡村，努力让老百姓的钱袋子更鼓一些、上学就医更方便一些、文化生活更丰富一些，让广大人民群众在乡村振兴中有更多获得感、幸福感、安全感。

习近平总书记强调，"民族要复兴，乡村必振兴"。全面实施乡村振兴战略的深度、广度、难度都不亚于脱贫攻坚。我们一定坚定扛起农业大省的责任，全面贯彻党的十九大和十九届历次全会精神，全面落实"十四五"目标任务，以更高的标准、更有力的措施、更扎实的作风，着力抓好"一个确保""两个要害""三个提升""四个关键"，坚决完成好习近平总书记、党中央交给我们的历史使命。"一个确保"，就是确保巩固拓展脱贫攻坚成果同乡村振兴有效衔接。"两个要害"，就是抓住耕地和种子，到2025年完成8000万亩高标准农田建设、粮食总产稳定在千亿斤以上。"三个提升"，就是提升农业发展效益、农村建设水平、农民生活质量，促进农民农村共同富裕。"四个关键"，就是党建引领、数字赋能、改革创新、政策支撑，凝聚起打造乡村振兴齐鲁样板的强大动力，为新时代社会主义现代化强省建设奠定坚实基础。

展望未来，我们有信心、有决心把乡村振兴这篇大文章做好，为全国大局贡献更多山东力量，绝不辜负习近平总书记的深情厚望！

以"绣花"功夫坚决打赢脱贫攻坚硬仗

刘家义

在全国脱贫攻坚大局中，山东虽然不属于中西部任务最重的省份，但作为1亿人口的大省，既有"黄河滩""沂蒙山"重点区域，也有"老病残"等特殊群体，还承担着对口帮扶和东西部扶贫协作的任务，脱贫攻坚压力同样不小。在以习近平同志为核心的党中央坚强领导下，我们坚持以习近平新时代中国特色社会主义思想为指导，切实增强"四个意识"、坚定"四个自信"、做到"两个维护"，深入贯彻落实习近平总书记关于扶贫工作的重要论述和对山东工作重要指示要求，咬定总攻目标，坚持精准方略，攻坚克难、尽锐出战，全省脱贫攻坚战取得全面胜利，交出了一份合格的山东答卷。

——贫困人口收入水平和生活水平明显提高。251.6万建档立卡贫困人口全部稳定脱贫，8654个省扶贫工作重点村全部摘帽出列，贫困人口年人均纯收入年均增幅22.6%，明显高于全省农村居民收入增长平均水平。

——"两不愁三保障"和饮水安全稳定实现。累计资助贫困家庭学生87.3万人次、资金21.72亿元，医保报销贫困人口门诊和住院费用204.2亿元，改造贫困户危房15.9万户。

——贫困地区生产生活条件显著改善。新改建农村公路7000公里，贫困患者县域内救治率达到 96% 以上，农村基础设施和基本公共服务水平大为改善。

——基层治理能力明显提升。基层党组织凝聚力战斗力不断增强，党在农村的执政基础更加巩固。省扶贫工作重点村村集体收入从 2015 年的村均 2.95 万元提高到 10.97 万元。

——对口支援和东西部扶贫协作成效明显。坚决扛牢对口支援和东西部协作政治任务，2017 年以来累计向帮扶地投入财政援助资金 182.2 亿元，援建项目 5332 个，选派党政干部 1764 人次、专业技术人才 14649 人次，有力促进了帮扶地经济社会发展。

成绩的取得，根本在于以习近平同志为核心的党中央坚强领导，在于习近平新时代中国特色社会主义思想的科学指导。工作中，我们坚决贯彻落实习近平总书记重要指示要求和党中央决策部署，立足山东实际，积极探索实践，积累了很多宝贵经验。我体会，主要有以下六个方面。

一是必须学深悟透习近平总书记重要指示精神，始终保持正确方向。党的十八大以来，以习近平同志为核心的党中央把脱贫攻坚摆在治国理政的突出位置，组织开展了声势浩大的脱贫攻坚人民战争。习近平总书记深刻把握新时代中国特色社会主义扶贫工作的重大理论和实践问题，作出一系列新决策新部署，提出一系列新思想新观点。特别是习近平总书记多次亲临山东视察并发表重要讲话，饱含了对山东脱贫攻坚的关心和期望，为我们打赢脱贫攻坚战指明了前进方向，提供了根本遵循。

要高质量完成脱贫攻坚目标任务，最根本的就是要深入学习领会习近平总书记关于扶贫工作的重要论述，切实用以武装头脑、指导实践、推动工作。我们感到，习近平总书记关于扶贫工作的重要论述，是做好扶贫脱贫工作的方法论，在工作过程中遇到了困难，就要从习近平总书记重要论述中找办法、求思路。我们将习近平总书记关于扶贫工作的重要论述作为省委常委会会议、省委理论学习中心组学习的重要内容，开展多种形式的学习宣传研究阐释，2017 年以来组织省委常委会会议学习 26 次，研究部署相关工作 110 多次，带动全省举办各类研讨班、学习班 8700 多期，培训各级各类干部 170 余万人次，着力把习近平总书记提出的"精准扶贫"理念学深悟透，真正把增强"四个意识"、坚定"四个自信"、做到"两个维护"体现在脱贫攻坚的具体行动上，确保党中央脱贫攻坚决策部署落到实处。

二是必须实事求是、因地制宜，精准推进脱贫攻坚。实事求是是马克思主义的基本观点，是中国共产党人认识世界、改造世界的根本要求。山东省人口众多、面积广大，各地发展情况不同，群众贫困的具体情形也各有差异，必须科学认识发展的差异性，一切从实际出发，对症下药、精准滴灌、靶向治疗，确保取得实效。

做到实事求是、因地制宜。首先，制定科学合理的脱贫目标任务。脱贫攻坚刚开始时，由于对我省任务量估计过于乐观，有些地方和部门出现了层层加码、急躁冒进的苗头性问题，后续可能会引发数字脱贫、虚假脱贫、阳奉阴违等行为，这都是我们不想看到的。为避免类似问题发生，确保高质量打好打赢脱贫攻坚战，2017 年，经过省扶贫开发领导小组会议慎重讨论研究，我们决定，将原先的工作节奏调整为"2018年基本完成，2019 年巩固提升，2020 年全面完成"，这既是本着对历史和人民负责的态度，也是实事求是最直接的体现，现在回过头去看，我们的决定是正确的，是符合脱贫攻坚工作客观规律的。

其次，摸清贫困人口底数。底子清，才能发力准。2017 年 10 月，我们研究印发《贫困人口动态调整管理办法》，进一步细化了贫困人口识别认定的标准和程序，明确了不得纳入建档立卡的 10 种情形。脱贫攻坚期内，全省每年组织 10 万余名干部开展扶贫对象动态调整工作，核实、采集、更新贫困人口信息，对新致贫和返贫人口及时纳入，实现了建档立卡从基本精准到更加精准，为推动政策落实落细和保证脱贫质量打下坚实基础。

再次，精准组织推进。2017 年，我在调研中发现，一些地方不同程度存在帮扶不够精准的问题，有的地方搞"缩小版的大水漫灌"，有的地方项目同质化问题突出，等等。为切实解决这些问题，我在各种场合反复强调精准理念，要求各地各部门针对致贫原因开"药方"，围绕贫困需求下"菜单"。我们有针对性地制定出台了一系列政策文件，打出了一套查摆问题、落实整改、监督考核"组合拳"。经过三年多的持续巩固提升，真正做到了帮扶对象更加精准、政策落实更加精准、资金使用更加精准、项目管理更加精准、措施到户更加精准、脱贫成效更加精准，有力保障了全面打赢脱贫攻坚战。

三是必须坚定扛牢政治责任，推动脱贫攻坚工作走实走深。脱贫攻坚是以习近平同志为核心的党中央作出的重大战略部署，也是我们必须坚定扛起的责任、必须答好的答卷。具体工作中，我们突出抓了两个"关键"。

一个关键是领导干部带头。我们实行省领导同志联系重点县制度，先从省领导同志开始，以身作则、率先垂范，省委常委、省政协主席、省人大常委会党组书记和副省长每人联系指导一个脱贫任务比较重的县（市、区），通过"四不两直"的方式进村入户了解民情、发现问题。2018 年，又组织开展"五级书记"带头遍访贫困对象行动，省领导同志带头遍访脱贫任务比较重的县（市、区），市委书记带头遍访脱贫任务比较重的乡镇，县（市、区）委书记带头遍访扶贫工作重点村，乡镇党委书记和村党组织书记遍访贫困户，进村入户了解实情、解决难题。这两项制度的实施，让全省上下迅速动了起来，让各项政策落实落地更加顺畅。

另一个关键，是聚力攻克深度贫困"堡垒"。2018 年 6 月，习近平总书记视察山东时，指示我们紧盯"黄河滩"，聚焦"沂蒙山"，锁定"老病残"，深化扶贫举措，保证脱贫质量，确保如期完成脱贫攻坚任务。当时山东脱贫攻坚已经到了关键时期，全省 17.2 万农村贫困人口，主要集中在菏泽、临沂等边远落后地区，且老弱病残占大多数，都是难啃的"硬骨头"。只有把这几个"老大难"问题解决好，山东的脱贫攻坚目标任务才能顺利完成。

我们研究印发《关于进一步强化政策措施推进深度贫困地区精准脱贫的实施意见》，把菏泽和临沂 2 个市、20 个脱贫任务比较重的县（市、区）、200 个重点扶持乡镇（街道）、2000 个省扶贫工作重点村"4 个 2"重点区域和黄河滩区作为全省深度贫困地区，从产业就业、特殊人群保障、财政支持、土地保障等 12 个方面提出政策措施。省级以上财政专项扶贫资金重点向深度贫困地区倾斜，加大对 20 个脱贫任务比较重的县（市、区）财政转移支付支持力度。2017 年至 2020 年，省级以上财政专项扶贫资金累计投向"4 个 2"重点区域 97.7 亿元，占资金总数的 71.3%。

黄河滩区是历史遗留问题，60 万名滩区群众常年生活在"三年攒钱、三年垫台、三年盖房、三年还账"的状态，给滩区群众留下了痛苦的记忆。为彻底解决这个问题，我们实行省级统筹、市负总责、县抓落实的体制机制，编制《山东省黄河滩区居民迁建规划》，出台资金管理、绩效评价等 4 个规范性文件，编制了 26 个专项实施方案，构建起"1+4+26"规划政策体系。资金筹集方面，确定了"国家支持一块、各级政府补一块、土地置换增一块、专项债券筹一块、金融机构贷一块、迁建群众拿一块（人均不超过 1 万元）"的总体思路，下定决心、咬紧牙关，多方筹集资金 371 亿元。经过 3 年多的鏖战，迁建工作全面完成，彻底圆了 60 万名滩区群众的安居梦、致富梦，我心里的一块石头也落了地。

曾经"四塞之固，舟车不通"的沂蒙山区，既是闻名遐迩的革命老区，也是山东脱贫攻坚的"主战场"。我们把沂蒙革命老区脱贫攻坚作为重点，强化政策措施，加大资金支持，坚持扶贫与扶志、扶智相结合，引导老区干部群众自立自强、自主脱贫，加快了革命老区脱贫致富步伐。2017 年至 2020 年，累计向 48 个革命老区县投入省级以上财政专项扶贫资金 109.7 亿元。实施中央专项彩票公益金支持沂蒙革命老区扶贫项目，累计投入资金 4.46 亿元，修建生产道路 586.18 公里，建设蓄水池、塘坝等小型农田水利设施 91 座，为项目村生产结构调整、特色产业发展创造了有利条件。

插花式分布、老病残占比较高一直是山东贫困分布的主要特点。随着脱贫攻坚深入推进，通过产业就业帮扶的贫困群众逐渐脱贫，老病残群体的占比不断提高，脱贫难度逐年增加。这个群体自身发展能力弱、脱贫难度大，是"贫中之贫""困中之困"。虽然从收入上看这个群体脱贫已经不成问题，但到他们家里看看，实际生活质量并不是很高。我们一方面不断建立完善以家庭照料、社会保险、社会救助、社会福利为主体，以社会帮扶、社工助力为辅助的综合保障体系，为老弱病残特殊贫困人口提供兜底保障；另一方面通过孝善红黑榜、司法干预、媒体宣传等多种方式，引导子女自觉履行赡养义务，树立良好家风，促进家庭老少和顺，起到了很好的作用。

四是必须充分调动各方资源力量，凝聚脱贫攻坚强大合力。习近平总书记指出，"脱贫攻坚，各方参与是合力"。我们在充分发挥政府主导作用的基础上，不断健全动员激励机制，调动党政机关、企事业单位、群团组织、社会力量参与扶贫的积极性，构建起专项扶贫、行业扶贫、社会扶贫互为补充的大扶贫格局。

强化政策支持。围绕完成行业扶贫任务，我们组织编制了25个专项实施方案、23个工作意见，形成"1+25+23"脱贫攻坚政策体系。这个政策体系内容很丰富，涵盖了脱贫攻坚工作的方方面面，既有解决"两不愁三保障"核心指标的政策，也有提升贫困地区、贫困村基础设施和公共服务水平的措施。在财力并不宽裕的情况下，省、市、县都大幅度增加财政专项扶贫资金投入。全省五年累计投入各级财政专项扶贫资金329.74亿元，其中省级财政123亿元，年均增幅16.21%；市县投入172.74亿元，年均增幅13.14%。通过持续的政策资金投入，全省贫困地区、贫困村生产生活条件和公共服务水平大幅提升。

坚持抓党建促脱贫。选派优秀干部开展驻村帮扶，累计选派42万余名干部与贫困户开展结对帮扶，省扶贫工作重点村实现村村有第一书记和驻村工作队，贫困群众户户有帮扶责任人。开展"万名干部下基层"，组建乡村振兴服务队635个，服务范围覆盖全省3310个村，指导推动脱贫攻坚、乡村振兴等重点工作。通过抓党建促脱贫攻坚，基层党组织凝聚力战斗力不断增强，2329个"空壳村"全部消除，500多个省扶贫工作重点村建成美丽乡村。

开展省内扶贫协作。我们综合考虑各市经济实力和脱贫攻坚难度，确定济南与临沂、青岛与菏泽、淄博与滨州、烟台与德州、潍坊与聊城、威海与枣庄结成帮助与被帮助的扶贫协作关系，结对城市全部签订扶贫协作框架协议，建立健全联席会议、结对帮扶、协同推进等工作机制。帮助市累计援助被帮助市财政协作资金14.27亿元，带动社会投资

261.51亿元，实施协作项目638个，受益贫困人口27.19万人，有力加快了全省脱贫攻坚步伐。

充分调动社会力量。大力弘扬扶危济困、乐善好施的优秀文化传统，组织动员企业、社会组织、各界人士参与脱贫攻坚。千企帮千村、金晖助老、金秋助学、双百扶贫等一批社会公益行动集中开展。其中，"千企帮千村"行动有2491家民营企业结对帮扶4154个村，累计投入帮扶资金12.4亿元，帮助贫困群众12.44万人，取得了很好成效。

五是必须坚持创新发展，不断探索新模式新路径。创新是改革发展的第一要义，也是做好脱贫攻坚工作的必然要求。

在实施路径上，我们充分发挥齐鲁儿女勇于改革、敢闯新路的传统优势，立足各自实际，积极探索、大胆创新，创造了一批脱贫攻坚典型经验做法，探索出"四权分置"资产管理、扶贫车间等许多行之有效的精准扶贫模式，为全省乃至全国的脱贫攻坚提供了有益借鉴。

在监督检查上，创新监督考核、问题整改等机制，省扶贫办成立审计监督组，对下审计监督扶贫工作，把审计监督"嵌入"脱贫攻坚全过程。2017年、2018年，在全省开展了脱贫攻坚"问题整改落实季"行动，针对巡视巡察、审计监督、督查考核、暗访评估等各领域各环节发现的问题，自上而下建立整改落实和问题销号两本台账，集中进行问题整改、销号，一些涉及贫困群众切身利益和干部群众的急难愁盼问题得到彻底解决。

在考核问效上，以中央考核为标尺，创新完善考核机制，每年采取明察暗访、第三方评估等形式，对各市党委和政府、省扶贫开发领导小组成员单位进行考核，考核结果拉开等次，并以省委办公厅、省政府办公厅名义进行通报，同时提交组织部门，作为对各级党委、政府主要负责同志和领导班子综合评价的重要依据。考核结果全文在《大众日报》公开，约谈现场在山东电视台公开报道，让工作不到位、责任不落实的单位和个人真正红了脸、出了汗。

六是必须做好统筹文章，推进脱贫攻坚与乡村振兴有效衔接。乡村振兴、脱贫攻坚是一个整体，没有脱贫攻坚就无法实现乡村振兴，没有乡村振兴也同样会影响脱贫攻坚。巩固衔接，不是简单的工作内容调整，而是工作理念、工作指导、工作措施的全面融入，实现各项工作统筹谋划、一体推进。

政策保障有效衔接。为深入贯彻《中共中央 国务院关于实现巩固拓展脱贫攻坚成果同乡村振兴有效衔接的意见》，我们制定出台了20条政策措施，5年过渡期内保持现有帮扶政策、资金支持、帮扶力量总体稳定，建立健全巩固拓展脱贫攻坚成果长效机制，加快推进重点帮扶区域乡村全面振兴，加强农村低收入人口常态化帮扶，努力实现巩固拓展脱贫攻坚成果同乡村振兴有效衔接。

工作机制有效衔接。脱贫是一个动态的过程，一场病、一场灾、一次大的市场波动，有可能导致出现新的贫困。巩固拓展脱贫攻坚成果，第一要务是坚决守住不发生规模性返贫的底线。2018年山东基本完成脱贫攻坚任务后，我就要求扶贫部门开始着手进行防返贫长效机制研究，精准发现存在返贫致贫风险的困难群众，提前采取针对性帮扶措施，有效将贫困风险化解在萌芽状态。2019年，我们研究建立起即时发现即时帮扶机制，对因病因学因灾因意外等存在返贫致贫风险的困难群众，即时发现，即时建立台账，由扶贫部门牵头各行业部门以"两不愁三保障"为重点开展帮扶，为全省如期高质量打赢脱贫攻坚战奠定了坚实基础。

就业增收有效衔接。巩固拓展脱贫攻坚成果，关键是促进脱贫人口稳定增收。我们坚持开发式帮扶方针，立足山东各县域资源禀赋，以农村集体产权改革为切入点，按照"一县一园、一镇一业、一村一品"思路，因地制宜发展特色种植、养殖、农产品加工、特色手工业等产业链，重点发挥专业大户、家庭农场、农民合作社、农业龙头企业和社会化服务组织等在乡村产业发展中的重要支撑作用，培育发展壮大乡村优势特色产业，吸纳带动更多脱贫人口。多渠道促进稳岗就业，加大有组织劳务输出力度，积极开发乡村公益性岗位，安置弱劳力、半劳力就地就近就业。脱贫群众增收致富途径不断拓宽，增收方式更加多元，越来越多的群众在"家门口"稳定就业、鼓起腰包，为全面巩固脱贫成果增了底气、添了动力，也进一步夯实了乡村振兴的基础。

习近平总书记指出，"脱贫摘帽不是终点，而是新生活、新奋斗的起点"。新时代新征程,山东牢记习近平总书记嘱托,扎实做好巩固拓展脱贫攻坚成果同乡村振兴有效衔接各项工作。我相信,在省委领导班子带领下,全省党员干部群众团结奋进、真抓实干,一定能够向习近平总书记、向党中央交出一份乡村振兴的优异答卷!

一定让老区人民过上好日子

姜异康

记得 2013 年 11 月 25 日，习近平总书记在临沭县曹庄镇朱村拉着"老支前"王克昌的手嘱咐我们，让老区人民过上好日子。我当时就陪同在习近平总书记身边，深感责任重大。任山东省委书记期间，我始终牢记习近平总书记的殷殷期望和嘱托，在以习近平同志为核心的党中央坚强领导下，省委坚持以习近平新时代中国特色社会主义思想为指导，深入贯彻落实党中央决策部署，带领全省上下打响了山东脱贫攻坚战，制定了目标任务和规划，配备了强有力的攻坚队伍，出台了一系列政策措施，为全省脱贫攻坚战取得全面胜利奠定了坚实基础。现在回想起来，山东脱贫攻坚工作当时主要是从下面六个方面贯彻落实习近平总书记重要指示和中央要求的。

全面打响山东脱贫攻坚战

2015 年 11 月 27 日，习近平总书记在北京主持召开中央扶贫开发工作会议，向全党全国全社会发出了打赢脱贫攻坚战、夺取全面建成小康社会决胜阶段伟大胜利的动员令。作为时任省委书记，我有幸参加了这次会议，现场聆听了总书记的重要讲话，深受教育鼓舞，深感责任重大。会后，我第一时间主持召开省委常委会会议，传达学习习近平总书记重要讲话精神，分析山东扶贫工作面临的形势和任务，研究贯彻落实措施。

我印象比较深的是，山东是东部沿海地区扶贫任务很重的省份，到2014年底还有省标以下贫困人口394万人，这部分贫困人口中，60岁以上老年人和16岁以下未成年人占一半左右，因病、因残等致贫的占79%，并且主要集中在山区、滩区、库湖区和盐碱涝洼区，都是难啃的"硬骨头"，尤其是沂蒙革命老区和菏泽等欠发达地区占比较高。当时，按照中央总体部署，我多次召集相关会议进行研究，和省委班子成员一起，听取方方面面的意见，确定山东脱贫攻坚的总体目标任务是"2016—2017年两年基本完成脱贫任务，第三年全部兜底完成，后两年巩固提升脱贫攻坚成果，建立长效机制"。接着召开全省扶贫开发工作会议，传达贯彻习近平总书记重要指示和中央扶贫开发工作会议精神，统一思想认识，对全省脱贫攻坚工作进行动员部署。我代表省委在会上提出，举全省之力，采取超常举措，拿出过硬办法，坚决打赢脱贫攻坚战，确保全省人民同步迈入全面小康社会。之后，市县各级也迅速行动，层层召开高规格的扶贫开发工作会议进行贯彻落实、宣传发动，全面打响了山东脱贫攻坚战。各级各部门纷纷表示，坚决落实党中央决策部署，按照省委工作要求，以更大决心和勇气向绝对贫困宣战，决战决胜全面建成小康社会。

夯实打赢脱贫攻坚战的坚强保障

脱贫攻坚是艰巨而伟大的事业，时间紧、任务重、要求高，涉及面广。我记得当时省扶贫开发办设在省农业厅，只有十几名工作人员，市县扶贫机构队伍也不够健全，力量不足。有的地方党委政府对脱贫攻坚认识还不到位，重视程度也还不够高。

对这个问题，我和省委班子成员认真学习贯彻习近平总书记的重要讲话、重要指示精神和党中央的部署要求，深切感到，要按时高质量打赢这场战役，必须切实加强党的领导，抓住党委书记这个关键，组建一支能打善战的攻坚队伍。在多次权衡研究后，我和省委一班人下决心从组织领导、机构设置、干部配备等方面采取一系列超常规举措，迅速形成了五级书记抓扶贫，方方面面齐动员的工作局面。省里很快成立了由我和省长任组长，分管负责同志任副组长，48个省直部门主要负责同志为成员的扶贫开发领导小组，及时研究解决脱贫攻坚工作中遇到的重大问题和重要事项。省编委整合原省扶贫开发办和省直有关部门的扶贫职责，重新组建了省扶贫开发领导小组办公室，独立运行，办公室主任由省委副秘书长兼任。由省委组织部牵头，从省直有关部门和各级抽调精兵强将，组成12个工作组，在省委集中办公。

我记得，到2016年底，省扶贫开发领导小组办公室工作人员达到90多人。市县乡各级也都参照省里的模式，配齐配强扶贫开发领导机构和工作机构，配备专职工作人员。从2015年底到2016年上半年，全省新的扶贫领导机构和工作机构基本完成重塑再造，人员数量由之前的2800多人增加到1万多人，一批素质能力比较强、热心扶贫事业的干部加入了扶贫战线。

在解决有人办事的问题之后，省里连续举办了市厅级领导干部脱贫攻坚专题研讨班、全省扶贫办主任培训班，对全省脱贫攻坚关键干部进行轮训，市县也层层开展培训，2016年全省共培训各级扶贫干部99万人次。

把"精准"作为扶贫的生命线

习近平总书记反复强调，扶贫开发贵在精准，重在精准，成败之举在于精准。我理解，精准扶贫、精准脱贫基本方略，是习近平总书记对我国多年扶贫开发工作经验和他本人亲身经历的科学总结与提炼，是新时代我国扶贫开发工作的重大创新和根本遵循。落实好习近平总书记重要指示要求，真正打赢打好脱贫攻坚战，必须在解决好"扶持谁、怎么扶、如何退"上下功夫。

首要任务是把贫困人口的底子搞清楚，解决"扶持谁"的问题，系好"第一粒扣子"。我记得，从2014年2月开始，省里在试点的基础上，全面启动了扶贫对象精准识别、建档立卡工作。当时国家确定的扶贫标准是2010年不变价2300元，2013年现价2736元。省里反复考虑，山东是经济大省、农业大省，确定扶贫标准既要参考东部沿海发达省份的做法，也要符合山东实际，最大限度让利于民。经反复测算和论证，省委确定以2010年不变价3000元、2013年现价3322元作为省定扶贫标准，分别比国家扶贫标准高出700元和586元。经过精准识别，全省共识别出省标以下贫困人口519.5万人，全部纳入全国扶贫开发信息系统进行动态管理。之后，又进行了多轮"回头看"，每年都组织10万余名基层干部逐村逐户逐人采集信息，利用大数据比对分析，重点在找贫因、挖穷根上下了一番"绣花"功夫。

针对"怎么扶"的问题，省里经过反复研究，确定了"根据贫困群众致贫原因和脱贫需求，精准施策、靶向发力"的帮扶原则。对有劳动能力的贫困人口，坚持扶贫与扶智扶志相结合，通过发展产业、参与就业实现稳定脱贫。对因病因学致贫、住房不安全的，认真落实"三保障"政策。对无业可扶、无力脱贫的特困群体，着力完善综合性保障措施，由各级政府兜底解决。

在解决"如何退"的问题上，省里研究出台了贫困退出实施方案，明确退出标准和程序，让基层工作有章可循、群众监督有据可依、贫困户明白认可，从制度上保证了脱贫退出质量。

多措并举凝聚脱贫攻坚合力

脱贫攻坚是一项复杂的系统工程，是一场硬仗，充分体现了习近平总书记以人民为中心的发展思想和亲民爱民为民的高尚情怀，是对我们党一心为民执政理念和发展为了人民、发展成果由人民共享崇高追求的生动诠释。对标习近平总书记重要指示和党中央部署要求，我感到，山东在践行共享理念、改善民生等方面虽然有所突破，但人口基数大，仍然存在一些短板弱项，尤其是农村欠账还较多。山东要全面打赢脱贫攻坚战，必须按照新发展理念的要求拿出一些硬措施、实招数，进一步完善政策、整合资源，充分调动各方面的积极性，真正形成强大攻坚合力。

经过反复研究、多方论证，省委、省政府出台了打赢脱贫攻坚战的贯彻意见，制定了"十三五"脱贫攻坚规划。省直各部门也迅速行动，拿出了25个专项实施方案、23个工作意见，着力通过发展生产脱贫一批、通过转移就业脱贫一批、通过易地搬迁脱贫一批、通过生态补偿脱贫一批、通过社会保障兜底一批，构建起"1+25+23"的脱贫攻坚政策体系框架和"五个一批"的精准脱贫路径，形成专项扶贫、行业扶贫、社会扶贫"三位一体"的大扶贫格局。

专项扶贫方面，省委当时考虑的重点是，通过加大财政专项资金投入，发挥财政资金的杠杆作用，支持各地发展壮大扶贫产业，多渠道增加建档立卡贫困人口收入。2016年，在省财政非常紧张的情况下，安排专项扶贫资金17亿元，比2015年翻了一番多，连续3年实现翻番。市县两级投入也大幅增加，带动金融机构发放小额扶贫信贷40.87亿元，扶贫再贷款37.84亿元，实施种养加、电商、旅游、光伏等产业扶贫项目11482个，帮扶建档立卡贫困人口110万人，易地扶贫搬迁和黄河滩区脱贫迁建等工作也全面展开。

行业扶贫方面，重点是围绕"1+25+23"脱贫攻坚政策体系，整合资源，凝聚力量，着力解决贫困人口"两不愁三保障"和饮水安全等方面存在的突出问题，补齐扶贫工作重点村在基础设施、公共服务等方面的短板弱项。2016年，全省建档立卡贫困家庭学生实现从学前教育到高等教育资助全覆盖，确保每个家庭都不因贫困而失学辍学；符合条件的建档立卡农村贫困人口全部纳入基本养老保障和医疗保障范围；2.37万户建档立卡贫困户住进"安全房"；64.85万建档立卡贫困人口吃上"低保"。省扶贫工作重点村通路、通水、通电、通网、通车、通广播电视等基础设施建设全面启动，教育、医疗、卫生条件等得到明显改善。

同时，在创新扶贫模式等方面做了一些探索，2012年首次选派第一书记驻村抓党建促脱贫，2016年省市县共有10182名第一书记奋战在脱贫攻坚第一线；2016年，推广菏泽市鄄城县扶贫车间做法，得到中央肯定，继而在全国推广。

社会扶贫方面，重点以弘扬"扶危济困""一方有难、八方支援"的传统美德为主线，鼓励支持企业、个人、社会组织等参与脱贫攻坚，营造全社会关心支持脱贫攻坚的浓厚氛围。省里成立了扶贫开发基金会，注册资金8000万元，2016年募集资金698万元；脱贫攻坚期内全省"慈心一日捐"资金全部用于扶贫，2016年结余资金1253万元。2016年，全省1034家各类企业投入4.1亿元参与"千企帮千村"活动，"泛海助学山东行动"出资5000万元资助1万名贫困大学生，"青春扶贫志愿者"扶贫活动组织13000名志愿者与11950名农村儿童牵手结对。

谋划推进对口帮扶和扶贫协作

习近平总书记主导创立的闽宁协作模式，有力促进了宁夏特别是西海固地区的经济发展、社会进步和民族团结，为开展扶贫协作和对口支援提供了鲜活样板和成功典范。2016年7月，习近平总书记亲自主持召开东西部扶贫协作座谈会，强调东西部扶贫协作和对口支援是实现先富帮后富、最终实现共同富裕目标的大举措。

参加这次会议后，我对东西部扶贫协作和对口支援工作有了更深刻的认识和理解，深切感到山东作为东部沿海发达省份，必须更好发挥政治优势和制度优势，坚决完成党中央部署的这项重大政治任务。返济后，我第一时间主持召开省委常委会会议，传达学习习近平总书记重要讲话精神，研究贯彻落实意见。接着，省委又召开全省扶贫协作座谈会，安排部署学习借鉴"闽宁模式"，推进对口支援新疆、西藏、青海、三峡库区和扶贫协作重庆、对口帮扶贵州等工作。

2016年，全省落实扶贫协作资金1.24亿元，实施援建项目83个，社会捐赠资金 129.9 万元,帮助当地 2.19 万名建档立卡贫困人口脱贫。引导 11 家企业到扶贫协作地投资 9.5 亿元,实施扶贫项目 8 个,带动当地 4600 余名建档立卡贫困群众摆脱贫困。

学习借鉴上级做法,省委办公厅、省政府办公厅印发《关于开展省内扶贫协作的指导意见》,在省内启动东西扶贫协作,济南、青岛、淄博、烟台、潍坊、威海分别与临沂、菏泽、滨州、德州、聊城、枣庄结成扶贫协作对子,东部较发达市县在资金、就业、人才等方面给予西部欠发达市县帮助支持。当年,6 个帮扶市与被帮扶市达成合作项目 27个,协议投资 33.9 亿元,开局良好、成效明显。

务求脱贫攻坚工作实效

2015 年 11 月,在中央扶贫开发工作会议上,中西部 22 个省区市党政主要负责同志向党中央签署了脱贫攻坚责任书。作为东部地区,尽管中央没让山东签责任书,但我深感重任在肩。山东国定贫困线以下人口到 2014 年底还有 212.5 万,脱贫任务还是很重的,决不能降低工作标准,必须压实责任,把任务落实到位。为此,全省扶贫开发会议期间,省委与各市党委、政府签订责任书,立下军令状。

为确保脱贫攻坚责任落地落实,我们又研究制定了市级党委政府、省领导小组成员单位、市级扶贫办三个考核办法和实施细则,每年都采用交叉考核、第三方暗访评估等方式,对各市党委政府和省成员单位的扶贫工作成效进行考核,考核内容涵盖减贫成效、精准识别、精准帮扶、扶贫资金和扶贫协作等方面。

对各市党委、政府重点考核帮扶成效落实情况,考核结果作为对市级党委、政府主要负责人和领导班子综合考核评价的重要依据。对评为优秀等次的市给予表彰奖励,完不成年度任务的,对党政主要负责人进行约谈,连续两年完不成任务的,对党政主要负责人进行组织调整。2016 年,对考核结果优秀的 6 个市每市兑现奖补资金 2000 万元。

对省领导小组成员单位主要考核行业扶贫政策落实情况，考核结果由省扶贫开发领导小组予以通报。对完成年度目标任务成效显著的单位，给予通报表扬。对出现问题的，实行责任追究，形成压力传导机制。2016 年，对 14 个考核结果优秀的省直单位予以通报表扬。

经过全省上下共同努力，2015 年和 2016 年，全省分别减少省标以下贫困人口 153.2 万人和 151.2 万人，其中，青岛、淄博、东营、威海四市基本完成脱贫任务，全省脱贫攻坚战取得重要阶段性成果。

我坚信，在以习近平同志为核心的党中央坚强领导下，只要全省上下勠力同心，一届接着一届干，山东的明天一定会更加美好！

确保小康路上不落一户一人

杨东奇

　　按照组织安排，我于 2016 年 2 月任山东省委常委、组织部部长；2018 年 7 月任山东省委副书记，负责全省扶贫工作，分管省扶贫开发办。这期间，正值打赢脱贫攻坚战的关键时期，我始终坚持以习近平新时代中国特色社会主义思想为指导，深入学习贯彻习近平总书记关于扶贫工作的重要论述和对山东工作重要指示要求，全力推动党中央脱贫攻坚决策部署和省委工作要求落地落实，努力让齐鲁大地小康路上不落一户一人。

坚决扛牢脱贫攻坚重大政治责任

　　到 2020 年现行标准下的农村贫困人口全部脱贫，是以习近平同志为核心的党中央向全国人民作出的郑重承诺。到山东工作后，特别是担任省委副书记负责扶贫工作以来，我深切感受到，脱贫攻坚战事关基本民生、事关全面小康、事关民族复兴伟业，能不能高质量完成各项目标任务，能不能如期打赢打好脱贫攻坚战，是对我们"四个意识"树得牢不牢、"四个自信"坚定不坚定、"两个维护"坚决不坚决，最直接最现实的检验。

习近平总书记强调，要打赢脱贫攻坚战，必须加强基层基础工作。担任省委组织部长期间，我多次到省内贫困地区调研，发现一些农村基层党组织思路不宽、办法不多，带领群众致富增收的能力还不够强，一定程度上影响了脱贫攻坚工作。恰好2017年是村"两委"换届之年，我就把积极推动换届工作重点放在了保障打赢打好脱贫攻坚战上，推动各地精心组织安排，省扶贫工作重点村选出了一批政治素质好、致富本领强、群众威信高的干部，贫困村"两委"班子得到了加强。对于一些确实难以选出村党支部书记的省扶贫工作重点村和工作基础薄弱村，我们又从省市县三级机关选派优秀干部直接担任党支部书记，持续不断为基层输送血液。在此基础上，又将软弱涣散村党组织整顿工作作为重要抓手，推动各地动态监督村级党组织运行状况，发现问题及时整顿，确保村"两委"班子能够持续发挥脱贫攻坚的战斗堡垒作用。为扎实推进基层党组织建设，从2012年起，山东就实施了选派第一书记的工作，到2017年是第三轮。当时，我提出选一些政治素质好、能力比较强的干部，到最困难的贫困村去攻坚。省直单位带头选派了600多名第一书记，各级共选派了1万多名第一书记，实现了省定扶贫工作重点村全覆盖，发挥了良好的帮带作用。

2018年6月，习近平总书记到山东视察，对脱贫攻坚作出重要指示，要求我们紧盯"黄河滩"，聚焦"沂蒙山"，锁定"老病残"，深化扶贫举措，保证脱贫质量，确保如期完成脱贫攻坚任务。这为我们指明了工作方向。2018年7月，我担任省委副书记，同时也兼任了省扶贫开发领导小组副组长。我深感责任重大，努力把这份沉甸甸的责任扛在肩上、抓在手上，主要从四个方面开展工作。一是主动参与谋划。始终把深入学习贯彻习近平总书记关于扶贫工作的重要论述作为重中之重，深度研读，吃透拿准，从中明思路、谋对策、找方法。习近平总书记每次发表关于脱贫攻坚的重要讲话、作出重要指示批示，我都及时学习、逐条对照，组织有关部门深入研究，谋划措施，狠抓落实。2018年以来，先后召开全省扶贫开发工作会议、乡村振兴暨脱贫攻坚现场会、省内扶贫协作现场推进会等十余个会议，推动出台《关于深入学习贯彻习近平总书记重要讲话精神决战决胜脱贫攻坚的通知》《关于保持攻坚态势持续巩固脱贫攻坚成果的通知》等多个文件，确保习近平总书记重要指示要求在山东落实落地。二是加强统筹调度。按照"2018 年基本完成，2019 年巩固提升，2020 年全面完成"的既定部署，省委、省政府出台了《关于打赢脱贫攻坚战三年行动的实施意见》，明确了后三年脱贫攻坚的目标任务、工作重点和方法措施。我按照要求，组织指导省扶贫开发领导小组成员单位和省直有关部门，高质量编制了打赢脱贫攻坚战三年行动工作方案，明确了时间表、任务书、路线图。这几年，我每年都到省扶贫开发办调研，了解工作情况，帮助他们解决遇到的困难和问题，目的就是更好发挥他们的统筹协调作用，推动全省上下一盘棋，共同打好脱贫攻坚这场只能赢不能输的硬仗。三是一线推动落实。脱贫攻坚的主战场在基层一线，最突出的问题、最难啃的骨头也在基层一线。为此，我养成了每到一地调研必看扶贫工作的习惯，经常深入到贫困户家中、扶贫项目、田间地头，看看扶贫工作存在什么困难和问题，听听群众还有什么诉求和意见建议。2018 年以来，每年在基层调研都不少于 60 天，2019 年当年就把所有市走了一遍。根据省里的统一安排，我还负责联系指导菏泽市东明县，这个县不仅是全省 20 个脱贫任务比较重的县之一，也是黄河滩区居民迁建任务最重的一个县，迁建任务涉及 140 多个村，十多万人，需要建设 24 个村台，外迁 1 个社区。我每年至少专门去一次东明县，全面了解脱贫攻坚工作情况，每次都到滩区迁建现场去看看，督促工程建设和质量安全，帮助协调解决遇到的困难。通过不懈努力，到 2021 年 5 月底，东明县全面完成了黄河滩区居民迁建任务，圆了滩区群众的"安居梦"。四是压实工作责任。工作责任压不实，工作力度就会跟不上，工作成效也将大打折扣。根据省委工作安排，每年年初，我都组织召开全省性会议，总结工作成效，分析存在问题，压实工作责任，部署推动年度工作。脱贫攻坚期间，我还推动实行了最严格的考核评估制度，每年都采用明察、第三方暗访等方式，对各市党委政府、省扶贫开发领导小组各成员单位的扶贫工作成效进行考核，较真碰硬，奖优罚劣，用好考核"指挥棒"。特别是2018年，我和相关同志一起对考核等次"一般"的市和省成员单位主要负责同志进行了约谈，收到了很好的效果，当年考核"一般"的市，第二年都迎头赶上，工作有了大幅提升。

脱贫攻坚能否高质量完成，关键在人，关键在干部队伍作风。我一直非常重视扶贫领域作风建设工作，在2018年作风建设年的基础上，持续整治扶贫领域腐败和作风问题，坚持不懈纠"四风"、转作风。这期间，我推动省扶贫开发办与省纪委监委机关建立了问题线索移交转办工作机制，做到了随时发现、随时移交、严查快处。2019年6月，中央通报安徽省阜阳市脱贫攻坚工作中的形式主义、官僚主义问题，再次为我们敲响了警钟。我们迅速以省扶贫开发领导小组文件印发了《关于在脱贫攻坚工作中力戒形式主义、官僚主义的通知》，推动各地以中央通报的突出问题为镜鉴，举一反三，彻查彻改。同时，我们还编印了全省扶贫领域形式主义官僚主义典型案例、扶贫领域腐败和作风问题典型案例，印发各地，以案示警、以案为戒、以案促改。省委把扶贫领域腐败和作风突出问题专项整治作为"不忘初心、牢记使命"主题教育9个方面专项整治内容，我召集有关部门专门研究制定了实施方案，明确了17项具体措施，用专项整治倒逼责任落实、推动成果巩固。通过强有力的作风建设，真正做到了扶贫工作务实、脱贫过程扎实、脱贫结果真实。

全力解决"两不愁三保障"和饮水安全问题

2019年4月，习近平总书记在重庆主持召开解决"两不愁三保障"突出问题座谈会，强调到2020年稳定实现农村贫困人口不愁吃、不愁穿，义务教育、基本医疗、住房安全有保障，是贫困人口脱贫的基本要求和核心指标，直接关系攻坚战质量。当时，我省"两不愁"问题基本都解决了，但"三保障"还存在一些薄弱环节。我意识到，对这些问题必须高度重视、尽快予以解决，否则将影响我省脱贫成色，甚至影响全国攻坚大局。按照省委要求，我于 2019 年 5 月和 8 月，先后两次召开电视电话会议，就解决"两不愁三保障"突出问题作出安排；省扶贫开发领导小组印发了《关于扎实做好脱贫攻坚"回头看"着力解决"两不愁三保障"突出问题的通知》，组织各地聚焦突出问题，开展全面排查，建立问题台账，逐项整改落实；将"两不愁三保障"作为考核、督查、调研的重要内容，不断发现问题，推动问题整改，切实提升脱贫攻坚质量。

在工作推进落实中，我针对出现的一些新情况、新问题，及时召集省直有关部门召开专题会议，共同研究解决问题的措施办法，全力推动"三保障"政策精准落地。比如，在医疗保障方面，2018 年，我省已经建立起面向贫困人口的基本医保、大病保险、医疗机构减免、医疗救助、医疗商业补充保险"五重保障"，这其中最关键的是基本医保，贫困人口只有参加了基本医保，后面的医疗保障政策才能享受到。但由于贫困人口、低保户、特困人员、重度残疾人等群体间存在交叉重叠，加之部门间信息共享不够及时，在当时仍存在少量贫困人口未参保的情况。为此，我专门召开了一次座谈会，与医保、扶贫、民政、残联等部门的同志们一起研究对策措施，确定由省医保局牵头，对各部门统计的贫困群体逐一进行信息比对和查重排除，建立一个分类全面、分层清晰的医保扶贫对象信息库。对排查出的未参保人员，逐一核实，逐一销号，实现了参保全覆盖。同时，针对部分贫困人口经"五重保障"后个人负担仍然较重的情况，我们还实施了重特大疾病再救助政策，对个人支付费用超过 5000 元的部分按 70% 给予再救助，进一步减轻贫困人口就医负担。

再比如，在教育扶贫方面，通过落实控辍保学、教育资助等政策，贫困家庭学生实现了有学上、上得起学。在这些孩子们中，我最放不下的是那些残疾儿童、特困及空巢老人家庭的留守儿童。为解决好他们的受教育问题，我与省直有关部门进行深入探讨，研究提出解决的思路。对于贫困残疾儿童，通过实施特殊教育提升计划，做好入学保障工作，同时，支持各地建设示范性特殊教育资源教室、学校学前部，开展医教结合、随班就读和送教上门等工作，持续优化特殊教育办学条件。对于农村留守儿童，我督促省教育厅、省民政厅、省扶贫开发办一同研究，开展专项保护行动，对所有留守儿童都要走访到位，了解实情，解决难题。同时，支持有条件的省扶贫工作重点村，设立留守儿童关爱活动室，全省累计建成近4000个，有效帮助农村留守儿童健康成长。

又比如，在饮水安全方面，2018年，我省农村自来水普及率已经达到96%以上，有水喝的问题基本解决，但部分地方水质不达标，最突出的就是氟超标。据统计，当时全省有1600多个村、110多万人饮用水存在氟超标问题，涉及9个市的40多个县。针对这一问题，我组织水利、财政等部门进行专题研究，确定采取置换水源、安装除氟设施等方式解决。菏泽市的部分地方通过建设平原水库进行水源置换，但建设工期比较长，脱贫攻坚期内无法完工，为此，我与省水利厅多次沟通，形成一致意见，就是在完成水源置换前，在现有饮水工程上加装除氟设施，确保群众喝上安全水、放心水，2020年4月我省饮用水氟超标问题全部解决。

用好精准扶贫精准脱贫这个重要法宝

习近平总书记反复强调脱贫攻坚工作中"精准"二字的重要性，这是打赢脱贫攻坚战的制胜法宝。2018年底，我省基本完成脱贫攻坚任务，累计减少贫困人口251.6万人，8654个省扶贫工作重点村全部退出。我体会，这项工作之所以推进得比较顺利，一个重要原因就是我们按照习近平总书记提出的"六个精准"重要要求，扭住"精准"持续发力，紧盯"黄河滩""沂蒙山""老病残"等重点区域和重点群体，因地施策、因户施策、因人施策，下足"绣花"功夫，推动各项扶贫政策取得实实在在的效果。

我省东中西部经济社会发展存在差距，经济落后地区的贫困程度相对更深。脱贫攻坚启动之初，省里建立了"6+6"扶贫协作模式，东部经济发展水平相对较高的 6 个市结对帮扶中西部 6 个落后的市，当时确定的协作期是从 2016 年开始，到 2018 年底结束。根据我省三年行动实施意见要求，扶贫协作政策延续到 2020 年。我担任省委副书记后，召开的第一个脱贫攻坚会议就是省内扶贫协作现场推进会，会上明确了政策延续问题，12 个市重新签订了《扶贫协作协议》，以更大力度更实举措推动省内扶贫协作向纵深发展。我省贫困地区中，菏泽市有着占全省近三分之一的贫困人口，是我省脱贫攻坚任务最重的市。为推动菏泽市按时完成脱贫攻坚任务，2019 年 9 月，省委、省政府在菏泽市召开了菏泽乡村振兴调度推进工作会议，深入分析菏泽市及各县区发展的短板瓶颈和潜力优势，研究解决问题的措施办法。根据会议安排，我牵头整合各方面政策措施，研究提出了"1+26"项重点任务落实方案，精准支持保障菏泽脱贫攻坚和乡村振兴。2020 年 9 月，我又专门组织召开了"菏泽乡村振兴工作会议"重点任务调度推进会，对各项重点任务推进情况再调度、再研究、再落实，为推动菏泽如期高质量打赢脱贫攻坚战打牢了基础。

一直以来，山东对贫困群众坚持分类施策、精准帮扶的原则，对有劳动能力的，积极通过产业带动、支持创业、促进就业等措施，让他们实现稳定增收。但我省贫困群众中有很大一部分是"老病残"群体，所占比例在 60% 以上，他们自我发展能力弱，政策依赖性强，是难中之难、困中之困。针对这部分群体，我与民政、扶贫、残联等部门研究提出了社会救助兜底脱贫行动实施方案，重点围绕低保、严重精神障碍患者救治、残疾人补贴等政策落实，逐户逐人开展核查，符合条件的全部纳入，累计有 80 多万人纳入低保、特困人员救助供养范围，实现了应保尽保。对于贫困人口中的残疾人，我考虑不光要落实好补贴政策，还要关注他们的日常生活。我与省残联同志交换了意见，启动开展专项行动，着力推进贫困重度残疾人家庭无障碍设施改造、残疾人康复服务等工作，累计为 20 多万贫困残疾人家庭进行无障碍改造，为 17 万贫困残疾人提供基本康复服务，为 18 万人适配辅助器具，实现了应帮尽帮、应改尽改。

2020年初，突如其来的新冠肺炎疫情给全国人民生产生活带来重大影响，同时也给打赢脱贫攻坚战带来了严峻考验。春节假期还没结束，我就电话联系省扶贫开发办主任，让他对贫困人口疫情防控工作进行安排，建立疫情影响分析应对机制，督促地方做好贫困人口的疫情防控工作，统筹做好脱贫攻坚工作，采取措施努力把疫情影响降到最低。按照省委要求，2月13日，我担任省对口支援黄冈市疫情防控前方指挥部指挥长、临时党委书记，并带队赴黄冈工作，直到38天后，黄冈疫情平稳，我才与指挥部同志们一同返回山东。在黄冈期间，3月6日收听了习近平总书记在决战决胜脱贫攻坚座谈会上的重要讲话，深受鼓舞，更坚定了做好扶贫工作的信心决心。这期间，我始终牵挂着山东贫困群众疫情防控和生活保障工作，经常与相关部门负责同志电话沟通，调度工作情况，研究对策措施，推动工作落实。返鲁并完成隔离后，我立即到临沂、泰安等地，调研指导疫情防控常态化下的脱贫攻坚和乡村振兴工作，推动各地统筹做好自身防控和贫困户防控，重点关注重度残疾人、严重精神障碍患者、高龄老人、失能人员等特殊困难群体，对其家庭进行消毒清洁，采取发放生活用品、送医送药上门等措施，保障他们的基本生活。疫情防控关键时期，全省各级共发动近33万名干部，投入资金6000多万元，帮助80多万户、150多万名贫困人口解决实际生活困难。5月份，疫情防控总体趋稳后，我们立刻把工作重心转向复工复产和促进贫困劳动力就业上，督促有关部门采取减税降费、一次性补助等措施，促进扶贫龙头企业、扶贫车间迅速恢复生产，多渠道促进贫困劳动力返岗就业。对一些暂时无法外出就业的，鼓励各地利用专项扶贫资金、光伏电站收益设置公益岗位、防疫临时岗等，让贫困群众就地就近就业，2020年全省累计设置公益岗位十多万个，有效帮助贫困群众解决就业难问题。

推动脱贫攻坚同乡村振兴有效衔接

习近平总书记 2018 年视察山东时，要求我们发挥农业大省优势，扛起农业大省责任，全力做好"三农"工作，打造乡村振兴齐鲁样板。落实习近平总书记重要指示要求，我认为，必须将乡村振兴与脱贫攻坚统筹起来，一体谋划、一体推进。2019 年 3 月，我到省扶贫开发办调研，与同志们交流的时候，就提出来要重点研究如何实现扶贫开发与乡村振兴有效衔接，通过乡村振兴这个"三农"工作总抓手，推进我们脱贫攻坚工作上水平、上台阶。

2019 年至 2020 年是山东脱贫攻坚的巩固提升阶段，但如何巩固提升，面临的问题和挑战还不少。比如，一些建档立卡贫困人口脱贫还不稳定，仍有可能返贫；一些一般农户收入水平和生活质量还不高，仍有可能因病因灾等新致贫；等等。这些问题都需要进一步完善政策措施。围绕巩固提升脱贫攻坚成果，抓好乡村振兴和脱贫攻坚的相互衔接，省委提出要研究有效衔接的政策措施。这件事当时由我牵头，我多次召开政策文件专题座谈会，带领省农业农村厅、省扶贫开发办等部门有关人员一起进行研究，讨论工作思路，明确具体措施，最后形成了《关于加快推动乡村振兴和巩固提升脱贫攻坚成果的支持政策》，由省委农业农村委员会印发实施。《支持政策》共提出 24 条具体政策，其中一条就是建立即时发现即时帮扶机制，对因病因学因灾因意外等可能致贫的困难群众，及时发现，建立台账，落实针对性帮扶措施，坚决防止返贫和新致贫。这两年，我们不断推进完善，累计认定帮扶了 5 万多人，有效防止了返贫和新致贫。

在推动有效衔接的过程中，产业扶贫项目资产管理是一个重要问题，这些资产既是脱贫攻坚的重要支撑，也是下一步全面推进乡村振兴的重要保障。脱贫攻坚期间，山东各级累计实施了 2.56 万个扶贫项目，形成了 233 亿元的扶贫资产，这是一个很大的盘子。2019 年的时候，从省委巡视"回头看"，以及审计、年中督查、调研情况看，各地在产业扶贫项目资产管理方面还存在一些问题，需要下更大气力解决，真正管好用好这些扶贫资产。2019年，我们印发了一个关于加强扶贫资产管理的通知；2020年，在深入调研、总结各地经验的基础上，我们又以省扶贫开发领导小组文件印发了《山东省扶贫资产管理办法（试行）》，全面推行扶贫资产"四权分置"，明确所有权，放活经营权，保障收益权，落实监督权。到2020年底，所有扶贫资产全部进行了确权，监管责任进一步明确，实现了良性运营，为下一步乡村振兴奠定了良好的集体经济基础。

党的十九届五中全会提出"实现巩固拓展脱贫攻坚成果同乡村振兴有效衔接"要求后，我先后召开两次专题会议，立足我省脱贫攻坚实际和打造乡村振兴齐鲁样板目标任务，深入研究巩固拓展脱贫攻坚成果同乡村振兴有效衔接的总体思路，形成了一个初步的文件稿。2020年12月16日，党中央、国务院印发了《关于实现巩固拓展脱贫攻坚成果同乡村振兴有效衔接的意见》，我们逐条对照修改完善，形成了贯彻落实《中共中央 国务院关于实现巩固拓展脱贫攻坚成果同乡村振兴有效衔接的意见》的20条具体措施，以省委、省政府文件印发实施。《若干措施》明确设立5年过渡期，与"十四五"规划相衔接，过渡期内保持现有帮扶政策、资金支持、帮扶力量总体稳定，巩固拓展脱贫攻坚成果，做好同乡村振兴的有效衔接。全国脱贫攻坚总结表彰大会召开后，我立即组织有关部门谋划贯彻落实习近平总书记重要讲话精神，形成了《关于贯彻落实习近平总书记重要讲话精神推进巩固拓展脱贫攻坚成果同乡村振兴有效衔接的实施方案》，进一步细化实化重点任务、推进措施、工作责任等。这些都为做好巩固拓展脱贫攻坚成果同乡村振兴有效衔接工作提供了政策依据，必将有力推动各级各部门将党中央决策部署落实落地。

脱贫摘帽不是终点，而是新生活、新奋斗的起点。我们将继续坚持以习近平新时代中国特色社会主义思想为指导，深入贯彻落实习近平总书记关于扶贫工作的重要论述，将巩固拓展脱贫攻坚成果作为乡村振兴的基础和前提，扎实做好巩固拓展脱贫攻坚成果同乡村振兴有效衔接各项工作，接续推进脱贫地区发展和群众生活改善，推动打造乡村振兴齐鲁样板不断取得新进展，全面开创新时代社会主义现代化强省建设新局面，为实现中华民族伟大复兴的中国梦作出新的更大贡献。

聚焦精准扶贫，不断探索山东
脱贫攻坚新路径

赵润田

在以习近平同志为核心的党中央坚强领导下，经过八年努力，我国脱贫攻坚战取得全面胜利，完成了消除绝对贫困的艰巨任务。2013年2月至2017年2月，我任副省长期间分管脱贫攻坚工作，大致经历了"精准扶贫"和"全面打响脱贫攻坚战"谋篇布局两个阶段，见证了以习近平同志为核心的党中央把脱贫攻坚扛在肩上、抓在手中、精准发力的坚定决心与科学谋划；见证了省委、省政府坚决扛牢重大政治责任、全力以赴抓贯彻落实的担当作为与实干笃行；见证了广大干部群众并肩携手、拼搏前行的坚定意志和强大力量。回首这一场亲自参与的艰苦卓绝的伟大战斗，我深感荣耀与自豪，至今仍然心潮澎湃、感慨颇多。

突出精准方略，扶贫开发工作进入新阶段

2013年11月，习近平总书记到湖南湘西考察时首次提出"精准扶

贫"重要论述，作出了"实事求是、因地制宜、分类指导、精准扶贫"的重要指示，拉开了全国精准扶贫的序幕。2014年1月，中央办公厅详细规制了精准扶贫工作模式的顶层设计，推动"精准扶贫"思想落地。山东作为东部沿海发达省份，经济总量大，发展速度快，但区域发展不平衡，沂蒙革命老区、黄河滩区等自然条件较差区域的农村贫困问题一直比较突出，新时期扶贫开发的任务依然十分艰巨。结合山东的特点，省里认为做好扶贫工作，最根本就是按照总书记强调的"看真贫、扶真贫、真扶贫"要求，聚焦"扶持谁""谁来扶""怎么扶"三个方面开展工作。

首先，聚焦"扶持谁"，开展精准识别。国务院扶贫办将精准识别作为2014年工作的一号工程，并把山东作为全国试点、率先推行。省委、省政府高度重视，姜异康、郭树清和王军民同志分别听取工作汇报，每周都调度工作进展情况。2月份，我们选择了一部分市县开展试点，探索路径、总结经验。5月份，在试点工作的基础上，制定《山东省农村扶贫开发精准识别工作方案》，先后召开全省农村扶贫开发精准识别工作电视会议、全省农村扶贫开发精准识别工作现场培训会，安排全面开展精准识别工作。各地严把农户申请关、入户调查关、民主评议关和公示公告关，确保数据真实可靠、实事求是；学习推广武城经验，按照组织培训、农户申请、入户调查、民主评议、公告公示、建档立卡六个工作步骤，因乡因村制宜，确保群众满意。按照"六步"工作法，各地自下而上地深入开展精准识别，按照乡不漏村、村不漏户、户不漏人对所有贫困户、贫困人口全覆盖，筛选出真正的贫困村、贫困户，建立贫困村、贫困户台账。

应当说，通过精准识别，真正家庭贫困的群众都纳入了管理范围。但由于个别地方对精准识别工作认识不到位，时间紧、量大面广，存在前期调查摸底不深入、不细致等问题。针对这些问题，我们组织开展了多次"回头看"，提出了"三不、四所有"要求，即不划框子、不搞平衡、不定数额，所有农村人口都要列入排查范围，所有人均收入超过省贫困线的人口都要清退，所有人均收入达不到省贫困线的人口都要进来，所有新进来的人口都要按国家规定程序公示公告。通过实地调研，发现济宁"六核对一规范"的做法非常符合当时实际，就是对贫困对象基本信息、识别程序、识别结论、政策依据、脱贫措施、扶贫责任六个方面详细核对，然后规范建立县乡村户精准扶贫档案，随后我们就在全省范围推广这一做法。2014 年、2015 年，又组织开展了多轮数据清洗，对扶贫对象进行再识别再认定和数据信息的再完善，核实、调整、纠正贫困对象信息，贫困对象实现了由"基本准确"到"比较准确"。

根据当时数据库统计，山东省在东部省份贫困人口数量最多。2015 年底，全省共有省标以下贫困人口 1211065 户 2423821 人；其中，国标贫困人口 575844 户 1105584 人。贫困人口区域分布比较集中，枣庄、济宁、临沂、德州、聊城、滨州、菏泽等 7 市 190 多万人，占 80% 以上；贫困人口 3.8 万人以上的有 20 个县市区，菏泽市 9 个、临沂市 6个、聊城市 4 个、泰安市 1 个。贫困人口中老弱病残占比大，因病因残致贫的有 80 多万户，占总数的 66%；存在健康问题的有 130 多万人，占总数的 54%；无劳动能力和丧失劳动能力的有 150 多万人，占 63%。这些底数，为下一步区分类别、靶向施策，实行一村一策、一户一策、一人一策打下了坚实基础。

第二，聚焦"谁来扶"，选派"第一书记"强化基层党组织建设。习近平总书记多次强调，"农村要发展，农民要致富，关键靠支部"。农村基层党组织是党在农村全部工作和战斗力的基础，是打通扶贫工作最后一公里的关键所在。为加强基层基础工作，全面提升贫困地区基层党组织政治功能和组织力，结合山东扶贫工作实际和农村工作需求，我们积极向省委建议，探索实施了"第一书记"抓党建促脱贫工作。2014年，在原来的基础上进一步加大了选派力度，在全省各级选派了 2.8 万名"第一书记"驻村帮扶的基础上，对识别出的 7005 个贫困村，又增派了驻村工作队，每个工作队都在 3 人以上。

鉴于扶贫工作发生了很多变化，从工作标准上，由过去的"大水漫灌"式扶贫变成"喷灌"式、"滴灌"式、"微灌"式扶贫，到村到户到人；从工作任务上，由"五通十有"变为道路畅通、垃圾处理、文化健身、卫生计生、生态环境"五到村"，生活保障、危房改造、安全饮水、供电通信、广播电视"五到户"，就学保障、就医保障、就业培训、产业扶持、增收措施"五到人"。刚开始，不少同志还不能很好适应，个别地方扶贫工作进行得并不顺利。对此，省里加强了集中培训，就当时扶贫工作的形势、任务以及工作重点提出了具体要求。各地充分发挥"第一书记"作用，积极加强农村党支部建设，为贫困村长远发展培养自己的"主心骨"和"带头人"；努力践行群众路线，在为民实践中密切党群干群关系；带动基层干部锻炼成长，培养了一批知农爱农惠农的好干部，不少群众表示，党的好干部就在我们身边。

2014年，省里对以前派驻的"第一书记"开展了一次抓党建促脱贫工作专项综合评估，评估表明，省直"第一书记"对帮包村实现整体脱贫发挥了重要作用，为其他贫困村加快脱贫步伐树立了标杆，两年时间就有62%的帮包村基本完成了各项扶贫任务目标，580多个帮包村共减少贫困人口10万多人，贫困人口占村总人口的比重由23%下降到8%，村集体收入达到3万元以上的村由8.7%提高到41.7%，空壳村由56.6%降低到25.9%。"第一书记"工作帮扶全省最贫困的农村，顺应了群众实现共同富裕、过上美好生活的"中国梦"，切实把党的组织优势、干部优势、密切联系群众的优势转化为了扶贫优势、发展优势，得到了基层党委政府与广大贫困群众的广泛赞誉，也受到中央领导和国家有关部委的充分肯定，后来中组部推广了山东经验，成为全国重要的脱贫攻坚工作推动方式。

第三，聚焦"怎么扶"，创新工作机制。2013年11月24日至28日，习近平总书记到山东视察工作，专门同菏泽市及其县区的主要负责同志座谈，部署扶贫开发和加快发展的重要任务，为脱贫攻坚指明了方向。习近平总书记在座谈会上指出，抓扶贫开发，要紧紧扭住增加农民收入这个中心任务、健全农村基本公共服务体系这个基本保障、提高农村义务教育水平这个治本之策，突出重点，上下联动，综合施策。省委、省政府多次召开会议，认真传达习近平总书记视察山东时的重要指示精神，研究部署新时期扶贫开发工作，不断创新工作机制，确保各项工作任务能够落实落地。

2013年底，中共中央办公厅、国务院办公厅印发《关于创新机制扎实推进农村扶贫开发工作的意见》的通知，这是中央新时期创新扶贫机制、推进扶贫开发的纲领性文件。对贯彻落实好这个文件，姜异康同志专门作出批示，省政府第 26 次常务会议也就贯彻落实文件精神做了安排。围绕文件部署的 6 项改革和 10 项重点工作，结合山东实际，省委办公厅、省政府办公厅印发了《关于贯彻落实中办发〔2013〕25 号文件创新机制扎实推进农村扶贫开发工作的实施意见》，创新了专项扶贫机制、社会扶贫参与机制、金融扶贫机制等扶贫工作新机制。同时，把完善扶贫开发工作机制创新列入 2014 年度省政府重大调研课题，多次深入到贫困县、乡、村走访、座谈、调研，并带领省直涉农部门主要负责人到德州、济宁、临沂、聊城等贫困程度深、贫困人口比较集中的市进行专题调研，对创新扶贫工作机制，进行了一些积极探索。可以说，群众或者基层干部给我们扶贫开发工作的开展注入了源源不断的智力活水，让我们的路走得更精准、更踏实、更高效。

一分部署，九分落实。扶贫开发是一项系统工程，特别是按照省负总责要求，在省级层面更需要一个有力的领导班子统筹协调、推进落实各项工作。2014 年 6 月，省委、省政府印发《关于调整山东省扶贫开发领导小组组成人员的通知》，明确省长郭树清任省扶贫开发领导小组组长，省委副书记王军民、省委组织部部长高晓兵和我三个人任副组长，成员单位由原来的 37 个增加到 46 个，组成人员由分管负责人全部调整为主要负责人。在全国 28 个省有扶贫开发机构的单位中，山东是继湖北、陕西、贵州、辽宁和内蒙古之后，第 6 个由省政府一把手任扶贫开发领导小组组长的省份。调整充实扶贫机构，在省农业厅挂牌省扶贫开发办，设置扶贫规划处、扶贫项目管理处和行业社会扶贫处 3 个处室，并制定《山东省扶贫开发领导小组工作规则》和《山东省扶贫开发领导小组办公室工作制度》。从 2014 年开始，省委将扶贫开发工作纳入了对各市的科学发展综合考核，督促引导各地进一步重视扶贫开发工作。"十二五"期间，全省每年减少农村贫困人口 100 万人以上，5 年累计脱贫 580 万人，呈现出贫困地区农民收入增幅高于全省平均收入增幅的良好态势，贫困人口的生活质量明显提高，生活状况明显改善，为后来的脱贫攻坚大决战铺平了道路、夯实了基础。

立下"军令状"，全面打响脱贫攻坚战

2015 年 11 月 28 日，中央召开扶贫开发工作会议，中央政治局常委全部出席，习近平总书记作了重要讲话，这是历史上最高规格的扶贫工作会议。中西部 22 个省区市党政一把手签署了《脱贫攻坚责任书》，向党中央立下军令状；会后，颁布了《中共中央、国务院关于打赢脱贫攻坚战的决定》，吹响了全国脱贫攻坚战的冲锋号。山东迅速响应，认真学习习近平总书记重要讲话精神，深入贯彻落实中央决策部署，切实把脱贫攻坚作为头等大事和第一民生工程来抓。作为分管扶贫工作的副省长，我深深感到，这项工作重视程度之高、政策举措之实、工作力度之大都前所未有，我们必须站位再提高、认识再深入、责任再压实，在广度、深度和精准度上进一步加大工作力度。

高规格搭建组织架构。2015 年 12 月，按照中央要求，省委再次调整了省扶贫开发领导小组，由省委书记、省长任双组长，市县均实行党政主要负责同志"双组长"制，层层加强了领导力量和工作力量。省市县重新组建扶贫办，作为党委议事协调机构，主任由党委副秘书长或党委办公室副主任兼任，更好地发挥了对党政部门和社会力量的牵头抓总、综合协调作用。为解决扶贫系统力量薄弱的问题，采取了硬抽人、抽硬人的办法，从省直部门和部分市县抽调精兵强将充实加强省扶贫办力量，实行分组作战。市县乡也都配齐配强扶贫力量，全省扶贫系统"攻坚部队"达到了 9000 多人。时任国务院副总理汪洋同志对我省加强扶贫工作机构的做法给予充分肯定，作出专门批示，"在加强领导上，山东带了好头"。这对我们做好扶贫开发工作鼓了劲，更加了压，我们必须更加全心全意、一心一意把工作干好。

高质量出台政策措施。中央扶贫开发工作会议后，我们召集有关部门集中进行了研究讨论，看哪些措施需要延续，哪些需要改进，10 天的时间就拿出了贯彻落实意见，省委、省政府印发了《关于贯彻落实中央扶贫开发工作部署坚决打赢脱贫攻坚战的意见》，进一步统一了思想认识，明确了目标任务。为进一步细化脱贫攻坚政策措施，省委、省政府确定了"1+N"的总体思路，各行业部门围绕完成行业扶贫任务高质量编制了25个专项实施方案和23个工作意见，拿出硬招、实招，形成了"1+25+23"脱贫攻坚政策体系。2016年5月，启动《山东省"十三五"脱贫攻坚规划》编制工作，研究提出全省脱贫总体目标和阶段性目标，2016—2017年两年基本完成脱贫任务，第三年全部兜底完成，后两年巩固提升脱贫攻坚成果，建立长效机制。围绕"五个一批"，精准设计脱贫路径和攻坚进度，针对不同地区、不同人群、不同现状，研究提出了差别化帮扶方式、帮扶措施，做到了精准定位、精准施策。

高强度推进工作落实。为压紧压实工作责任，坚持党政同责、上下联动、齐抓共管，国务院扶贫办与省长签订了《年度减贫责任书》，省委、省政府与各市党政主要负责人签订《脱贫攻坚责任书》，省扶贫办与各市人民政府签订了《年度减贫责任书》，与7个项目县县长签订《推进易地扶贫搬迁承诺书》。市县乡也层层签订责任书、立下"军令状"，完不成年度任务的，对党政主要负责人进行约谈；连续两年完不成年度任务的，对党政主要负责人进行组织调整。各级领导干部带着感情、带着责任抓扶贫，亲自挂帅出征。姜异康书记多次专题研究扶贫工作，多次深入基层调研，召开市委书记专题座谈会，在听取省扶贫办工作汇报之后作出重要批示。郭树清省长多次到黄河滩区和沂蒙山区调研指导，协调解决重大问题。龚正副书记多次深入到县乡村户调研指导扶贫工作，亲自撰写调研报告。我们到各地调研，不管是走到哪、讲到哪、督促到哪，脱贫攻坚是必须要看的。五级书记抓、党政一齐上、部门全参与的扶贫开发新格局基本形成，那时很多基层同志都讲"最大的责任是扶贫，最重的任务是脱贫"。

高投入保障脱贫攻坚。脱贫攻坚战中，资金是确保打赢这场硬仗的"粮草军需"，全省各级投入财政专项扶贫资金近46亿元，其中省级资金17亿元，连续3年实现翻番，这是真金白银的投入，并且把中央和省级财政资金直接安排到县、管理权限下放到了县一级。同时，进一步加大资金整合力度，省政府办公厅印发整合涉农资金支持脱贫攻坚的意见，把有脱贫任务的县全部纳入整合范围，按不低于 20% 的比例进行整合，其中，20 个脱贫任务比较重的县 100% 整合，全省统筹用于扶贫的资金总规模达 60 多亿元。加大金融支持力度。省财政筹措资金 30 亿元，设立特色产业发展扶贫基金、小额贷款扶贫担保基金、公益事业扶贫基金三支扶贫发展基金。省市县三级累计安排风险补偿和贷款贴息资金 10 亿多元，金融机构发放小额扶贫贷款 40 多亿元，扶贫再贷款将近 38 亿元，覆盖全省 117 个县（市、区）、234 万贫困人口，构建了"财政资金唱主角、整合资金做补充、金融贷款扩规模"的投入格局。

高层次开展业务培训。针对脱贫攻坚政策性强、操作要求高，我们分类分层搞培训，推进各项扶贫政策落地生根。特别是抓住"关键少数"，举办脱贫攻坚专题研讨班，培训 17 市分管副市长和脱贫任务最重的 20 个县的县委书记、110 个县的分管副县长，和这些领导干部一起谈论脱贫攻坚战如何打才能确保打赢，如何把中央和省委、省政府的决策部署落到实处，如何按时完成全省脱贫目标任务。通过培训，以更大力度探索促进农村经济发展新模式成为各级的一致行动。同时，抓骨干力量和一线指挥员，举办市县扶贫办主任培训班，向 200 多名市扶贫办主任、副主任和县级扶贫办主任讲政策、教法子、亮标准、明纪律；举办全省乡镇扶贫干部示范培训班，重点培训脱贫任务重的 100 个乡镇党委书记和 100 名乡镇专职工作人员。以"示范班"推动县级搞好培训，由县委书记、县长亲自授课，2016 年上半年把乡镇党政正职和专职工作人员全部培训了一遍。

高标准严格督查考核。效果好不好、成绩实不实，要用严格的制度来要求和监督，用科学考核评价指标来衡量。省里对各市脱贫攻坚年度工作完成情况进行实地考核，委托第三方社会机构对建档立卡贫困户退出、群众满意度等入村入户调查暗访，形成较真碰硬的高压态势。不少地方通过每月一次现场会、每月一次督导检查、每月一次通报排名，狠抓工作推进落实。2016 年底，在全省各级各部门的共同努力下，在社会各界和广大人民群众的广泛参与下，全省建档立卡贫困人口由 2015 年的 242.8 万人减少到 89.6 万人，圆满完成了当年国家下达山东的减贫任务，达到了省委、省政府提出的年度减贫要求，17个市都兑现了向省委、省政府作出的减贫承诺。资助贫困家庭学生22万多人次，参加高考的4600多名寒门学子全部录取入学；40多万名患病贫困人口得到医疗救治，8200多名贫困白内障患者经过免费治疗重见光明；发放失能老年人和残疾人补贴2.9亿元，扶贫重点村的道路、电网、通水工程、文化活动室、体育健身等基础设施和公共服务设施有了明显改善。在国家财政专项扶贫资金绩效考核工作中，山东位居东部省份第一。

开拓创新为全国脱贫攻坚
贡献山东智慧、山东方案

在2021年2月25日举行的全国脱贫攻坚总结表彰大会上，习近平总书记指出，我国走出了一条中国特色减贫道路，形成了中国特色反贫困理论。在脱贫攻坚战中，全省各地积极探索脱贫攻坚的有效路径，创造了不少走向全国的经验，为全国减贫事业贡献了山东智慧、山东方案。

开创扶贫车间就业帮扶模式。习近平总书记指出，"一人就业，全家脱贫，增加就业是最有效最直接的脱贫方式，长期坚持还可以有效解决贫困代际传递问题"。做好就业扶贫工作，是打赢脱贫攻坚战的重要招数之一。菏泽市率先行动，从群众自创的"小窝棚"打零工里，引发了创新的火苗，通过在贫困村建设扶贫车间，让贫困人口在家门口实现稳定就业、精准脱贫，探索出一条以"一村一品"产业扶贫为基础，以扶贫车间为载体，让贫困群众就地就近就业的"造血式"扶贫路子，实现了村村有项目、户户有良策、人人有岗位。2016年3月，我们在鄄城召开全省脱贫攻坚现场会，各市市委副书记、市扶贫办主任参加，实地参观和学习菏泽扶贫车间的经验做法，反响很好，这一模式迅速在全省、全国推广开来。2017年，"扶贫车间"被纳入中央政治局集体学习的精准扶贫案例之一。

　　探索多渠道产业扶贫方式。产业扶贫与传统"输血式"或是"救济式"扶贫方式相比，具有主动性、持续性、可复制的独特优势。2016年6月，组织召开了全省产业精准扶贫工作电视电话会议，组织各地把产业扶贫作为打赢脱贫攻坚战的工作重点，培育一批带动贫困户长期稳定增收的特色优势产业，建设一批贫困人口参与度高的特色产业基地，建成一批对贫困户脱贫带动能力强的特色产品加工、服务基地，加快形成贫困人口脱贫致富的特色产业体系。各地以产业项目与贫困户增收为结合点，创新产业扶贫模式，有的地方以村为单位规划发展特色产业，引导农户在村统一规划下分户自主经营，扶贫资金直接到户；有的地方集中使用扶贫资金发展设施农业或规模养殖，无偿移交或承包给贫困农户经营，由乡镇、村给予技术指导，解决销路问题；有的地方采取合作经营模式，扶贫资金支持到合作社，同时量化到户，折算为贫困农户出资或股份；有的地方采取龙头企业带动模式，鼓励引导龙头企业到贫困村建基地带农户，根据带动贫困农户数量给予企业贷款贴息支持，等等。像临沂市发展大棚蔬菜、山区林果、红色旅游等特色产业，菏泽、滨州着力实施电商扶贫，聊城市依托东阿阿胶开展养驴扶贫行动，都很有特色。5月，我到聊城调研脱贫攻坚，先后考察了十五里园镇精准扶贫示范基地、景庄村扶贫项目、山东丁马生物科技有限公司等，到贫困户家中实地走访，详细了解精准扶贫工作落实情况。这些企业充分发挥龙头带动作用，大力发展优质化、高端化、规模化的农业生产基地，带领贫困群众脱贫致富，起到了很好的成效。

　　实施黄河滩区脱贫迁建。2015年12月，中央启动第一轮易地扶贫搬迁工作，省里制定了"十三五"易地扶贫搬迁规划，扶贫搬迁涉及5个市、7个县（区）、24个乡镇，搬迁人口4.6万人，其中建档立卡贫困人口1.7万人，计划投资30多亿元，仅集中安置住房建设规模就达160多万平方米，是我省多年来实施规模最大的搬迁工程。2016年，安排两批中央预算内投资共4500多万元，省级财政专项补助资金1.6亿元，开工建设安置区31个，竣工14个，年度项目开工率100%；搬迁入住6700多人，其中建档立卡贫困人口1900多人。在抓好易地扶贫搬迁的同时，省委、省政府针对黄河滩区群众"行路难、浇地难、吃水难、上学难、住房难"，提出了实施黄河滩区脱贫迁建工程。省委书记姜异康、省长郭树清多次对黄河滩区脱贫迁建作出批示，省委、省政府分管领导先后带队到滩区调研，研究破解措施。8月，还专门到水利部黄河水利委员会汇报了山东省黄河滩区居民迁建工作情况及规划设想。10月份，为加强黄河滩区脱贫迁建工作，在省扶贫开发领导小组框架下设立推进黄河滩区脱贫迁建工作专项小组，龚正副书记任组长，我任副组长。按照"省级统筹，市负总责，县抓落实"的原则，各单位立足职能，迅速行动。那时，仅仅开了一个头，大量艰苦的工作是在以后几年完成的。经过5年的攻坚，直到2021年5月，山东黄河滩区迁建任务全面完成，累计投资370多亿元，建设村台社区28个，改造提升旧村台社区99个，建设外迁社区27个、撤离道路470多公里、护城堤30多公里。滩区群众彻底摆脱了"三年攒钱、三年垫台、三年盖房、三年还账"的恶性循环，圆了千百年来的"安居梦"，作为当时的参与推动者，我感到非常自豪。

开展省内"6+6"扶贫协作。我省东中西部地区经济发展很不平衡，青岛、烟台、威海、东营东部四市2015年GDP是临沂、德州、菏泽、聊城西部四市的2倍，而西部四市的贫困人口是东部四市的12倍。根据实际情况，我省开展了省内扶贫协作，在综合考虑各市经济实力和脱贫攻坚任务的基础上，确定济南市与临沂市、青岛市与菏泽市、淄博市与滨州市、烟台市与德州市、潍坊市与聊城市、威海市与枣庄市结成扶贫协作关系，推进资源向贫困地区优先配置，推进要素向贫困地区流动，推进项目、资金向贫困地区投放，推进政策向贫困地区倾斜。2016年，协作双方携手并进、开局良好，6个帮扶市共援建项目15个，到位资金1.1亿元，帮扶地区有59家企业参与协作，协议合作项目27个，协议投资33.9亿元，形成了省内东部支援西部，先富带动后富、优势互补、长期合作、聚焦扶贫、实现共赢的良好局面。与此同时，山东认真贯彻中央东西部扶贫协作座谈会精神，扛起东西部协作重大使命，加大对重庆、西藏、新疆、甘肃、四川等地帮扶力度。2016年年初，我带领省直有关部门负责人到重庆接洽扶贫协作工作，立足当地所需、山东所能，实现帮扶措施和脱贫需求的精准对接。

　　脱贫攻坚取得举世瞩目成就，根本在于以习近平同志为核心的党中央坚强领导，在于中国共产党领导的政治优势和中国特色社会主义的制度优势，离不开省委的谋篇布局，离不开全省广大干部和群众的辛勤工作、真情付出。在脱贫攻坚这场没有硝烟的战场上，全省各级干部不忘初心、牢记使命，诠释了一代人又一代人长征路的使命担当。贫困群众在党的带领和支持下，等靠要少了、勤劳致富多了，陈规陋习少了、文明新风多了，僵化保守少了、自信开放多了，愁眉苦脸少了、欢声笑语多了，精神面貌明显提升，获得感幸福感明显增强。作为参与推动脱贫攻坚工作的一员，我深深地感受到，这是一件人生幸事，是一段难忘经历，是一笔宝贵财富，更是我心中永不熄灭的精神火焰！

尽锐出战　精准务实
如期全面打赢山东脱贫攻坚战

于国安

　　党的十八大以来，以习近平同志为核心的党中央把脱贫攻坚摆在治国理政的突出位置，作为全面建成小康社会的底线任务和标志性工程，举全党全国全社会之力打赢脱贫攻坚战。总书记既挂帅，又出征，亲自指挥、亲自部署、亲自督战。山东省委、省政府牢记总书记嘱托，把脱贫攻坚作为最大政治责任、首要民生工程，尽锐出战、真抓实干，夺取了全省脱贫攻坚战的伟大胜利，脱贫攻坚目标任务全面完成，脱贫地区发展能力显著提升，脱贫群众内生动力充分激发，党群干群关系更加密切融合。我于2017年7月担任副省长，分管农业农村和扶贫开发工作，兼任省扶贫开发领导小组副组长，和同志们一起并肩战斗，既共担工作的艰辛，也共享成功的喜悦。编写《脱贫攻坚口述史》，十分及时、很有必要，借此机会我也重温了那段奋战历程。主要经历了三个阶段：

一、突出重点谋定方案，统筹力量开展集中攻坚，到 2018 年底基本完成脱贫攻坚任务

到 2017 年时，我省仍有省标以下贫困人口 100 多万，其中国标以下也超过 41 万，任务十分艰巨。为有力有序推进脱贫攻坚战，根据省委、省政府安排部署，我们充分调研分析，科学谋划论证，提出并最终确定了到 2018 年底基本完成、2019 年巩固提升、2020 年全面完成的作战方案，并把菏泽和临沂 2 个市、20 个脱贫任务比较重的县（市、区）、200 个重点扶持乡镇、2000 个省扶贫工作重点村"4 个 2"重点区域和黄河滩区确定为攻坚重点。2018 年 6 月，习近平总书记亲临山东视察，并作出重要指示，要求紧盯"黄河滩"，聚焦"沂蒙山"，锁定"老病残"，深化扶贫举措，保证脱贫质量，确保如期完成脱贫攻坚任务。省委、省政府进一步优化战略部署，制定了《推进深度贫困地区精准脱贫实施意见》《打赢脱贫攻坚战三年行动（2018—2020）》两个指导性文件，省扶贫开发领导小组各成员单位先后出台了 45 个具体工作方案，进一步细化任务措施、压实工作职责，指导全省上下咬定目标、集中力量，全力打好打赢脱贫攻坚战。

首先是紧盯"黄河滩"，让 60 万名滩区群众实现"安居梦"。长期以来，受特殊的自然地理条件等因素影响，黄河滩区群众"行路难、浇地难、吃水难、上学难、住房难"，是山东的集中连片贫困地区，也是脱贫攻坚的重点和难点。滩区群众有句顺口溜："三年攒钱、三年垫台、三年盖房、三年还账"，许多老百姓把毕生积蓄用在了建房上，背上了沉重的生活负担。对"黄河滩"，常规的扶贫措施很难起到"根治"的效果，必须下定决心、彻底破解困局。对此，我们深入分析论证、广泛征求意见，确定因地制宜采取外迁、就地就近筑村台、旧村台改造提升、临时撤退道路改造提升、筑堤保护等五种具体方式进行滩区迁建，彻底解决"黄河滩"这一难题。省里成立了黄河滩区居民迁建工作

专项小组,省长担任组长、常务副省长和我担任副组长,并从7个相关部门抽调精干力量组建工作专班。我们紧锣密鼓制定出台了《山东省黄河滩区居民迁建规划》和重点任务分工、项目资金管理、绩效评价、定期调度4个规范性文件以及26个专项方案,构建起"1+4+26"的政策体系。省、市、县、乡层层签订了责任状,各级全力推进迁建工作。专项小组定期开会调度,我和相关部门多次到菏泽东明县、济南长清区等任务比较重的地方调研督导,协调解决存在的困难和问题,确保工程建设进度和质量。每当看到一座座村台、一幢幢安置楼拔地而起,心里感到十分高兴。印象比较深的是,2020年3月菏泽一些迁建工程受新冠肺炎疫情影响而暂时停工,得知情况后,我与省直相关部门到项目现场召开了座谈会,和市、县同志一起想办法研究解决人工、运输、防疫等实际困难,保证了及时复工、赶上进度。在各级各相关部门的共同努力下,滩区迁建工程于2021年5月全面建成、10月底完成搬迁,终于圆了60万滩区群众的"安居梦"。2021年10月,习近平总书记视察山东,亲自走进迁建社区、走访迁建群众,对我省黄河滩区迁建工作给予了充分肯定。

其次是聚焦"沂蒙山",让老区群众共同实现小康梦。蒙山苍苍,沂水汤汤。由于底子薄、条件差等原因,沂蒙革命老区长期为贫穷所困,也是山东脱贫攻坚的主战场之一。当时,我们通过调研走访和反复研究,一致认为对"沂蒙山",必须对症下药、首先解决基础设施落后的问题,切实补齐短板弱项,实现更好开发和更快发展,带动老区人民一起奔小康。于是2017年,省里制定出台了《关于加快革命老区脱贫攻坚和开发建设的实施意见》,全力抓好基础设施建设、资源开发利用、生态环境保护、产业发展等重点任务,努力推进老区跨越发展。据统计,之后4年间,省里以此为抓手,累计向革命老区县投入省级以上财政专项扶贫资金超过100亿元,修建了生产路586千米,惠及贫困村175个、贫困人口6.51万人;修建小型水利设施91座,惠及贫困村36个、贫困人口1.39万人等等,为老区农村生产结构调整、特色产业发展创造了有利条件,真正为老区脱贫装上了"加速器"。其间,我与相关部门向国家部委汇报对接,争取到中央专项彩票公益金3亿元,支持老区贫困村实施小型生产性公益设施建设项目，治一片、成一片，解决了基础设施瓶颈制约，有效改善了贫困村群众生产生活条件。2018年底，老区55.6万贫困人口全部实现脱贫。老区人民在脱贫攻坚战中，把沂蒙精神作为"红色引擎"，敢打敢拼、敢闯敢干，涌现出一大批典型经验做法。2018年7月，我到临沂市河东区的程子河社区调研，村党委以"村集体＋投资方"的模式，带动村民特别是贫困户艰苦奋斗，大力发展蝴蝶兰种植，并引进了特色产业项目，实现了集体经济壮大与贫困户脱贫双重目标。这种做法也在全省进行了宣传推广，发挥了示范带动作用。

第三是锁定"老病残"，小康路上不能让一名困难群众掉队。截至2017年底，全省贫困人口中，因病致贫的有5.4万户，因残致贫的有1.1万户。这部分贫困群众多数都不具备自我发展能力和条件，也就是我们经常讲的"无业可扶"，开发式扶贫就难以发挥作用，必须强化保障性扶贫措施。重点就是落实好"三保障"：在医疗方面，实行"先诊疗、后付费"和"两免两减半"，即免收个人自付的普通门诊挂号费、诊查费，减半收取专家门诊诊查费及大型设备检查费，并且为建档立卡贫困群众购买扶贫特惠保险，保障贫困群众住院治疗个人负担费用低于总费用的10%。在教育方面，统筹各类资金，全力资助贫困家庭学生，比如2017年资助了15.7万名、4.04亿元，2018年资助了20万名、5.2亿元，脱贫攻坚期间参加高考的3.76万名贫困家庭学生全部被高校录取，未升高中的初中贫困毕业生接受中等职业教育比例达到94.8%，贫困学生接受教育机会和教育水平大幅度提高。在住房方面，扎实开展危房改造，住在危房的大多都是"老病残"贫困人口。累计改造贫困户危房15.9万户，贫困户全部实现了住房安全有保障。同时，截至2018年底，1.13万名贫困群众全部易地搬迁入住并实现稳定脱贫，2.85万名群众实现同步搬迁，提前两年完成易地扶贫搬迁任务。另外，我们在开展保障性扶贫的基础上，也十分注重织牢保障网、确保"老病残"能够长效脱贫解困，避免一兜了之。比如针对老年人养老问题，就积极通过政府购买服务等方式，聘请有劳动意愿和劳动能力的贫困人口，就地就近帮助照顾老弱病残等特困人员，实现"穷帮病""穷帮老""穷帮弱"，既实现自身稳定脱贫，又满足特困群体对生活照顾、身心关爱、精神慰藉等方面的迫切需求，更为农村解决老有所养、弱有所扶等系列问题蹚出了一条切实可行的路子。

到 2018 年底，山东基本啃下了"黄河滩""沂蒙山""老病残"等"最难啃的骨头"，深度贫困地区的脱贫攻坚工作取得了重大成果，全省也实现了"基本完成脱贫攻坚任务"的重要阶段性目标。

二、精准精细常态长效，巩固提升脱贫攻坚成果，到 2020 年底夺取脱贫攻坚战全面胜利

基本完成脱贫后，主要是巩固提升脱贫成果，逐步建立稳定脱贫长效机制，最终全面完成脱贫攻坚任务，历史性消除绝对贫困。当时，全省仍有 240 万左右的脱贫享受政策人口，仍是东部地区任务最重的省份。而且与之前脱贫攻坚相比，巩固提升成果、建立长效机制工作更加系统、更为复杂，需要积极稳妥转变工作思路和方式。根据省委、省政府部署，我们结合山东实际，研究提高了省定扶贫标准，确保脱贫质量和效果。其中，2019 年国家扶贫标准为 2995 元 / 人，我省确定的标准为 3609 元 / 人；2020 年国家扶贫标准为 3218 元 / 人，我省确定的标准为 3888 元 / 人。同时，经过认真分析研究，我们确定了三个主要的工作原则：

一是继续强化政策资金支持。在政策方面，把解决"两不愁三保障"突出问题作为夺取脱贫攻坚全面胜利的关键，制定了一系列政策措施，教育、卫健、医保、住建、水利等部门也分别印发了相关工作方案，指导各地全面解决突出问题，尽快补齐短板弱项。另外，我们深入开展消费扶贫，先后出台了《关于深入开展消费扶贫助力打赢脱贫攻坚战的实施意见》《消费扶贫行动实施方案》，并公布了三批扶贫产品目录，引导贫困地区农产品供应商和各地采购商开展产销对接。截至2020 年底，消费扶贫金额累计超过 100 亿元。在资金方面，省级财政

每年都安排专项扶贫资金，引导各级加大扶贫资金投入，并想方设法撬动社会资本进入，同时积极推动涉农资金整合，打造"多个渠道引水、一个龙头放水"的扶贫投入格局。比如2019年，各级财政安排专项扶贫资金40.2亿元，通过开展"千企帮千村"活动，1782家民营企业累计投入扶贫资金10.4亿元，有效缓解了资金短缺矛盾。

二是充分激活内生发展动力。习近平总书记多次讲过，授人以鱼，更要授人以渔；一人就业，全家脱贫。激活贫困地区和贫困群众的内生动力，需要创新方式方法，搞好"造血式"扶贫，特别是要抓好产业扶贫和就业扶贫。在这方面，我们也探索创新了不少做法，积累了一些经验。对于产业扶贫，主要是引导各地立足资源禀赋和传统优势，因地制宜培育发展对贫困户增收带动作用明显的特色种养殖业、农产品加工业、特色手工业和乡村旅游、电商等产业，全省累计推动上马了超过2万个特色产业扶贫项目，年均带动近200万贫困人口增收，省扶贫工作重点村集体收入都超过了10万元。同时，积极做好扶贫资产运营管理，2019年省里印发了《关于加强产业扶贫项目及资产管理工作的通知》，2020年又出台了《扶贫资产管理办法》，形成了扶贫资产所有权、经营权、收益权、监督权"四权分置"管理机制，这一做法得到国务院扶贫办充分肯定，并在全国复制推广。对于就业扶贫，主要是抓好农业技术培训、就业技能培训等措施，积极为贫困群众拓宽就业渠道，累计免费培训贫困劳动力44.2万人次，每年有40余万贫困劳动力实现务工就业。另外，在全国率先推出了"扶贫车间"模式，逐步成为脱贫攻坚和乡村振兴的重要载体，到2020年底全省共建设扶贫车间3437家，累计安置和带动7.1万人次贫困人口就业。我多次到菏泽、泰安、临沂等地的扶贫车间调研，这种模式的扶贫效果非常明显，既能解决大量贫困人口就业，同时也为乡村振兴注入了强劲动力。比如在扶贫车间发端地的菏泽市鄄城县，他们积极发动单位和企业支持，建设了一批厂房式、居家式、合作社式扶贫车间，让贫困群众在家门口打工挣钱，探索出一条以扶贫车间为载体、贫困群众就地就近就业的"造血式"扶贫路子。

三是坚持精准帮扶全面兜底。习近平总书记反复强调，政策好不好，要看乡亲们是哭还是笑。扶贫工作更是如此。如何做到精准？一方面要深入基层一线，逐村逐户了解实际情况、帮着想办法解决存在的问题。为此我们下定决心、加大力度，持续选派了大量党员干部担任第一书记或驻村干部，与贫困群众面对面、心连心，及时帮助解决实际困难。比如，淄川区东裕村的"第一书记"刘昌法，被当地群众称为松穷土、啃穷根的"蚯蚓书记"，他的事迹后来也被《新闻联播》《人民日报》等多家媒体报道。2020年疫情防控的关键时刻，全省发动近33万名干部深入基层一线，帮助83.9万户155.7万名脱贫人口解决实际生活困难。另一方面要建立帮扶机制，2019年我们建立了即时发现即时帮扶机制，2020年进一步健全完善了动态监测和即时帮扶机制，明确监测对象、监测方法、监测程序和帮扶措施，累计将3.46万人纳入及时帮扶范围，并按照"缺什么补什么"的原则，落实具体帮扶措施，真正实现了兜底保障，避免了规模性返贫问题发生。

经过持续攻坚和巩固提升，到2020年底，我省建档立卡贫困人口全部实现了高标准、高质量脱贫，累计减少省标以下贫困人口251.6万人，8654个省扶贫工作重点村全部退出，贫困地区生产生活条件明显改善，贫困群众生活质量显著提升，脱贫攻坚取得了全面胜利。贫困人口年人均纯收入由2015年的3113元增长到2020年的8612元，年均增幅22.6%，明显高于全省农村居民收入增长水平。贫困群众"等靠要"少了、勤劳致富多了，陈规陋习少了、文明新风多了，僵化保守少了、自信开放多了，愁眉苦脸少了、欢声笑语多了。

三、再接再厉接续奋斗，弘扬伟大脱贫攻坚精神，推动脱贫攻坚同乡村振兴有效衔接

脱贫摘帽不是终点，而是新生活、新奋斗的起点。在全面打赢脱贫攻坚战后，党中央审时度势、统筹谋划，确定了巩固拓展脱贫攻坚成果同乡村振兴有效衔接的战略调整，将"三农"工作重心历史性转向全面推进乡村振兴，这是具有里程碑意义的重大转换。山东是农业大省，在

这方面抓得比较早。2018年3月8日，习近平总书记在参加十三届全国人大一次会议山东代表团审议时，就对山东提出了充分发挥农业大省优势，打造乡村振兴齐鲁样板的殷切期望。省委、省政府始终牢记总书记嘱托，不断深化认识、探索实践，确定实施乡村振兴与脱贫攻坚融合推进，以打好脱贫攻坚战推动乡村振兴、以乡村振兴推动解决贫困问题，从而实现农村全面发展。几年来，我们边打脱贫攻坚战、边抓乡村五大振兴，在全面完成脱贫任务的同时，乡村振兴也呈现出全面起势的良好态势。

在农业发展方面。粮食生产连续多年稳定在千亿斤以上，蔬菜、水果、肉蛋等农产品产量稳居全国前列，"米袋子""菜篮子""果盘子"供给充足，较好满足了人民群众消费需求，为全国粮食安全大局贡献了山东力量。寿光蔬菜、烟台苹果等成功获批国家千亿级优势特色产业集群，2020年我省农林牧渔业总产值达到10190.6亿元，在全国率先突破万亿大关，农产品出口更是连续22年"领跑"全国。

在农村建设方面。全力补齐农村基础设施和公共服务突出短板，截至2020年底，全省累计完成户厕改造1090.2万户，农村生活垃圾无害化处理率稳定在95%以上，累计创建省级美丽乡村示范村2000个，农村饮水安全实现村庄集中供水设施全覆盖，村容村貌普遍改观，我省工作也获得了国家充分肯定，国务院对山东农村人居环境整治工作给予了激励表彰。

在农民致富方面。收入不增加、生活不富裕，就不可能完成全面脱贫，更谈不上乡村振兴。脱贫攻坚3年行动期间，也是农民收入增加最多的一个时期，到2020年我省农村居民人均可支配收入达到18753元，较2017年增长24%，超额完成了比2010年翻一番的目标任务，增幅高于城镇居民5.1个百分点，城乡收入差距持续缩小，农民群众获得感幸福感安全感不断提升。

回顾脱贫攻坚历程，这些年我们全面夺取脱贫攻坚战胜利、推动乡村振兴迈出坚实步伐，我认为主要有三个"得益于"。一是得益于党的全面领导，从党中央、国务院到各级党委、政府都高度重视，形成了强大的组织领导体系，五级书记抓、领导做示范，相关部门协调配合、通力协作，充分调动起工作积极性、主动性，为脱贫攻坚各项工作任务落实落地提供了强力支撑和坚实保障。二是得益于优秀干部队伍，扶贫战线的广大党员干部几年如一日，不懈奋斗、任劳任怨，始终将贫困群众的喜怒哀乐和冷暖安危放在心上，用心用情用力让每一名贫困群众都能过上好日子。脱贫攻坚期间，我省先后四轮选派5万多名党员干部到村任第一书记，累计选派42万多名乡镇以上干部与贫困户开展结对帮扶，重点扶贫村实现村村有第一书记和驻村工作队，贫困群众实现户户有帮扶责任人。三是得益于凝聚各方力量，这几年，我们打响了脱贫攻坚的人民战争，贫困群众不等不靠，撸起袖子加油干，变"要我富"为"我要富"；社会各界共同参与，出钱、出力、出人，共同构建起全社会合力攻坚的良好氛围。比如，在脱贫攻坚期间，我省共有2491家民营企业结对帮扶4154个村，累计投入帮扶资金12.4亿元，帮助带动贫困人口超过12万人，发挥了重要作用。

当前，党团结带领中国人民又踏上了实现第二个百年奋斗目标新的赶考之路，全面做好"三农"工作、加快推进乡村振兴仍然是重中之重的任务。我坚信，在以习近平同志为核心的党中央坚强领导下，有伟大脱贫攻坚精神的持续激励，有脱贫攻坚积累的经验指导，山东一定能够高质量打造乡村振兴齐鲁样板，续写农业农村发展新的辉煌，全面开创新时代社会主义现代化强省建设新局面！

我说山东脱贫攻坚这三年

时培伟

为期五年的精准脱贫攻坚战，在山东省分为"头三年基本完成脱贫攻坚任务"和"后两年巩固提高"两个阶段。我 2015 年 12 月任省委副秘书长、省扶贫开发领导小组办公室主任，随后再兼任省委农村工作领导小组办公室主任，主持筹建了新的省扶贫办，全身心投入向贫困宣战的伟大斗争，经历了"头三年基本完成脱贫攻坚任务"的全过程，直到 2018 年 10 月离任。这三年，齐鲁大地上打赢脱贫攻坚战的勠力奋斗，打造脱贫攻坚"齐鲁样本"的艰辛探索，作为党领导亿万人民告别绝对贫困伟大斗争的山东篇章载入史册。

起步攻坚——2015 年底

党的十八大以来，以习近平同志为核心的党中央把脱贫攻坚摆上治国理政突出位置，作为全面建成小康社会的底线任务，作出一系列重大决策部署，力度之大、规模之广、影响之深，前所未有。山东虽然没有国家级贫困县，但贫困人口数量为东部六省最多，约占东部六省总数的

40%，脱贫压力巨大。当时省扶贫办在省农业厅加挂牌子，有三个处十几个人，工作力量、推进力度都适应不了形势需要。省委决定从 2015年 10 月开始，让我这个当时分管干部工作的省委组织部副部长，一方面参与文件起草班子，研究制定省委省政府脱贫攻坚政策措施，一方面牵头筹建新的扶贫机构，面向全省物色抽调政治素质好、业务能力强、工作作风硬的业务骨干，助力扶贫攻坚。

11 月，中央扶贫开发工作会议召开，习近平总书记发表重要讲话，吹响了脱贫攻坚总攻号角。12 月，全省扶贫开发工作会议召开，省委、省政府坚决贯彻党中央战略部署，对山东脱贫攻坚作出总体安排，脱贫攻坚山东战场大幕开启。省委、省政府印发《关于贯彻落实中央扶贫开发工作部署坚决打赢脱贫攻坚战的意见》，综合方方面面，出台含金量高的政策措施，上紧发条，全面推进，确保如期打赢脱贫攻坚战。

省委省政府对脱贫攻坚的组织领导，体现出前所未有的重视程度和推进力度。实行"双组长制"，时任省委书记姜异康和省长郭树清担任省扶贫开发领导小组组长，省委副书记龚正和副省长赵润田担任副组长。12 月 7 日，省编委印发《关于调整省扶贫开发工作机构的通知》，整合原省扶贫办和省直有关部门扶贫职责，重新组建省扶贫开发领导小组办公室。根据省委安排，我任省委副秘书长兼省扶贫开发领导小组办公室主任，随后又兼任省委农村工作领导小组办公室主任，脱贫攻坚与乡村振兴两块工作一起谋划、农村工作一体推进。省扶贫办除原有 17名同志外，陆续从组织、宣传、统战和发改、财政、经信、人社、卫生、教育、住建、统计等部门，以及市县抽调 86 名干部，成立若干个组，独立运行，在省委这边集中办公，以便强有力地统筹党的机关、政府部门和社会团体合力共为，这在全国是第一家。

省里是这样，市县也不能弱。12 月 18 日，省委组织部、省编办印发《关于各市扶贫开发工作机构有关事项的通知》，要求各市县参照省里模式配齐配强扶贫开发领导机构和工作机构。从 2015 年底到 2016 年上半年，全省新的扶贫领导机构和工作机构重塑再造，人数由之前的2848 人增加到 1 万多人。一批正值当打之年的干部会聚到扶贫办，形成了贯通各级党政部门和社会团体的强大统筹力。时任国务院副总理汪洋同志批示：在组织领导上，山东开了个好头。

首战之年——2016 年

　　三年攻坚，首战必胜。省委、省政府把这一年抓扶贫的力度推向新的高度。省委常委会会议、省政府常务会多次传达学习习近平总书记重要讲话，研究落实意见，年底听取全省工作情况汇报，作出安排部署。省领导同志连续主持召开四次省扶贫开发领导小组全体会议，研究部署有关工作，对脱贫攻坚重要文件一份一份审，对重大事项一件一件抓。每次领导小组全体会议都听取省扶贫办的汇报，既讲进展，更讲矛盾挑战和困难，然后一一破解。省委组织部、省扶贫办印发通知，明确脱贫任务比较重的县乡党政正职保持相对稳定，表现特别优秀、实绩特别突出的，可以就地提级。4 月，受省委省政府委托，我代表省扶贫办与各市政府签订了《2016 年脱贫责任书》，誓夺首战"开门红"。各市县层层召开高规格的扶贫开发工作会议，层层签订责任书，立下"军令状"，五级书记一起抓、党政一齐上、社会全参与的扶贫开发大格局初步形成。

　　刚刚组建的扶贫系统开始高速运转。按照省编委确定的组织框架，省扶贫办除领导班子外，内部根据工作需要设置若干个组，每个组就是一个处室架构，一正二副，人员从全省优先调集。我带领省扶贫办的同志们"边垒锅台边做饭"，一边抽调干部组建机构，一边拟定计划推进工作。

　　脱贫攻坚贵在精准、重在精准、成败之举在于精准。落实好习近平总书记这一要求，摆在面前的首要任务有两个，一是清底子，把 2014年以来开展的、已经基本完成的建档立卡贫困人口底子搞清楚。2 月份，先后举办了扶贫对象动态管理培训班、现场观摩会。各市县扶贫办主任对刚刚端到手里的"家底"都很看重，采取各种措施对数据进行核实完善，贫困识别质量有了很大提升。到 2016 年 5 月 11 日零时，全省扶贫对象动态调整和信息采集工作"封库"，全省共有省标以下贫困人口 1211065 户 2423821 人，并呈现出插花分布、老弱病残占比高等特点。二是换脑子，把精准扶贫精准脱贫的理念在第一时间往基层灌、往各级落，成为有的放矢的自觉行动。上半年，省扶贫办牵头对全省脱贫攻坚关键干部进行了轮训，市县也层层开展培训。因为不同于以往，这些培训真正起到了引路入门和战前动员的积极作用。

政策体系快速完善。省扶贫办牵头，各成员单位携手联动齐上阵，开展脱贫攻坚全链条制度设计，从精准识别到督查考核，形成了"1+25+23"脱贫攻坚政策体系，为打赢脱贫攻坚战备足了"武器弹药"。省政府印发《山东省"十三五"脱贫攻坚规划》，明确了脱贫攻坚时间表、路线图。各市主动承接上级政策，打出组合拳，"两不愁三保障"等政策支持更加有力。

省内扶贫加强协作。扶贫是场整体战，以区域内整体全面消除绝对贫困为标准。8 月，时任省委副书记龚正同志主持召开省内扶贫协作会议，部署启动大兵团作战、大区域联合的省内扶贫协作工作。按照"最强的市协作帮助脱贫任务最重的市"的布局，12 市结成了 6 对协作对子。2016 年，签订协作项目 27 个近 34 亿元，落实帮扶资金 1540 万元。

资金投入成倍增长。扶贫既靠政策，更要靠真金白银投入。2016 年，全省各级投入财政专项扶贫资金 48.94 亿元，其中省财政投入 17 亿元，实现翻番，市县两级资金比上年增长 3.13 倍，力度前所未有。省财政设立特色产业发展、小额贷款担保、公益事业三支扶贫基金，到位资金 30 亿元。以县为单位，统筹整合财政涉农资金 61.81 亿元用于脱贫攻坚。省扶贫办与人民银行济南分行等 8 家金融机构（单位）签订战略合作框架协议，撬动金融资金 40 多亿元进入扶贫领域。全国首单社会效应债券落地沂南县，募集资金 5 亿元。

产业就业地位凸显。扶贫不是送，脱贫不靠等。投入的资金能不能发挥效益，关键在于找准适合各地发展的路子，把贫困人口纳进去，靠自己的双手脱贫致富。各地把产业发展作为主攻方向，将就业作为稳定脱贫有效途径，因地制宜，大胆探索，千方百计增加贫困群众收入。我省有一个很有特色的创造，就是扶贫车间。扶贫车间起源于鄄城县董口镇一个村里加工假发的小窝棚，在里面干活，不用远离家乡亲人，不耽误照管孩子老人和做饭，有农活还能忙农活，大家围坐在一起，说话聊天，心情舒畅，有说有笑有稳定收入，加快了脱贫进程，很适合老弱病残家庭。时任省委副书记龚正同志带我去调研，发现这是一条好路子，随即在菏泽召开全省脱贫攻坚现场会，广泛推广扶贫车间和一户多策产业扶贫等好经验。9月23日至28日，国务院扶贫办分南北两片召开产业精准扶贫现场观摩会，北片15省观摩了菏泽、临沂的产业扶贫现场。

重点工程加速推进。菏泽是我省脱贫攻坚的主战场，全市贫困人口占全省总数的37.7%，其中难度最大的就是住在黄河滩里的贫困户。长期以来黄河滩区建设欠账多、积累少，基础设施薄弱，经济发展滞后，贫困发生率高，贫困程度深，包括菏泽在内的全省沿黄9市约60万人深受住房难、安居难等困扰，其中菏泽就有14.7万人，是我省脱贫攻坚的难中之难。对黄河滩区扶贫脱贫问题，时任省委书记姜异康同志多次作出批示，时任省委副书记、省长郭树清同志多次到滩区调研，2015年的腊月二十八还带我们在黄河滩上研究扶贫和滩区建设工作，时任省委副书记龚正、副省长赵润田同志多次深入滩区摸实情，8月份分别带队到国家部委对接。经过充分调研论证，省委、省政府下定决心"砸锅卖铁"也要解决黄河滩区问题，启动黄河滩区脱贫迁建工程。10月至11月，经省委同意，在省扶贫开发领导小组框架下设立推进黄河滩区脱贫迁建工作专项小组，办公室设在省扶贫办，省扶贫办专门成立滩区迁建推进组（专项小组办公室），市县成立指挥部，科学制定"1+N"规划方案，到2020年给滩区群众一个稳稳的家。2017年，时任国务院扶贫开发领导小组副组长、扶贫办主任刘永富同志在黄河滩区调研时感慨，"黄河滩区黄河泛滥，历朝历代没有解决，山东省委省政府把它干成，共产党把它解决了，这是历史性功绩"。

资源调控更加精准。精准扶贫精准脱贫离不开现代信息技术支持。省扶贫办抽调人员，集中开展技术攻关，历时124天建成省扶贫开发综合平台，成为全国第一个通过国家备案的省级平台。平台集成信息汇集、政策发布、供需对接、调度监督、成效评估五大功能，绘制了农村贫困人口分布、扶贫措施到户到人、脱贫人口动态管理三张地图，上接国务院扶贫办，下连市县乡，横向对接 48 个成员单位，成为山东脱贫攻坚有力的资源统筹、作战指挥平台。

社会各界广泛动员。坚持党委领导、政府主导、社会参与，汇成脱贫攻坚的强大"洪流"。成立山东省扶贫开发基金会，举办"10.17 扶贫日"专题活动，"慈心一日捐"拿出部分资金用于扶贫。省管企业拿出 5000 万元，参与"千企帮千村"活动的 973 家企业投入 4.6 亿元。2016 年，全省各级接收社会资金助力扶贫近 6 亿元。

督查考核全面从严。进度要保证，质量要保证，责任要到位，那么督查考核就少不了。省扶贫办牵头制定了对市级党委和政府、省扶贫开发领导小组成员单位、市扶贫办三个考核办法，从无到有建立起全覆盖考核体系。省扶贫办强化日常督查，开展督查 23 次，通报 11 次，约谈领导干部 7 名。2016 年底，省扶贫开发领导小组开展了年度扶贫开发成效考核，采取"明察 + 暗访"方式评估脱贫实效，形成访谈手记 28.7 万字、暗访照片 1.4 万张、视频资料 550 多个小时。根据考核结果排出了等次，17 市和各成员单位考核等次均为较好以上，考核结果通报全省。

为保证脱贫攻坚工作规范、阳光，商请省审计厅在省扶贫办成立审计监督组，同时作为省审计厅派驻审计处，开展"嵌入式"审计工作。2016 年，省扶贫办审计监督组对 3 个市、7 个县开展审计，查出扶贫资金管理、项目建设等问题 124 项。设立 12317 扶贫监督举报电话和网络舆情预警平台，实施 24 小时监测接访，建立重大涉贫事件处置反馈机制，问题线索一查到底，件件有果。聘请法律顾问，以法治思维和法治方式推进脱贫攻坚。

2016 年，全省脱贫攻坚年度战役首战告捷。151 万贫困人口脱贫（其中国标 76.8 万），完成省委、省政府年度减贫任务和国家下达我省的减贫任务，17 个市都兑现了向省委、省政府的减贫承诺，其中青岛、淄博、东营、威海 4 市基本完成脱贫任务。在全省贫困地图上，第一次有成建制的市消灭绝对贫困。

　　总结 2016 年全省脱贫攻坚，最主要的是完成了全省脱贫攻坚制度设计，组织起与脱贫攻坚相匹配的攻坚队伍，建立起保障全省脱贫攻坚战打赢打好的领导体系、责任体系、政策体系、工作体系、监督考核体系，实现了全省范围内精准扶贫精准脱贫理念转变、行动转变，扩大了在全国的影响，开创了全省脱贫攻坚崭新局面。国家财政专项扶贫资金绩效考评，我省位居东部省份第一。费县代表我省参加国家彩票扶贫项目绩效评价，总分第一。对我省工作，时任国务院副总理汪洋同志四次作出批示，给予充分肯定。时任国务院扶贫开发领导小组副组长、扶贫办主任刘永富同志多次批示表扬，指出"山东的力度前所未有，山东的经验值得宣传推广"。在全国扶贫开发工作会议上，时任省委副书记龚正同志代表省委省政府作典型发言。在国务院扶贫办召开的驻村帮扶、金融扶贫、督查和信息、产业精准扶贫、就业精准扶贫等专题会议上，我省都介绍了经验做法。《人民日报》头版头条多次刊发山东脱贫攻坚消息，我省工作走在全国前列。

关键之年——2017 年

　　经过一年强力攻坚，我省贫困现状与 2016 年初"插花型"分布相比，发生了很大变化。当时剩余的 89.6 万贫困人口，88% 在西部，中部占 11%，东部只占 1%，分布更加集中。全省总体呈现"西部攻坚、中部巩固、东部提升"的态势。为进一步调准靶向、优化布局，我们提出对菏泽、临沂两市、20 个脱贫任务比较重的县（市、区）、200 个重点扶持乡镇、2000 个扶贫工作重点村进行倾斜支持、集中突破，这也是"4 个 2"的初步设想。

　　2017 年是省委、省政府原定的脱贫攻坚基本完成之年。省扶贫办综合分析全省脱贫攻坚情况，提出了年度减贫 80 万的工作建议，预留约 10 万贫困人口放到 2018 年完成。

　　2 月 21 日，习近平总书记主持十八届中央政治局第 39 次集体学习，我省"扶贫车间"就近就业模式被选为12个参阅案例之一，习近平总书记给予充分肯定，扶贫车间模式在全国如雨后春笋般迅速推广。集体学习时，习近平总书记发表重要讲话，要求把握脱贫攻坚正确方向，防止脱贫时间层层加码。一个月后，习近平总书记主持中央政治局常委会会议，听取2016年省级党委和政府扶贫开发工作成效考核情况汇报，再次强调坚决纠正脱贫计划脱离实际随意提前，挖空心思搞数字脱贫、虚假脱贫等方面问题。

3月至4月，刘家义同志任山东省委书记，龚正同志担任省委副书记、省长，分别兼任省扶贫开发领导小组组长。刘家义、龚正同志分别多次主持召开会议，传达学习近平总书记重要讲话精神，研究贯彻落实意见，强调要认真领会总书记谆谆告诫，持之以恒反对形式主义、虚假脱贫。

5月，时任省委书记刘家义同志到东明县调研黄河滩区脱贫迁建工作并主持召开座谈会，随后省政府召开黄河滩区脱贫迁建工作推进会，全力推动规划方案编制工作取得突破性进展。

着眼于"攻坚、巩固、提升"三重目标，我省启动实施"扶贫特惠保"，当年理赔3.52亿元，探索建立脱贫成效巩固提升监测机制，对贫困户实行动态跟踪监测，对因病因灾导致的临时性、突发性、支出型贫困人口，即时出现、即时帮扶，对新致贫和返贫的，及时纳入、即时帮扶，为贫困群众稳定脱贫筑起一道"安全网""防火墙"。

6月23日，习近平总书记在山西太原召开深度贫困地区脱贫攻坚座谈会，聚焦深度贫困地区，突出攻坚重点难点。7月10日，时任省委书记刘家义同志主持召开省委常委会会议，进一步学习贯彻习近平总书记山西太原座谈会重要讲话，部署加强扶贫领域监督执纪问责工作。会上，正式确定将我省"4个2"和黄河滩区作为我省深度贫困区域，集聚资源力量，向脱贫最难处进军。

2016年全省扶贫工作成效考核结束后，省扶贫办把考核发现问题逐一反馈，明确第二季度为"问题整改落实季"，狠抓整改提升。7月，省扶贫办组织对整改情况进行督查。7月中旬，省委对12个县（市、区）开展脱贫攻坚专项巡视。7月中下旬，省审计厅对40个县（市、区）开展脱贫攻坚审计调查。省扶贫办针对工作漏洞拿出从制度上解决问题的办法。

为推进深度贫困地区、特殊贫困人口脱贫，省委确定在贫困人口最多的菏泽市召开全省脱贫攻坚现场推进会，时任省委书记刘家义同志出席会议并讲话，对全省脱贫攻坚进行再动员再部署再加油，强调了"八个精准"。10位省领导同志出席会议。会后，各市各单位层层传达学习会议精神，全面审视工作，以更严更实的作风推进脱贫攻坚。省扶贫办一方面召开全省扶贫办主任会议，部署落实工作；另一方面梳理现有脱贫攻坚制度，开展"废改立"工作。

8月，省编办印发《关于调整省推进黄河滩区脱贫迁建专项小组办公室有关事项的批复》，将省推进黄河滩区脱贫迁建专项小组办公室由省扶贫办调整至省发展改革委，以便更加顺畅地上下衔接。

只有乡村发展了振兴了，贫困问题才能得到彻底解决，脱贫的胜利成果才能稳固，老百姓才能过上好日子。省扶贫办、省委农工办联合启动贫困村提升工程，把贫困村提升与美丽乡村建设紧密结合，推动贫困村"蝶变"。9月份，省委、省政府在临沂市召开全省美丽乡村建设现场会议，以全省基础条件最薄弱、脱贫任务最艰巨的2000个贫困村为重点，率先打造成美丽乡村。

省委、省政府进一步聚焦重点难点，印发了省扶贫办起草的《省领导同志联系指导脱贫任务比较重的县工作方案》，省领导同志分头联系指导20个脱贫任务比较重的县（市、区）。

10月9日，省扶贫开发领导小组召开第八次全体会议，听取"菏泽会议""临沂会议"贯彻落实情况，审议通过推进深度贫困地区精准脱贫、省扶贫工作重点村加快建设美丽乡村等重要文件，把全省脱贫攻坚时间表调整为"2018年基本完成，2019年巩固提升，2020年全面完成"。省扶贫办通过会议、文件等形式，组织各市调整脱贫滚动规划，统一攻坚节奏，夯实攻坚基础。

扶贫领域作风问题和腐败问题虽然数量不多，但影响极坏，省纪委、省委组织部、省扶贫办联合制定扶贫领域作风专项治理的意见，着手开展整治工作。12月28日，省扶贫开发领导小组印发实施方案，把

2018年作为脱贫攻坚作风建设年，明确6个方面27个问题为治理重点，以作风攻坚保障脱贫攻坚。

2017年底，根据修订后的考核实施细则，省扶贫开发领导小组完成了年度考核工作。考核较真碰硬，样本覆盖全省17市、822个村，实地查看产业扶贫项目340个，入户6659户，第三方暗访全程记录影像，形成照片2.02万张、视频资料1800多个小时。考核情况向省委常委会会议作了汇报，省委决定对考核等次为一般的3个市和9个成员单位实施约谈。个别经济状况相对较好但对扶贫工作不够重视、工作不力的市受到了约谈。

2017年，全省有83.2万人贫困人口摆脱了贫困（其中国标33.4万人），年度减贫任务顺利完成，贫困发生率降至0.3%以下，全省脱贫攻坚战取得了决定性进展。全省省定标准下还有未脱贫人口17.2万人，近半数集中在菏泽市，有10个市未脱贫人口总数已不足万人，全省具备一鼓作气拔掉最后钉子、实现基本完成脱贫攻坚任务的条件。但同时全省脱贫仍然享受政策人口有253.1万，总体看脱贫成果还不稳定，巩固任务很重。

纵观2017年脱贫攻坚，聚焦深度贫困、突出攻坚实效、狠抓问题整改和强化监督执纪是贯穿全年的工作主题。对于如何正确认识脱贫攻坚中存在的问题，时任中央政治局常委、国务院副总理汪洋同志指出，扶贫工作中的作风问题，与广大基层扶贫干部的努力、贡献和牺牲相比，是一个指头与九个指头的关系，但对这一个指头要看得很重，坚持"零容忍"。监督更严的外部环境和干就干好的责任担当，推动刚刚组建的各级扶贫队伍更加凝心静气、全力攻坚。汪洋同志对我省扶贫资产管理、扶贫资金循环使用做法三次作出批示。时任国务院扶贫开发领导小组副组长、国务院扶贫办主任刘永富同志多次肯定我省工作，指出"山东脱贫攻坚呈现崭新面貌""工作上了几个台阶""省扶贫办很得力"。《中国扶贫》杂志用一期版面，策划刊登了《脱贫攻坚的齐鲁样本》，全方位介绍我省脱贫攻坚做法。《人民日报》、中央电视台、新华社等中央媒体多次宣传报道我省扶贫工作。

基本完成之年——2018 年

2018 年，是我省脱贫攻坚节奏调整之后的"基本完成任务"之年。元旦来临之际，中央农村工作会议在北京召开，其间套开全国扶贫开发工作会议。习近平总书记出席中央农村工作会议并作重要讲话，深刻阐述了乡村振兴战略的重要意义，对打好脱贫攻坚战、实施乡村振兴战略进行安排部署。我参加会议现场聆听了习近平总书记的重要讲话，认真思考山东抓好落实的切入点，并深深感到新时代乡村振兴的春天来了！巩固脱贫攻坚成果的基础更厚实，老百姓的生活更有奔头了！

1 月 12 日至 13 日，全省农村工作会议召开，其间套开扶贫开发工作会议，对打好精准脱贫攻坚战进行安排部署。为促进全省区域协调发展，省委办公厅、省政府办公厅印发文件，统筹城乡，先难后易，推动2000 个省定扶贫工作重点村加快脱贫致富步伐创建美丽乡村，三年见成效，五年大提升，为补齐全省全面建成小康社会短板夯实基础。

3 月 8 日，习近平总书记亲临十三届全国人大一次会议山东代表团审议时发表重要讲话，要求打造乡村振兴齐鲁样板。4 月 24 日，省委农村工作领导小组第一次全体会议暨省扶贫开发领导小组第九次全体会议召开，会议审议了《关于打好精准脱贫攻坚战三年行动（2018—2020年）实施意见》。5 月，省委、省政府印发《山东省乡村振兴战略规划（2018—2022 年）》和推动乡村产业振兴、人才振兴、文化振兴、生态振兴、组织振兴五个工作方案，瞄准"走在前列"目标定位，推进乡村振兴与脱贫攻坚两大历史性任务在山东融合协同落地。

山东的脱贫攻坚牵动着习近平总书记的心。2018 年 6 月 12 日至 14日，习近平总书记视察山东。14 日下午，在听取山东省委省政府工作汇报后发表重要讲话，指示要紧盯"黄河滩"，聚焦"沂蒙山"，锁定"老病残"，深化扶贫举措，保证脱贫质量，确保如期完成脱贫攻坚任务。我有幸现场聆听了习近平总书记的重要讲话。会后，习近平总书记亲切接见大家。当听我汇报我是省扶贫办主任时，总书记握着我的手暖心地说，扶贫工作任务很重，扶贫战线同志们很辛苦，你们最近很忙，要咬紧牙关，确保打好打赢。在接见下几位同志时，又回过头对着我说，菏泽是山东脱贫攻坚的重点区域，要用力抓好。习近平总书记是多么了解山东、挂念群众，多么重视脱贫攻坚啊！我铭记一生。省委迅速召开省委常委会会议、全省领导干部会议、省委全会学习，各级各单位层层学习贯彻。

7月26日，省委、省政府印发《关于打赢脱贫攻坚战三年行动的实施意见》，科学谋划后三年思路措施，各成员单位编制45个三年行动工作方案，明确了"行军图""路线表"。

8月17日—19日，全省乡村振兴暨脱贫攻坚现场会议分东中西三个片区同时召开，11位省领导和各市、县（市、区）党委书记，省直有关部门主要负责同志等200多人参加会议。会议前两天省领导带队找最穷最差的村，进最难最苦的户，开展现场调研观摩、解剖麻雀，第三天集中总结经验、发现问题，深入交流、谋划措施，研究推进乡村振兴和脱贫攻坚。会议筹备和召开前后的7天半时间里，我从西到东，再从东到西，跑遍了三个片区会议现场。

8月下旬，受"摩羯""温比亚"台风叠加影响，潍坊市遭受历史罕见的暴雨洪涝灾害。根据省委指令，我赶赴寿光，任省抗灾救灾前线指挥部副总指挥，与当地干部群众一起抗洪排水，前后共排出积水3360多万方，将近3个西湖。9月上旬，省委成立灾后重建前线工作组，我任组长，与省直有关部门同志一道，进驻潍坊市开展灾后恢复重建，圆满完成了各项任务。2019年8月潍坊再受"利奇马"台风影响，普降大暴雨，局部地区特大暴雨，超过了"温比亚"台风带来的降雨极值，灾后重建设施经受住了考验，在洪灾中发挥了重要的防灾减灾作用。

经过3年努力，2018年底，省委、省政府向党中央、国务院报告，全省省标以下17.2万贫困人口如期实现脱贫（其中国标8.1万人），累计减少贫困人口251.6万人，8654个省扶贫工作重点村全部退出，基本完成脱贫任务，为决战决胜脱贫攻坚奠定了坚实基础，乡村振兴战略全面实施。

我们村是怎样由乱到治变富的

高淑贞

　　2018 年 6 月 14 日，习近平总书记考察山东，并亲临三涧溪村考察，提出了"农业农村工作，说一千、道一万，增加农民收入是关键"，点燃了三涧溪人民传承创新、再造辉煌的激情，成功地竖起了三涧溪党建引领乡村振兴这面旗帜。2019 年，三涧溪片区被确定为省级乡村振兴齐鲁样板示范片区。立足这个实际，我们在这三年期间，设计打造了农业农创园、商贸楼、美食街、乡村振兴展览馆，实施古村修复，还有涧溪工业园改造升级，大大地提高了农民的收入，所以说我们村正在打造乡村振兴的齐鲁样板，扛起这个大旗，增加农民收入，让老百姓过上更好的日子。

　　三涧溪村位于济南市章丘区东部，隶属于双山街道办事处，它是由三个自然村组成的行政大村，1100 户 3000 多口人，13 个村民小组。现在我们村党委下属 5 个党支部、144 名党员。本村的主导产业，有农业、有工业、有旅游业，我们三涧溪这些年来坚持党建引领来壮大村集体经济致富村民。在工业方面，我们坚持做到无工不富；在农业方面，坚持做到无农不稳；在商业方面，激活了三产，激活了我们的村庄，也激活了农民致富的产业，为巩固脱贫成果奠定了坚实基础。

我们村在由穷变富过程中，遇到的问题、采取的办法，主要有五点体会：

村党委发挥好政治引领作用，
做到"说话有人听、办事有人跟"

作为村党组织书记要有担当、扎实苦干的精神。过去我们三涧溪村之所以取得了一点成绩，让群众过上了好日子，就是得益于我们多年来锻炼了一支能担当、能干事、不怕事的村"两委"班子。特别是济南市近几年出台了好多鼓励干部干事创业的激励机制，为担当者担当，为负责者负责，让实干者实惠，还有出台的容错纠错机制，大大调动了农村基层干部干事创业的劲头。作为班长，我更是冲在前，挡在前，敢担当敢负责，在困难和矛盾前从不退缩，从不回避。面对问题，化解了大量的矛盾，解决了许多棘手的问题，扫除了发展道路上的障碍，使村庄发展稳步推进。

我刚担任三涧溪村书记的时候，三涧溪村是个领导头疼、村民心忧的老大难村。从1998年到2004年六年换了六个村书记。究其原因，主要是班子散、人心乱，干部互不服气、互相拆台，党员不带头，作用发挥不充分，导致群众瞧不起干部、党员，对谁当村书记都不支持、对村里干啥都不满意，形成了一个恶性循环。

对于这样的村子怎么办好？我觉得，要治好村子，首先得抓好班子。农村党组织是宣传党的主张，贯彻党的决定，领导基层治理，团结动员群众，推动改革发展的坚强战斗堡垒。农村党组织是农村各项工作的领导核心，必须发挥好政治引领作用，必须建设一支敢碰硬能干事的班子，班子不团结什么也干不成，要团结必须找一个共同目标，干几件干部都愿意、群众都支持的好事实事，让大家伙的关注点集中到干事上来，通过干事来凝聚人心。为此，一上任我就定下来两件事：一是修好全村多年的"泥巴路"，二是让家家户户喝上自来水。办好这两件事一需要钱、二需要人。说起"钱"，当时村里账上没有一分钱，村干部5年没发工资，村集体还负债80万元。向村民筹资、向企业借钱都行不通，最后只能是自己找亲戚、朋友以及几个骨干垫了资。说起"人"，刚开始一些干部并不支持，不少人还说风凉话。但我觉得，村干部都是老少爷们选出来的，有觉悟和能力，但缺自信，思想上缺钙，胆量小。为此，我就召集班子成员天天开会，鼓勇气、增信心，多干事，在干事中增进了交流，打破了隔阂。通过扑下身子实干，多年老百姓盼望的事实现了，环村路修通了，家家户户喝上了自来水，群众开始向我们点头，新班子也从干事中找回了信心，增强了凝聚力。

党组织要担负好直接教育党员、管理党员、监督党员和组织群众、宣传群众、凝聚群众、服务群众的职责，引导广大党员发挥先锋模范作用，坚持"三会一课"制度，推进党的基层组织建设和活动方式创新，加强基层党组织带头人队伍建设，扩大基层党组织覆盖面，着力解决一些基层党组织弱化、虚化、边缘化问题。我就针对党员队伍在创新管理方面动了不少脑筋。

培养一支人心齐、干劲足的党员队伍。过去，由于多年管理松散，村党组织的组织力非常薄弱，无力组织党员学习和开展系列活动。即使组织，参加的党员也区区少数，很大一部分党员不缴党费，就是交党费也斤斤计较，不按党章规定执行。甚至有个别党员在党不忧党、在党不言党、在党不爱党，有些言行让群众不满。针对这种情况，针对全村的现状，我决心从严治党，严格管理本村党员，让党旗飘起来。党员就是先锋队，就是旗帜，身为党员必须执行铁的纪律。记得第一次召开党员和村民代表会时，73名党员只到了31人，"党员不党员，差别两毛钱"成了一些群众的口头禅。我结合全党正在开展的先进性教育，开展了"党旗飘飘映四邻，四邻联动党放心"和"亮党员身份，接受群众监督"主题活动。在每一户党员家门挂上标牌、亮出身份；在村党员活动室制作了一块展板，把党员的名字标注在展板上，哪个党员不带好头，就让群众"戳戳脊梁骨"。通过这个办法，党员的积极性和责任感一下子就调动了起来。后来在开展"创先争优"，在"三严三实"、"两学一做"学习教育以及党的群众路线教育实践活动、"不忘初心、牢记使命"

主题教育、党史学习教育中，我们严格按照上级党委要求，扎扎实实开展好每一个活动，每一次教育。我们还制定了"捆绑式、积分制"考评办法，把每个党员家属的表现也列入党员个人积分，每半年组织街坊四邻对"党员家庭"进行民主评议，让党员家属参加党员点评活动。就这样，通过支部和群众共同监督评议党员，起到了"一人带全家、全家带四邻"的效果。从1995年开始，我在两个村任党组织书记都坚持"三会一课"制度，始终如一地在每月15日晚上召开党员大会，效果很好。创新党员大会内容：及时传达党的方针政策；书记带头讲党课，加强党性、党规教育；老干部、老党员与青年党员轮流讲课，谈体会、说感想，发挥表率作用；及时审议村内重大事项，让党员议事不决事，发挥参谋作用、模范带头作用。这样一来村里什么事，党员都冲在第一线、干在第一线，展现了党支部的向心力、战斗力和凝聚力。

治好村子，村"两委"班子要事事处处走在群众前头，领着群众干、做给群众看。党支部要带领群众发家致富，不懂政策、没有门路可不行。如果我们论致富不如个体户、论技术不如专业户，一来二去，就会失去群众的信任和支持。只有领着群众干、做给群众看，才能增强支部的凝聚力、号召力。前几年，山东实施农业品牌创建，对特色农产品进行规范扶持，很多村受益非常大。从新闻上看到这个消息后，我们觉得是个好机遇，就立即行动起来，到农业局找专家，到农户家里宣传政策、开展技术培训，引导和鼓励大家伙儿搞特色种养殖。在上级的帮助和村里的带动下，村里一名叫王元虎的回村大学生就自主创业搞起了特色"土猪"养殖。不仅自己挣了钱，还带动了30多名青年人干事创业，给村里近百户村民增收，也给村集体经济的收入助了一臂之力。2013年，时任国务院副总理的汪洋同志，来到村里进行了视察，并给予创业者高度评价。

要治好村，村"两委"干部必须要学习法律法规，就像习近平总书记说得那样，搞好乡村治理，必须做到自治、法治、德治相结合，这样村级才能稳定发展，特别是村干部掌握的法律法规知识的多少，影响着自己的执政能力和村庄的稳定。只有依法办事，依法执政，群众才信你，才服你。特别是在征地拆迁拆违拆临、散乱污企业的整治中，必须善用新的法律法规和现行的政策来应对，否则的话，工作难以开展。比如《环境保护法》《土地承包法》《物权法》等，掌握好了、活学活用了，一些矛盾也能迎刃而解。这些年，我们一班人始终坚持事事学在前头、想在前头、做在前头，党员群众都很认可，工作开展得也很顺利。

必须发挥好基层党组织服务功能，把服务群众作为最好的管理、最管用的法宝

受计划经济时代观念的影响，过去村里一些干部在处理村务时，习惯于一管二要，管群众生产生活，向群众要粮要钱。随着群众法律意识、权利意识不断增强，过去的老办法已经行不通了，群众也不买账。要想治好村子，最好的办法就是服务，通过服务赢得群众的支持和认可，把群众紧密地团结在党支部周围。

特别是新时代社会主要矛盾的转化，工作理念和工作方式上必须有创新。村级党组织只有充分地发挥自身广泛联系群众的优势，在创新工作理念上花力气，在转变工作方式上有新作为，这样才能满足群众强烈的归属感、获得感、幸福感和参与发展的需求，才能不断适应构建和谐社会的新时代和新要求。为此，我们在上级指导下，实施了"五个一"工程："一面旗帜"带动群众、"一线通"连接群众、"一张卡"便利群众、"一支队伍"服务群众、"一个职介所"致富群众，做到便民、利民、安民、富民。

"一面旗帜"带动群众，就是实行党员中心户制度，一名中心户联系一名党员，每名党员联系十名群众，一个党员就是一面旗帜，党员带动四邻，四邻互帮互助。

"一线通"连接群众，就是在村为民服务室开通了热线电话，村干部24小时值班。群众只要打个电话，保证在最短时间里得到满意答复。需要上门服务的，村干部会以最快速度赶到村民家里。

"一张卡"便利群众，就是把涉及村民衣食住行、耕种收割、生老

病死、婚丧嫁娶，能够提供社会服务的村民、部门、单位名单集中到一张服务卡上，注明联系方式，装订成册，送到每家每户。服务卡上的项目涉及五大类100多个，实行有偿服务、无偿服务和低偿服务，现在又与网格化管理、信息化管理、微信平台等相融合。

"一支队伍"服务群众，就是以"两委"干部和党员为骨干，成立了120多人的为民服务队，分为应急处理、宣传教育、医疗卫生、纠纷处理、帮教服务、治安保卫等24个小组，小组成员遍及全村，免费为群众提供各类服务，把村务管理变成了人人参与、人人有份、人人有责的工作。

"一个职介所"致富群众，就是成立了村劳动职业介绍所，组织开展"三清三送"活动，就是家庭人口清、劳动技能清、收入状况清，送技术、送岗位、送温暖，村里统一组织岗前培训、统一签订用工合同，采取订单式的培训输送。我们的目标就是要"人人有事干、户户都挣钱"。

通过实施"五个一"工程，转变了干部作风，促进了干部干事，给群众带来了实惠，赢得了群众满意。在近5年的民主测评中，"两委"班子群众满意率都在95%以上。

加强和创新社会治理是
乡村治理的根本方法

刚担任基层党组织书记时，村里邻里矛盾、宅基纠纷、治安混乱等问题不断，群众找，干部急。对任何一点小问题，原则把握不好、关系处理不好，群众就会提意见、找毛病，到最后就会影响到村班子的公信力和权威。大家都知道在农村也不能以言代法，以权压法，徇私枉法，做到在法律面前不为私心所扰，不为人情所困，不为关系所累，不为利益所惑，公平公正对待群众，群众才服你，才信你，也才愿意跟党支部走。

化解矛盾纠纷，首先要有"公道心"，一碗水端平、公道处事。农村的事就像个杂货店，陈芝麻烂谷子、孩子生日娘满月，事事缠手。当初村里通自来水，一些村民门前的路面设施、树木需要拆除，就是不配合、甚至刁难。前几任班子也想修但都没修成，我们也遇到了同样的问题：干就得罪人，不干就一事无成，所以我就横下一条心，坚决干下去，首先碰碰硬，蹚蹚浑水。一上来就碰到自己的亲人出了一道难题，我拉下脸来，给他讲政策、讲道理，一遍讲不通讲两遍，他的话再难听也得听，气再难受也得受，最后他对我说："你愿意干你就干吧，看你这股干劲谁也挡不住你了，只要你能蹚到底，我才不当绊脚石呢！"通过这个事，我感到：干好村里工作必须"一把尺子量到底"，不管亲的疏的、远的近的，有问题处理问题，只有一碗水端平，老百姓才认可。

在治理村子的同时，矛盾不断地出现，化解矛盾纠纷，更要办"公道事"，让群众监督、公开理事。村干部都是土生土长的本地人，都有一个亲支近份、沾亲带故。为了让干部干净干事，我们在 2011 年就实行了村务监督委员会制度，村里的大小事务、收支账目，全部经监委会通过才行。我们还变被动为主动，引导群众推荐那些经常给村里找毛病、提意见的人进入监委会。现在，那些最爱找毛病、提意见的人变成了最会出点子、提建议的人。这几年，在胶济铁路建设征地、旧村改造、济南创建文明城市拆违拆临等工作中，监委会发挥了智囊团、调和剂作用，促进了干群交流，增进了相互理解，保证了各项工作顺利开展。

多年形成了好的制度，面对新时期出现的新矛盾处理起来就容易多了，如在济南创建全国文明城市时，拆违拆临、棚改旧改中很多矛盾，看似最难或者过去很难解决的问题都解决了，原因是什么？干部敢担当、敢带头、敢碰硬，还不碰红线，用好了"公平"这个天平、用好了"公正"这把尺子，用群众方法、法治思维解决了大量难题或遗留问题，促进了社会全面发展，从济南看、从章丘看，处处都在热火朝天的实干，不久的将来"大、强、富、美、通"的济南会展现在世人面前。

化解矛盾纠纷，还要善用"公道人"，让群众参与、公正论事。随着工作逐渐深入，我们感到，有些工作干部说得再有理，老百姓说不行还是不行。前几年，村里整修背街小巷，由于这些小路柴堆、粪堆、违法乱搭乱建多，涉及很多村民利益，一开始村干部做了大量工作，但效果不好。最后我们动员各方面的老同志帮助做工作，特别是村里的老教师，他们都很会讲、很会说，加上有很多村民都是他们以前的学生，做起工作来比我们容易了不少。受这件事的启发，我们就组织村里的老党员、老干部、老教师、老复退军人和其他德高望重的老同志成立了"五老"调解会，许多难以调和的矛盾，他们一出面就迎刃而解。

治乱治穷，最根本的还是靠规矩、靠制度，从源头上发力，创建平安家庭

习近平总书记说，有了好的制度如果不抓落实，只是写在纸上、贴在墙上、锁在抽屉里，制度就会成为稻草人、纸老虎。这话说的一点不假，好多村里都有这种状况，所谓的"制度"成为摆设。村级很多问题仅靠跑腿、磨嘴远远不够，说到底还要讲规矩、靠制度，有了制度，我们就能"对事不对人"，党支部说话也就更有分量、更有底气。为此，针对群众关心关注的干什么事、花多少钱、用什么人等问题，我们研究制定了几套易懂易记的简明流程，既便于干部执行、落实，也便于群众理解、监督。习近平总书记说："制定制度很重要，更重要的是抓落实，九分气力要花在这上面。"

村务决策推行"五步议事法"，做到"干什么"让群众拍板。老百姓对村干部有意见，一个重要原因，就是很多事"干部说了算，群众靠边站"，有时即使办了好事村民也不满意。我们提出，凡村级重大事项决策，都严格按照"党员群众建议——支部提议——'两委'商议——上级党委政府审议——村民（代表）会议决议"五个步骤来操作。村

里规定，重大事项经 90% 以上的村民通过才能实施，实际上每次都是 95% 以上甚至 100% 通过才干，大家都同意了，才能心往一处想、劲往一处使。

村务公开推行"三事三日公开"，做到"怎么干"让群众明白。就是常规事务定时公开、专项事务随时公开、群众点题事务及时公开，每月 15 日、18 日和 20 日作为固定公开日、质询日和解答日，把公开变成"我贴你看、你问我答"的双向交流，消除了群众对村班子的疑惑。在刚实行这项制度的时候，有一次，村民对修缮村办公服务场所花了 20 多万提出了疑问，"不能只公布总数，还要说清楚具体明细"。虽然后来我们全部进行了公开，可心里并不是滋味。于是，我们又召开村民大会对公开项目进行了讨论，尽可能做到全公开、细公开。这些年，由于公开内容全面、详细，在每个月的质询日和解答日，老百姓没有提过一点疑问。

财务开支推行"两审三会签"，做到"花多少钱"让群众放心。在农村，村民不但关心村干部做了多少好事，也关注村干部吃喝了多少，花了多少。为消除群众疑虑，我们的办法是，村里的支出预算由村民代表会定期审查，所有开支须经办人签字，村党组织书记和村主任共同签字，监委会签字盖章，记账中心审查，才能报销。前几年，村里决定投资 100 万元建设老年人健身广场，村里只包工不包料，工程进料由村"两委"干部和村民代表把关负责，监委会负责全程监督，严格控制工程开支。广场建设不但提前竣工，还节省了 13 万块钱的开支，村民都很满意。

党员干部管理推行"民主评议法"，做到"干好干孬"让群众评判。每年初，我们村"两委"都要结合工作实际，确定 3—5 件实事项目，落实到每一名村干部身上，向群众公开作出承诺。年底时，在党员和村民代表会上，让村干部述职，最后由群众进行评议和打分，评议结果与村干部工资直接挂钩。这些年，村干部的承诺没有一件不按时完成，干部干了事，群众得实惠，对村"两委"的工作越来越支持。

发挥榜样力量，带领经济发展，
创建平安家庭

党的十九大提出，"全党必须牢记，为什么人的问题，是检验一个政党、一个政权性质的试金石。带领人民创造美好生活，是我们党始终不渝的奋斗目标。必须始终把人民利益摆在至高无上的地位，让改革发展成果更多更公平惠及全体人民，朝着实现全体人民共同富裕不断迈进"。

我们常说"穷叽叽""无事生非"，就是指贫穷落后容易产生矛盾和问题，只有让群众口袋、脑袋都富起来，村子才能改变又穷又乱的落后面貌。原先我们村也是一个经济空壳村，没有一个村办企业和支柱产业，村民靠打石头、运石头为生，很多家庭艰难度日，青壮年劳力都外出务工，光棍子也多，有些群众因为几块钱就能闹得多年邻里不和，村干部威信也不高，当得也不光彩，村民们还老说你没本事、不干事，这些都是因为一个"穷"字。

摆脱这个"穷"字，发展是硬道理。办实事是目的，实事求是保障和改善民生，要抓住人民最关心、最直接、最现实的利益问题，既尽力而为，又量力而行，一件事情接着一件事情办，一年接着一年干，坚持人人尽责，人人享有，才能使人民获得感、幸福感更多更充实。我们村怎么发展？不能照搬照抄、盲目蛮干，还是得从村子实际出发找路子。三涧溪村位于章丘城郊，紧邻省会济南"大动脉"经十东路，区位优势非常明显。我们"两委"成员经过反复讨论，最终确定了"招商引资、借力发展"的思路，充分发挥区位优势，壮大集体经济，带领群众致富。随后几年里，在上级帮助下，我们抓住省会济南经十东路扩建、章丘市城东工业园和高教基地建设的机遇，成立了三涧溪建设项目服务公司，先后承揽下园区建设施工、学校绿化等多项工程，配合办事处和章丘区引进了多家企业落户三涧溪村，村集体收入从无到有，村民到园区打工，有了工资性收入。为有效推进扶贫脱贫，让村民"人人有事干、户户都挣钱",村支部还组织开展了"联户带富"行动,每名村干部联系一户贫困户,对年轻的劳动力进行技能培训,介绍到村工业园和大学城工作;对年老的,安排从事绿化、保洁等工作。目前,村里有800多名劳动力在村工业园的企业上班,月收入平均在3000元以上。村支部还引领村民进行土地"三权"分置,建设了高标准的农业生态示范园区、特色养殖区。利用本村文化元素"古地道",开发形成了古地道旅游产业,传承了古文化,带动了乡村旅游、餐饮等服务业,致富了村民,带动了村集体经济的发展。村里每年举办一次创业就业培训班、一次农民工现场招聘会,群众的致富路越走越宽,存款达到百万的村民逐年增多,靠劳动力收入的村民年收入也达到了几万元。现如今,我们村老百姓手头上的事多了、口袋变鼓了,心随着变宽了,邻里纠纷、信访矛盾也都销声匿迹了。

摆脱这个"穷"字,文明是软环境。一开始,村里一些干部群众不理解,觉得村里还没富起来,搞这些"虚的"活动是白费功夫、白花钱。但我们觉得,搞活动不是图热闹,能提升大家的精气神、让大家拧成一股绳,从而更好地促进村里稳定。我们坚持"支部搭台、群众唱戏",设了四处高标准健身广场和新时代文明实践中心,还成立了庄户剧团、秧歌队、舞蹈队、篮球队等多支文体队伍,常年活动不间断,开展了"四德评选"和"十星级文明户"评选等活动。通过这些,有力地促进了干群和谐、邻里和睦,进一步培育和形成了齐心协力、干事创业的良好村风。

在中国共产党的正确领导下,在习近平新时代中国特色社会主义思想的指引下,在上级党委的指导帮助和全村党员群众的支持配合下,三涧溪村作为改革开放和党的富民政策的直接受益者,群众的居住条件、生活环境越来越好。

济武一家亲　携手共圆梦

王成伟

　　深入实施东西部扶贫协作，是以习近平同志为核心的党中央作出的重大战略部署，根据济南、重庆两地党委的统一安排，2019 年 9 月，济南市委组织部派我来到重庆市武隆区扶贫办挂职，负责东西部扶贫协作工作。作为一个从小在农村长大的人，扶贫这活并不陌生，能够实实在在帮助贫困地区实现脱贫摘帽奔小康更是每一个扶贫人的真切追求。

　　武隆区位于重庆市东南部，地处东南部乌江下游，武陵山和大娄山峡谷地带，属于中国南方喀斯特高原丘陵地区。距重庆市区 170 余公里，东连彭水，西接南川、涪陵，北抵丰都，南邻贵州道真，处于重庆"一圈两翼"的交汇点。武隆区是一个以苗族、土家族为主的少数民族聚集地，境内同时拥有世界自然遗产、国家 AAAAA 级景区、国家级旅游度假区三块金字招牌。然而地处武陵山腹地的武隆区，80% 的乡镇、75% 的行政村处在大山区、高山区和石山区，自然条件恶劣，经济发展滞后，发展规模工业和农业都不具备优势条件。2002 年，武隆区被列为国家扶贫开发工作重点县。2014 年底，武隆区精准识别贫困人口 15909 户 55449 人，识别市级贫困村 75 个，贫困发生率为 14.8%，贫困人口人均可支配收入仅为 2215 元。经过多年来的合力攻坚，2017 年

11月，武隆区顺利退出了国家扶贫开发工作重点县，75个市级贫困村全部脱贫销号，2020年底武隆区贫困户全部脱贫，脱贫人口人均可支配收入增长到12668元，同比增长16.3%。

初到武隆，面对东西部扶贫协作难题，身为挂职干部的我，需要尽快适应"三不"：语言不通，气候不适，饮食不习惯。来到武隆的这些日子，让自己熟悉脚下这片土地，下村的时候我就去田里，和老百姓一起边干农活边聊天，与当地贫困户成为了朋友，现如今日子好过了，他们还时常邀请我去家里坐坐。我在半年多的时间内，走遍了全区26个乡镇，做了万余字的调研笔记，语言、气候、饮食等不习惯竟就这样在不知不觉间得到了克服，新的工作环境也很快得到了适应，大家都说我从"外乡人"变成了"本地人"，我在接下来的工作中更加充满了干劲。

武隆区地处重庆东南，武陵山脉与大娄山脉在此处绵延纵横，可这里的村庄大都守着青山绿树受贫，豹岩村就是其中之一。豹岩村位于重庆武隆区白马山腹地，平均海拔1000米左右，人口1450人，豹岩村有着丰富的森林植被资源，但水源稀缺、交通不畅，是武隆区确定的75个市级贫困村之一。在豹岩村，海拔最高的天尺坪农业社从前仅有一条长2公里的山路能够连接山外，且80%的山路路段坡度在35度以上，遇上下雨天，路面滑，出行就会更加不便。"七山一水二分田"是这里的真实写照，传统农业在这里一直难有作为。既然是"七分山"，那不如就靠山吃饭。虽然武隆山多地少，发展传统农业的基础薄弱，但生态资源却非常富集，孕育在白马山中的"仙女红"茶正是其中的瑰宝。20世纪70年代，政府曾在天尺坪栽种了4000亩左右的茶树。海拔1300米的白马山天尺坪茶区正处在重庆武隆的T字形小气候区域中，山势陡立于乌江边之上。乌江的温暖水汽直冲崖顶，与崖顶的冷流交替变幻，频繁骤变的温差使得这里产出的茶叶内质物更为丰富，散发出独特的香气。但后期由于缺乏科学管理，茶叶并没能改变村民的生产生活，村民长期守着青山受穷，也有许多村民选择了外出务工。为了改变这一现状，真正让生活在白马山附近的村民们"靠山吃山"，2017年4月，重庆市武隆旅游有限责任公司成立的全资子公司——重庆市赤茗农业有限公司（后文简称"赤茗公司"）成立，白马山"仙女红"茶开始品牌化发展，以"仙女红"茶为基点，打造茶品牌的同时，错位拓展，走农旅融合新路子。2020年，赤茗公司想要扩大生产规模，资金和技术受限，同时因为新冠肺炎疫情影响，东西部扶贫协作招商工作止步不前。面对这一窘境，我和武隆区招商中心领导决定主动出击，做好疫情防护直飞济南，拜访各商业协会。功夫不负苦心人，通过济南发改等部门了解到山东济北产业发展投资有限公司正在各地考察。我们三次登门拜访该公司董事长，极力邀请实地考察武隆投资环境。他深切感受了我们迫切求发展的愿望，终于同意投资。借着东西部扶贫协作的东风，山东济北产业投资有限公司入股900万用于赤茗公司的茶产业发展，并定期组织茶专家来武隆进行技术指导。目前，白马山附近的茶园，如今已基本全部以400元每亩的价格流转给赤茗公司，由其进行统一调度，整个白马山已有现代化茶园5000亩，并已经形成了规模化生产加工。同时，我们济南挂职干部管理组积极与天池农业合作社村民充分沟通，建议成立重庆福勤劳务公司，作为赤茗公司的下属公司，负责景区保洁、茶园管护、设施维护等物业工作，由赤茗公司发放劳务费，并在年底进行股份分红。除此之外，村民们还会有一个采茶的收入。白马山的茶一年采三季：春、夏、秋。村民采茶给公司，再由公司进行大规模的加工生产。采1斤茶叶的劳务费是25元。年近40的张福文原本在浙江务工，近几年返回家乡。2020年，张福文仅采茶劳务费这一项收入就达到了3万多。整合茶资源、提升茶景观、研发茶产品、演绎茶文化，延伸武隆旅游产业的产业链，在东西部扶贫协作的支持下，白马山旅游度假区走出了一条"旅游＋茶文化体验"的农旅融合新路子。最终，周边贫困户彻底脱贫摘帽，增收致富，走上了全面小康的道路。

我深知，农民要增收，产业是关键。根据了解，十多年前山东的脆桃在火炉镇筷子村成功引种，但是近几年发展遇到了瓶颈，散户种植技术管理跟不上，有些老百姓动了砍掉桃树种其他水果的想法。我了解到情况后，多次和济南支农的果树专家到火炉镇去调研脆桃产业现状，做老百姓的思想工作，让他们再等一等、看一看，济南武隆两地齐心把这个产业改造提升一下。我积极争取协作资金共 360 万用于脆桃基地提升改造，同时多次邀请济南的农业科技人员到武隆进行专业技术指导，在多方努力下难题解决，脆桃种植面积增加到 3800 余亩，年产约 60 万公斤。紧接而来的难题是桃子销售渠道单一，眼看鲜美的脆桃难以销售，让人心急如焚，我知道拓宽市场渠道是关键。经过我多次向商务部门申请，利用打造电商品牌"寻味武隆"的机会，最终将脆桃推销、运输等环节全部打通。筷子村脆桃产业基本成型，带动 38 户贫困户年均增收5000 多元，现在武隆全区种植脆桃已有 1.1 万亩，年产量有 200 万公斤，有 1500 多户农民因此增收致富。这一步的成功给我带来了充分的自信，接下来我加足马力，继续联系引进济南的"甜宝"草莓、"明水"香米、"莱芜山羊"等优特品种，它们都为武隆产业增收增添了源源不断的活力。

脱贫致富要出新招，就要学习借鉴济南先进经验，用党建引领新发展。我深知帮扶工作"授人以鱼，不如授人以渔"，协调两地组织部门选派武隆区村、社区党支部书记到济南学习。后坪乡文凤村党支部书记赵俊被选派到槐荫区玉清湖街道新庞村挂任党支部副书记，实岗交流学习 3 个月。挂职结束，留给赵俊的不仅是崭新的见识和更宽的视野，也让赵俊深刻地领悟到："他山之石可以攻玉，在学习借鉴的同时，一定要找准我们村自己的路子，并坚定不移地走下去。"挂职归来，赵俊带领村"两委"班子，学习借鉴山东党支部领办合作社及加强村民自治的先进经验，大力实施党建引领乡村治理行动，以"三治融合"强信心、暖民心、聚人心，充分激发贫困群众内生动力，借助济南援助资金 800余万元，成功打造"天池苗寨"乡村旅游精品点，被列为首批全国脱贫攻坚考察点。我经常走访的贫困户罗开发一家，早先基本上是家徒四壁，靠种苞谷和水稻为生，我鼓励他参加渝鲁共建非遗扶贫培训班"谢氏烧烤走进现代生活"，经过为期 1 个月的培训，夫妻俩学会了烧烤技术。趁着"天池苗寨"打造乡村旅游的东风，罗开发把自家空闲的房屋出租给了旅游合作社，同时利用学到的烧烤技术，在家开起了"谢氏烧烤"店，靠着实在的好味道出了名，最多一天烤了 8 只羊、6 只鸡、5条鱼，收入达到了 9000 多元，家庭全年总收入超过 20 万元。

武隆地理条件得天独厚，我们全体挂职干部因地制宜、因地施策，来唤醒"生态资源"，聚焦深度贫困乡村，加快推进资源集聚、资金整合、政策集成，推动"田园变公园、民房变民宿、农民变股民"的步伐。我们近3年争取东西部扶贫协作资金9783万元投入农旅融合型特色产业，实现了乡村美化、产业发展、村集体经济增收、群众入股分红多赢的愿望，为乡村振兴持续注入了活力。在我们的努力下，为武隆成功打造东西部扶贫协作文旅融合项目，如芙蓉街道"七彩堰塘"、后坪乡"天池苗寨"、黄莺乡"复兴田园综合体"、文复乡"荷美家园"、白马镇"蔬香板桥"、土地乡"犀牛古寨"等示范样板16处。黄莺乡复兴村，因山高、沟深、坡陡、谷悬、地瘠，经济发展落后，是武隆区贫困程度最深的市级贫困村之一，2014年底建档立卡贫困户98户297人。依托东西部扶贫协作，利用水资源丰富、森林覆盖率高、生态环境优良等优势，布局"微田园""微景观"，建设"田园综合体"，引进章丘的"明水香米"，并积极争取山东省农业农村厅建设农业科技监测示范平台，重点打造了集现代农业、休闲旅游、田园社区为一体的乡村旅游扶贫示范基地，成为"武隆区社会科学普及基地""重庆十大特色乡村"，实现脱贫销号，贫困人口全部脱贫。

身为帮扶者必须立足实际，让扶贫协作资金发挥更精准作用。堰塘村距离武隆城区很近，但是交通不便，在高高的山坡上建村，村内环境脏乱差，原先搞养殖的池塘也大都废弃了。我积极争取扶贫协作资金880万元，和村"两委"一起连续3个多月，每月三四次现场办公，逐一解决了堰塘村的交通、人饮、环境美化等问题。村内60口废塘被集体流转后种下荷花，养起小龙虾，还帮村里注册了"芙蓉翡翠梨""堰塘荷虾"等扶贫产品品牌。2020年"五一"期间，"美丽堰塘"首次开门迎客，接待游客2万余人次，旅游综合收入达22.3万元。2020年6月12日，山东省党政代表团到访堰塘，对堰塘崭新的面貌连连点赞，我撰写的《武隆区：鲁渝扶贫协作 助力堰塘吃上"旅游饭"》入选《全国携手奔小康行动案例选编》。2020年全国两会期间，习近平总书记在参加全国政协十三届三次会议经济界委员联组会上听取刘旗委员汇报后，充分肯定了武隆发展生态旅游扶贫的做法，称赞过去的"穷乡僻壤"变成了"人间仙境"。

脱贫攻坚的协作中少不了人才的支援。为了大幅改善当地医疗卫生条件，我多次积极协调济南卫健委派遣创新开展"组团式"医疗帮扶模式，帮助武隆打造肿瘤、妇科、骨科等重点专科，同时提议设立武隆区大病医疗救助补充基金，已救助 1000 余名大病、慢病患者。济南市中医院支医专家王锡与我曾是为武隆脱贫攻坚战奋斗的战友，得知其回济南后仍心系武隆，有意向重回武隆，留在武隆继续贡献自己的力量。我立即向武隆区委组织部和区卫健委作专题汇报，在济南方面大力支持下，最终 2020 年 9 月促成王锡与家属作为人才引进正式调往武隆工作，王锡还将自己多年来掌握的一些经典验方，毫无保留地送给了武隆区中医院，他到武隆中医院后主持建立的针灸理疗特色门诊年诊治量高达 12000 人次，他为东西部扶贫协作武隆作出的突出贡献让我十分感动。我相信，在一个又一个像王锡这样无私奉献的同志的大力帮助下，武隆小康路会越走越宽广！

劳务就业也是摆脱贫困的一个有效措施。我积极推动济南和武隆两地的人力资源信息互通，成功帮助了近千名贫困户实现就业，其中共有 123 名贫困户赴济南务工。2020 年疫情期间，跨省出行受限，我多方协调两地人社部门，通过包车、专机等方式"点对点从家门口到厂门口"组织 57 名贫困户前往济南就业，济南落实"扶贫专机"克服疫情助力武隆异地务工的做法得到肯定，在中央电视台晚间新闻播出。此外我还牵头成立济南武隆东西劳务扶贫协作工作站，进一步加强赴鲁就业贫困劳动力的跟踪服务，真真正正做到对武隆贫困群众负责。"喂，老妈，我今年过年不回家了。"临近过年，来自重庆市武隆区的脱贫人口李华仙经过再三思考，在宿舍给家中年迈的母亲打电话报平安，决定留在就业地济南过年，不回家乡。李华仙是通过济南—武隆劳务协作赴山东就业的脱贫人口，镇政府工作人员推送了一条招聘信息给她，有意愿前往山东务工的脱贫人口，会有武隆区人社部门专人带队，乘专机"点对点"从家门口送到济南工厂门口。2020 年 3 月初，李华仙在济南、武隆两地人社部门的通力协作下，与其他老乡一起登上了前往济南就业的专机。李华仙在入职的第一个月仅工作 12 天的情况下，她的收入就达到了其他工友的月平均工资水平，是武隆老乡中收入最高的人。她经常感慨："如果不是济南的干部牵线搭桥，是找不到这么好一份工作的。"她自己还拿出 1 万多元入了公司的股，她说从那天起真正感觉到自己是厂子的一分子了。在得知李华仙不回武隆老家过年的消息后，济南—武隆东西劳务扶贫协作工作站的工作人员立马准备好重庆特产、牛奶、水果等慰问品前往厂里看望她，李华仙表示十分感动和感激。后来，李华仙还热心介绍了几名老乡一起前往济南就业。

消费始终是经济发展重要因素。我聚焦"10 万吨渝货进山东"薄弱环节，通过搭建多形式消费平台，畅通消费渠道，构建多层次、多形式、全方位的消费扶贫协作机制。争取东西部扶贫协作援助资金 100 万元，加强"渝货进山东"物流、专区、专馆等项目补助，建成济南市禹城高速服务区武隆特产专柜、济南市历下区文东街道武隆专卖店等 5 个特色展馆。我们还采用"政府＋市场"模式，带领武隆当地特色农产品供应商到济南宣传推介，优化完善运营体系，分散对接济南机关企事业单位，组建销售团队直接对接银座商城、大润发、九洲好礼、秦琅食品等济南市龙头企业。我们也积极动员社会体系，广泛运用中国东西部消费协作中心、扶贫"832"等平台维持长效宣传，联动济南电商公共服务中心、济南原产地、蝌蚪直播开展新媒体营销，与北京银行济南支行、济南农商行合作带货直播扩大社会影响，实现东西部扶贫协作消费帮扶销售不断开创出新高度。

自脱贫攻坚开始至 2020 年底，济南坚持"武隆所需、济南所能"，在资金支持、人才支援、产业合作、劳务协作、消费扶贫、社会帮扶等多方面予以援助，累计援助资金 13473 万元，援建项目 138 个，选派专技人才 252 人，引导企业落地投资 9715 万元，社会捐赠款物折合 2485 万元，消费扶贫 4242 万元，工作成效显著、成绩斐然。

我始终坚持走在武隆脱贫攻坚的最前线，记得在 2019 年和 2020 年国家东西部扶贫协作考核期间，尤其是 2020 年决战收关之年的考核，面对繁重的考核任务，我以冲刺的状态去迎检，连续加班一个多月，最终统筹编印东西部扶贫协作考核资料 20 余册、3000 多页，圆满完成考核工作,最终在 2019 年和 2020 年济南武隆东西部扶贫协作考核获得了"好"等次。

2021 年 6 月,我被省委、省政府授予山东省脱贫攻坚先进个人称号,这是对我的肯定,更是对我的敦促。

真干实干，奋力打赢脱贫攻坚战

赵豪志

青岛市委、市政府在党中央、国务院和省委、省政府的坚强领导下，坚持以习近平新时代中国特色社会主义思想为指导，深入学习贯彻习近平总书记关于扶贫工作的重要论述，全面落实党中央、国务院关于脱贫攻坚重大决策部署，坚决落实以人民为中心的发展思想，把脱贫攻坚作为最大的民生工程，坚持精准扶贫精准脱贫基本方略，上下同心，尽锐出战，合力攻坚，全市 6 万多贫困人口和 200 个省定贫困村、310 个市定经济薄弱村、10 个市定经济薄弱镇全部脱贫摘帽，"两不愁三保障"和饮水安全全部实现，以满分的优异成绩通过省级评估验收，脱贫攻坚战取得了全面胜利。我亲身参与了青岛的脱贫攻坚工作，对脱贫攻坚有着深刻的体会和感受。

产业扶贫，是快速脱贫的有效途径

2020 年，是全面建成小康社会和"十三五"规划实现之年，也是脱贫攻坚的收官之年。正是这一年，我从省应急厅到青岛任职。我对青岛的脱贫攻坚工作时刻牢记在心，贫困村民的生活冷暖一直牵挂着我的心。因此，我到任不久，就在很短的时间内，走遍了全市脱贫任务比较重的十几个镇、二十多个村。在调研中发现，各区市在脱贫攻坚的具体实践中，虽然探索出了产业扶贫、易地搬迁、金融扶贫、教育扶贫、生态扶贫等多种扶贫政策和做法，但我感受最深的还是产业扶贫，这是促进贫困人口快速脱贫的有效途径和重要举措。

"输血"不如"造血"。在脱贫攻坚过程中，青岛始终坚持把发展产业作为实现脱贫的根本之策，带动贫困户脱贫增收、贫困村庄脱贫摘帽，实现了高质量的永久脱贫。

平度、莱西是青岛的两个农业大县，产业扶贫压力较大。因为农业生产的周期性特征，决定了农业产业发展的特殊性，往往需要"桃三杏四梨五"甚至更长时间的持续投入，才能形成比较成熟的产业链。如何选择适合贫困镇村的产业项目，我们动了很多脑筋。在农业基础较好的平度市，我们结合当地实际，充分发挥大泽山葡萄、平度大花生、马家沟芹菜等20个国家地标保护农产品的优势，着力打造"农创平度"品牌，厚植产业发展的长久根基。在脱贫实践中，我感到，选择产业时必须遵循市场规律。在西海岸新区的胶河管区，我们结合市场的需求，充分发挥龙头企业、合作社等新型经营主体的带动作用，打造了现代农业种植园。目前，园区周边的几个村庄有数百名村民成了园区的工人，每人每月工资达到了3600多元。在即墨区的灵山街道，我们以玫瑰为产业依托，打造了玫瑰花卉特色小镇，形成了集食用花卉、日化用品、旅游观光、休闲度假、影视创作、艺术摄影等于一体的生态玫瑰产业链，给当地农民带来了比较可观的经济效益。在平度的旧店镇，我们通过向上争取和市县两级支持，筹集了1.2亿元扶贫资金，扶持当地有技术的农民发展蝴蝶兰鲜花产业。目前，106亩的蝴蝶兰种植基地一期已经建成，现有蝴蝶兰55万株，产品远销美国、日本、俄罗斯等国家，预计年产值超5000万元，带动就业近百人。旧店镇政府每年从蝴蝶兰基地产生的收益中提取6%，反补到全镇所有建档立卡的贫困人口。这个蝴蝶兰基地于2020年12月动工，到2021年12月鲜花出口盈利，仅仅用了短短一年时间。这是在旧店镇党政领导坚持"做给农民看、带着农民干、领着农民赚"理念下产生的效果。

在产业模式上，我们创新探索了"扶贫农创体"模式，把扶贫资金注入带动作用强的新型经营主体，催生产业振兴发展的新动能。"扶贫农创体"模式包括旅游、体验、智慧、生态等各类优质经营实体，目前这样的"扶贫农创体"全市已发展到163个。在脱贫攻坚过程中，我们依托这些经营主体，发展适度规模经营，稳步增强其产业扶贫的带动力和辐射力。平度市还加大扶持力度，给27个"扶贫农创体"注入专项扶贫资金，通过土地流转、入园打工、收益分红等利益联结方式，将贫困群众纳入产业链中。平度市崔家集镇有6个贫弱村建立起了"联村扶贫农创体"，6个村连片建成樱桃、西红柿种植大棚189个，引领全镇西红柿种植特色产业迅速壮大，带动周边农民人均增收9000元，每个薄弱村集体经济增收5万多元。他们的脱贫经验还被《光明日报》整版报道，成为全省产业扶贫的先进典型。"扶贫农创体"模式也入选了国家"脱贫攻坚基层实践"典型案例，成为全国基层实践11个年度案例之一。

在产业规模方面，我们由过去的零、散、碎变成了集中建设，以镇街为单位统一实施。在脱贫攻坚刚开始的时候，青岛的扶贫资金主要用于村级项目，规模小、经营管理难度大，效益也打了折扣。从2019年开始，青岛把这些资金集中起来统一使用，与即墨、胶州、平度、莱西等区市的特色产业嫁接，建成了180多个镇级产业项目，与实施村项目相比，平均投资额由83万元增加到了300万元，平均收益由5万元增加到了20万元。这些产业项目，既为3000多个插花村的贫困人口脱贫提供了有力保障，也为乡村产业振兴探索了一条新路径。

5年来，青岛市累计投入财政资金11.7亿元，占扶贫专项资金总额的67.8%，建成了镇村产业项目838个，因地制宜重点实施了"种养＋产业扶贫"、光伏扶贫、资产收益扶贫等形式的产业扶贫项目，为带动贫困户、贫困薄弱村脱贫摘帽和持续巩固脱贫成效发挥了重要作用。

科技扶贫，是深度脱贫的重要举措

科技扶贫，就是由单纯救济式扶贫向依靠科学技术开发式扶贫转变。在脱贫攻坚过程中，我们采取适用的科学技术改革贫困镇村封闭的小农经济模式，不断提升农民的科学文化素质，提高镇村资源开发水平和劳动生产率，促进了镇村经济发展，加快了农民脱贫致富的步伐。

为了尽快实现科技扶贫的目标，我们瞄准贫困镇村科技人才短缺的问题，组建了由高校老师、科研院所专家、企业技术骨干等组成的农业科技特派员队伍，总人数最多时达到了 950 多名。为发挥好这些科技特派员的技术和经验优势，我们又从中抽出一批具有农村产业发展经验和热情的精兵强将，组成了 11 个科技特派员服务队，专门对即墨、胶州、平度、莱西等区市 200 个经济薄弱村进行科技全覆盖指导。工作中，他们还结合当地实际需求和帮扶目标，制订了详细的、具有针对性的帮扶计划，形成了"一队帮扶一村"的帮扶模式。有的服务队员将实验室里的农业科技研发成果，转化在了"田间地头""鸡场猪圈"等镇村一线，有效带动了贫困群众增收致富。这些科技特派员，在服务农村脱贫的过程中，不仅送技术，还调动自身的资源优势，当起了农民的"推销员"。有的积极奔走帮助农民打开特色农产品的销路，有的多方联系食品公司与贫困村签订农产品供销合同，有的免费向贫困村蔬菜种植户提供有机菌肥，等等。这些感人的帮扶举动，让许多贫困村的农户得到了真真正正的实惠。

脱贫攻坚不仅要有产业支撑，更重要的是产业要有持久生命力。为此，这 11 支科技特派员服务队，深入到经济薄弱村调研走访，详细了解村情和村的实际需求及发展方向。通过实地走访和科学论证，我们精选了"畜禽健康养殖技术示范与应用""花生产业提质增效新品种、新技术、新装备的示范""高品质风味蔬菜生产技术示范与推广应用""现代果树高效栽培技术推广与示范""绿色瓜果蔬菜标准化生产技术示范"

等先进农业技术，支持各贫困村发展特色产业。在脱贫攻坚过程中，共有 100 多项农业新技术、新成果、新品种、新模式在贫困镇村推广应用、落地生"金"，组织农民参加各类培训 500 多场次、3 万多人次，使贫困镇村的产业质量和效益有了明显提升。

为了使科技扶贫能够持续发挥效用，我们还着重对薄弱镇贫困村的返乡农民工、本土科技人员、大学生村官、退伍军人、乡土人才、科技示范户等进行科技培训，使之成为依靠科技实现脱贫致富的带头人。我们还鼓励和支持高等院校、科研院所发挥人才、成果、基地等方面的优势，为贫困地区培养懂技术、会经营、善管理的新型职业农民，造就了一批具有科技意识、创新精神的企业家，增强他们带领贫困群众脱贫致富的能力。莱西市通过连续多年的实践，总结出了"扶贫先扶技"的帮扶要领。为解决贫困村农民就地现场指导难的问题，组织实施了"一村一个土状元"工程，在每个贫弱村选派 1 名农技指导员开展定期培训，累计培育贫困村本土"专家" 200 多名，加强了农业生产关键时节、关键环节的技术指导力量，村民在生产过程中的疑点、难点问题能第一时间得到解决。他们还通过采用"送出去"取经、"请进来"讲课的培训办法，选送扶贫对象到青岛农业大学进行技能培训。同时，还组织农技专家送科技下乡，为 1200 多名贫困人员开展了培训，补齐了贫困群众自我发展的技术短板，增强了贫困户脱贫致富本领。

2020 年初春，面对突如其来的疫情，我市广大科技工作者们勇于把责任担在肩上，他们围绕疫情防控期间农业生产中出现的新情况新问题，利用网络新媒体技术创建了"无接触青岛农大社会服务"新模式。在疫情期间，为确保居民"米袋子""菜篮子""果篮子""肉筐子"丰盈，保障农民"钱袋子"充实，科技特派员团队发布了 500 多条科技推文、专家联络名片、团队技术专长等信息，开展了 3000 多人次的线上咨询、培训、指导，解决了近百个生产实际问题。针对山区农民经常受冰雹、大雪等自然灾害破坏，科技人员专门编制了《小麦作物冰雹后补救措施和意见》《桃和葡萄受雹灾后管理技术》《蔬菜雹灾后管理措施和意见》等多项农作物灾后自救指导意见，发挥了农业科学技术在灾后的指导作用。

文化脱贫，是永久脱贫的不竭动力

摆脱贫困重要的是脱贫意识和思想脱贫。青岛在脱贫攻坚的过程中，始终坚持"扶贫必扶智、治贫先治愚"原则，不仅让处在贫困线上的百姓"富口袋"，更要让他们"富脑袋"。

在脱贫攻坚实践中，我感到，一个地区的贫困，表面上看是经济问题，但往往有着更深的文化根源。我通过走访调研，和贫困村的干部了解情况，发现平度和莱西的某些贫困户，不仅物质上贫困，精神文化生活也比较匮乏。要打好脱贫攻坚战，实现永久不返贫，必须要从文化扶贫上多下力气，通过提高他们的文化素质、改变他们的落后观念，才能拔掉他们贫困的思想"穷根"。

为能更好地激发贫困群众内生的脱贫动力，培养并提升他们发家致富的基础能力，我们还专门召集市级有关部门领导、专家，区市、镇村有关负责人开了个"诸葛会"，专题研究了文化扶贫的有关问题。会上，大家畅所欲言、各抒己见，找到了文化贫困的根源，提出了很多改变文化贫困的意见建议。

根据大家的意见建议，提出了要加大和完善薄弱镇和贫困村的公共文化服务设施，把文化送到千家万户，让贫困群众的视野开阔起来，为打赢脱贫攻坚注入强劲的"文化力量"。在平度市，我们整合各类文化资源，对10个省定贫困村和20个青岛市定经济薄弱村实施村居公共文化建设"六个一"工程，就是为经济薄弱的村居建一个文化活动室、建一处文化小广场、建一条"孝和街"、建一支业余文艺宣传队、建一套传统文化教育培训机制、配一批文体娱乐器材。通过这种方式，较好地改善和提升了这些贫困村居的文化基础设施条件。为使公共文化服务更适合群众需求，我们在服务过程中不断探索更有成效的新形式新办法。我们在农村开展的"行走的书箱"活动，荣获全国图书馆文化扶贫乡村振兴案例三等奖。辛勤的文化工作者们用红、黄、蓝三色书箱，装上不同类别的书籍，分别在村庄和学校流通，通过"书箱＋领读人"模式，有针对性地开展推介阅读，引导激发群众的阅读需求。这种新型阅读方式打破了时间和空间的限制，让书"走进"每家每户，让文化入村入心，也真正打通了公共文化服务的"最后一公里"。

在脱贫攻坚过程中，我们多次组织市及各区市优秀演出团体的文化志愿者队伍，深入全市 10 个区市，特别以山东省确定的 200 个贫困村为主要对象，把形式多样、深受群众喜爱的文艺演出、民俗展示、书画展览等送到群众身边。我们还积极调动广大文艺工作者的积极性，结合具有脱贫示范作用的典型事例，推出了很多群众喜闻乐见的优秀文化作品，较好地激发了困难群众的"精气神"。由青岛演艺集团创作的大型民族歌剧《马向阳下乡记》，聚焦扶贫脱困主题，用艺术的形式展现了处在脱贫攻坚最前沿的"第一书记"马向阳，带领村民脱贫致富的感人故事。这部被业界专家誉为"一部接地气、有温度的现实主义精品力作"，荣获第十六届中国文化艺术政府奖"文华大奖"，被评为 2017 年中国民族歌剧传承发展工程重点扶持剧目。剧中的"第一书记"马向阳，是青岛广大扶贫工作者致力于扶贫工作的一个缩影。通过这些文化惠民工程，有力激发了贫困村、贫困户脱贫的志向和愿望，实现了从"要我脱贫"到"我要脱贫"的转变。

找准文化与经济的交汇点，让文化建设助力脱贫攻坚。在这方面，我们注重挖掘贫困地区的文化资源和优势，依托这些特色文化资源，大力发展特色文化产业项目，实现文化与经济的有机融合。在莱西市沽河街道，通过深挖大沽河休闲农业和乡村旅游资源，投入 1.2 亿元扶贫资金，建成了"山后人家田园综合体"，先后组织开展了"番茄王国"山后人家旅游文化节、"寻味沽河"旅游文化节等系列活动。他们还以园区为主体，积极引导当地农民联合开展春季"草莓采摘节"、夏季"番茄文化节"、秋季"葡萄、苹果文化节"、冬季"韭菜文化节""草莓采摘节"等活动，在增加农民收入的同时，也丰富了农民的文化生活。目前，已有人民画院青岛分院、文化部文化艺术人才培训基地山东工作站等 5 个国家级书画基地先后落户在园区内。

"即墨扶贫办老于"参与精准扶贫的那些事

于可松

2014 年，即墨区共识别省定贫困村 30 个、青岛市定经济薄弱村 35 个，建档立卡贫困户 4599 户 11316 人。2016 年底，全区建档立卡贫困户全部脱贫。2017 年底，65 个贫弱村全部摘帽，村庄面貌焕然一新。2021 年 6 月，区扶贫办被省委省政府授予全省脱贫攻坚先进集体称号。这 5 年多来，我完整地见证了即墨区贫困户和贫弱村的脱贫摘帽历程。下面，就跟大家讲讲我参与即墨区精准扶贫的那些事。

2016 年，因人因户施策，促进贫困户
实现全方位脱贫

2016 年 2 月，我调任到区扶贫办任副主任分管业务工作。为了迅速地进入新的角色，我在工作中坚持做到"三多"：一是多研究政策，吃透上情。我全面系统地学习了习近平总书记关于精准扶贫的系列重要讲话以及中央和省、市各级扶贫政策，深入钻研各项业务，组织相关科室，全面梳理了各级扶贫政策脉络，编印了《扶贫工作政策资料汇编》

（共4册）和《扶贫政策服务指南》，发到基层干部手中，为他们开展工作提供了政策指引和咨询服务，受到了广泛好评。二是多跑基层，摸清实情。基层是矛盾焦点、问题集中暴露、集中汇聚的地方。要扶真贫首先要摸清贫困的底数，只有多跑基层才能了解实情。2014年的时候，我区共识别建档立卡贫困户4599户11316人。我们发现因为前期识别不够精准，里面存在着不少"沙子户"。2016年3月，我们全面启动了贫困户全面核查工作，抽调了部分年轻基层干部，由我带队分4组逐村逐户走访摸排。在走访过程中我们采取了"看、算，两见面，三方联审"的工作办法，重点核查是否符合贫困户条件、识别程序是否规范。历时近3个月，我们马不停蹄，顶烈日、冒风雨跑遍了520多个村庄4599户贫困户，做到了一村不落、一户不漏，全面摸清了贫困户实情和底数。此次核查，我们共清退不符合条件的贫困户2307户5322人。同时，为保障精准扶贫"不落一户、不丢一人"，我们还开展了贫困户再识别，充分发动包村干部、村"两委"干部和左邻右舍参与进来，既要识别准确无误又要避免引发攀比，共识别出贫困户148户426人，全部纳入了建档立卡系统。三是多调研，总结经验。老百姓有句话，叫作"当地蝼蛄当地拱"。只有多到基层调研，才能和他们同频共振，真正打成一片，产生"共鸣"，也才能了解到真实情况，听到真实的声音。截至2016年底，我先后到镇、村贫困户家调研走访接近200天次，帮助基层解决困难和问题530多个。通过不断的调研走访，我既掌握了解了基层工作实际，也总结和推广了一些基层的好经验、好做法。例如，在结对帮扶走访工作中，很多帮扶责任人不清楚该访什么，我在调研中发现鳌山卫街道采取了"七看七问"（"七看"是指看房屋是否安全、看生活是否困难、看饮用水是否安全、看家里卫生是否良好、看档案是否齐全、看政策是否落实、看贫困户精神面貌是否良好，"七问"是指问家庭成员状况、问家庭收入状况、问政策知晓情况、问子女受教育情况、问子女赡养情况、问生产生活情况、问对帮扶是否满意）走访工作法，效果非常好。我们立即组织在全区推广这个工作经验，受到了上级和基层扶贫干部的高度评价。

习近平总书记指出，要扶真贫、真扶贫。我们费了很大的力气摸清全区贫困户实情和底数，就是为了"扶真贫"。那么"真扶贫"要怎么干呢？在走访过程中，我们发现贫困户的致贫原因多种多样，每户的帮扶需求不尽相同，要真扶贫就要针对贫困户的致贫原因和脱贫需求，因户因人施策，制定全面帮扶措施，做到全方位扶贫、全方位脱贫。对此，2016年，我们组织实施了增收、温暖、安居、保障"四大工程"。

一是增收工程，实施增收工程是为了鼓起贫困群众的"钱袋子"。贫困户要实现稳定脱贫，关键是要有稳定的收入。在充分尊重贫困户脱贫意愿的基础上，我们组织逐户对有劳动能力的贫困户量身制定帮扶措施，通过产业引领、扶持就业、园区带动、鼓励发展小型户项目等措施，千方百计促进贫困户增收脱贫。移风店镇道头村有户贫困户叫王淑婷，早年丧偶，患有糖尿病，还有个儿子上初中，生活清苦、情绪低落、满面愁容。了解到她以前曾经干过一段时间的面粉加工经营后，针对她的情况，我们通过实施户增收项目，为她购买一台电动石磨，帮她建起石磨面粉加工间，并利用电商帮助销售，镇机关伙房也主动购买消费。通过实施这个项目，王淑婷每月仅通过加工面粉就能收入2000元左右，精神面貌也焕然一新，露出了笑脸。这一年，全区共实施了1620个扶贫户项目，促进贫困户增收取得了非常好的效果。

二是温暖工程，实施温暖工程是为了热起贫困群众的"心窝子"。扶贫工作不单要物质扶贫，也要精神扶贫，要对贫困户从物质到精神上进行多重帮扶，贫困群众的"心窝子"才会暖起来，才会从心底里产生感恩之心，对党和政府的帮扶工作满意。我们在每个镇街成立了扶贫救助中心，广泛发动爱心企业、商会、公益组织等捐衣捐物，向贫困户发放物品领取券，贫困户持券定期免费领取日常所需的衣物、鞋子或生活用品等。另外，还动员民营企业积极参与"百企帮百村、千企扶千户"活动，通过安排打工岗位、实物帮扶等形式帮助贫困户；发动青年志愿者和公益组织力量，开展脱贫志愿服务活动，助力脱贫攻坚。比如，青岛华和店集针织公司为帮扶的贫困户王文修一家捐赠了不少生活物资，还成立了志愿队，每周轮流到其家中，帮助收拾卫生、清洗衣物、聊天谈心等；很多妇女网格员经常深入到贫困户特别是孤寡贫困老人家中帮助收拾卫生、洗衣做饭，并陪老人聊天拉家常，让他们从生活和精神上得到照顾和慰藉，真心感受到党和政府对他们的关心。

三是安居工程，实施安居工程是为了靓起贫困群众的"旧房子"。住有安居是老百姓最朴实的愿望。为确保贫困户住得安全、住得舒心，我们组织对200多户贫困户的危房全部进行了改造，对630多户贫困户老旧房屋进行修缮。另外，还对基本生活用品不全或破旧的贫困户，动员帮扶单位、帮扶企业出资，为他们配备或更新了彩电、衣橱、餐桌等基本生活用品。灵山镇刘家旺疃村贫困户王贞芳老人原来居住的房屋低矮昏暗，镇政府出资1.4万元进行粉刷加固、更换门窗、置办桌椅等，老人家中变得窗明几净，王贞芳老人逢人便夸党的政策好。

四是保障工程，实施保障工程是为了兜起贫困群众的"穷底子"。我们扎紧扎牢了兜底保障网，逐户逐人落实了教育、医疗、养老等方面保障措施，使每一名贫困人口都能享有基本的义务教育、医疗和养老条件。应该点赞的是，青岛通广建工集团总裁王卓锋。他在企业做大做强同时，积极参与即墨扶贫事业，设立了"微尘卓锋基金"，捐资对贫困家庭高中生、大学生和研究生进行资助，累计资助370多名贫困户子女，发放资助金100多万元。截至2016年底，我区建档立卡贫困户全部实现了脱贫，实施"四大工程"促进贫困户全方位脱贫的经验在《中国扶贫》杂志刊发。在2016年度精准扶贫考核中，我区位列青岛各区市第一名。

2017年，坚持增收与建设并举，
加快贫弱村脱贫摘帽步伐

这一年，在继续巩固提升贫困户脱贫成效的基础上，我们立足贫弱村产业基础和发展实际，研究提出了"突出增收、提升基础、增强活力"三管齐下的工作思路。首先是要促进贫弱村集体经济实现持续增收。我牵头组织实施了两项稳定增收工程，一个是光伏发电扶贫项目，一个是古城商铺资产收益扶贫项目。在国家扶贫办2015年提出实施光伏扶贫工程之初，我区积极响应上级号召，经充分调研论证发现，即墨区实施光伏扶贫有三大资源优势：一是地理优势，辖区内太阳能资源丰富，根据我国太阳能资源等级区划，适宜建设分布式光伏电站；二是经济优势，经济发展综合实力较强，有利于光伏电站项目的实施和推广；三是产业优势，域内拥有比较成熟的光伏企业，有利于项目的运营和维护。因此，我们利用上级专项资金，在27个省定贫困村建设了光伏发电项目，采取三年项目一次规划、一次实施，每个贫困村投资120万元，建成后每个村庄的年收益大约12万元以上。

如何促进经济薄弱村实现持续增收呢？走访调研后，我发现这些村庄不是地理位置偏僻、资源禀赋匮乏，就是产业结构单一、村庄负债较多，要实施农业产业项目风险较大，达不到扶贫预期成效。根据中央提出的探索资产收益扶贫的精神，在学习借鉴了外地先进经验基础上，结合即墨古城开发建设契机，我提出了古城商铺资产收益扶贫项目的建议，在与即墨古城建设办公室、区房产处多次研究商讨后，研究制定了实施方案，报即墨区第十七届人民政府第五十九次常务会议研究通过。我们统筹整合了35个经济薄弱村和3个无法实施光伏项目的贫困村的扶贫专项资金，为每村投资90万元在即墨古城购置了一处商铺，由国有旅游开发公司承租经营，村庄收取租赁费，每年租金在6.3万元左右，既确保了村庄每年有固定收益，而且还为村庄留下一笔升值潜力较大的固定资产。

另外，除了这两个稳定增收项目，我们还根据贫弱村产业发展实际，后续实施了优质种养、手工加工、生态旅游等特色产业和服务业项目，让村庄不仅在有稳定"保底收入"的基础上实现"锦上添花"，还带动了贫困群众增收脱贫。比如，蓝村街道马家屯村小油菜大棚扶贫项目、灵山街道索戈庄村多肉植物种植项目等。通过扶贫产业项目，目前我区65个贫弱村集体经济年收入均达到5万元以上，其中10万—20万元的30个、20万元以上的19个。

通过实施扶贫产业项目，贫弱村的集体经济收入有了保障，下一步就是要持续提升村庄的基础设施和公共服务设施水平。在这方面，上级有明确的标准就是要实现"五通十有"。我们结合全区"美丽乡村"建设，实施了贫弱村基础设施提升工程，用足用好扶贫及各类奖补政策资金，加大对街巷硬化、绿化亮化等基础设施和社区服务中心、卫生室等公共服务设施建设支持力度，对贫弱村各项软硬件进行全面提升完善，到 2017 年底，65 个贫弱村全部实现"五通十有"，顺利实现脱贫摘帽。截至 2020 年底，全区累计投资扶贫专项资金 4000 余万元，实施贫弱村基础设施项目 150 个，65 个贫弱村全部达到青岛市级美丽乡村达标村标准，其中 12 个村庄达到示范村标准。

"给钱给物，不如建个好支部"。贫弱村收入有了保障，软硬件得到提升后，还得要有好的村"两委"班子带领村庄实现良性发展。我们借村庄"两委"换届的契机，选拔了党员群众拥护、工作能力强的村干部，让 65 个贫弱村全部都有了健全的领导班子。同时，区派 51 名"第一书记"和青岛市派 14 名"第一书记"进驻 65 个贫弱村，为村庄注入了组织发展的活力。

2018 年，坚持问题导向，巩固提升脱贫成果

通过两年的持续奋战，全区脱贫攻坚取得了重要阶段性成效，村、户脱贫成果明显，而且没有一笔扶贫资金出现问题，牢牢守住了底线和红线，这让我感到很欣慰。

2018 年，我们迎接了青岛市级以上巡察、督查、检查和审计等 11 次，在这些督查检查中发现了很多有待完善的突出问题，例如，基层重视程度有所下降、档案信息不准确、帮扶工作走形式、扶贫合力不强等。2018 年 8 月 7 日，区委主要领导召开区委常委会议，专题研究了上级对我区扶贫领域专项巡察整改工作，要求照单全收，坚决整改。按照区委常委会研究意见，我区从 8 月下旬开始到 11 月底，开展了"脱贫攻坚大摸排、大改进、大提升百日会战"，共分三个阶段，压茬进行。

这是我区脱贫攻坚历程中的一次途中冲刺、空中加油，全区上下扶

贫干部再次鼓足干劲，对前两年的精准扶贫工作，来了一次起底大摸排，漏洞大检查，短板大整改。我们对辖区内所有农村人口进行了再识别，确保不能漏掉真贫，也不能把假贫纳入进来；对所有贫困户信息进行了再次核对，确保了底数真实、准确；对 65 个贫弱村集体收入和"五通十有"情况进行全面摸底，列出了清单逐项提升；对所有的扶贫项目拉网式检查，建立了管理台账，确保四权清晰，管理规范；瞄准提升"一度四率"（贫困群众满意度、信息档案精准率、脱贫稳定率、帮扶责任到位率、项目收益惠及率）狠下功夫，切实巩固提升脱贫成效。这是一次刀刃向内的"刮骨疗伤"，释放出脱贫攻坚丝毫不能放松的强烈信号，全区上下以更高的站位、更实的责任、更扎实的作风，在脱贫攻坚战中稳住了阵地，为下一步攻山头奠定了良好基础。

2019 年，创新完善工作机制，激发贫困户内生动力

通过三年的艰苦奋斗，贫困户和贫弱村的脱贫成效得到了不断巩固提升。时间到了 2019 年，我们围绕创新完善脱贫攻坚成效体制，不断激发贫困户内生动力，做了很多的探索和尝试。

我们在走访中走进一些贫困户家发现，他们虽然物质上实现了脱贫，但生活习惯还很落后，家里卫生差、东西乱，前脚帮着收拾干净，后脚脏乱依旧，生活品质和幸福指数不高。针对这个问题，2019 年 4 月 23 日，我们制定印发了《关于在全区建档立卡贫困家庭开展"三净三美"家庭创建活动的通知》，组织开展了"三净三美"贫困家庭创建活动。围绕着院外净、庭院净、室内净的目标，从产业项目收益资金中投入 550 多万元对贫困群众家居环境进行改造提升，帮助他们粉刷墙壁、修缮房屋、更换家具、增添电器、美化居室等，全面改善了贫困户的家居环境；围绕生活美、家风美、劳动美的目标，通过举办孝亲公益大讲堂、道德讲堂等系列文化活动，传播自主脱贫正能量，提振贫困群

众脱贫致富的精气神和内生动力，按照家庭卫生洁净程度实行分值折现奖补。截至 2020 年底，贫困户家居环境全部达到了"三净三美"达标标准，累计发放激励奖补资金 40 多万元。

我们区贫困户中 60 岁以上老年人占 43%，这部分老年贫困人口中约 70% 无劳动能力或弱劳动能力，收入主要依靠养老保险、子女赡养费和扶贫项目收益补助等。为了消除"等靠要"的思想，激发孝亲的社会正能量，2019 年 6 月，我倡议研究出台了《即墨区农村精准扶贫孝善养老实施办法》，对年老且子女具备一定赡养能力的贫困户，创新实施"扶贫孝善养老"办法，采取"子女自愿交纳赡养费 + 孝善养老基金补贴"的新模式，激励贫困户子女对父母的赡养责任，利用项目收益资金累计为 220 余户发放孝善养老补助金 40 余万元，既倡扬了孝亲敬老的传统美德，又解决了贫困老人稳定收入、持续脱贫问题。

在结对帮扶工作中，帮扶责任人帮得怎么样、走访到不到位，镇街和帮扶单位信息如何有效共享，3 年来一直是个问题症结。针对上述问题，我们通过认真研究设计，利用微信小程序平台，开发了扶贫动态服务平台，在手机端实现了走访动态上传、走访纪实监测、基本信息查询、数据统计汇总 4 项功能。组织每名帮扶责任人都绑定平台，每次走访及时上传入户必访的 10 项内容的最新动态。区扶贫办通过平台对帮扶责任人定期入户走访情况实时监测，对"十必访"发现问题及时协调解决。2019 年全年帮扶责任人累计走访 6000 余人次，走访到位率达到了100%，协调帮助解决困难和问题 200 多个。

2020 年，全力以赴决战决胜，
夺取脱贫攻坚全面胜利

2020 年是打赢脱贫攻坚战的收官之年，但突如其来的疫情对经济社会发展带来了较大冲击，给如期完成脱贫攻坚任务带来了困难和挑战。在这关键时刻，我们认真贯彻落实习近平总书记关于统筹推进疫情防控和经济社会发展工作的部署，全力做好贫困人口疫情防控工作，发起脱贫攻坚决战决胜总攻，全力打赢了疫情防控和脱贫攻坚两场硬仗。

疫情集中防控期间，本着"不落一户、不漏一人"的原则，我们组织采取帮扶责任人电话确认、镇街扶贫办和村庄干部入户走访查看等形式，逐户落实防控措施，确保了全区贫困户无一户感染。平凡中印证不平凡，疫情面前凸显真情。在新冠肺炎疫情防控的严峻形势下，我区广大贫困群众满怀感恩心理，积极回馈社会，积极参与疫情阻击战，用他们的实际行动表达着自己的真心和大爱，让我们十分的感动。

曾经的贫困户，在扶贫政策的关怀下走出贫困。在党和人民需要时，他们挺身而出，做着平凡但伟大的事，为疫情防控阻击战贡献了一份属于自己的力量。据不完全统计，我区涌现出 100 多名贫困群众主动要求参与此次疫情防控阻击战，他们和村干部一起排班守路口、发放宣传资料、喷洒消毒液，有的捐出微薄的收入、有的为值班群众送水送饭……关键时刻、紧要关头，贫困户识大体、懂情意的情怀，展现出了满满的正能量，让 2020 年的初春充满了直抵人心的温暖。在做好疫情防控的同时，决战脱贫攻坚我们一刻也不放松。

3 月份，我们发起了脱贫攻坚"回头看"问题清零攻势，找差距、补短板、强弱项。对 2016 年以来各级审计、巡察、督查考核、第三方评估等发现反馈的问题，进行了全面梳理，分年度建立了问题台账，坚持无死角、无盲区整改，实现了问题清零，为全区脱贫攻坚完美收官奠定坚实基础。

6 月份，我们制定出台了《关于健全防止返贫致贫动态监测和即时帮扶机制的实施意见》，对脱贫不稳定户和相对贫困户进行监测，组织新识别即时帮扶户 15 户 29 人，逐户落实了帮扶政策，坚决防止了返贫和产生新的贫困。

7 月份，我们开展了脱贫攻坚"三化三不"档案规范化提升工作，严格对照上级检查验收清单，对户、村脱贫档案逐项梳理、逐项完善，确保清晰规范、有迹可查。

10 月份，我们深入开展脱贫攻坚遍访核查工作，区镇两级组织精兵强将成立工作专班，其中区级专班由区扶贫办班子成员带队，镇级专班由党委书记牵头，党政班子成员分头负责。区镇核查压茬进行，逐村逐户逐个产业项目过筛子，确保不留隐患、不留锅底。

11月份，我们迎接了省脱贫攻坚验收评估，顺利以满分成绩、高质量通过评估。因工作成绩突出，即墨区扶贫办被省委、省政府授予全省脱贫攻坚先进集体称号。

2021年2月25日，在全国脱贫攻坚总结表彰大会上，习近平总书记向全世界庄严宣告，我国脱贫攻坚战取得了全面胜利。作为一名扶贫干部参与了这场彪炳史册的伟大战役，内心也深感荣幸和自豪。

脱贫攻坚的"胶州样本"

刘世伟

2016年7月初，将满而立之年，我应组织抽调，结束了在洋河镇的挂职锻炼，加入刚刚成立的胶州市扶贫办，成为业务科一名扶贫战士。在具体工作中，我始终把群众身边无小事牢记在心，始终心系使命，时刻把困难群众的安危冷暖放在心上，用心用力用情做好脱贫攻坚各项工作。2017年10月，原业务科长因工作调整调离，经组织考察，任命我为业务科临时负责人，2018年2月正式任命为城乡扶贫科科长，和同事们一起扛起对内脱贫的重担。

业务科是胶州市扶贫协作办的重头科室，承担全市贫困村、经济薄弱村和贫困户的脱贫攻坚任务，对上负责承接城镇扶贫处、农村扶贫处和督查考核处3个职能处室工作安排，对内负责指导全市12个镇街并协调市本级44个行业扶贫部门单位，牵头推动产业扶贫、教育扶贫、健康扶贫、住房保障扶贫、饮水安全扶贫、就业扶贫、金融扶贫、兜底保障扶贫等政策落实，同时还承担着组织各类业务培训、协调落实各级扶贫督导调研等工作。

摸清底数，打有准备之战

2014 年通过精准识别，胶州市确定省定贫困村 20 个、青岛市级经济薄弱村 30 个，建档立卡贫困户 5028 户 10242 人，其中省标贫困户 1395 户 2807 人，市标贫困户 3633 户 7435 人。在贫困人口中以老弱病残等传统困难群体居多，大致分为三类：一类是缺乏斗志不愿为，脱贫意愿不强烈、安于现状，缺乏自力更生、艰苦奋斗的精神和脱贫内生动力，这类群体约占全体建档立卡贫困人口的 3.4%（348 人）；一类是缺乏技能不会为，劳动技能和素质不高，这类群体约占全体建档立卡贫困人口的 8.4%（860 人）；一类是老弱病残不能为，多数因病、因灾、因残失去劳动能力，这类群体约占全体建档立卡贫困人口的 88.2%（9034 人）。

精准施策，实施"三抓六化"
推进识贫脱贫长效发展

近年来，胶州市坚持把精准扶贫、精准脱贫与全面建成小康社会高标衔接，在确保全面完成精准脱贫任务基础上，努力探索沿海开放经济发达地区精准脱贫长效发展的"胶州样本"。到 2016 年底，建档立卡贫困人口全部脱贫。在贫困户认定、帮扶、退出方面，我们的主要做法是"三抓六化"，即抓准两头，做到精准识别标准化、脱贫退出具体化；抓实中间，做到帮扶力量集成化、脱贫方式餐谱化；抓好长效，做到动态管理网格化、兜底保障长效化。

抓准两头，做到精准识别标准化、脱贫退出具体化。一是严把入口关，实施精准识别标准化定量模式。率先提出精准识别定量模式，把贫困家庭住房、家电、收入等指标细化量化成 11 大类、73 小项，每项赋予一定分值，用真实数据说话，解决了谁来评、评什么、怎么评的难题。通过再评估、再识别，全市新识别纳入贫困户 19 户 86 人，清退 86 户 263 人，确保了贫困人口应扶尽扶，群众心服口服。《农民日报》头版头条对该做法进行了报道。二是严控出口关，探索脱贫退出具体化"五步法"。在严格执行上级规定脱贫程序基础上，制定了《贫困户退出定量评估工作规范》和《贫困户退出定量评估表》，将 18 项指标量化赋分，并实施听、说、看、算、评"五步法"，真正实现脱贫成效能听得出来、说得出来、看得出来、算得出来、评得出来，防止"数字脱贫""被脱贫"甚至"错脱贫"等现象的发生，让精准脱贫真正成为经得起历史和群众检验的民心工程。

抓实中间，做到帮扶力量集成化、脱贫方式餐谱化。一是统筹资源，实现帮扶力量集成化。在政府层面，从市到镇，健全专门工作机构，配备专职工作人员，倒排工期、挂图作战；实现每个贫困村、经济薄弱村都有一名第一书记、一名联村局长、一名党员企业家、一个经济强村结对帮扶；每个贫困家庭都有一名机关干部和一名签约医生，有学生的家庭还有一名联户教师结对帮扶。行业层面，实现教育、医疗等 7 个一体化全覆盖；建立"阳光民生 999"救助平台，整合慈善、民政等 17 个部门资源，实现救助信息、救助资源的统筹共享。社会层面，充分发挥妇联、残联、工商联等社会组织作用，强化企业扶贫社会责任，形成全社会共同参与的大扶贫格局。二是因地制宜，实现脱贫方式餐谱化。注重产业带动脱贫。通过支部＋龙头企业（合作社）＋农户、强弱联合组团发展等模式，将贫困村和贫困户纳入全产业链。如贫困村东王家庄通过九顶莲花山旅游扶贫产业园带动，农民人均纯收入由 2014 年不足 7600 元提高到 9700 元。对暂时条件不成熟、无法实施产业项目的贫困村、贫困户，探索资金托管经营项目分红收益，整合各类扶贫资金 8900 余万元，由青岛市胶州新城建设开发有限公司托管经营，按不低于 8% 标准保本分红，每年可获分红收益 700 多万元，用于贫困村和贫困户帮扶。注重教育脱贫。加大资金向农村特别是贫困群体倾斜，全市建档立卡贫困学生教育生活得到有效保障，中央电视台曾以《寒门学子也有春天》为题，对我市教育脱贫做法进行了报道。通过教育脱贫，仅有 131 户的贫困村尧洼村走出 107 名大学生，其中 9 名博士、15 名硕士。注重就业创业脱贫。将贫困人口录入公共就业一体化信息系统，两年内完成"菜单式"免费培训。制定金融支持精准脱贫工作方案，设立专项资金，实施贷款贴息，引导信贷资金向贫困村和贫困群众倾斜，促创业、带就业。已有近千人通过就业实现脱贫，仅保安员、保洁员、护林员等公益性岗位就让 252 名贫困人口在"家门口"就业脱贫。

抓好长效，做到动态管理网格化、兜底保障长效化。一是创新动态管理网格化机制。为实现已脱贫的人不返贫、陷入贫困的人能及时得到救助，我市以"服务型党建网"为载体，构建"1234"工作体系，通过搭建一个精准扶贫平台，建立扶贫网格员、识别评估员两支队伍，强化组织、考核、管理三大保障，实行网格员提办、扶贫办交办、责任单位接办、扶贫办督办"四办"机制，做到第一时间识贫、第一时间扶贫、第一时间脱贫，实现动态化管理。二是提升兜底保障长效化水平。将精准扶贫、精准脱贫与农村改革相结合，通过清产核资、明晰产权关系、界定成员资格、股权量化、经营权流转，20 个省定贫困村产权制度改革全部完成，既盘活了村集体资产又增加了农民财产性收益。同时通过财政结余资金、债权清收抵消、债权债务核销等方式，逐步化解贫困村债务。注重发挥金融扶贫作用，从 2015 年起，将贫困人口全部免费纳入小额人身保险试点，每年可为贫困人口提供 2 亿元人身意外伤害保障。为实现贫困线和低保线"两线合一"，确保贫困人口稳定脱贫、持续脱贫，我市制定了针对贫困人口医疗、养老长效保险实施方案，从 2016 年起市财政每年出资 300 多万元，在已有社会基本保险基础上，通过增加商业保险补充，让确需由政府兜底的贫困人口，基本达到与低保人口医疗、养老保障标准并轨，真正让贫困人口脱贫后不返贫，实现有保障地生存，有尊严地生活。

产业优先，扬长避短壮大村集体经济

在产业扶贫方面，我们组织对全市贫困村区位条件和资源禀赋进行"把脉问诊"，因地制宜找准"穷根"，引导有基础、有优势、有条件的贫困村，选准方向、找准出路，大力发展特色产业，整合资源抱团增收，把劣势制约变成优势资源，村集体经济持续壮大。一是弱弱联合变强村的"组团式"发展，挖掘本土资源优势，发展乡村旅游。其中省定贫困村神山后与芍药洼、南官庄与尧洼村4个贫困村联合起来抱团发展，通过调整土地、整合资金，共同建成设施大棚36个，分别种植西瓜、甜瓜、樱桃、蓝莓等高端高效作物，每年可增加村集体经济收入6万元以上。二是采取"合作社+农户"的方式拓宽致富路子。村庄通过成立合作社把全村的资源充分利用起来，大力发展现代设施农业产业，逐步发展乡村旅游采摘等特色产业。其中神山后村仅蓝莓产业就使村集体收入达到20万元。村里成立了合作社，村民就成了"打工族"，上班不用出村，一个月下来能领到2000元工资，村民增收有保障。三是以强带弱，实施区域开发。依托"九顶莲花山"生态休闲旅游开发项目，洋河镇山相家、孤山泊两个经济较强村将东王家庄和郭家小庄两个贫困村纳入总体规划，统筹土地等资源，合理安排种植版块，东王家庄已建设设施大棚3个，发展起樱桃园、蓝莓园等特色采摘园300亩，郭家小庄建设设施大棚10个、玻璃日光温室两座，发展苹果、桃等果品70亩，直接带动村集体经济每年增收10万元。

翻天巨变，脱贫村户面貌焕然一新

精准扶贫工作开展以来，我市坚持"专项扶贫、行业扶贫、社会扶贫"三位一体推进，把扶贫与扶志、扶智相结合，激发贫困群众脱贫内生动力，在脱贫攻坚工作的火热实践中，涌现出一批自立自强、不甘贫困、勤劳致富、主动脱贫的自主脱贫典型。如胶西街道办事处西佛乐村的贫困户宋天德，患有先天性聋哑，其妻子身体不好，2014年识别时女儿和儿子都在上学，全家人依靠6亩农田养家糊口，家庭人均纯收入还不到4000元。这些年，通过积极落实政策兜底、就业、教育扶贫等帮扶措施帮助其生活步入正轨。帮助宋天德落实残疾人补助，每月150元，帮助正在上中职的女儿落实了"雨露计划"补助，每年3000元，对接品品好粮油有限公司为宋天德设置了助残岗位，实现就业，年收入36000余元，种植6亩土豆年收入达到18000余元，现在家庭人均纯收入已达到12000余元，家庭的日常生活得到极大改善。为了防止因病因灾对这个家庭造成影响，还为全家人办理商业医疗保险、精准防贫减贫综合保险等多项兜底保险，进一步巩固提升了脱贫质量。有的贫困户脱贫后，精神面貌也发生了极大改观，像胶东街道斜沟崖村赵建亭，为感恩党和国家的扶贫好政策，在脱贫后自掏腰包在家门口置办了国旗、旗杆，在家门口搞起了升旗仪式，每天唱着红歌干着村庄保洁，心怀党恩的他逢人就夸党的政策好。洋河镇山子村69岁的姜宝友，脱贫不忘感党恩，多年来一直写感谢党恩的对联、诗句，并积极提交入党志愿书向党组织靠拢。有的贫困户脱贫后，积极承担起社会责任，像九龙街道办事处大宋家庄村的宋守福，和妻子杨春萍有一儿一女，儿子从小患病，目前是一级精神残疾，女儿于2018年考上了大学。在2020年新冠肺炎疫情期间，他大年初二就跑到村委会，强烈要求做村里的疫情防控志愿者，疫情期间，他和女儿宋淑娴天天工作在村里疫情防控一线，在疫情防控检测点测体温、登记信息，给村民挨家发放宣传材料等，每天忙活十几个小时。

此外，在村庄摘帽方面，也出现了洋河镇南官庄村等"后进变先进"的脱贫村庄典型。南官庄村位于洋河镇西南部，是山洲水库整体搬迁移民村。全村430多人，人均耕地仅一亩多，并且这一带丘陵多，土层薄，灌溉条件差，遇到天旱种庄稼不仅没有利润还要倒贴，村庄发展一度极其困难，2014年尚有村级债务24.6万元，被认定为省定贫困村。

近年来，依托扶贫政策，这个村硬化了村内道路和生产路，砌筑排水沟，新建灌溉水源，敷设灌溉管网。路通了，水有了，村民生活生产条件有了很大改善。为了促进增收，村庄通过以土地整建制流转为抓手，进行了农村集体产权制度改革，成立了南官庄村经济股份合作社，先后规模化流转土地1000多亩，积极引进青岛宝通生态农业有限公司、青岛新源山洲蓝莓专业合作社等近10家合作单位，大力发展中草药、蓝莓和蔬菜等特色有机种植。到2019年8月，以大片土地为媒成功引进半岛田园综合体项目，南官庄村因土地流转一项带动村集体增收达80万元，到2020年村集体收入竟超过了百万元，人均收入达到2.4万元，不仅打赢了脱贫翻身仗，还成了远近闻名的省级乡村振兴示范村、美丽移民村。还有刚才提到的洋河镇神山后村，长期以来受到土地贫瘠、地块零碎和缺乏工业企业、青壮年劳动力外流等问题的制约，经济发展动力不足，2014年被确定为省级贫困村。精准扶贫工作开展以来，我们根据村庄实际，在财政扶贫资金有限的情况下，坚持产业优先发展，为神山后村确定了产业兴带动村美民富的发展思路，通过组织村干部和致富能手参观考察平度明村镇、即墨王村镇等冬暖式大棚种植产业，开阔致富思路、积累发展经验。村庄立足优越的地理位置和便捷的交通路网，经多方对接，与知名农业企业佳沃（青岛）现代农业有限公司建立合作关系，积极整合各类资源建设有机蓝莓产业。从2015年开始，在上级各项扶贫资金的支持下，村庄先后建设了18座冬暖式大棚，其中利用扶贫资金建设15座，水利局拨付资金建设3座。2017年，村里成立了丰顺源蓝莓合作社，引进合作企业成熟的管理技术，采取"合作社＋农户"的方式，把全村的资源充分利用起来，大力发展蓝莓产业。主要种植从美国、智利引进的精品蓝莓，包含珠宝、莱格西、奥尼尔等品种，并拓展开发旅游采摘，得益于成熟的技术支持和完善的运营管理，产品实现当天采摘当天发车发货，订单主要发往北京、上海、广州等大城市，实现商超直供，打造了蓝莓品牌。2018年仅蓝莓产业一项的村集体收入就达到18万元。如今村庄道路硬化了，村里安装了净化水设施，并且利用帮扶资金购置5000余棵苗木实施村庄绿化，粉刷墙面1万多平方米，新建文体小广场上安装了健身器材，一到夜晚就热闹非凡，农家书屋里也常有读书的身影。"五化"工作搞好了，村庄精神文明建设也上了一个新台阶，现在已经很难将它与以前那个贫困小山村联系起来。

作为一名一线工作人员，亲眼看到经过几年帮扶的贫困群众和贫困村庄发生翻天覆地的变化，由衷替他们高兴，也为自己有幸亲历这场波澜壮阔的伟大变革感到由衷的骄傲和自豪。回想过去，各级领导同事无私付出、拼搏奉献的点点滴滴历历在目，忘不了积劳成疾，将生命定格在驻村扶贫一线的胶北街道办事处北赵村第一书记杨照清；忘不了空巢老人的好"儿子"，山东省最美志愿者胶北街道卫生院医生井伟；忘不了为抗击新冠，在大年初四就奔赴抗疫一线担任突击队长的市乡村振兴局副局长仇兆泽；忘不了贫困户的"小棉袄"，不到而立之年就扛起扶贫重任的胶西街道办事处扶贫办主任于笑凤；忘不了敬业奉献的"最美胶州人"，巾帼不让须眉的三里河街道办事处主任王志英……八年来，像他们这样舍小家为大家，坚守扶贫战线一心帮助贫困群众和贫困村庄增收致富，感人至深而又可歌可泣的故事太多太多。

总结奋进，筑牢前行之基

脱贫攻坚是一项复杂的系统工程，胶州市脱贫攻坚工作取得良好成效，就在于始终坚持并很好贯彻了"精准施策是关键，产业发展是重点，凝聚合力是补充，健全机制是保障"的工作思路。

坚持精准发力是打赢脱贫攻坚战的核心要义。习近平总书记以"绣花"为比喻，强调了脱贫攻坚精准发力的重要性，提出了"六个精准""五个一批"的扶贫战略，科学定义了"怎么扶""如何扶"的问题。近年来胶州坚持因村因户因人制宜，深入分析致贫原因，找准路径，把精准帮扶的举措落实到村、落实到户、落实到人。对有资源基础的村庄实施产业带动，鼓励引导贫困村庄向特色种植业、设施农业、休闲农业板块发展，提高种植水平，在现有种植基础上促进规模化、品牌化经营，引入科技含量高、发展潜力大、附加价值高的新品种，不断提升科学种植水平和农业产业化水平是带动村庄、村民脱贫致富的有效途径。

注重发展产业是打赢脱贫攻坚战的根本之策。打赢脱贫攻坚战关键和基础举措是要发展好产业，只有产业兴旺，才有集体经济上的稳定来源，才有真正意义上的脱贫。为此，胶州市把培育产业作为推动脱贫攻坚的根本出路，将贫困村和贫困户纳入生产经营"全产业链"，依靠自身"造血"拔掉穷根。其中通过土地整建制流转不仅提高土地产出率，而且促进村集体和村民收入双增长，保障农户收益。用村社闲置资源来撬动村民的土地资源、资金，实现入股分红、风险共担、利益共赢。

凝聚社会合力是打赢脱贫攻坚战的强大动力。脱贫攻坚不是"单打独斗"而是要全社会"握拳出击"，只有构建全民动员、全社会参与的大扶贫格局，才能实现全面小康。一直以来，胶州市围绕凝聚合力共同攻坚，创新建立"1名第一书记、1名联村局长、1名联村党员企业家和1名联村组织指导员"共联1个村庄的"4+1"团队帮扶机制，充分发挥妇联、残联、工商联、慈善总会等社会组织作用，强化国有企业扶贫社会责任，汇聚起脱贫攻坚的强大合力，形成社会力量共同参与的大扶贫格局。

强化机制策动是打赢脱贫攻坚战的坚强保障。胶州市广开思路、勇于探索，研究建立了精准管理、责任落实、多方参与和督查推进四大工作机制，在深入贯彻上级精神、深度契合实际情况的基础上，对扶贫理念、脱贫路径进行了积极有益探索，并成为精准扶贫、长效脱贫的坚强保障。实践证明，唯有坚持问题导向、目标导向，以当地实际为基础，以创新思维为引领，构建起既符合"当前"，又兼顾"长远"的工作机制，才能实现稳定长效真脱贫。

脱贫攻坚：心之所善，奋斗无悔

唐云莉

脱贫攻坚，是一项极其重要、特别艰巨的政治任务，也是底线任务。作为基层一线的普通指挥员、战斗员，每每回想起那奋斗的 2000 多个日日夜夜，我感到特别充实、踏实，使命感、成就感、自豪感便会油然而生。《离骚》中有一句话，"亦余心之所善兮，虽九死其犹未悔"，也许最能表达扶贫干部的心路历程。

战胜贫困，是民心所"盼"，
也是干部之"为"

平度是山东省面积最大的县级市，也是传统农业大市，村庄数量和农村人口多、村集体经济薄弱，发展不平衡、不充分的问题比较突出，脱贫攻坚的任务比较艰巨。2014 年，全市识别建档立卡贫困户 8926 户 23838 人，有 81 个省定贫困村，128 个青岛市经济薄弱村，6 个青岛市经济薄弱镇，任务占青岛市总量的一半以上，是名副其实的脱贫攻坚主战场。

　　2016年春节前，平度市委主要领导找我谈话，让我担任平度市扶贫开发领导小组办公室主任。说实话，开始我也很犹豫，毕竟这份政治责任太重了，任务也太艰巨了，既没有现成的规范路径，又没有可借鉴的做法。接任初期，只有我一个人，队伍怎么组建？工作怎么开展？都需要招兵买马、从头谋划。市领导高度重视脱贫攻坚工作，也给予了我充分的信任和极大的支持。我一边着手从各镇街和市直单位考察、抽调干部，一边研究谋划工作模式、工作思路，经过一个多月左右的紧张筹备，我们抽调精兵强将组建了30多人的队伍，平度市扶贫开发领导小组办公室也正式组建了。随后又指导各镇街和各政策部门、行业部门成立了专门的工作机构，配齐配强了干部，全面攻坚战正式打响了。我们全面实施率先主动、识别先动、产业带动、多方联动、机制推动的五动战略，率先召开誓师大会、率先出台精准脱贫实施意见、率先承办青岛市首次精准扶贫现场观摩会。

　　全面攻坚5年间，我们累计召开市委常委会、市政府常务会、扶贫开发领导小组会议60余次，召开专题调度会50余次，每逢市里召开综合性的、涉农类会议，都要强调脱贫攻坚，市领导每到村庄调研，都要走访贫困户。仅2020年，市委市政府主要领导就带头深入一线遍访、入户核查20余次，在全市树立起了支持扶贫、关爱民生的鲜明导向和深厚氛围，有力推动了各项工作、责任和政策落实。全市16个有扶贫任务的镇街党（工）委书记和22个政策部门的一把手，也是担当作为，尽锐出战，确保了工作成效。5年来，全市2000多名帮扶责任人走访群众达30余万次。

　　有为才会有位。市委对脱贫攻坚高度重视，还突出体现在对扶贫干部的关怀上。拿平度扶贫办来说，从攻坚期到2021年换届，先后有19人（次）获得副科级以上的提拔、重用和晋级。所以，要感谢组织对我们这支扶贫队伍的肯定和鼓励，让干部们在巩固脱贫攻坚成果衔接乡村振兴的新征途上激发更大的动力和斗志。

做好脱贫攻坚，既要精准施策，又要把握重点

脱贫攻坚工作可谓千头万绪，要开展好，就要捋顺脉络，把握重点，精准施策。总的来说，可以归纳为三大方面。

先说说户脱贫。

习近平总书记指出，扶贫开发"贵在精准，重在精准，成败之举在于精准"。为实现户脱贫"精准"，我们全面实施精准识别承诺制。对每一名贫困群众的进退，都要召开村民代表会议研究通过并进行公示，村干部、帮扶责任人、管区书记、扶贫办主任和镇街党政主要负责人都要签字承诺并存档，确保贫困人口纳入、退出结果经得起历史检验。组织各镇街采取一村一档、一户一卷的形式，对所有贫困户建立扶贫档案"一本清"。通过采取村级初选、镇级审核、市级备案的程序，按照"实事求是、动态管理、分类评定、因户施策"的原则，根据精准识别出的贫困户家庭收入、住房、成员身体状况、政策需求等实际情况，把全市建档立卡贫困户划分为 A 类重点帮扶户、B 类适度帮扶户、C 类跟踪监测户。按照"集中力量重点扶持 A 类，助推稳定脱贫；适度帮扶 B 类，巩固脱贫成效；跟踪监测 C 类，关注生活需求"的原则，通过分类管理，适时调整帮扶措施，对建档立卡贫困户分类施策，既注重资金、物资、技术等帮扶，又注重志向、智力等精神层面的扶持，切实做到"扶真贫、真扶贫"。

我们全面精准落实"两不愁三保障"+饮水安全，以及养老、产业、就业、金融、保险、兜底救助、残疾人帮扶等 44 项政策，从政策层面保障贫困人口应扶尽扶、应享尽享，为群众稳定脱贫打下了坚实基础。此外，我们还通过开展环境脱贫行动，对全市贫困户的家居环境进行全面排查，对照"三净四无五有"标准，改善提升居家环境卫生条件；通过志智双扶激发内生动力，开展贫困户"心理疏导""量化积分评价"活动，开办"道德银行"等，有力促进了贫困户的志智双扶工

作；"洁净家园""万名教师访万家"等活动也取得了明显成效。在全市上下共同努力下，到2016年底，建档立卡贫困人口全部脱贫。群众脱贫摘帽后，我们坚持脱贫不脱政策的原则，继续保持各类帮扶政策稳定，经过4年多的持续巩固，脱贫群众的生活水平、精神面貌、家居环境等都有了显著改善，获得感、幸福感、安全感大幅地提升。通过持续巩固提升，贫困群众发挥了内生动力，努力奋斗，人均年收入从2014年的3500多元增长到2020年的11500多元，增长了2.3倍。"一个都不能少"，生动体现了党全心全意为人民服务根本宗旨和以人为本的治国理念。

其次说说贫（弱）村和经济薄弱镇摘帽。

我们通过因地制宜发展产业，并在政策、资金、基础设施、公共服务等方面对贫弱村和经济薄弱镇产业发展和环境改善等给予集中支持。经过几年来的发展，我们的贫（弱）村都健全了领导班子；有了明确的发展路子和稳定的集体收入，村集体经济年收入均达到5万元以上；建设了比较完善的基础设施和服务设施，基本实现了"五通十有"。2017年底，209个贫（弱）村庄全部摘帽。6个经济薄弱镇，利用扶贫资金支持建设特色小镇，因地制宜做优做强现代农业，推进扶贫项目园区化、平台化发展，拓展多元化产业规模效应，带动镇域经济实力和发展能力显著提升；基础设施水平也大幅改善，高质量完成了镇驻地道路、给排水、污水处理、文化广场、综合服务中心、镇容镇貌等六项工程，驻地主要街道全部硬化、绿化、亮化，实行了城乡环卫一体化管护机制；镇属所有村庄都配备了健全的"两委"班子。此外，我们还借助市南区、崂山区两个强区和14家青岛市直大企业的帮扶，向经济薄弱镇累计投入了1.6亿余元"真金白银"，援建了系列公益设施和产业项目，有力改善和提升了镇村形象。2018年，6个经济薄弱镇全部摘帽退出，后经过3年的巩固提升，镇域经济发展强劲。

再就是项目建设。

产业是发展的基础，也是由脱贫到振兴的主要依托和必由之路。我们坚持把产业振兴作为助力打赢脱贫攻坚战、接续推进乡村振兴的基础和关键，拓展产业助推脱贫致富的综合效应。脱贫攻坚期间，我市共实施扶贫项目 367 个，其中产业类项目 264 个。截至 2020 年底，全市产业类项目共实现收益 6800 余万元，我们将这些收益统筹用于扶持经济基础薄弱、发展水平较低的非贫（弱）村基础设施及公益事业建设，实现由脱贫向振兴、"专属"向"普惠"的转变，充分发挥了多元化产业带动贫（弱）村基础提升和贫困人口脱贫致富的良好效益。我们探索的"扶贫农创体为产业脱贫赋能"案例入选国务院"脱贫攻坚基层实践"2019 年典型案例，成为全国基层实践 11 个年度案例之一。

创新驱动走在前列，"大爱平度"品牌闪亮

创新是第一动力，只有在实践中不断创新，才能化解难点、破除堵点。五年多来，我们坚持创新引领工作，擦亮了"大爱平度·脱贫攻坚"品牌，在青岛乃至全省率先建立了一系列规范、完善、可操作性强的工作机制，确保各项工作始终走在山东省、青岛市前列。

我们创建"扶贫农创体"模式，探索可持续带贫减贫机制。最典型的就是崔家集镇樱桃西红柿扶贫农创体。2016 年，我们统筹 6 个村庄 540 万扶贫资金，在前洼村集中建设了 36 个冬暖式温室大棚，随着樱桃西红柿规模效益的持续增高，农创体的产业孵化功能日益显现，目前温室大棚已扩大到近 2000 个，辐射周边带动村民就业超过 3000 人。前洼村贫困户王京芳就是靠农创体带动脱贫致富的一个典型。她先是在大棚里一边打工一边学习种植和管理技术，2017 年，村里帮她租了一个大棚，当年纯收入就达到 7 万元。帮扶干部和村委支持她继续扩大租种规模，现在每年纯收入都保持在 15 万元以上，她丈夫的抑郁症也减轻许多。看到有这么高的收入，在外地打工的女儿、女婿也回来租种了大棚。现在，全家的日子越过越红火。

我们将全市 1.75 亿专项扶贫资金择优注入全市 32 个"扶贫农创体"，建立起相对固定的利益联结和收益共享机制，将贫困人口和贫弱

村吸纳到优势产业链条上，带动贫困户、贫弱村稳定脱贫。通过明晰"四权"（扶贫农创体扶贫资产的所有权归贫弱村集体、经营权归农创体合作社或承包人、收益权归贫弱村和贫困户、监管权归当地镇街），绑定"四金"（贫困户将土地流转给农创体经营获得"租金"、贫困户进入农创体打工获得"薪金"、贫（弱）村与农创体合作获得集体"收益金"、各镇街通过农创体获得收益建立贫困帮扶"基金"），实现"四强"（党建作用发挥强、抗御风险能力强、产业带动能力强、示范引领能力强）。

我们创新"由贫弱走向美丽"融合发展模式。在机构融合、任务融合、资金融合等方面进行探索，2017—2018 年我还兼任市"美丽办"主任，将全市 209 个贫（弱）村全部纳入美丽乡村建设范畴，利用创建美丽乡村政策资金资源，一体谋划、同步提升，把贫（弱）村率先建成美丽乡村示范村，进一步提升"五通十有"配套水平，巩固退出质量，筑牢乡村振兴的基础。

我们还创新成立心理疏导队。结合"幸福都是奋斗出来的"主题教育，创新开展贫困户的"心理疏导"。2020 年，"心理疏导"模式入选中央党校《精准扶贫为什么能：100 案例解读精准扶贫》。我们创建的"行走的书箱"通过"书箱漂流"的形式，越来越多的贫困户读到了优质的图书，树立了脱贫志气，增长了脱贫技能。"圆梦微心愿"行动累计帮助困难家庭学生达成"微心愿"2000 多人次，助力阻断贫困代际传递，获得了良好社会效益。

习近平总书记强调，脱贫攻坚不仅要做得好，而且要讲得好。五年来，我们创新的经验做法频频出现在《人民日报》、新华社（内参）、中央电视台、《经济日报》《光明日报》《大众日报》等国家级和省市主流媒体以及我们当地的媒体，形成了"做好扶贫、讲好故事"的浓厚氛围，极大地提高了知名度、美誉度、满意度。2020 年 6 月，《光明日报》以《小小西红柿 宽宽致富路》为题，图文刊发崔家集镇脱贫攻坚经验做法，经学习强国推送后，阅读量突破 1000 万人，点赞数近 30 万次。

扶贫路上，感人故事不胜枚举

扶贫任务面广量大，没有太多可借鉴的经验，督查多、要求严、标准高。五年多来，平度市脱贫攻坚工作经历了五次审计、两次巡察和山东省、青岛市多轮次的明察暗访、考核督导、评估验收，每一次迎检都是一次重大考验。为了高质量完成各项工作任务，顺利通过检验检查，扶贫干部们牺牲了大量休息时间，顶住了重重压力，加班加点推进工作。为了共同的奋斗目标，扶贫战线上的同志们朝夕相处，相互加油鼓劲，默契配合支持，有时为了工作争到面红耳赤，却从来不伤感情，不结疙瘩。正是有了这样温暖向上的舒心环境，大家在攻克一个又一个山头的同时，也结下了深厚友谊，留下了许许多多感人的故事。

市扶贫办原专职副主任李显兵，目前担任云山镇镇长，是全市扶贫工作的功勋战将之一。从事扶贫工作以来，由于持续高强度工作，导致长期睡眠不足，胃肠也不好，但他从来不舍得花时间到医院检查治疗。我们另一位副主任王静（2021年10月调整到市政协工作），2019年冬天，她丈夫突发脑溢血，紧急送往医院救治，先后经历了多次大的手术，虽然命保住了，但由于病情特别严重，至今还没有意识。但她工作毫不含糊，常常加完班到深夜，再去医院照顾丈夫。

付出总有回报，我们的扶贫战士们没有被重重困难和压力吓退、压倒，大家树牢"实在实干实绩"鲜明导向，凭借对扶贫事业的满腔热忱和执着坚守，五年多来，大家始终相互鼓劲、相互扶持、群策群力，终于战胜了种种困难，在基层一线锻炼成长为一支敢打敢拼、担当奉献的"铁军"，书写了平度脱贫攻坚的"满意答卷"，平度市在青岛市脱贫攻坚年度考核中，连续五年获得"好"等级；在全省的考核中，每次均位居前列。平度市扶贫办先后荣获山东省、全国脱贫攻坚先进集体。现在想想，与我们收获的成就感、满足感相比，再多的苦和累也是值得的。

进京参会备受激励，珍惜荣誉笃定前行

"其实走到最后，走到今天，虽然有苦，还是甜多。"习近平总书记的话，说到了扶贫干部的心坎里。作为先进集体的代表，我有幸参加了全国脱贫攻坚总结表彰大会，现场聆听了总书记的重要讲话，特别是听到总书记庄严宣告"我国脱贫攻坚战取得了全面胜利"，提出了"上下同心、尽锐出战、精准务实、开拓创新、攻坚克难、不负人民"的伟大脱贫攻坚精神时，内心非常激动，倍感振奋和荣耀，切身感受到庄重、敬意、感动和力量！

我们所获得的奖牌和证书上加盖了"中共中央""国务院"两个印章，这是至高的国家荣誉。会前，党和国家领导人同全体与会代表合影留念；其间，山东省委书记、省长、分管副书记也与我们集体合影，使我们切身感受到各级领导对扶贫工作和扶贫人的重视、关怀和礼遇。

我深知，平度扶贫办能够获得这项至高的荣誉，并且由我作为代表到北京参加最高规格的大会，这是在党中央的坚强领导和山东省委、青岛市委的正确领导下，平度市委市政府顶格推动、鼎力支持，镇街、部门密切配合，全市扶贫干部团结奋进，社会各界关心关爱，贫困群众奋发拼搏的共同结果，这是全体平度人民的共同荣耀！荣誉来之不易，应当倍加珍惜。使命在肩，任重道远，我们更要继续乘风破浪，笃定前行，赓续走好从脱贫到振兴这盘大棋。

伟大实践锻炼成长，新的征程昂扬奋进

通过五年的脱贫攻坚，我有幸见证了一项凝聚全党意志、国家力量办大事的伟大实践，并深入其中收获了人生的高光时刻；决策创建了一

批基础规模型、示范带动型、长效收益型的特色产业项目；推动一批一线"战士"成长到新的高度，带出了一支扶贫"铁军"；勠力办成了一件为父老乡亲增福祉的实事；也为自己刻画了一段有高度、有密度、有温度的从政经历，值得一生铭记和回忆！

全面攻坚取得全面胜利后，习近平总书记明确指出，要切实做好巩固拓展脱贫攻坚成果同乡村振兴有效衔接。2021年中央一号文件也对此项工作进行了部署。我们必须保持劲头不松、力度不减，全力统筹两者的有效衔接，坚持把防止返贫作为底线任务，构建产业振兴大格局，打造生态宜居村镇，为平度乡村振兴蹚出新路子，为培树乡村振兴齐鲁样板作出平度贡献。

用心用情用力打赢脱贫攻坚战
让贫困群众生活得更加体面更有尊严

江敦涛

　　按照山东省委、省政府"2016—2018年基本完成、2019年巩固提升、2020年全面完成"工作部署，淄博市加大资金投入，强化政策供给，采取超常规举措推进扶贫工作，2018年基本完成脱贫攻坚任务。2019年、2020年，淄博市把防止返贫和新致贫摆在重要位置，坚持精准扶贫精准脱贫，深入开展问题排查整改，狠抓各项扶贫政策落实，持续巩固脱贫攻坚成果，确保脱贫成效经得起历史检验。

　　2019年8月16日我就任淄博市委书记，8月23日我到沂源县调研了脱贫攻坚、乡村振兴和"利奇马"台风灾后重建工作，看到了一些真实情况，内心很受触动。沂源县地处沂蒙山区，扶贫工作重点镇占全市的1/2，省扶贫工作重点村、贫困人口数量均占全市近1/3。虽然沂源县脱贫攻坚工作取得了很大成效，但仍然有不少群众生活比较困难，特别是年老体弱多病群众、残疾群众、独居贫困老人生活十分困难。省里对2019年脱贫攻坚工作开展了半年督查，通报了淄博市30多个问题；市里也组织半年督查，抽查到的点存在问题的占15%以上。面对这样一种状况，我下定决心，一定坚持问题导向，下足"绣花"功夫，坚决打赢脱贫攻坚这场硬仗。

在兜底保障上下功夫，建立持续
支出型困难家庭兜底机制

从市里半年通报中，有个情况引起了我的高度重视，那就是持续支出型困难家庭问题。比如，有个患尿毒症的贫困户，一年收入仅5000元左右，一周要做3次透析，花费150元，此外药费还要花1500元左右，这样的持续支出型家庭生活质量肯定不高，极容易返贫和产生新的贫困，亟需出台针对性的帮扶政策措施。对此，我专门召集市政府分管副市长、市民政局及市人力资源和社会保障局主要负责人一起研究，提出了我的几点要求：一是淄博绝不允许有一户老百姓因为家庭持续性支出过不下去日子；二是衡量标准不能只看贫困户收入是否达到脱贫标准、低保标准，关键要看是不是能真过下日子去；三是要厚植为民情怀，提高工作标准，真正让困难群众生活有质量、有体面、有尊严。为此，我给他们讲了青岛市崂山区的一个案例。我在崂山工作时走访过一户贫困家庭，是一个中年妇女带着一个孩子，这个妇女患有严重的类风湿关节炎，基本丧失劳动能力，孩子还在上学，全靠弟弟、弟媳照顾。政府已经将其纳入低保救助范围，娘俩每人每年6400元，但如果没有她弟弟和弟媳妇好心照顾，生活根本过不下去。对这类人群，崂山区出台了"一户一议（策）"的特殊救助政策，就是"低保＋临时救助＋慈善基金"全面兜底，确保解决好生活问题。

当时，有些同志存在疑问，如果全面兜住底会不会是"养懒汉"。为解放大家的思想，我在市扶贫开发领导小组2019年第二次全体会议上作了特别说明。我们要从党性和人性的角度，来认识解决持续支出型家庭兜底问题，不仅让他们稳定脱贫，还要让他们过上有尊严的日子。因为像这样家庭的孩子，从小生活得非常困苦，难免会有自卑心理或不良心理变化。同时，前面提到的一年收入 5000 元、每周做 3 次透析的特困家庭，全市有多少我们政府就要兜底多少。至于有的同志担心出现骗取政府补贴情况，那就要研究好管理办法，加强公开公示、调查核查，堵住这个漏洞。最终，在这次会上意见达成一致，由市政府分管同志牵头，组织市直有关部门，抓紧出台相关帮扶政策，尽快建立持续支出型贫困家庭的兜底机制。

2020 年 1 月 19 日，市民政局和周村区分管同志带队，专程到崂山区考察学习"一户一议（策）"发现、响应、救助机制的经验做法。2020 年 3 月 4 日，淄博市政府办公室印发了《关于进一步加强对特殊困难家庭人员救助的意见》（淄政办字〔2020〕21 号），明确了三部分内容。一是明确了救助范围及对象。将各类社会救助政策落实之后，日常生活仍存在突出困难的五类人员纳入特殊困难家庭人员救助范围。二是明确了救助方式及标准。主要是对失能人员提供基本生活照料，发放日常生活和照护用品；对特殊困难家庭中的学生分不同受教育阶段给予生活补助；对特殊困难家庭被救助人员合规的个人自负住院医疗费用，实行全报全销的"零负担"；对特殊困难家庭中的重度失能人员发放节日慰问金。对城乡低保、特困供养人员、建档立卡贫困户及即时帮扶人口、持续支出型困难家庭等五类家庭中的重度、中度、轻度失能人员，分别按照每人每月 60 小时、45 小时、30 小时，城市每人每小时 15 元、农村每人每小时 10 元的标准发放照护补贴。三是明确了救助运行机制及保障措施。按照"发现及时、甄别准确、救助到位"的原则，在社区（村居）成立救助工作站，配备一名民政协理员（网格员），负责主动发现、帮办代办救助申报、协助入户核查和救助对象动态管理等工作；镇（街道）行使审批主体责任，统筹负责社会救助的受理、审核、审批、公示和动态管理工作，为各类困难群众提供快捷高效、细致周到的救助服务。照料护理、生活用品、节日慰问、在校学生补助资金以及有关人员生活自理能力评估费用，由市与区县财政按照不低于 5∶5 的比例分级负担，对财力特别困难的部分区县，适当提高市级分担比例。

3 月 23 日，市民政局等 8 部门印发《关于贯彻落实〈关于进一步加强对特殊困难家庭人员救助的意见〉有关问题的通知》，进一步细化明确了实施流程。5月底前，各区县全部出台了实施细则。6月底前，全市完成特殊困难人员生活能力评估鉴定；7月份，开始全面落实照护补贴、生活补助、医疗兜底和节日慰问金特惠政策。全市每月大约投入310多万元，购买第三方照护机构，为15023名失能人员提供助洁、助浴、助餐等护理服务。2020年9月16日，民政部主办的《中国社会报》头版刊登了淄博市照料各类困难家庭失能人员的经验做法：《让特殊困难群众生活得有"面子"也有"里子"》。沂源县此项工作，被评为2020年度全省社会救助创新实践典型案例。

在政策落实上下功夫，以"政策找群众"取代"群众找政策"

2020年3月24日下午，我到周村区专题调研脱贫攻坚工作。根据周村区的安排，我走访了王村镇宁家村扈光玉、扈树云、宁治臣和西铺村毕红卫四户贫困户。我认为区里安排的贫困户，一般都是相对较好的，不会存在较大的问题。但是，走访完这四户贫困户后，发现问题还是比较突出的。比如，宁家村贫困户扈光玉是残疾人，家里无障碍设施改造落实不细；四户贫困户家庭环境卫生状况较差。3月11日、3月12日，我分别在市扶贫开发领导小组2020年第一次全体会议、市委决战决胜脱贫攻坚推进会议上，反复强调要提高工作标准，增强为民情怀，不仅要使贫困家庭收入达到脱贫标准，还要使他们的生活环境、生活质量真正能够得到根本性改变。但目前看，落实得很不到位。对此，我下决心在抓政策落实上下苦功夫、笨功夫、细功夫，推动各项扶贫政策落实落细落小落地。

首先，就是抓实残疾人、慢性病鉴定问题。我叮嘱残联的同志，坐等残疾贫困人员上门申请鉴定，是导致政策落实不到位的一个重要原因。必须要提高工作标准，转变工作理念，主动上门摸排，把"群众找政策"转变为"政策找群众"，确保扶贫政策落实"不漏一户、不落一人"。随后，针对王村镇宁家村扈光玉无障碍设施改造落实不细问题，由市残联牵头，4月15日前完成了建档立卡残疾人遍访工作，对残疾人鉴定、政策落实特别是无障碍改造工作进行逐户摸排，对符合办理残疾人证条件的主动上门办理，做到应办尽办，并根据残疾等级，落实了"两项补贴"等政策。针对全市重度残疾人出行、如厕、洗澡难问题，5月30日前全面实施无障碍设施改造。此外，举一反三，建立门诊慢性病筛查机制，由市卫生健康委、市医保局牵头，充分利用帮扶干部、镇卫生院、村卫生室、家庭签约医生、第一村医等力量，逐户逐人排查，符合门诊慢性病申请条件的提交鉴定申请。同时，开通门诊慢性病鉴定绿色通道，缩短门诊慢性病鉴定周期，由原来的每季度一次缩短为5日内组织医疗专家鉴定，对因身体原因不能集中鉴定的，组织医疗专家主动上门鉴定，确保一个不漏。

其次，就是建立困难群众主动发现机制。2020年3月份，我随机走访了几家贫困户，发现受新冠肺炎疫情影响，还有不少贫困群众没有返岗就业，有的接近3个月时间没有就业也没有工资收入，可以说疫情对贫困群众的就业和收入冲击是比较大的。3月12日，在市委决战决胜脱贫攻坚推进会议上，我要求各级千方百计促进贫困劳动力返岗和就业，为决战决胜脱贫攻坚夯实就业底盘。要常态化关注受疫情、自然灾害、意外事故等影响的群体，做好筛查预警，确保发现及时。同时，明确要求市扶贫办牵头研究建立困难群众主动发现机制。因为，有些贫困群众因身体原因、年龄原因、认知原因，自己无法主动找政府部门办理，因此要发挥基层党组织作用，用好驻村第一书记、驻村工作队、帮扶责任人力量，建立村居为主体、镇（街道）为监督的主动发现机制。2020年11月中旬之前，市扶贫办先后印发了《关于建立农村困难群众即时帮扶和脱贫监测工作机制的指导意见》《关于进一步规范完善防止返贫致贫动态监测和即时帮扶机制的意见》，在全省率先建立动态监测机制。一是明确监测筛查的主体。即村"两委"、第一书记、驻村工作队、帮扶责任人等负责日常监测，以户为单位，重点监测年人均可支配收入低于5000元的农户，以及因疫情、因病、因残、因学、因灾、因意外等原因，导致刚性支出明显超过上年度收入和收入大幅缩减的农户。同时，建立起扶贫、民政、残联等9部门联动的大数据比对筛查机制，扶贫部门每月2次比对有关民生信息，依据全国防返贫监测信息系统内数据，筛查分析后分类转办区县，由区县核实、认定和开展帮扶。自2020年11月25日始至2021年12月5日，共向各区县反馈预警监测数据25批次、37982条。二是规范认定程序。对存在致贫风险的一般农户，由乡镇扶贫部门组织人员5个工作日内完成信息入户采集、村级民主评议工作，并将家庭情况报县级扶贫部门审核。县级扶贫部门3个工作日内完成审核，通过后由村级进行为期5天的公示。公示结束后，由县级扶贫部门录入全国扶贫开发信息系统"边缘易致贫户"模块，认定为"即时帮扶人口"，自认定之日起按脱贫享受政策人口管理。对存在返贫风险的脱贫不再享受政策户，由县级扶贫部门参照即时帮扶人口认定程序进行认定，在全国扶贫开发信息系统中回退为"脱贫享受政策户"，重新纳入享受扶贫政策范围，开展系统性帮扶。三是实行定期交办。各级扶贫部门每10天将即时帮扶人口情况提交相关部门，相关部门围绕"两不愁三保障"主要指标，根据家庭情况、实际需求和致贫风险等，按照"缺什么补什么"的原则，因户因人开展精准帮扶，并将落实情况及时反馈扶贫部门。

最后，就是切实改善贫困群众的生活环境。我曾经到淄川区岭子镇李里村入户调研，有个贫困群众是高位截瘫，当时40多岁，长期由年迈的老母亲照顾，居家环境非常"脏乱差"，看了后心里非常难受。这个贫困家庭，虽然生活上已经政策兜底了，但是"脏乱差"景象能代表淄博脱贫攻坚工作吗？对此，我要求各级不仅要使贫困户收入达到脱贫标准，还要使他们的生活环境、生活质量真正能够得到根本性改变。对此，我专门安排市政府分管同志牵头，由市农业农村局、市妇联、市扶贫办分头负责，结合全市环境卫生综合整治，部署开展贫困群众居家环境"脏乱差"问题整治，全面提升贫困群众居家生活环境。对有劳动能力的贫困户，通过政府引导，镇、村干部督导，落实村规民约，引导养成良好的卫生习惯，实现贫困户室内外干净、整齐。对无劳动能力的贫困户，一方面，发挥村"两委"、帮扶干部和志愿者等各方面的作用，帮助清理家庭卫生；另一方面，开发村级扶贫照料专岗，让有劳动能力的贫困户帮助照顾无劳动能力的贫困户，形成长效机制，实现家庭环境干净、整齐。另外，加强宣传引导，用典型事迹教育引导广大群众。比如，淄博电视台曾报道一名残疾贫困群众，由于享受了很多扶贫政策所以十分感恩，不仅把自家卫生打扫干净，还力所能及地帮助村里整治环境卫生。

在医疗保障上下功夫，着力解决
"看病贵""因病致贫"问题

2019 年底到 2020 年上半年，在脱贫攻坚上我投入了大量精力，几乎每个周末我都只带着一名司机和市委办公室的一名同志，到贫困村随机走访调研，目的就是了解实情、发现问题，督导指导各级精准做好脱贫攻坚工作。我每到一个村，就从全国扶贫开发信息系统手机 App 上查询这个村的基本情况，选择 2—3 户入户走访，同他们拉拉家常、问问有什么困难。同时，我在村里遇见村民也攀谈聊天，详细了解除贫困户外还有哪些家庭有困难，也到非贫困户家里看一看是否有致贫返贫风险。通过周末的"四不两直"调研，我发现大部分贫困户是"老病残"，同他们生活最密切相关的就是基层医疗卫生服务。最突出的就是，看病买药不方便、看病买药贵、报销不方便等问题，这是直接影响脱贫成效的"痛点"和"堵点"，也是我们工作的着力点和方向标。

首先，要解决好基层群众看病买药不方便的问题。2020 年春节过后，我到一户贫困户家里走访，老人 70 岁左右，患有心脏病，放置了3 个支架，长期服用的慢性病药在村卫生室、镇卫生院买不到，子女都在外工作，春节期间公交不通，又遇冰雪天气路面结冰不敢骑车，老人步行去城区买药用了半天时间。对此，我向市卫生健康委调度了一下情况，全市 474 个省扶贫工作重点村中有 133 个村没有卫生室，群众需要到临近村庄看病购药。3 月 11 日，在市扶贫开发领导小组 2020 年第一次全体会议上，我要求市卫生健康委牵头，完善基层医疗卫生服务体

系，加强慢性病管理，特别是发挥村卫生室的作用，摸清服务范围内慢性病患者底数，相关药物要配齐配足，让群众少跑腿、就近看病购药。此后，市卫生健康委积极倡导签约医生或村医，为慢性病患者提供药品代购、送药上门服务。从二级以上医疗机构选派名医专家、优秀医师292人，在基层医疗卫生机构建立了88个名医基层工作站，通过特色专科合作、培养医疗骨干等方式，提升基层医疗卫生机构医疗服务水平。投资2000万元，在淄川区和博山区的山区、库区设立6处急救点和基层危急重病救治转运中心。同时，淄川区还创新推出"行走的医生、流动的医院"医疗模式，通过定点诊疗、医生巡诊、上门服务等，让群众在家门口就能享受就医取药、医保报销、健康档案、专家预约等服务，解决了偏远山区群众的看病购药难题。2020年12月25日，山东省卫生健康委印发《关于在全省推广淄博市淄川区"行走的医生、流动的医院"解决医疗空白村看病难问题的通知》，将淄博市淄川区"行走的医生、流动的医院"模式在全省推广。

其次，要解决好看病贵的问题。2020年4月，为摸清现有健康和医保政策下贫困户医疗费支出情况，我一方面安排市委办公室会同市卫生健康委、市医疗保障局，到沂源县部分贫困户进行实地走访，并对西辽军埠村两户家庭享受政策情况进行核查；另一方面，安排市扶贫办对西辽军埠村这两户贫困户进行详细剖析。综合两个方面情况，我发现在现有的健康扶贫政策下，患大病的贫困户个人负担医药费占收入比重依然过高。比如，西辽军埠村贫困户任清如（76岁），妻子齐恒美（72岁），2020年1—4月，家庭医疗总费用支出15448.43元，经政策性报销后个人仍负担2257.75元，而这段时间的家庭收入不足5600元，医疗支出占家庭收入的40%左右。4月25日，我在《关于对部分贫困户调研情况的报告》上作出批示，请时任市委常委、组织部部长高庆波牵头，认真研究解决患大病或慢性病贫困户个人负担医药费占收入比重过高的问题。5月7日，高庆波等市领导召集市直有关部门负责同志专题研究解决方案，决定在贫困人口享受居民基本医疗保险、大病保险、医疗机构减免、医疗救助、医疗商业补充保险、特困人群再救助"六重"保障的情况下，市卫生健康委、市医保局分别制定政策措施，确保政策范围内个人自费部分降至 10% 以内。5 月 10 日，市卫生健康委印发了《关于进一步对贫困人口住院费用进行减免的通知》，向各区县、委属（管）医院提出明确要求，脱贫享受政策人口和即时帮扶人口住院经"一站式"结算后，自负总费用超过医疗总费用 10% 的部分，由医疗机构承担。加强医保医师管理，通过医保结算、年度考核政策，鼓励优先使用国家基本药物和质优价廉的药品，引导医疗机构减少发生政策范围外的医疗费用，减轻个人负担。对特殊困难家庭政策范围外医疗费用在总费用中占比超过 10% 的，医保结算时病种分值核减 5%，超过 30% 的，病种分值按 0 计算。在年度考核时，每超过 10%，一个百分点扣 1 分，考核结果与兑付考核金挂钩。以上几个措施，很快便降低了贫困群众的负担比例。

再次，解决好门诊报销难的问题。总体来看，淄博市健康和医保扶贫政策要比省里要求标准高，但是在政策落实上还有死角、盲区。从入户调研情况看，偏远乡村慢性病家庭大都是自行或在家人陪同下到县、镇两级医院购药，究其原因，一方面是有的村医未使用医保报销系统导致报销不了；另一方面是有些村卫生室报销额度低，或者特效慢性病药物价格较高。比如，沂源县悦庄镇东鲍庄村有老年慢性病或残疾人 112 人，该村卫生室每年仅有 2.64 万余元的报销额度，超过额度后群众要享受医保政策只能到 7.5 公里外的卫生院取药，导致有些群众因路途较远行动不便，只能放弃医保报销价格就近购药。为此，我要求探索将慢性病医保结算延伸到村卫生室，实现普通慢性病药物村内实时报销，减低慢性病患者的购药负担。2020 年 4 月 30 日，市医保局、市卫生健康委、市扶贫办联合印发了《关于进一步做好建档立卡贫困人口医疗保障工作有关问题的通知》，改进门诊统筹基金分配方式，由镇级卫生院、村卫生室共同使用门诊统筹基金最高支付限额，不再限定村卫生室人头限额。同时，将门诊统筹结算网络架设到村卫生室，改造结算流程，升级村卫生室门诊统筹结算系统，确保贫困人口在村卫生室就医购药即时联网报销，切实打通贫困人口门诊报销最后一步路。

最后，要解决好因病致贫返贫的问题。因病致贫特别是因大病致贫一直是导致贫困的重要原因。为常态化解决"大病致贫"问题，2020

年9月25日，我们推出了山东省首款普惠型专属补充医疗保险淄博"齐惠保"，主要是弥补医保政策范围外的大额医疗费用保障缺口。普通居民一年保费99元，可获最高200万元的保障，在基本医保报销后，个人负担超出2万元部分（目录内＋目录外）再报销80%，极大缓解了大病致贫问题。产品推出后，在社会上引起强烈反响，得到了广大市民的大力支持。但99元的保费，对贫困户来说依然是笔不小的开支，对此我们进一步研究如何降低贫困户的保费支出。有的同志认为现行健康和医保扶贫政策比较倾向于贫困户，住院报销比例达到了90%，贫困户没有必要再购买"齐惠保"了。但我认为，要站在特殊贫困群众的角度去考虑问题，尽量为他们考虑周全，有些贫困户缺乏风险意识，自认身体无大碍不愿花钱投保，一旦得了大病，肯定会致贫返贫。所以，我一方面要求有关部门单位和区县加强宣传，引导群众特别是困难群众主动购买"齐惠保"；另一方面，对建档立卡贫困人口的保费实行优惠价，降低到每人每年10元。2020年度"齐惠保"投保结束时，全市10.6万脱贫享受政策人口全部购买了"齐惠保"。

2020年11月17日，时任省人大常委会党组副书记、副主任王良率评估验收组，对淄博市脱贫攻坚开展评估验收工作。经过评估，验收组认为淄博市脱贫攻坚各项任务完成良好，各项指标全部达到评估验收标准，能够如期高质量打赢脱贫攻坚战。

我的驻村扶贫路

刘昌法

我叫刘昌法，在担任山村"第一书记"期间，我配合当地党委、政府，建班子、带队伍，以党建引领推动脱贫攻坚和乡村振兴；兴产业、谋发展，争取资金1200多万元建起了旅游公司、山泉水厂、莲藕种植基地、日光蔬菜大棚等30多个扶贫产业项目和民生项目；视农民群众为父母，把贫困群众当亲人，千方百计帮助他们解决急难愁盼问题，带领700多名贫困群众先后脱贫，记下了80多万字驻村工作日志，赢得了各级党组织和农民群众的信赖和支持。

四个山村的驻村扶贫经历

2012年以来，我先后在博山区的上小峰村、西沙井村、沂源县的石柱村和淄川区的东峪村驻村担任"第一书记"。

初战上小峰。2012年4月，已经49岁的我响应市委号召，主动报名到博山区池上镇上小峰村驻村扶贫。初到上小峰，村里的干部群众对我信不过，认为我们这些"第一书记"是一些"飞蝗"，落一落地就飞走了，住不长。听到这样的议论，我暗下决心，租了一处民房住下来，与农民群众同吃同住，住得最长的一次有 40 多天。那时候村里正在修建塘坝，因为水泥告罄面临停工，我立即向单位领导争取支持，不出 3 天就送来了 35 吨水泥，使塘坝工程顺利竣工。这件事，让我在村里的威信一下子树了起来。随后，我和"两委"干部一边争取项目资金，一边搞建设，建垃圾池，硬化路面，农电改造，安装太阳能路灯……掀起了一个个建设小高潮。从第二年开始，我们立足于上小峰的生态资源优势，确立了发展资源型、生态型扶贫产业的帮扶思路，相继建起了饮用水加工厂、33 家农家乐，村集体和村民收入实现了快速增长。到这时，"飞蝗"的议论听不到了，我已经成了村民的一分子。

2014 年 4 月，两年驻村工作顺利结束，我打算回到机关工作。上小峰的老乡们听说后，立即自发赶写了一封按了 43 个党员和村民代表红手印的挽留信，由村干部前往，交到了单位领导手上。接到这封信后，单位领导征求我的意见，我选择了留任。随后，我协同村"两委"打造农家乐升级版，争取中央扶贫资金 100 万元，探索资产收益扶贫模式，以村集体、贫困户为股东，注册成立了上峰旅游开发有限公司，将扶贫资金按照贫困户人均享有的资金额进行折股量化，以农家乐为载体发展乡村旅游业，公司经营所得收益，在年末按同股同权、同股同利原则进行分配，分红比例不低于年度利润的 60%，找到了贫困户脱贫致富的新路径，实现了资源变资产、资金变股金、贫困户变股东。3 年帮包结束时，全村农家乐已发展到 50 多家，村集体收入由我去之前的零收入达到了十多万元。

转战西沙井。2015 年 7 月，经过我的主动申请，来到了第二个帮包村——博山区石马镇西沙井村。

在西沙井发生了改变我人生轨迹的一件大事。是年 11 月，时任市委书记王浩同志来村调研，对我的驻村工作作出批示："从他身上，看到了严实作风、百姓情怀和吃苦奉献精神。"号召全市干部群众向我学习。为此，省市媒体组织了对我的集中采访活动。次年 1 月，我被任命为市扶贫办副主任。虽然重新回到机关工作，但萦绕心头的却是在西沙并制定的"一体两翼"帮扶方案还没有落实见效，村里的父老乡亲们还没有完全摆脱贫困。

2016 年春节过后，我们班子成员去省扶贫办报到，听到了中央领导同志对我的驻村事迹作出重要批示，中央媒体准备来淄博对我进行集中采访的消息。回到淄博，经过慎重思考，我郑重提出了回村继续担任"第一书记"的申请。经过市委领导批准，我回到了"阔别"一个月的西沙井村，并从此下定决心不再回城，把自己余下的工作时间全部奉献给农村的父老乡亲们。2016 年 3 月，新华社、《人民日报》、中央电视台等中央和省市主流媒体对我进行了集中采访，相继在相关媒体上报道了我驻村扶贫的做法。

随后，我和西沙井村"两委"利用争取的 200 多万元资金，带领干部群众改造旱厕 100 多户，建起了 4 个蔬菜大棚和十多个莲藕池塘，尝试性地改造发展农家乐乡村旅游，并为修建 1.67 公里旅游道路做好了准备。在任期即将结束时，我把节省的 1 万元工作经费分别为 8 户困难老党员、残疾人、五保老人和孤儿做了一铺一盖新被褥，为 80 岁以上老人每人发放 200 元取暖补贴。

到革命老区去。在全市部署第三轮"第一书记"工作时，我选择了革命老区沂源县西南角的石柱村，这是一个 3 市 4 县交界的偏远山村，也是我任职村中唯一一个不是贫困村的村庄。石柱村有 3 个各相距 1 公里的自然村，都以种植水果为主，但村中没有一条硬化路，群众对修路的期盼十分强烈。在两年的帮扶工作中，我先后争取资金 100 多万元，硬化道路 4.4 公里，让老百姓走上了平坦的水泥路，让优质果品走出了大山。同时，针对石柱村基础设施落后、人居环境较差、支部班子战斗力薄弱等问题，制定实施了"四提升一整合"为主要内容的薄弱村提升工作方案，通过集中整合村内外有效资源，努力培育致富增收产业、完善基础设施、改善人居环境、提升党员干部队伍履职能力，硬化群众门前路 1 万多平方米，安装完成太阳能路灯 95 盏，集体经济收入达到了 5 万元以上。

回到老家作贡献。2019 年 7 月，已经 56 岁的我做出了回到老家淄川驻村，把最后不多的工作时间奉献给自己家乡的选择。

来到太河镇东东峪村之初，我就经历了抗击"利奇马"台风洪水灾害。洪水过后，我和村"两委"班子一边组织群众进行灾后重建，一边谋划脱贫攻坚、乡村振兴和经济社会发展工作，研究确立了"一点二线七项工作"的总体发展思路，突出脱贫攻坚和乡村振兴帮扶工作主线，落实各项政策措施，确保贫困户实现稳定脱贫，确保乡村振兴各项工作落地落实。我们按照"一二七"工作思路，组织实施了"双千万投入"工程，即民营资本投入旅游开发1000万元以上，建设旅游民宿，打造"叮咚小院"高端民宿品牌；争取政府财政项目投入1000万元以上，完善基础设施，建设美丽乡村。目前，已建成高端民宿8套，中低端民宿5套，小酒坊和茶馆9座，日接待游客能力达到100多人。如今，我们以"生态立村、产业强村"为统领，深度挖掘红色文化和传统文化资源，加快发展乡村旅游，着力把东东村建成民宿村、景区村，带领群众走上共同富裕的乡村振兴之路。

九年多来，每到一个村，每当看到那一家家贫穷的院落，那一张张渴望摆脱贫困的面庞，我就无法让自己的脚步停歇下来，虽然中途有过回机关的想法，但最终选择的是留任、留任、再留任。无论到哪个村，我做的第一件事就是去村民家里走走看看，进屋之后，摸摸炕铺，掀掀锅盖，看看他们睡得咋样、吃得咋样，把每个贫困户的"家底"都摸清楚。我把老百姓的事当成自己的事，把他们当成自己的亲人。乡亲们更把我当成了最可信、最可亲的自家人，有啥操心事、烦心事、揪心事，有啥过不去的坎，都愿意和我说说，我的名字也成了老乡开办的旅游商店的招牌。为了帮助贫困群众尽快脱贫，我们通过实施产业项目分红脱贫一批、政策保障兜底脱贫一批、危房改造助力脱贫一批等办法措施，带领700多名贫困群众先后实现了稳定脱贫，因此，我被基层干部群众亲切地称为松穷土、啃穷根的"蚯蚓书记"。

驻村扶贫的做法和体会

一是以百姓心为心，把群众当亲人。在驻村扶贫工作中，我深深体会到，真挚而深厚的百姓情怀，是做好农村工作的感情基础和动力之源。为及时帮助群众解决急难愁盼问题，我把入户走访常态化，身上带着一支笔、一张纸、几百元钱和一沓便民联系卡，走街串巷，长年不断，进一步密切了与农民群众的感情和联系。二是秉持公仆情怀，紧紧依靠基层干部群众。在帮包工作中始终牢记为人民群众谋幸福的初心，紧紧依靠基层党组织，认真践行群众路线，切实做到从群众中来到群众中去，听民声，摸实情，明思路，谋发展。三是紧扣发展所需，多办实事好事。在农村工作，只有多办实事好事，让老百姓得到实实在在的实惠，他们才会真心拥护支持我们的工作。四是严守纪律规矩，永葆清廉本色。"第一书记"在农村工作，身在基层，远离派出单位和管理部门，容易出现单位够不着、组织管不到、基层不愿管的监督盲点和约束弱化现象。一旦出现违法违纪、损害群众利益的事，其影响之恶劣、扩散之迅速、对派出单位负面作用之大，往往会超出我们的想象。所以，作为一名"第一书记"，既要严格遵守工作制度，恪守组织纪律，更要强化自我约束，严以律己、慎独慎微。从驻村开始，我就有意识地定下一些约束自己的硬杠杠：凡是因我私人关系产生的开支都由我个人负担；凡是外界以我的名义与村里发生的经济往来，在我没有确认前，均按无效处理；凡是村集体、村民对我的任何财物赠予，我均拒绝。后来，感觉太笼统，不好落实，就细化为"晚上尽量不出门，不插手村里的经济往来，不经手公款现金，不在村里公款请吃吃请，不接受村组织任何形式的补贴奖励，以变通方式还老百姓人情，不与民争利"等几条针对性、约束性更具体的规定。多年来，为了照顾我的生活，所在帮扶村给了我1.2万元的生活补贴，经请示单位领导后，都用在了帮包村的公益事业上。在实施扶贫产业工程项目过程中，我对项目建设承包方所送的 2 万多元好处费都给予了拒绝。同时，我将获得的 2.8 万元奖金，除了缴纳党费和捐献给新冠肺炎疫情防控事业，其余全部用在了帮包村贫困群众的公益事业上。

"行走的医生、流动的医院"
为山区群众撑起健康"防护网"

张其雪

习近平总书记强调，要推动医疗卫生工作重心下移、医疗卫生资源下沉，推动城乡基本公共服务均等化，为群众提供安全有效方便价廉的公共卫生和基本医疗服务。我作为一名基层卫健局局长，始终牢记使命，积极创新思路，着力完善山区医疗卫生服务体系，坚持以"有解"思维破解基层群众"看病难、看病远"问题，结合实际情况，创新探索实施"行走的医生、流动的医院"健康扶贫巡诊机制，让广大贫困群众得到了实惠。2021年2月，淄川区卫生健康局被中共中央、国务院授予全国脱贫攻坚先进集体称号。

"行走的医生、流动的医院"巡诊机制实施动因

2019年3月21日，我到太河镇东石村走访我挂包的扶贫对象，通过拉家常了解情况，我得知他患有冠心病、高血压病、脑梗等慢性病，

平时看病拿药到周边卫生院五六公里，有时到城区医院得四五十公里，非常不方便。利用工作对口的关系，我嘱咐辖区内卫生院的家庭医生，定期健康随访，为他看病就医尽可能地提供点方便。尽管贫困群众看病就医能享受到"两免两减半"、先诊疗后付费等便民惠民政策，但是如何打通偏远贫困山区特别是医疗空白村贫困群众看病就医"最后一公里"，如何兜住基层医疗的网底，让基层百姓看得起病，这是摆在我面前最实际的问题。

我立即着手安排对全区医疗空白村情况进行摸底调查。为了解第一手资料，我决定到淄川东部山区贫困村实地探访。在张庄卫生院工作人员的带领下，我来到了西河镇罗圈峪村，村里常住人口130余人，其中65岁以上老年人占比31%，慢性病病人占比22%。这些群众对医疗卫生的需求更加迫切，他们生病得走四五里路到村口坐30多分钟的公交车，到距离本村差不多20里路远的张庄卫生院看病，有时等一辆车就要40分钟。经过我们的初步调研统计，全区有70个自然村没有独立的卫生室，且距离镇卫生院也较远，超过5公里的村有22个，超过10公里的村有11个，其中最远的岭子镇西牛角村距镇卫生院近16公里。这些偏远山村大多空心化，留守老弱病残人员居住分散、单村人数稀少。每村单独设立村卫生室存在一定困难和制约，且会存在巨大的医疗资源浪费，而由周边村卫生室代管的方式又不能从根本上解决问题。为此，我反复思考，提出了"群众找医生不方便，那就把医生送下去主动找群众"的想法，并和几个班子成员进行了分析讨论。

我把全区医疗空白村的调查情况，同时将"群众找医生不方便，那就把医生送下去主动找群众"的想法汇报给了区领导，这一想法得到了闫区长的肯定。想法得到了区领导的支持后，我立即召集班子成员召开了专题会议，研究如何将这一想法付诸实践。经过大家讨论，结合我区的实际情况，初步确定了在每个空白村建设医疗服务点，为近郊城区卫生院配置一辆车、山区卫生院配置两辆车用于日常巡诊的设想。涉及服务点功能、购置巡诊车、规划巡诊路线等一系列前期准备工作有条不紊地陆续展开。就这样"行走的医生、流动的医院"正式提上了日程。

"行走的医生、流动的医院"巡诊机制的推进实施

我们确定了要做这项工作后，针对全区现状立即开始"账单式"销号解决问题。首先，要解决的是房屋问题。我们积极协调镇村，腾出一间闲置的 20 至 30 平方米的屋子，争取区财政投资 150 万元，在 70 个没有独立卫生室的空白村全部设置医疗服务点，统一整洁环境、制作标牌，配备常用药品和听诊器、血压计等基本医疗设备，安装联网报销设备和智慧医疗网络，使服务点具备基本医疗、基本药物、医保报销、基本公共卫生服务、健康扶贫、家庭医生签约等服务功能，实现了小病不出村、大病有人管。其次，要解决的是人员问题。我们以卫生院医务人员为主，乡村医生和"第一村医"作为补充，组建巡诊队伍，坚持每 5 天巡诊一次，为群众开展常见病、多发病以及慢性病的初步诊治。各医疗服务点制作健康教育宣传栏，及时更换健康教育信息，在信息公开栏张贴医务人员姓名、电话、巡诊时间等内容，确保村内所有百姓都能随时联系到医务人员。突出重点人群精准化医疗服务，分别编制 70 处医疗服务点常住居民、高血压患者和 Ⅱ 型糖尿病患者、重型精神障碍患者等重点人群花名册，对患病人群建立患病情况和服药情况台账，实行精细化管理，确保巡诊人员了解掌握村内患者情况，提高服务效率。最后，考虑的是如何把医生送下去、怎么送下去的问题。综合考虑经济因素和地域因素，全区共投资 425 万元，为偏远山区太河、西河两个镇的 6 处卫生院各配备 2 辆医疗服务车，为其他 13 处卫生院各配备 1 辆医疗服务车，总共配备 25 辆。医疗服务车统一喷涂"行走的医生、流动的医院"标识，随车配备折叠担架、医疗设备柜、氧气瓶、急救箱、心电图机等设备，携带高血压、糖尿病等慢性病以及常见病必用药品，以 70 个卫生室空白村、1.3 万名老弱病残人员为主，兼顾其他偏远村和其他人群，提供不间断巡回理疗服务，满足群众看病就医需要。

2019年6月18日，淄川区政府办公室印发了《关于开展"行走的医生、流动的医院"行动的通知》，明确提出区卫生健康局作为牵头单位，负责全面协调"行走的医生、流动的医院"行动。要求实施医疗服务点、医疗人员、医疗服务车、医疗过程"四个全覆盖"，并明确了有关部门职责分工，确保6月底"行走的医生、流动的医院"工作全面启动运行，让老百姓享受到实实在在的医疗服务。此后，"行走的医生、流动的医院"正式进入了试运行阶段。自7月起，我带领全区卫生健康系统开展了"行走的医生、流动的医院"医疗巡诊志愿服务活动，1400余名党员干部、志愿者组成190个医疗巡诊志愿服务队，把医疗服务送到百姓家门口，实心实意为山区群众提供日常诊疗服务，切实打通群众看病就医"最后一公里"。在试运行阶段，村民对这一模式还觉得新鲜，特别是留守老人，到了巡诊的日期就到医疗服务点与医务人员聊天，与巡诊的医务人员成了朋友。8月15日，西河镇核桃峪村75岁的刘月英老人按照惯例，来到了村里的医疗服务点测量血压。张元芹大夫在和她聊天中得知，近几天刘大娘有活动后胸闷的症状，总以为是老胃病犯了，但是吃药没有效果。出于职业本能，张大夫给大娘做了心电图，疑似心梗，立即启用巡诊车将刘大娘紧急送往淄矿集团中心医院，进行了冠状动脉支架植入治疗。出院后，刘大娘还是经常到医疗服务点定期检查，见人便夸："多亏了咱服务点医生细心，不然俺这命就没了。以后咱可一定听大夫的话，健健康康地过个晚年。"

在经过四个月试运行的基础上，2019年11月11日，"行走的医生、流动的医院"行动在西河镇东庄村正式启动。时任区委书记为"行走的医生、流动的医院"巡诊小分队代表张庄卫生院授队旗。时任区委副书记、区长在启动仪式上致辞，强调能不能让广大群众从内心深处叫好点赞，是对这项工作的最高评判。希望大家用心用情用力，往实里走，往实处做，真正创响做实这张"送医疗入万户、真服务暖民心"的名片，为加快"健康淄川"建设增光添彩。启动仪式后，"行走的医生、流动的医院"巡诊服务模式在全区全面推行，取得了很好成效，为基层探索推进公共卫生服务体系改革创造了经验、蹚出了路子。相关经验先后在省、市政研信息内部刊物刊发，新华社通稿、新华社《国内动态清样》、学习强国平台、山东电视台等媒体平台集中报道，国务院副总理孙春兰、时任山东省委书记刘家义等领导给予批示肯定。

"行走的医生、流动的医院"巡诊机制助推脱贫攻坚

没有全民健康，就没有全面小康。淄川区共有贫困群众2.5万人，其中因病致贫占57.85%，让贫困群众看病有保障是实现脱贫的关键环节。偏远山区村特别是一些贫困村、空壳村的村民大多是老弱病残，收入微薄且体弱多病。我们通过创新医疗服务机制，落实基层卫生室标准化改造、设置医疗服务点、配备医疗服务车，以及卫生院和"第一村医"的流入和带动，显著提升了基本医疗及公共卫生服务的能力和水平，有效解决了群众看病难看病远问题。通过定点诊疗、医生巡诊、上门服务等措施，不仅为群众节省了就医附加成本和时间成本，而且通过健康教育以及诊疗，提前干预疾病，减少吃药住院，既减轻了群众负担，又有效节约了医保成本，实现了小病不出村、大病有人管，确保不让一个人在追求健康的道路上掉队。比如，太河镇涌泉村的段桂兰，患有糖尿病、高血压多年，常年卧床，老伴玉守凤91岁，因高血压、关节炎、股骨颈骨折也卧床多年，是村里的贫困户。他们家住村里偏僻地带，受台风"利奇马"的影响，通往他们家的道路非常难走，出行非常困难。医务人员在入户巡诊时了解到这些情况后，每次巡诊都会带着血压计、血糖仪和他们需要的常用药品到老人家里，根据查体指标给予调整用药，并进行健康指导，和老人聊聊家常，及时了解他们的需求。为了减轻他们的用药费用，巡诊团队协助给他们办理了慢性病登记，常用慢病用药报销比例提高，自费费用明显降低，切实解决了两位老人看病难看病贵的问题。再比如，2020年初新冠肺炎疫情实施严格管控期间，由于各村道路封闭，我们及时调整服务方式，5天一次的巡诊工作由面对面随访转为电话随访，对照人员台账，有针对性地对慢性病人

员、老年人等重点人员进行电话随访，及时更新记录、登记在册，及时将日常用药送到不能出门的百姓手中，巡诊和送医送药没有因疫情而中断服务。截至 2021 年底，累计派出 13630 人次到医疗服务点开展巡诊服务，开展电话巡诊 9096 人次，为 5203 人提供上门送医送药。累计出动巡诊服务车 113124 次，服务里程 34.78 万公里，受益群众 14.80 万人次。

2020 年是脱贫攻坚决胜年、收官年，我们以"行走的医生、流动的医院"行动为依托，在贫困"空白村"全部设立服务点，实现 31 个省定贫困村医疗服务全覆盖，对全区 2 万余名贫困人口开展入户家庭医生签约、随访服务。建立以区医院和区中医院为首、辐射乡镇卫生院的两个医疗共同体，通过区级专家大夫跟车随诊、到村卫生室和医疗服务点坐诊等多种方式，促进城市优质资源下沉乡村，做到医疗服务更专业，群众就医更方便。以智慧医疗信息化为手段，大力推行远程会诊、预约挂号、就诊"零等待"、诊疗信息共享等服务，让偏远山区群众共享"互联网+"医疗服务。同时，将第五、六批 74 名"第一村医"全部派驻贫困村和薄弱村，编入巡诊小队，加速优质医疗资源下沉，带动基层医疗服务水平提升，确保偏远乡村特别是贫困"空白村"的百姓病有所医、病有良医。截至 2021 年底，累计开展健康扶贫 3.9 万人次，家庭医生签约、随访 6.2 万人次，健康宣教 8.3 万人次，累计受益群众 1.6 万余人。

在脱贫攻坚中，我们卫健部门主要承担贫困人口"两不愁三保障"中的基本医疗有保障，落实贫困人口"先诊疗后付费""两免两减半"等健康扶贫政策。在做好医疗主业的同时，我们通过家医预约、接诊识别、即时减免、零押金住院、一站式结算、健康档案完善的闭环式管理，在全市首创为每户贫困家庭制作动态健康档案，家庭医生随时将贫困患者门诊和住院的减免信息以及家庭医生随访服务信息更新到动态健康档案中，确保贫困人口享受健康扶贫便民惠民政策不落一户，不漏一人。全区受益贫困群众 52 万人次，减免、垫付费用 2100 万元。我们还组织卫健系统 1400 余名职工与贫困群众结成帮扶对子，利用业余时间走访贫困群众，了解实际困难，通过协助找工作、销售农产品等方式，增加他们的收入来源，切实帮助解决生活难题。脱贫攻坚以来，累计帮扶贫困群众 7.6 万人次，发放爱心物资 80 万元，销售农产品 15 万元。

淄川区卫生健康局被党中央、国务院表彰为全国脱贫攻坚先进集体，这是全区卫生健康系统干部职工的无上光荣，作为主要领导，我深知荣誉不是终点，而是新的起点。

坚守农村服务为民　我的五十年扶贫见闻

亓庆良

　　我是一名来自基层的外科医生，是共和国的同龄人，在农村医疗卫生战线上我与山区人民水乳交融，把医者仁术和一颗执着的心献给了这方热土，献给了惠民兴医事业。

　　1997年，我已经担任博山区医院外科主任兼医务科长、副主任医师，是博山区十大名医，生活条件、工作环境非常优越。当了解到山区群众看病贵、看病难、看病不方便的问题，主动放弃提拔的机会和多家市级医院的邀请，回到了当时已经濒临倒闭的源泉中心卫生院担任院长，用了25年时间带领全院干部职工艰苦奋斗，实现了凤凰涅槃，把医院建设成为全省规模最大、全市综合服务能力最强的乡镇卫生院，成为全国乡镇卫生院的一面旗帜，成为服务山区多个乡镇近20万人口的山区医疗卫生服务中心。医院的服务能力强了，服务水平好了，山区的老百姓不用再为看病奔波了，就是我们最大的欣慰。

　　刚来源泉中心卫生院时候的破败景象，至今让我记忆犹新。所谓的医院没有院墙、没有大门，全院只有1865平方米破败不堪的小楼，木制的窗户一半以上没有玻璃，只有13个编制，10张床位，固定资产不足40万元，最少的一天收入只有1角8分钱，外欠药款50多万元，职工3个月没发工资，院内杂草丛生，一片狼藉，到了濒临倒闭的地步。

我带领全院干部职工用了 25 年时间，发扬自力更生、艰苦奋斗的精神，白手起家，奋发图强，使卫生院发生了翻天覆地的变化。特别是党的十九大以来，医院的发展可以说是突飞猛进、日新月异。现在医院面积达 90 亩，医疗用房 60000 平方米，开放床位 1500 张，核磁共振、CT 等大中型设备 160 多台，资产增值到近 2.3 亿元。我们用心血和汗水筑起了贫困地区的健康防护线，博山南部山区十余万贫困群众不再为看病贵、看病难、看病不方便发愁，农民的健康有了可靠保障。

全面提升医疗服务水平，分级诊疗减轻群众看病负担

国家扶贫办统计资料显示，我国贫困人口 60%—70% 是因病致贫、因病返贫。因此，要想真正解决我国长期脱贫问题，必须有的放矢地解决基层人民群众的看病就医问题。而提升基层卫生院服务能力，推进分级诊疗就是解决"因病致贫、因病返贫"问题最有效的办法。源泉中心卫生院地处博山南部山区，全区 1.7 万贫困人口中有 1.3 万多人都集中在南部山区 4 个乡镇，贫困人口占比高达 76.6%，我们着眼于为基层群众健康服务，创新发展了"预防、医疗、康复、养老、急诊急救、精神卫生康复"六位一体的大卫生、大健康办院模式，通过扎实开展基本公共卫生服务、做优做强基本医疗、创新发展农村养老，通过为周边居民提供全生命周期的闭环式医养健康服务，通过不断提升基层医疗卫生机构的服务能力，力求从源头上解决"因病致贫、因病返贫"的问题。

2018 年，博山区人民政府办公室印发《关于印发博山区医疗共同体建设实施方案的通知》作为博山区 2018 年十大民生实事工程，在区卫生健康局的推动下，以我院为牵头单位成立博山南部山区医疗共同体，由我担任理事长，通过对南部山区 6 家卫生院进行"六统一"管理与对口帮扶，不断提高医共体辖区卫生院整体服务水平；同时由医共体出资，对辖区 93 处村卫生室进行标准化改造并全部配备信息化设备，实现了医共体内信息化网络的全覆盖；各空白村也组织专人定期巡诊，

基本实现了南部山区群众小病不出村的目标。

同时我们积极主导与山东省立医院、山东第一医科大学第一附属医院等多家省内知名医院签约医联体单位，通过上级帮扶与自主培养相结合的方式，不断壮大基层卫生人才队伍，稳步提升基层服务能力，使山区群众不出乡镇，就能享受到城市大牌专家的服务。以腹腔镜下胃癌根治术为例，去北京手术花费在 15 万元左右，在济南各省级医院花费约 10 万元，在我市的三级医院花费 6 万元左右，在源泉中心卫生院花费仅仅 1 万多元。换言之，基层医院看病就医的花费仅仅是城市三级医院的六分之一，这其中还包括手术需要的高值耗材。如果除去这些费用，老百姓在基层住院就医的花费仅为三级医院的十分之一。2020 年，源泉镇西山村一贫困户王大爷，在我院做胃癌根治手术，报销减免后，花费仅仅 1000 多元。提升基层医疗卫生服务能力在减轻山区困难群众看病就医负担方面发挥的作用是有目共睹的。

2016 年以来，淄博市卫生健康委先后提出卫生健康扶贫"八个一""两免两减半""先诊疗后付费"，贫困人口住院费用自付比例不超 10% 等健康扶贫优惠政策。5 年来，我院先后为辖区 14100 余名贫困群众落实相关优惠政策，减免优惠金额达 193.3 万元，辖区困难群众"看病贵"的问题得到了彻底解决。

完善山区急诊急救体系，打通山区急救最后一公里

过去几十年来，我所在的博山南部山区四镇地处偏远，交通不便，距离主城区路程普遍在 30 公里以上，最远的山村往返城区需要两个多小时，医疗应急处置救援成为困扰山区群众的一大难题，是山区基层卫生发展的短板。

2019 年，在市、区人大，市、区人民政府的大力支持下，我们积极争取专项资金 1000 万元，主动承担了南部山区医共体急诊急救体系建设任务。2019 年 8 月，南部山区 6 家乡镇卫生院的 9 辆监护型与转

运型救护车配备到位，山区急诊急救体系建设拉开了序幕；2020年5月，博山区第二人民医院120急救站正式启用运行，博山南部山区急诊急救体系建设全面完成，山区院前急救的最后一块短板被补齐。

此后，山区群众院前急救路程被缩短一半，急诊出诊时间大幅缩减，山区医疗急救能力不断加强，提高了医疗资源利用效率，打通了山区急诊急救"最后一公里"，山区人民群众的生命安全得到了进一步保障，急救站自开诊以来先后出车1000多台次，为接诊患者减少了痛苦，为生命垂危者争取了黄金抢救时间。2020年的冬天，源泉东村一家三口不慎一氧化碳中毒，邻居发现时，三人已经倒地不起、命悬一线。我们的救护车不到10分钟就到达了现场，因为抢救及时，一家三口人的性命都得以保全，山区百姓都称赞我们的120是山区人民的救命站。

创新试点老龄健康产业，兜底养老助力精准脱贫

新时代，随着人民生活水平日益提高，老龄化逐渐提速，尤其山区因城乡发展差异导致年轻人口大量外流，博山区60岁以上人口占比高达29.2%，呈现特重度老龄化趋势。农村失能、半失能老年人口大幅增加，老年人的医疗卫生服务需求和生活照料需求叠加，健康养老服务需求呈现出日益强劲的趋势。

我在下村入户、送医送药服务过程中发现，农村无儿无女无保障的五保户，平日生活无人照料，疾病无人医治，只有解决好这些农村弱势群体的生活照料、养老问题，脱贫攻坚工作才能真正发挥实效。看在眼里，记在心里。我在参加党的十九大时就在思考如何解决农村贫困、五保老人照护养老这一问题，北京参会回来后开始着手规划源泉长寿山医养健康综合体项目。

2017年底，源泉长寿山医养健康综合体项目正式立项动工，项目占地60亩，建筑40000平方米，设置床位1000张，总投资1.6亿元。我们本着"为老人善终、为政府分忧、为社会担责"的宗旨，以服务五

保、失智、失能及半失能老人为重点，因地制宜创建"一体两院"医养融合型养老机构发展模式，医康养护深度融合发展，构建集疾病预防、医疗救治、康复保健、养老服务、护理照料、护理培训"六位一体"的标准化新型医养服务体系，先后探索开发了"政府兜底养老、农村普惠养老、居家照护养老、公寓养老、精神康复养老、康养文旅"等六种基层养老产业的新模式。2018 年 7 月，项目一期工程投入使用，集中供养了全区 10 个镇办的 368 名孤寡老人，这些五保老人在这里"三餐有人管、健康有人问、生活有人助"，真正实现了精准扶贫、精准脱贫的目标。2020 年，我们与政府合作，对博山全区 1518 名农村贫困人口和低保边缘人口进行居家照顾服务项目，招聘辖区农村 400 余名适龄妇女为助老员，对农村贫困人口和低保边缘人口提供居家生活照护服务，医院派出专职医护人员定期巡诊、维护健康。既解决了农村贫苦户中失能半失能老人的生活照护和健康需求，又增加了农村妇女就近就业机会，机构内、机构外实现社会就业 600 多人。

目前，医养结合事业也已成为源泉中心卫生院发展的又一新名片。2019 年 11 月，源泉中心卫生院医养结合机构养老模式被作为典型经验在全省推广，被评为山东省医养结合示范单位；2020 年被评为全国敬老文明号单位，全国智能化养老机构，全国 AAAA 级养老机构；2021 年，长寿山医养健康综合体入选省会经济圈一体化发展养老服务联盟康养示范基地，是全淄博市唯一获此荣誉的养老机构，同时入选中组部《贯彻落实习近平新时代中国特色社会主义思想在改革发展稳定中攻坚克难案例》。我们的"六位一体"特殊群体养老服务新模式在全省健康扶贫工作成效新闻发布会上推广推介，我院养老服务标准化管理被央视新闻频道《新闻 1+1》栏目重点宣传报道。

扎实开展基本公共卫生服务，脱贫路上不落一人

在脱贫攻坚过程中，我们严格遵循"大卫生大健康"发展战略，狠

抓基本公共卫生服务项目工作，积极推进医卫融合发展，健康扶贫精准到位，国家十四大项基本公共卫生服务落实有序、扎实推进。贫困人口及重点人群家庭医生签约履约率达到 100%。医院选拔优秀科室骨干成立家庭医生服务队，定期到辖区各村巡诊，随时为山区群众提供健康服务。

2020 年，我亲自带头，动员全院干部职工，组成了 14 支健康扶贫小分队，包户到人、责任到人，利用下班及休息时间宣传扶贫政策，面对面提供服务，帮助辖区贫困人群解决看病就医方面存在的问题。服务到家、送药上门，贯彻落实好党和政府的利好政策，不让一名贫困群众在健康扶贫路上掉队。通过为辖区居民提供全生命周期，全过程的健康教育、健康指导、健康促进服务，山区人民群众的健康素养和防病意识得到了显著提升，健康服务满意度和获得感稳步提升，我们的脱贫攻坚工作取得了实效。我本人和我带领的源泉中心卫生院全体干部职工的努力得到了上级各主管部门的认可与肯定。2021 年 3 月，我十分荣幸地受邀参加了全国脱贫攻坚总结表彰大会，并被授予全国脱贫攻坚先进个人。

正如习近平总书记强调，脱贫摘帽不是终点，而是新生活、新奋斗的起点。我们没有任何理由骄傲自满、松劲歇脚，必须乘势而上、再接再厉、接续奋斗。山区百姓的需求始终是我工作的方向和目标，我将竭尽全力、用一辈子的时间努力做好。

脱贫攻坚凯歌旋　乡村振兴开新篇

陈平

　　2021 年 1 月 9 日，根据组织安排，我到枣庄任职市委书记。作为市委主要负责人，扶贫是必须尽快熟知的领域。为此，我翻阅了枣庄历年来扶贫工作的总结、汇报等材料，找到时任市委副秘书长、市扶贫办主任张德忠同志了解情况，到脱贫攻坚一线与扶贫干部深入交流，到困难群众家中走访解困，对全市脱贫攻坚工作有了全面的了解、深刻的感悟。

　　闪亮的数字让我为之感动。脱贫攻坚战打响以来，枣庄 9.2 万名建档立卡贫困人口全部脱贫，214 个省定、58 个市定扶贫工作重点村摘帽退出，投入扶贫资金 12.36 亿元，改造贫困群众危房 5161 户。办理低保 43506 人，累计发放低保金 32629.37 万元；办理特困供养 6911 人，累计发放特困供养金 12237.37 万元，等等。枣庄作为相对落后地区，能够取得这样的成绩，非常不容易。

　　硬核的举措让我为之骄傲。有个创新举措，让我印象深刻。2018 年 11 月 8 日，那时我还在菏泽任市长，中央电视台《绝不掉队》栏目宣传了峄城区"扶贫专干"的事迹，这一举措打通了脱贫攻坚"最后一公里"，架起了帮扶政策与贫困户精准对接的桥梁。随着脱贫攻坚的不断深入，支出型贫困摆在了各级扶贫部门面前，因大病、意外、大笔教育费用等支出极有可能让刚刚脱贫的贫困户陷入困境，工作方法机制亟待再创新。枣庄市及时将符合条件的支出型贫困家庭纳入救助范围，采取医疗救助、临时救助、失能护理、产业帮扶带动增收、社会救助及专项帮扶等综合措施，确保已脱贫贫困户不因病因灾因突发意外导致返贫，这是边脱贫攻坚边巩固成果的创新之举。2018 年、2019 年，脱贫攻坚进入关键期，产业扶贫项目资产安全、收益保障被提到议事日程。枣庄在全省率先实施产业扶贫项目资产及收益"双保险"，为 65 个受损项目理赔 148 万元，为 140 个受疫情灾情影响项目理赔 78.04 万元，有效防止了 6431 名贫困人口返贫，该做法被省委扶贫办发文推广。

实干的队伍让我为之点赞。2021 年 2 月 25 日，全国脱贫攻坚总结表彰大会上隆重表彰了全国脱贫攻坚楷模，全国脱贫攻坚先进个人、先进集体。当我在表彰名单中看到山亭区扶贫办荣获先进集体、市扶贫办的王慧同志荣获先进个人时，我深深为枣庄有这样的好团体、好干部感到欣慰和喜悦。当然，这只是枣庄扶贫队伍中的典型与代表，在脱贫攻坚实践中，还涌现出一个又一个勇于担当、实干奉献的群体，一个又一个扑下身子一心为民的"第一书记"、辛勤工作不言悔的专职扶贫干部，一个又一个自强不息脱贫先立志的家庭。正是全市各级扶贫干部倾力奉献、苦干实干，贫困群众自立自强、自力更生，全社会同心同向、合力攻坚，才有了枣庄脱贫攻坚的全面胜利。

巩固成果的故事

我来到枣庄工作后，正赶上脱贫攻坚收官，步入过渡期的时候，如何巩固拓展脱贫攻坚成果，守护来之不易的胜利果实，是我要与全市干部群众一起答好的新课题。实事求是地讲，枣庄虽然全面完成了脱贫任务，但成色和质量还没有达到一个很高的水平，最根本的原因就是经济总量偏小、发展相对落后。当时就想，没有高质量的发展，就没有高质量的脱贫，更别说巩固和拓展的成效了，必须先把枣庄的经济搞上去。想要发展经济，必须找准突破口和发展路径。在广泛调研和充分论证后，我了解到枣庄作为一个老工业基地，工业底蕴很深厚，工业门类比较齐全，也有一些重大战略机遇惠及枣庄，而且枣庄正处于工业化的中期阶段，工业仍然是支撑经济快速增长、推动高质量发展的主导力量。在与其他同志商量后，我们得出一个结论，"枣庄因工业而立、因工业而兴，未来也必将因工业而强"。基于这一判断和认识，市委谋划提出了"工业强市、产业兴市"战略。2021年3月2日召开了"工业强市、产业兴市"三年攻坚突破行动动员大会，向全市发出了"大抓工业、抓大产业"的动员令，明确"一年夯实基础、两年全面提升、三年实现突破"的奋斗目标。之后又围绕党群部门、金融机构、民营经济、基础设施、城建项目、港口建设等多层面、多领域，召开了一系列专题会、座谈会，举办了资本赋能大会、锂电产业高端对话、央企省企枣庄行等一系列重大活动，充分调动了方方面面工作积极性。各级各部门闻令而动，扎实开展三年攻坚突破行动，"工业强市、产业兴市"成为全市上下的广泛共识、一致行动。经过过去一年的努力，取得了一系列基础性、趋势性、阶段性成效。2021年15项主要经济指标中，枣庄有11项增幅位居全省前10位；地区生产总值增长8.3%，与全省持平，位居全省第8位，为枣庄16年来最好水平；特别是工业经济成效明显，规上工业营业收入增长27.3%，位居全省第3位，利润总额增长54%，位居全省第4位；规上工业增加值增长10.8%，位居全省第10位；工业技改投资增幅高于全省平均7个百分点，工业税收增幅高于全市全口径税收收入增幅7.2个百分点；规上工业企业达到800家，增长31.4%；贷款余额较年初增长16.2%，位居全省第5位，新增存贷比达到155.3%，位居全省第3位。通过实践证明，"工业强市、产业兴市"是符合枣庄发展实际的，只要一直坚定不移地实施下去，枣庄的经济总量会越来越大、质量会越来越高，老百姓的生活也一定会越过越红火、越过越滋润。所以，大家工作起来都很有信心、有底气、有干劲。

进入巩固拓展脱贫攻坚成果阶段，防止返贫和新致贫仍然是工作的重中之重。我之前在其他地市的时候负责过脱贫攻坚工作，对贫困群众返贫、致贫原因进行过充分调研。我认为解决这一问题最关键的是建立完善的制度机制，靠制度机制管根本、管长远。因此，我安排扶贫部门建立了防返贫监测帮扶预警机制和常态化帮扶机制。像在帮扶预警上，依托市政务信息资源共享平台，整合共享有关行业部门数据信息，形成防返贫致贫监测"大数据库"，围绕因病、因灾、因残、因学四个主要因素，进行数据分析比对，精准锁定脱贫不稳定、返贫和新致贫风险较大人群。像在农村低收入人口常态化帮扶上，规范低收入人口认定和救助工作，建立了覆盖全市、统筹城乡、分层分级、上下联动、部门协同、定期更新的低收入人口动态监测信息平台。经摸排比对，我市共录入低保边缘家庭 11127 户 14976 人，实现了对农村低收入人口的早发现、早帮扶。同时，在安排这项工作的时候，我特别强调扶贫部门要组织对所有农户开展集中摸排，符合脱贫不稳定户、边缘易致贫户、突发严重困难户认定标准的，按程序进行认定，做到"应纳尽纳、及时帮扶"，确保不漏一户、不漏一人。2021 年，我们市共梳理排查纳入监测帮扶对象 219 户 666 人，其中，边缘易致贫户 138 户 421 人，突发严重困难户 58 户 187 人，脱贫不稳定户 23 户 58 人，坚决守住了不发生规模性返贫的底线。

有效衔接的故事

2021 年 2 月 25 日，习近平总书记在全国脱贫攻坚总结表彰大会上庄严宣告：我国脱贫攻坚战取得了全面胜利。听到这句话，我心里特别激动，感到这么多年所有人的付出都没有白费，再苦再累都值了。在会上，习近平总书记还强调，"要切实做好巩固拓展脱贫攻坚成果同乡村振兴有效衔接各项工作，让脱贫基础更加稳固、成效更可持续"。我当时就想，这有种接力赛交接棒的感觉，相当于脱贫攻坚这一段赛道跑完了，该跑下一段乡村振兴了，这个棒交接好了，步子就稳、跑得就快。怎么做好有效衔接，成为了困扰我的新问题，不过这次很快就有了想法。

2021 年 3 月 11 日，我主持召开了加快"双十镇"建设暨"山水林田大会战"工作会议，在会议上明确了乡村振兴示范镇、特色镇"双十镇"建设和"山水林田大会战"两项重点工作，并作出了细致具体的安排部署，这两场战役此刻全面打响。为什么建设"双十镇"？因为乡镇一头连着农村、一头连着城市，是城乡融合发展的重要节点，也是乡村振兴的重要支点。因此，我们全力加快"双十镇"建设，支持示范镇做强做大、率先发展，引导特色镇发挥优势、差异发展。经过一年的探索实践，镇域发展呈现重点带动、全域提升、协调发展的良好势头。为什么开展"山水林田大会战"？因为做优生态环境，是让乡村生活转变为诗意田园的视觉标尺，也是充分发掘培育农村宝贵财富的根源之泉，更是贯彻"绿水青山就是金山银山"理念的生动实践。"山水林田大会战"打响以来，我们突出做好"护山""治水""兴林""育田"四篇文章，生态环境持续改善。2021年完成造林2.5万亩，建设提升环城绿道132公里、绿色生态廊道275公里，修复湿地2080亩；完成山体生态修复治理2500亩；成功创建13条省级美丽幸福示范河湖，优良水体比率达100%；建成高标准农田205万亩，夏粮总产量89.6万吨。当时会上提出的"一城山水满城绿，满城园林一城景"的建设目标正一步步变成现实。

结合党史学习教育，5月29日至31日，我带头到滕州市西岗镇北赵庄村进行蹲点调研，与村民吃在一起、住在一起、唠在一起、劳动在一起，听到了最基层的声音，解决了一些具体问题。调研中发现，北赵庄村北紧邻九龙湾湿地公园，这是滕州市重点打造的生态项目，为北赵庄村借势借力发展提供了大好机遇。当时我就给他们点了题，让他们发展好观光旅游、特色采摘、农家乐等配套经营业态，承接湿地公园带来的人气、商气、财气，实现农村生态振兴和产业振兴的有机融合，现在已经干得有模有样了。不仅是北赵庄村，我们市还有其他村找准了发展路径，充分挖掘自身优势资源，宜工则工、宜农则农、宜游则游、宜商则商，做出了特色、做强了产业、做大了经济。像峄城区榴园镇和顺庄村，立足石榴资源优势，发展盆景产业，年销售额可达4000余万元。像山亭区水泉镇棠棣峪村，以火樱桃为主导产业，大力发展农村电商、乡村旅游，蹚出了一二三产融合发展的新路子。这样的村还有很多，为

全市的农村发展提供了经验、作出了示范。

我感觉这次蹲点调研，收获很大，看到了之前没看到的，听到了之前没听到的，想到了之前没想到的。驻村的过程，就是一次"解剖麻雀"的过程，通过一点点深进去、沉下去，看清了乡村的"全貌"，摸清了乡村的"内里"，找到了推动乡村振兴的重要抓手，这个抓手就是村级集体经济。为什么这么说呢，主要有三个原因。其一，无论是十九大报告还是"十四五"规划，还是其他的文件等，都强调发展壮大农村集体经济。其二，村级集体经济与乡村五大振兴紧密相连，发展村级集体经济，必须有强有力的党组织、强有力的产业、强有力的人才队伍，还与生态振兴、文化振兴共同促进、相辅相成。其三，近年来我们一直在发展村级集体经济，"从无到有、由少到多"，收获了不错的成效，有必要延续下去，再加一把力。因此，我探索谋划了以发展壮大村集体经济促进乡村振兴的特色路径，实施三年强村计划，设立帮扶和产业基金，打响"破十攀百"攻坚战，千方百计增加集体收入、带动农民致富。经过我们一年来的努力，强村越来越多、弱村越来越少，集体收入10万元以上村达到81%，百万元以上村105个。

2021年6月21日，是一个有特殊意义的时间，枣庄市乡村振兴局正式揭牌成立，标志着枣庄站上了巩固拓展脱贫攻坚成果与乡村振兴有效衔接的新起点，开启了全面推进乡村振兴的新征程。从扶贫办到乡村振兴局，名字虽然改变了，但是他们那股劲没变，那种脱贫攻坚精神没丢，在新的赛道上一直发力。像探索的兼并重组和委托管理创新、"国企、合作社、强村、行业机构"四种专业运营等模式，管好了、用好了扶贫资产，作为典型案例报送至国家乡村振兴局。像打造的山亭区"翼云湖'云裳家园·农旅融合'衔接推进区"，申报了省级衔接乡村振兴集中推进区，获得了中央资金3000万支持。不只是乡村振兴局，像组织、宣传、农业农村、民政、文旅等部门，还有五区一市、枣庄高新区，大家伙都铆足了劲往前冲、往前干，乡村振兴工作是这样，全市方方面面的工作都是这样，形成了一种越干越想干、越干越会干、干就能干成的氛围，我在调研的时候都能看出来，各处都是一幅热火朝天的景象。2021年一年，我们建设高质高效农业项目49个，签约新格林、新农创等投资过亿元项目 16 个，培育国家级农业龙头企业 4 家，市级以上 407 家，建设美丽农村路 120 公里，建成美丽乡村示范村 498 个，打造国家级农业产业强镇 4 个，农业强、农村美、农民富的美好画卷徐徐展开，乡村振兴齐鲁样板的枣庄篇章正在谱写。

扶贫协作的故事

俗话说，"一个篱笆三个桩，一个好汉三个帮"。2016 年 8 月 16 日，枣庄与威海结成了扶贫协作关系，当时我还没有来到枣庄工作，但与同志们、贫困群众每每谈起这件事，都能感受到他们对威海倾力相助的感激。我看了近几年的材料，听了负责同志的汇报，也很受触动。扶贫协作以来，两地之间互动很频繁，市、区（市）两级共计召开联席会议 39 次，互派干部挂职 177 人次，人员考察互访 1353 人次，专业技术人才交流培训 3866 人次，这样你来我往的，不仅交流了工作，更结下了深厚的情谊。我还特意关注了一些数字，像累计支持枣庄市财政协作资金 10287.32 万元，社会捐助款物折合 483.57 万元；像落实贫困学生资助等民生协作保障工程共助力 37822 人次增收；像实施薛城养老服务中心和阴平镇生态循环农业项目等一批基础设施和产业协作项目共 40 个，涉及总投资 25083 万元，其中财政协作资金投入 4973 万元，等等，这些都是实打实的"真金白银"。所以说，不管到什么时候，我们都不会忘记，也不能忘记威海对我们的扶持与帮助。

2021 年，脱贫攻坚全面胜利了，但是我们跟威海的联系没有断，他们继续帮助我们，不过不再叫扶贫协作了，叫帮扶协作。我印象比较深刻的有这么几件事。一个是建设甘薯产业园、石榴精深加工生产车间、源食用菌大棚等项目，带动了周边贫困群众增收和就业。一个是设立 4046 个"失能人员护理岗"，既解决了失能人员照料问题，又带动了脱贫户务工增收。还一个是我们参加了威海举办的很多宣传推介展销活动，把"枣庄辣子鸡""枣庄石榴"等特色品牌打出去了，推动了更多"枣货入威"。2021年11月份,威海市委副书记贾瑞霭同志来枣参加协作帮扶第八次联席会议,我因为公务在身,没能参加活动。这次会议提出了更多有针对性、有实效性的好招数,为接下来拓展协作广度和深度打牢了基础。

枣庄是革命老区,有着光荣的传统,当我们有能力的时候,绝不吝啬对别人的帮助。来到枣庄我了解到,自2017年深化东西部扶贫协作以来,我们一直结对帮扶重庆市丰都县,在产业合作、劳务协作、人才交流、资金援助等方面倾情倾力进行了帮助,丰都全县95个贫困村全部出列,1.9万余户8万多贫困人口全部脱贫,成为重庆市首批"摘帽"县。

我来到枣庄后去了丰都县一次,丰都县的负责同志来了两次。我是2021年的5月份去的丰都县,这是我第一次考察对接东西部协作工作,当时还召开了东西部协作的工作联席会,会上签署了2021年东西部协作框架协议。其间,我还去看了协作丰都工作队,他们背井离乡很不容易,主要是去看望慰问一下,也再给他们加加油、鼓鼓劲。丰都县2021年第一次来枣是11月30日,带队的是唐守渊县长,这次也召开了东西部协作联席会议,会上我们签订了枣丰协作"十四五"框架协议和振新能源LNG项目合作框架协议。第二次来枣是12月20日,这次带队的是张国忠书记,我们会见的时候就接下来如何拓展和深化协作达成了共识。我们的来往只是敲门砖,部门之间的来往更加频繁,2021年一年,政法委、民政局、人社局、商务局、卫健委等部门以及滕州市、薛城区等区(市)都去丰都县对接了,促进了帮扶措施的精准落实。不仅如此,我们还不断加强干部、人才等方面的交流,东西部协作开展以来,共选派3名党政干部、74名专技人员赴丰都县开展协作,接收丰都县4名党政干部、32名专技人员、10名贫困村党支部书记来枣庄交流学习。

在深入对接的基础上,我们精准开展了帮扶。2021年,拨付财政援助资金3086万元,动员社会各界捐助资金和物资折款649万元。在丰都县17个乡镇(街道)154个村巩固发展滕州脱毒马铃薯,面积达1.86万亩,总产值达到5878万元以上。引导浙江振新能源有限公司多次赴丰都县考察，拟投资 12 亿元的年产 60 万吨 LNG 清洁能源及储备调峰项目已经落地。在枣庄贵诚超市、家乐佳购物中心等商超设立丰都牛肉等农特产品销售专区（专柜）7 个，引导丰都企业（电商站点）主动对接京东枣庄馆、巴味渝珍等线上销售平台，销售丰都农特产品 2574.3 万元。2021 年 6 月，我市的发改委、协作工作队被省委、省政府授予山东省脱贫攻坚先进集体称号。

打赢脱贫攻坚战、全面建成小康社会只是我们取得的阶段性胜利，接下来还有一场场硬仗要打、一个个关隘要攻，乡村振兴的篇章还要续写，共同富裕的征程仍在继续。

以机制创新促脱贫攻坚

毕志伟

我先后两次来山亭工作，在山亭工作了整整 13 年。尤其是担任山亭区委书记这 5 年，是山亭发展历史上充满挑战、极不平凡的 5 年，也是全区脱贫攻坚工作发展取得重要变化、成效显著的五年。

山亭区辖 273 个行政村（居），面积 1018 平方公里，属沂蒙山区的西南麓，山区面积达 87%。地理与历史因素叠加，"贫困"二字成为山亭最痛苦的烙印，久久难以褪去。区划初期，全区 2/3 的人口为贫困人口，人均收入不足 150 元的贫困村有 226 个，1986 年被列为国家级重点扶贫区，1994 年调整为省级重点扶贫区。2013 年开展精准扶贫工作以来，我区建档立卡贫困人口占全市的 40.1%，省重点村占全市的 43.9%；省"4 个 2"工程中涉及镇、村，分别占全市的 50%、100%，是枣庄市唯一深度贫困的区域，是全市脱贫攻坚任务最重的区。

可以说一直以来，山亭区历届区委、区政府都高度重视脱贫攻坚工作，把它作为最大政治任务和第一民生工程来抓。坚决落实党中央、国务院脱贫攻坚决策部署，始终坚持以脱贫攻坚统揽经济社会发展全局，坚持一切工作都服从和服务于脱贫攻坚，统筹各项政策措施，不断创新扶贫机制，下足了"绣花"功夫，压实脱贫攻坚责任，形成政府、市场、社会互为支撑，专项扶贫、行业扶贫、社会扶贫"三位一体"的大扶贫格局，脱贫攻坚取得阶段性显著成效，全区 35164 户 80791 人建档立卡贫困人口全部脱贫，116 个省市定扶贫工作重点村全部退出，原山亭区扶贫办被中共中央、国务院表彰为全国脱贫攻坚先进集体。对于山亭区的脱贫攻坚，我认为山亭是有经验可以分享，有很多的故事可讲的。

区镇村三级联动，逐级压实工作责任

我区严格落实中央、省、市关于夺取脱贫攻坚战全面胜利的部署，制定了《关于打好精准脱贫攻坚战三年行动（2018—2020 年）实施意见》《山亭区扶贫开发三年攻坚行动实施方案》，成立由我和区长任组长的扶贫开发领导小组，组建扶贫工作线，对脱贫攻坚所需的资金、人员优先保障，工作、困难优先解决，形成了书记、区长亲自抓，副书记、分管副区长靠上抓，其他分管领导合力抓的工作机制。区级层面，将原区扶贫办划归为区委序列，增设了临时编制，从镇街和区直部门抽调 20 余名精干人员到原区扶贫办工作。区直各行业扶贫部门负责人要亲自抓，并明确 1 名分管负责人、1 个科室主抓扶贫工作。镇街层面，明确 1 名党政班子成员负责，扶贫办专职人员达到 10 人以上。村级层面，各村成立精准扶贫理事会，每村配备 1 名扶贫专干。区委、区政府与各镇街、区直有关部门，镇街与行政村，层层签订脱贫攻坚目标责任书，明确责任，传导压力，压实任务，形成了区级统筹、部门负责、镇街落实的大扶贫格局。

同时由我带头，全区 43 位县级干部和 86 位区直部门主要负责人对 273 个村（居）帮包全覆盖。我自己帮包山城街道薄板村五户贫困户，我一有时间就到帮包的村、户走访，实地查看贫困户的情况，与贫困户促膝长谈，了解帮包户面临的实际问题，和帮包户共同分析问题，找到切实符合其自身的解决办法，使存在的问题彻底解决。我每次去帮包的村、户都有新的感受、新的变化，帮包户总是说感谢党的好政策，这让我更加认为脱贫攻坚工作责任重大，一定要切实把工作落实落细。我经常把自己实地查看的问题，和班子成员、扶贫干部进行交流分析研判，查找解决问题的办法，做到举一反三，切实解决群众的问题，用自己的实际行动带动全区各级扶贫干部真抓真干真整改真提升。

强化扶贫干部管理，激发决战决胜动力

2020年3月，习近平总书记在决战决胜脱贫攻坚座谈会上强调，脱贫攻坚工作任务能否高质量完成，关键在人。我区就牢牢抓住"扶贫干部"这一关键因素，经过集体研究，在全市率先实行镇街扶贫办主任提级管理，由区委组织部对镇街扶贫办主任和第一副主任进行任命。通过提高政治地位，把有群众工作经验、有工作思路，能吃苦、有本领，有闯劲、想干事的干部调整到镇街扶贫办主任岗位，由区委组织部渐进式、台阶式培养，激发了工作的主观能动性。

同时为进一步引导和激励干部实现由"组织施压"向"自我加压"转变，我区坚持把脱贫攻坚成效作为检验和评判干部的重要依据，在提拔任用干部时，除充分听取纪检、政法、审计等部门意见外，还听取区扶贫开发领导小组、脱贫攻坚专班的意见，真正把干部脱贫攻坚实绩考准查实，让脱贫攻坚成效成为检验干部的"试金石"和选拔任用的"硬压力"。对于工作实绩突出、成效明显的脱贫攻坚一线干部，在评先评优、表彰奖励、推荐后备干部时给予优先考虑，特别优秀的，提拔使用或转任重要岗位。初步统计，自脱贫攻坚以来，我区扶贫干部提拔重用达到94人次。2021年，一次性提拔重用17名区镇专职扶贫干部，占调整干部总数的70%，本次领导班子换届中，区乡村振兴局常务副局长被提拔为区政协副主席，4个党委书记提拔为区委区人大区政府班子成员，1个镇的党委书记提拔为开发区管委会班子成员。10个镇街分管领导全部得到提拔重用。

以产业为支撑，搭建脱贫攻坚与乡村振兴的桥梁

山亭的特色产业和生态环境给我印象最深，特色农产品资源丰富，拥有长红枣、板栗、火樱桃、葡萄、优质桃、花椒等特色林果基地 55 万亩；生态环境优美，是国家重点生态功能区、山东省长寿之乡。

我区立足生态和农业资源优势，大力发展乡村旅游和现代农业，2016—2020 年全区共实施各类产业扶贫项目 246 个。截至目前已带动 29811 户贫困户增收 6619 万元，增加村集体收入 2644 万元。通过发展产业扶贫项目，真正让贫困群众得到了真金白银，让村集体增加了为民办事的经济实力。

如我区依托山、水、林、村优势资源，以创建国家全域旅游示范区为抓手，结合各村实际，切实找准旅游产业扶贫有效路径，以"整村搬迁型""扶贫资金折股型""合作社引领型"等旅游产业扶贫模式，带动更多群众创业就业增收。"整村搬迁型"以兴隆庄村为代表，通过整体搬迁建设翼云石头部落，102 户贫困群众实现脱贫：79 户搬迁村民回村创业，共发展规模餐饮户 11 家，餐位 800 余个，住宿客栈 46 家，接待床位 366 张，旅游商品店 10 家，户均增收 3 万元；景区安置 23 户 31 人就业，人均年增收 18000 元。兴隆庄乡村旅游扶贫示范带被推荐为全国乡村旅游发展典型，被命名为全国休闲农业与乡村旅游示范点，"科学推动、创新发展，旅游＋扶贫孕育新动能"典型经验全国推广，并被国务院扶贫办推荐到世界旅游联盟，作为 2019 年度世界旅游联盟——湘湖对话典型案例进行对外发布。"扶贫资金折股型"以石嘴子村为代表，依托柜族部落带动乡村旅游发展，把 100 万元的重点扶贫资金，委托山里人家旅游发展公司运作，其中 80 万元折股量化给贫困户，20 万元作为村集体股，通过折股量化、发展民宿、参与分红等，促进贫困户增收脱贫。"合作社引领型"以双山涧村、湖沟村为代表，通过成立旅游合作社，引导贫困户利用民宅发展农家乐和民宿，吸纳 170 户

贫困户实现就业，湖沟旅游合作社入选国家"合作社＋农户"旅游扶贫示范项目。目前，全区发展旅游专业合作社 15 家、"山亭人家"农家乐 500 余家，培育了中国乡村旅游模范村 2 个，被评为中国乡村旅游致富带头人 6 人，有中国乡村旅游金牌农家乐 9 家，让贫困户在家门口吃上了"旅游饭"。

强化内生动力，扶贫扶志同向发力

扶贫先扶志，致富先治心。贫困户的志气一旦树立起来了，观念一旦更新了，致富的办法和干劲自然就有了。

我区的贫困人口中多以老年人居多，扶贫政策宣传知晓率低、脱贫内生动力不足、家居环境卫生脏乱差等问题较为常见。为充分调动贫困户的积极性，我区水泉镇借助省、市派第一书记这一契机，在省派第一书记村板上村、市派第一书记村青莲村推行建立"美好生活互助会＋爱心超市"助力提升脱贫成效工作。各村组建若干个"美好生活互助会"，每个互助会小组长，根据评分标准每月入户打分，当场填写积分卡，一分相当一元钱，贫困群众持积分卡去村委会兑换等额积分爱心券，到爱心超市免费兑换相应分值的物品。统筹利用社会捐赠款、"慈心一日捐"、扶贫基金等作为运行经费。通过贫困人口互帮互助，增强社会责任感，增进邻里和睦，转变等靠要思想，激发出贫困人员脱贫致富的强烈愿望，实现物质、精神"双脱贫"。此举较好地完善了贫困户自治的组织化体系，建立了激励机制，把贫困群众的内生动力激发出来，走出了一条脱贫攻坚与乡村治理有效融合的新路子，实现了贫困山区群众精神与物质的"双脱贫"。该做法已在全区范围内推广，覆盖十个镇街，建成爱心超市 14 家，惠及近千户脱贫户。相关经验做法被《大众日报》等媒体专题报道。

个性化定制，确保脱贫攻坚成果落实落地

在我调研检查中发现，脱贫后有些户虽达到脱贫标准，但存在家居环境质量不高、生产生活工具缺乏等问题。比如，有的贫困户住房虽不是危房，但是房顶漏雨、门窗损坏的"病房"，不能申报危房改造项目；有些贫困户无院墙无大门，室内外地面未硬化，家内缺少衣橱、菜橱等生活用品等等，这些都影响脱贫质量，这些状况均急需改善。

我区对发现的这类问题，认真研究分析研判，积极整合各类资源，确定了开展"短、小、快、直"的到户帮扶项目，为贫困户量体裁衣，提供不同形式的帮扶，重点解决贫困户的燃眉之急、发展之困、生活之难。"短"是指项目实施周期短，短则一周内就能完成，长的也不超一个月；"小"是指所实施的项目资金数额小，每户贫困户每次实施帮扶项目预算金额原则上不超过3000元；"快"是指项目申报审批快，赋予镇级审批权限，项目实施不需经过招投标等程序；"直"是指项目直接对接贫困户需求，可以个性化满足贫困户的不同需要。

自实施到户帮扶项目以来，已投入4960余万元，实施"病房"修缮、门窗更换、院墙大门建设、院落水泥地面硬化、墙体轻微裂缝维修等项目1088个，贫困户生产生活条件和家居环境得到明显改善，提高了贫困群众获得感和满意度，群众满意度实现"十二连冠"。

创新贫困户动态监测及返贫预警机制，构筑防止返贫致贫的"截流阀"

我区2018年底全区贫困人口已和全省各地贫困人口一道成功脱贫，但是还存在部分贫困户脱贫不稳定、存在返贫风险和因病因灾致贫、返

贫的问题。

近年来，我区把防止返贫和新致贫摆在重要位置，对建档立卡贫困人口增减情况进行月报监测，实时掌握贫困人口的变动状况；建立返贫预警机制，及时发现因病因灾因意外等可能致贫和返贫的困难群众，完善"即时出现、即时纳入、即时帮扶"的工作机制，构筑防止返贫致贫的"截流阀"。此做法在全省县乡扶贫办主任培训班上作为典型案例推广，在《山东脱贫攻坚简报》刊发。相关工作成效在省脱贫攻坚简报专题报道。

我区持续做好脱贫攻坚后的贫困户动态监测，确保全区贫困户都能得到及时、有效的救助。每月将新增低保、特困供养、临时救助、大额医疗支出、重度残疾人等预警信息，筛查比对后反馈镇街，分析研判致贫风险，做到早发现、早干预、早帮扶。同时加强各行业部门的对接协调，将行业数据与脱贫数据进行比对分析，反馈行业政策落实方面存在的疑点信息，确保脱贫户及时足额享受行业政策。该做法作为数据应用成功案例，已被推荐参加全省大数据创新应用成果评选。

荣山协作，打造省内协作帮扶典范

我区与荣成市自 2016 年开展扶贫协作以来，我多次与荣成对接协调，荣成市广泛发动各部门与山亭区全面结对，深化帮扶，助力山亭脱贫攻坚工作。荣成市经济开发区及六个沿海经济强镇与山亭经济开发区及六个省级扶贫工作重点镇结成扶贫协作对子，加强相互间的协商与衔接。荣山两地的党委、政府把荣山扶贫协作作为重大政治责任，同心协力，不断完善工作机制，持续加大资金投入，狠抓扶贫协作协议落实，推动荣山扶贫协作不断实现力度跃升、规模跃升、质量跃升，创造了"亲如一家"扶贫协作的"荣山"模式。

自 2016 年以来，荣成市累计向我区拨付协作资金 2473 万元，在产业、资金、民生、人才等领域给予了大力支持和无私帮助，创新实施了山亭特教学校、甘薯产业园、美丽乡村、海藻肥推广、山城街道卫生社区服务中心提升、扶贫车间、大姐工坊、教育补助等扶贫协作项目，有力促进了我区脱贫攻坚、民生改善、经济发展，最大限度放大了扶贫协作效益，助力山亭圆满完成了脱贫攻坚任务。

山亭脱贫攻坚的工作还有太多的内容、太多的故事需要诉说。如我区创新实施的项目"存、选、建、管、保"模式，被原国扶办副主任欧青平批示，产业扶贫项目连续四年承办全国旅游扶贫培训班，成为全国设计扶贫现场会、全省就业扶贫现场会观摩点；2018年承办全省省内扶贫协作现场推进会议，工作成效获省委副书记杨东奇高度赞誉；联合医保局在全省率先实现定点医院安装和使用医保智能控费系统，医保扶贫经验做法获时任副省长孙继业批示；2020年1月代表山东省迎接国务院扶贫资金绩效考核，获得优异等次；项目建设、干部管理、到户帮扶等先进做法四次被央视、山东卫视新闻联播专题报道，三次被新华社《高管信息》刊发，等等。

山亭的扶贫成就有目共睹，山亭的经济发展日新月异。这些成就，凝聚着我区所有参与脱贫攻坚工作同志们的辛苦付出，凝聚着所有支持帮助山亭脱贫攻坚工作领导的热情关怀，凝聚着社会各界的倾力支持。

脱贫攻坚的历练是我一辈子的财富

王慧

我第一次到扶贫小开会的那一天是 2016 年 4 月 1 日，此后的五年是我一生难得的宝贵经历，让我铭记终生。

按照中央精准扶贫的要求，脱贫攻坚要做到"六个精准"：扶贫对象精准、措施到户精准、项目安排精准、资金使用精准、因村派人精准、脱贫成效精准。扶贫对象精准是所有工作的基础条件，我们习惯的说法是要"系好第一粒扣子"。2017 年初，全省统一部署扶贫政策落实和扶贫资金使用管理专项审计，通过这次审计发现了一些问题，尤其集中在建档立卡贫困户识别不精准。不能精准地认定我们要帮扶的对象，那后面的工作都无法精准落实。枣庄市委市政府非常重视，组织了两个专项联合调查组同时开展工作。这次调查整改过程中，我们和基层的扶贫同志们不仅进行了思想上的碰撞，更重要的是深挖根源，深刻剖析问题所在，置身其中我感受到和他们一样的委屈与自责，在痛苦和挣扎中下定标准再提高、措施更精细的决心。

我们联合调查组加班加点，连续通宵工作，为了摸清楚所有反馈的问题，我们逐村逐户逐项目到现场去调查核实。加班加到精疲力尽，感觉是透支了所有的精气神儿。时值酷暑，走出会议室站在太阳底下还会浑身发冷。通过深入细致的工作，我们找到了问题的根源，也和基层的扶贫干部们在交流中找到解决的办法。识别不精准主要的原因大致有三类：一是脱贫攻坚是一项前无古人的创举，具体工作标准和措施任务是在摸索与不断校正中逐渐清晰起来的；二是动态监测没有跟上，农户生产、生活状况出现的动态变化没有及时发现，导致识别程序和帮扶政策落实上没有适时调整；三是对政策理解不透彻，基层干部把脱贫攻坚当成又一次普惠制的帮扶政策，作为平衡一些村内矛盾的手段运用，在识别上没有严格落实标准。针对以上问题和根源，市扶贫开发领导小组迅速做出反应，提高政治站位，市领导亲自部署，市、区（市）、镇（街）、村（居）四级书记亲自抓，全面动员开展无死角入户调查，逐村逐户逐人核实到位；强化督导调研，统一工作标准，面对面指导基层精准理解政策要求；加强政策业务培训，让扶贫系统的同志们明确识别核对的工作标准。

2018 年，市扶贫办实行了最严格的双月督查，每两个月一次，市办几位领导分头带队到各区（市）、各个镇（街）、各个村（居）督查脱贫工作情况。为了赶时间，每天起大早就出发，晚上回到会议室汇总情况，经常是两三点钟才能解散，第二天又开始新的任务。督查组跑遍了全市有脱贫攻坚任务的 60 个镇（街），2000 多个村（居），10000 多户贫困户，解决了几百条积累的问题。全面实施了到户帮扶解困、孝善养老助贫、邻里互助助残等精准施策项目，推动了家庭医生的签约服务、残疾人证的入户检查评定、住房安全等级的年度评定制度等行业帮扶政策进一步健全落实，全市建档立卡贫困户精准识别和精准施策帮扶水准得到全面提升。2018 年开始，枣庄市脱贫攻坚成效在全省督查考核中得到普遍认可。

随着第一粒扣子的精准到位，其他五项精准紧随其后。为了各项工作落实到位，作为重要支撑作用的资金分配必须精准。

我到扶贫办面临的重要且紧急的工作任务就是分配财政专项扶贫资金。财政专项扶贫资金是脱贫攻坚的基础，对于贫困群众意味着希望，对于扶贫工作意味着保障。对此，我不敢有丝毫懈怠，我深知《市级财政专项扶贫资金使用监管意见》必须在第一时间准确下达，而提前制定资金使用监管意见是指导基层拨付和使用的工作指南。因为对扶贫工作完全不熟悉，《意见》一遍遍的修改都不能达到要求，凭着不服输的精神，我日夜加班加点反复调整，通过调度 17 套基础资料、对细化到 1003 个数据的 5 个附表前后修改了 17 遍才终于完成。综合考虑各区（市）、枣庄高新区建档立卡基础贫困人口数、剩余贫困人口数和财力系数加权计算分配了产业发展资金；根据贫困户和经营主体信贷需求，测算财政贴息和风险金数额；依据每项工作所需科学分配了重点贫困镇（村）资金、雨露计划资金、特色产业发展专项资金、危房改造资金等共 9900 万元。

5 年脱贫攻坚期内，全市各级共投入财政专项扶贫资金 12.35 亿元，为切实提高资金使用绩效，我从分配、使用、监管、绩效评价全链条抓牢，确保扶贫资金每分每厘用足用好。精准分配使用专项扶贫资金拨付是各项工作顺利开展的基础，创新资金管理制度，首创扶贫项目资金报账流程图，明晰资金拨付节点、项目操作规程、报账凭证附件等标准化模板，全面提升了规范度。为了规范使用资金、规范拨付记账，扶贫部门和经管部门的工作人员精诚合作，互相切磋，接受的各种检查、考核多了，甚至有的账簿都翻烂了，最终全市形成了标准化模板，工作过程更规范，提高了时效性和使用成效，也规避了潜在的风险，在全市 2019 年开展的扶贫专项巡察中也经受住了考验。

精准使用资金，体现在精准实施扶贫项目上。全市除了实施产业扶贫项目提升贫困村造血能力，实施基础设施项目提升农村生产生活条件以外，我们创新实施了邻里服务互助项目、孝善养老扶贫项目和到户帮扶项目。

邻里服务互助项目通过特殊贫困户之间的服务互助，让有劳动能力的贫困户增加工资收入而脱贫，无自理能力的特殊贫困人员得到生活照顾，其家庭中有劳动能力的成员得以解脱而就业增收，实现互助双方均衣食无忧，吃穿两不愁的双赢结果。山亭区城头镇荒沟村村民任为兰的老伴生前长期患病，欠下大量债务，成为因病致贫户。镇帮扶干部入户精准识别了解情况后，发现任为兰本身责任心强，具有一定的劳动能力，就牵线其与本村特困户、全家重病缠身的黄修礼一家结成了邻里互助帮扶对子。正式帮扶前，为了提高像任为兰这样帮扶人员的帮扶技能，该镇人社所又联合枣庄民众职业培训学校举行家政服务培训班，对他们进行家居安全与急救、饮食安全、家用电器的使用与维护等方面技能的培训，为邻里互助帮扶顺利开展奠定了基础。邻里互助扶贫模式的开展，有效解决了老弱病残贫困户的生活难题和精神慰藉，增加了扶贫户的经济收入，为帮扶户尽快脱贫奠定了基础；同时，还增强了贫困户发家致富的信心，维护了社会稳定，弘扬了互帮互助的优良传统，倡树了邻里互助的文明新风尚。

"孝善养老"扶贫工作，弘扬了"孝善"文化，设立"孝善基金"，推行70岁以上老人按子女缴纳孝善资金10%—30%比例奖补，大大激发了贫困老人子女的孝心，保证了老龄人群脱贫的稳定性和持久性。孝善扶贫不仅兜了养老的底子，更重要的是弘扬了风气，重塑了农村的公序良俗。"儿在办，孙在看，老少爷们在指点"，用一位扶贫干部的话说，"看似简单的子女缴纳一两百元，实际上是重新唤醒了那份沉甸甸的责任"。一个明显的例子是，张榜公示缴纳情况后，有很多不到70岁的贫困老人的子女，甚至有些不是建档立卡贫困户老人的子女，强烈要求缴纳孝心基金："不能让老少爷们戳我们脊梁骨。"

到户帮扶项目更是因户施策、因人施策的精准体现。我们积极探索扶贫资金精准使用机制，从市级财政专项扶贫资金中安排到户帮扶项目资金，保障各级帮扶干部对帮包的贫困户实施精准帮扶，从根本上解决困难家庭的实际困难，解决了节假日送慰问金、粮、油物品的"接济式"帮扶，年初认认"门"、年底做做样的"应付式"帮扶和结对干部对贫困户有的诉求无法满足的"无源式"帮扶。我自己结对帮扶的贫困户王祥花老人，因为家里缺少劳动力导致生活困难，我利用当年的到户帮扶资金1700元给其买了三只羊羔，老人饲养得非常仔细，和家里原有的两只羊羔一起照料，现在每年都能产出售卖3到4只成羊，年收入增加了2000多元，每次去我都会去给这些羊羔们拍照片留作纪念，心里也感觉特别有成就感。

我们还利用专项扶贫资金探索实施"扶贫＋保险"双路径，为产业扶贫项目量身定制特色"产业保""收益保"双保险，有效构筑了扶贫资金、项目的"防波墙"和"保护堤"，实现了资金资产零风险，这一创新举措被全省推广。经过艰苦卓绝的努力拼搏和工作创新，近两年，枣庄市所有扶贫资金项目化管理，全面纳入绩效考核，形成了目标设定科学、中期监控实效、带贫成效显著的枣庄资金管理模式。枣庄市扶贫资金绩效评价工作连年取得省优秀名次，2019年度接受国扶办现场绩效评价获得优异成绩。

我负责的工作还有一项就是威海—枣庄扶贫协作。威枣扶贫协作伊始，时任枣庄市委副秘书长、扶贫办主任战振强和威海市委副秘书长、农办主任、扶贫办主任王焕孟反复磋商研究，没有急于把协作资金撒芝麻盐，而是围绕枣庄脱贫攻坚实际所需，瞄准增强内生动力，能够直接惠及于民，精心研究制定了威枣"五六七"扶贫协作模式。5年来，我市共利用威海市财政协作资金10287.32万元，资助了贫困学生、贫困母亲、贫困老党员等，实施了山亭区甘薯产业园项目等一批造血产业扶贫项目，建设了山亭区特殊教育学校等一批民生保障工程。其中，山亭特教学校2017年启动建设，项目总投资960万元，其中荣山协作帮扶资金500万元。通过学生托管学习，确保了残疾儿童接受健全教育，减轻了贫困家庭负担。目前，27个残障贫困家庭劳动力解脱出来，发展产业或实现就业增收脱贫。在传授基础文化知识的同时，开设绘画手工等技能培训，在校学习一技之长，锻炼基本劳动技能，通过开展小型手工制作劳务，增加收入。在特教学校里遇见来送学生的一位母亲，她看着孩子在宽敞明亮的教室里投入地学着手工穿珠链，一脸认真的样子，憔悴的脸上也露出欣慰之情，还一迭连声地感谢学校感谢老师。本着"为孩子解困、为家庭减负、为脱贫助力"，荣山协作将山亭区特教学校协作项目打造成了典范项目。脱贫攻坚期间，全省唯一一次省内扶贫协作现场推进会于2018年在枣庄举办，推广威枣协作模式，山亭区特教学校就是会议现场参观的项目之一。

实施雨露计划项目是教育扶贫的重要举措，是阻断贫困代际传递、培养贫困家庭新生劳动力的重要途径。我自负责"雨露计划"项目以来，就对此格外用心，心中时刻想着要给贫困家庭带去希望的种子。为了保证"雨露计划"的精准落实，2018年8月，枣庄市扶贫办组成4个核查组分别采取电话核查和到户抽查的方式，对全市建档立卡贫困学生"雨露计划"补助发放及其他重点工作情况开展了核查。3天时间，我带着专业人员共入户走访49镇145村326人，电话核查634人，经审核符合"雨露计划"补助条件的学生全部补助到位。像这样的调研、核查，我自从事扶贫工作5年来已经不计其数。对于每期"雨露计划"项目都精心组织，严格摸底、审核、发放流程，实现全市不漏一户、不落一人，5年共补助9892人次，发放1928.85万元，为全省规范实施"雨露计划"项目提供了枣庄样板。

王雨婷，台儿庄区涧头集镇徐楼村建档立卡贫困户，家有三口人，仅有奶奶一人在家中务农，平时干些来料加工零活，收入微薄。妹妹王雨幸目前还正在枣庄二中就读，家庭生活困难。2018年9月王雨婷考入潍坊工程职业学院，就读学前教育专业。正在为上学费用发愁时，"雨露计划"给其带来了希望。自2018年秋季以来，王雨婷同学每年都能够接到"雨露计划"的资助，三年累计金额达7500元。接受资助后的王雨婷同学更加珍惜来之不易的学习机会，在校期间表现优秀，成绩优异，分别获得2019年、2020年国家励志奖学金，2018—2019学年度优秀共青团员、优秀学生荣誉称号，2019—2020年度文明学生称号。今年6月份即将毕业的她，正致力于"专升本"考试，准备再次提升自我。

无数脱贫攻坚战线的战友们辛勤的工作换来了贫困群众的稳定脱贫和各级的认可。2020年底，省里开展脱贫攻坚评估验收，我陪同省验收组梁学慧处长入户，到滕州市张汪镇辛集村建档立卡贫困户张开华的家里，首先映入眼帘的是大门厅南侧墙上，书写的一首首小诗，"共产党人关心咱，咱得人残志不残；一定永远向前看，尽量给国做贡献。"道出了该户感恩党在新时代实施脱贫攻坚期间给他们家带来的实实在在的实惠与变化。

张开华与妻子石红萍是一对都具有二级残疾的老夫妻。丈夫张开华，中共党员，1972年入伍，在武汉坦克兵某部服兵役，1979年2月10日他自愿报名参加了对越自卫反击战，1979年12月光荣地退伍还乡。七年的兵役，让他感受到祖国大家庭的艰辛与发展。因病致贫成为夫妻俩被列为建档立卡贫困户的主要原因。张汪镇党委、政府依托低保、亲情互助金、残疾人生活补贴、护理补贴、经济困难老人补贴、游船项目分红、退役军人补贴、养老保险金、威海协作—失能护理补贴、困难党员补贴等十项扶贫政策对其实施扶持。2018 年还为该户接通了自来水，2020 年为该户进行了环境提升，家居面貌焕然一新。通过帮扶，确保了该户收入，达到了稳定脱贫，真正实现了"两不愁三保障"标准。夫妻俩精神面貌大为改观，对生活充满了热情、增强了信心，逢人就说共产党好，党的政策好，扶贫工作好，对扶贫工作心存感激，满意度攀升。

为彻底摸清资金项目底数，我联合审计、财政部门开展了全市扶贫资金审计调研，连续数周加班加点无法回家；为了贫困群众温暖安全过冬，数九寒天进村入户走访；为了项目资产监管有效运营规范，烈日酷暑地奔波在扶贫项目现场。工作上的奋力前行对得起的是扶贫干部的良心与良知，面对家中患有阿尔茨海默病的老母亲，我感叹陪伴苦短。愧于已快小学毕业的女儿，错过了她的少年时代，面对她独立又有点儿孤单的小身影，我忍不住心酸……现在我终于能把老妈妈接到身边来，每天陪伴，虽然她的病情不可逆，但是孝心仍可追。苍天不负有心人，我自己坚持不懈的努力带给身边人无形的影响，自小独立的女儿也和我一样努力要强，总是自我加压，学习成绩一直名列前茅，我努力成为女儿的骄傲，女儿也是我的自豪。

能有幸承担消除绝对贫困的艰巨任务，成为创造彪炳史册人间奇迹的一员，不仅获得了此生独一无二的生命体验，也获得了无上的荣誉，2021 年被评选为全国脱贫攻坚先进个人。虽然获奖的是我个人，但我始终认为，我代表的是全市扶贫人，这个先进也是全市扶贫人的荣耀！2021 年 2 月 15 日，我坐在庄严肃穆的人民大会堂内心潮澎湃。聆听着习近平总书记对脱贫攻坚的回顾，体会着习近平总书记对脱贫攻坚精神的深情褒奖，泪水沾湿了脸庞。抬头看着璀璨的五星光华耀目，那些星星多像脱贫攻坚一线共同战斗过的领导、同事、战友们的眼睛闪闪发光。

着力构建四大体系　扎实推进脱贫攻坚

李宽端

　　我是 2018 年 5 月来到东营工作的，来东营之前，在其他地市也分管和负责过扶贫工作，对扶贫工作非常熟悉，也有深厚的感情。来到东营之后了解到，在 2016 年底，东营已经实现了省标贫困人口和 60 个省扶贫工作重点村脱贫；2017 年底，实现了市标贫困人口和 43 个市扶贫工作重点村脱贫，在探索坚持开发式扶贫和保障式扶贫并重方面取得了不错的成效。在 2018 年 8 月举行的全省乡村振兴暨脱贫攻坚现场会上，我代表东营作了典型发言，介绍东营市的脱贫攻坚经验。

　　通过客观分析当时东营脱贫攻坚面临的形势，我发现，虽然东营经济发展水平相对较高，但贫困人口存在插花式分布、老弱病残占比高的特点，巩固提升脱贫攻坚质量的难度依然非常大。从 2016 年到 2020 年，经过 5 年的脱贫攻坚，东营市贫困人口人均收入从 2015 年的 3199 元增加到 2020 年的 12216 元，年均增幅 30.7%；扶贫工作重点村集体收入由 2015 年的平均 3.58 万元增长到 2020 年的 14.38 万元，年均增幅 32.1%。2020 年省对市扶贫开发成效考核，我们获得了"好"等次，位居全省第 2 名。脱贫攻坚战中，全市涌现出了一大批先进集体和先进个人。1 个集体、1 名个人被中共中央、国务院表彰为全国脱贫攻坚先进集体和先进个人；13 个集体、18 名个人被省委、省政府表彰为全省脱贫攻坚先进集体和先进个人。回顾东营的扶贫工作，这些成绩的取得，得益于四大体系的保障。

责任体系：党政齐抓、各负其责

脱贫攻坚以来，东营市建立完善了党政齐抓、各负其责的责任体系，以势在必得的决心坚决打赢脱贫攻坚战。

脱贫攻坚期间召开全市扶贫开发工作会议、全市扶贫开发领导小组暨现场推进会、全国扶贫日座谈会等市级层面会议 30 余次。2020 年 9 月，在市扶贫开发领导小组 2020 年第二次全体（扩大）会议上，我们对习近平总书记近期关于脱贫攻坚工作的重要指示精神学习传达，对全市脱贫攻坚重点工作进行专门部署，确保如期高质量打赢脱贫攻坚战。会上我对各级各部门提出要求，要聚焦脱贫质量，坚持问题导向，持续排查整改，全面巩固提升，扎实完成收官阶段各项任务。各级党委政府主要负责人是落实脱贫攻坚政治责任的第一责任人，实行市县乡村四级书记共抓扶贫。由我带头走村入户，市县乡"四大班子"带头开展遍访，在一线发现问题，在一线解决问题。我负责遍访的乡镇是利津县汀罗镇，遍访的村是汀罗镇的陈家屋子村。在陈家屋子村走访贫困户时，通过拉家常的方式，详细了解他们所急所忧所思所盼，帮助他们解决急难愁盼的具体问题。陈家屋子村是省定扶贫工作重点村，村民以传统的农业种植为主，村集体无固定收入，是典型的经济空壳村。通过遍访行动，在了解到村集体和村民的需求后，我积极帮助协调该村发展产业扶贫项目，建设现代产业园，成立专业合作社，集体收入每年增收 15 万元。合作社优先雇佣贫困户务工，实现了贫困劳动力就业脱贫增收。陈家屋子村先后被评为省级乡村振兴示范村、省级美丽乡村示范村、省级"一村一品"示范村、省级森林村居等。通过解决乡亲们遇到的急事难事操心事，坚定了我们一定打好脱贫攻坚这场硬仗的决心。各级累计遍访脱贫任务比较重的乡镇 70 余次、扶贫工作重点村 490 余次、脱贫享受政策户 8.1 万余次。

对于脱贫攻坚任务，市级党政一把手要签署责任书，立下军令状，这是党的十八大以来唯一一项由党政一把手立军令状的工作，同时省里对脱贫攻坚工作进行专项巡视。在脱贫攻坚工作体系里面，有专门的监督考核体系，考核细则条目的复杂、细致程度也是前所未有的，有职能部门专项考核，有地市交叉考核，有第三方评估，目的只有一个，就是要保证减贫的成效真实可信，经得起历史检验。可以说脱贫攻坚实行的是历史上最严格的考核评估制度。为了确保各项扶贫政策精准落实到位，我们也对全市 5 个县区、2 个市属开发区和 40 个镇街组织开展脱贫攻坚"回头看"暗访督导，原则上每季度开展 1 次。暗访督导累计发现问题 1 万余条，对排查发现的问题不回避、不遮掩。每轮暗访督导结束后，根据暗访督导情况对各县区（市属开发区）、乡镇（街道）进行排名，在全市范围内通报，并对排名后三位的乡镇（街道）党政正职进行约谈。暗访督导结果纳入市对县区（市属开发区）党委和政府扶贫开发工作成效考核。在省对市扶贫开发工作成效考核中，我市连续三年在入户方面实现零问题，群众满意度始终保持在 100%。

政策体系：保障兜底、全面覆盖

2016 年伊始，市委、市政府印发《关于坚决打赢脱贫攻坚战的意见》，明确了打赢脱贫攻坚战的总体要求、基本原则、思路举措和保障措施，这是我们打赢脱贫攻坚战的总纲。2017 年，印发了《东营市"十三五"脱贫攻坚规划》，主要明确"十三五"时期全市脱贫攻坚思路目标、战略任务、重点工程和政策措施，是实施精准扶贫、精准脱贫基本方略的重要依据。2018 年，市委、市政府制定印发《关于打赢脱贫攻坚战三年行动的实施意见》。这三个制度性文件，是我们能够打赢脱贫攻坚战的保障。有了市委、市政府的指导意见，各行业部门迅速行动，认真做好政策的衔接配套工作。其中扶贫部门对低保和扶贫政策衔接进行了积极探索，在全省率先制定出台了《关于实施贫困人口教育、低保、医疗、住房、助残、慈善救助兜底"六保障"的意见》，医疗救助、残疾人生活补贴、贫困残疾人家居服务等低保户享受的政策，取消低保限制，建档立卡贫困人口同等享受，缩小了两个群体的政策差异。脱贫攻坚以来，行业部门制定出台扶贫配套政策文件70多个，涵盖教育、医疗、住房、就业、助残等各个扶贫领域，构建起了脱贫攻坚政策体系。

在实际工作中，我们聚焦"两不愁三保障"和饮水安全核心指标，对2.3万名脱贫享受政策贫困人口和即时帮扶人口持续对接帮扶政策，让贫困群众不愁吃、不愁穿，上得起学、看得起病、住得上房、喝得上水。为了实现上得起学，我市做了很多努力，先后制定出台了将教育扶贫政策扩大到市标享受政策人口等一系列资助减免和控辍保学的政策措施，构筑了从学前教育到高等教育的资助减免政策体系，杜绝了因贫失学辍学现象，保障了贫困家庭学生接受教育的权利。5年来，全市累计落实学杂费减免政策8953人次，发放助学金、补贴6723人次；发放"雨露计划"职业教育补助1979人次；投入2.65亿元对义务教育薄弱学校校舍等，进行了改造提升。再说这个看得起病，在群众看病问题上，全市贫困人口因病致贫占比高，这部分群体看病就医，通过基本医保和大病保险报销、医疗救助报销后，有的贫困户负担仍然很重。为此我市还制定出台了一系列含金量很高的扶贫政策，如将扶贫特惠保险范围扩大到低保困难群体，扩大贫困人口门诊慢性病病种范围等，全市各级医疗机构共计减免诊疗费用8.8万余人次；为8万人次贫困人口代缴居民基本医保费，大病保险报销3万余人次；为5600余名门诊慢性病贫困患者，报销医疗费用2560万元，扶贫"特惠保"累计报销14.8万人次、5300多万元，减轻了贫困户看病就医的负担。住房问题一直事关民生的大事。一到每年的雨季，尤其是台风过境的时刻，贫困群众住得安不安全、房子漏不漏水，都是市县乡村"四级书记"心里最挂念的事。脱贫攻坚以来，对全市1.2万余户贫困户住房安全情况，进行了全面排查，逐户发放了住房安全鉴定卡。对鉴定出的C、D级危房，通过修缮加固、拆除重建、转移安置等方式实施改造，确保所有贫困群众都能住上安全房。在保障住房安全的基础上，为提升贫困户家居环境质量，我们又实施了以净化、美化、硬化为主要内容的"靓居"工程，为贫困户改善居住条件，让他们住得卫生、住得舒心，"既安居又靓居"。最后说喝得上水的问题，我市开展了农村饮水安全两年攻坚行动和饮用水质提标三年行动计划，累计投资 7 亿余元加强农村供水保障。同时，对建档立卡贫困户和即时帮扶户饮水安全情况进行全面核查，全市农村人口供水量满足户内日常生活需求，水质检测结果符合《生活饮用水卫生标准》，全市农村自来水普及率、集中供水率均达到 100%，处于全省领先水平。

工作体系：广泛参与、合力攻坚

我们坚持专项扶贫、行业扶贫、社会扶贫"三位一体"的大扶贫格局，凝聚起全社会广泛参与的强大合力。

习近平总书记曾经提出"五个一批"的精准脱贫措施，其中第一条就是"发展生产脱贫一批"。发展生产没有项目是不行的，在下基层调研时，我也发现我们的很多省定扶贫工作重点村、市定扶贫工作重点村几乎没有什么产业基础。村集体没有收入，很多服务老百姓的好事就办不成。所以我们一开始的初衷，就是把扶贫项目作为一项壮大农村集体经济、带动贫困户稳定增收的重要措施来抓。这 5 年来，我们按照先突破贫困村再提升"插花村"的思路搞了一批又一批的项目。贫困户既得到了实惠有了项目收益分红，又壮大了村集体经济，而且项目还能带动就业，收益还能设立公益岗位一举四得。比如，河口区义和镇大英村 80kW 光伏扶贫项目，虽然项目规模不大，村集体一年收益就有近 8 万元，村里贫困户不仅可以定期分红，有劳动能力的贫困户还可以负责光伏板清洁等简单工作，增加务工收入，老百姓的反响很好。5 年来，全市 286 个产业扶贫项目已累计产生收益 6150 余万元，救助困难群众 4.5 万人次、2760 余万元，在保障贫困户稳定脱贫前提下，还用于设立公益岗位、发展村级公益事业等，发挥了重要作用。推进产业扶贫，光有规划、口号是不行的，还要有实打实的资金支持，没有资金的支撑，都是无本之木、无源之水。我们未雨绸缪，在一开始出台的《中共东营市委东营市人民政府关于坚决打赢脱贫攻坚战的意见》上，就明确专项扶贫资金"每年增幅明显高于本级财政收入增长幅度"。2016年以来，市级资金年均增长20.68%，县级资金年均增长18.08%，每年增幅都明显高于本级财政收入增长幅度，在全省投入增幅中也是居于前列的。五年来，全市中央、省、市、县四级财政专项扶贫资金累计投入达1.95亿元，用在产业扶贫项目的专项资金就有1.3亿元。在积极推进产业扶贫项目的同时，严格按照项目资金管理使用的相关规定支出项目资金，确保"一分一厘"都不能乱花，全市各级各类监督检查，无一例挤占、挪用、虚报冒领专项扶贫资金的情况。2020年底，在省对市财政专项扶贫资金绩效评价中，我市获得优秀等次，获得了省绩效评价奖励资金2500万元。

贫困群众的生活涉及方方面面，行业扶贫就是各行业部门充分发挥职能优势，通力合作，不折不扣落实各项扶贫政策。比如，兜底保障方面，民政部门将符合条件的6883名贫困人口，全部纳入兜底保障，累计发放低保金1.1亿元。养老方面，累计为贫困人口代缴基本养老保险8997人次，发放养老金52148人次、11751.03万元。残疾人帮扶救助方面，累计实施贫困重度残疾人无障碍改造4114户，累计为6235名贫困残疾人发放"两项补贴"4712.33万元。就业扶贫方面，对有意愿有条件的农村贫困劳动力，推行免费职业技能培训，积极开发各类扶贫公益性岗位。脱贫攻坚以来，举办招聘会80余场，推送各类岗位信息8900余个，开发各类扶贫公益性岗位1200多个，发放创业扶贫担保贷款120余万元。这些政策都非常重要，在脱贫攻坚期发挥了重要的作用，5年过渡期内，有的还将继续发挥重要作用。在帮助贫困群众解决了后顾之忧的同时，扶贫工作重点村的发展也是各行业部门扶贫工作聚焦的重点。为此我们选派了432位"第一书记"驻村帮扶，覆盖全部扶贫工作重点村，整治软弱涣散村组织，配齐配强村班子。全市投入了1.7亿元的专项资金，在扶贫工作重点村建光伏、建大棚、入股企业，每个村都发展了 2 个到 3 个产业扶贫项目，每年平均为村集体增收 4 万多元。同时，我们调动各行业部门力量，村村修建了平坦的硬化路，建设了文化大院、健身广场，村村都配备了便利的卫生室、幼儿园，扶贫工作重点村的整体面貌焕然一新。

我市充分利用胜利油田在东营的优势，开展了"百企帮百村"活动，组织 128 家民营企业、商会与贫困村结对，出钱出力帮助村里搞项目、谋出路，通过产业扶贫、就业扶贫、消费扶贫等多种形式开展帮扶，累计投入帮扶资金 8000 余万元，惠及贫困人口 1.3 万余人次。还开展了"金晖助老""青春扶贫 益暖东营""巾帼脱贫""两癌公益保险"捐赠等活动。实施消费扶贫，全市认定扶贫产品 131 个，开展扶贫产品产销对接，组织"黄河口"大闸蟹等名优特消费扶贫产品，参加山东省消费扶贫产品展销周，收到了良好效果。除了这些，还有很多志愿团队、公益组织、社会爱心人士组织了"百社结百村""1+N"同心扶贫行动等丰富多彩的社会扶贫活动。

保障体系：常态长效、动态管理

习近平总书记强调，扶贫要实事求是、因地制宜、分类指导、精准扶贫。在脱贫攻坚期内的不同节点，我们通过市标脱贫、即时帮扶、持续巩固"三重保障"，构建起了东营常态长效的动态管理保障体系。

东营市在 2016 年底率先实现了省定标准脱贫。为了让脱贫人口不返贫，也为了帮扶更多贫困群众，我们立足市情，又识别了市标贫困人口和市扶贫工作重点村。我们制定的市定扶贫标准比省定扶贫标准高出 600 多元，让更多的贫困群众进入到建档立卡范围中来，享受到脱贫攻坚的帮扶政策。建档立卡以来，我市累计减贫市标人口 1 万余人。经过持续精准帮扶，市定标准贫困人口脱贫年度的人均纯收入比现行市定标准贫困线高出 1900 元，43 个市扶贫工作重点村集体经济收入稳定超过 5 万元，建成文化活动室 14 个，健身场所 7 处，"五通十有"全部达标。2017年底，我市全面完成市定标准脱贫。2018年以来，又持续进行了巩固提升。市标群体和省标群体一体帮扶，一体巩固，探索出了巩固脱贫成果的路子。

按照省里的统一安排部署，2017年以来，连续实施扶贫特惠保险。我市特惠保险相对于其他地市，主要有两个突出特点：一是实施了提标扩面。扩大参保范围，由省标建档立卡贫困人口扩大到了市标建档立卡贫困人口、城乡低保对象、特困人员和孤儿，是全省唯一一个将低保对象、特困人员等相对困难群体纳入保障范围的市。二是实现"一站式"即时结算。在全省最早实现"医疗机构减免、基本医保、大病保险、医疗救助和医疗商业补充保险"的市级"一站式"即时结算，贫困人口只需负担个人自付部分医疗费用，最大程度方便了贫困群众看病就医，实现了贫困群众住院就医报销"零跑腿"。自实施以来，全市累计为17.3万余人次建档立卡贫困人口、城乡低保对象、特困人员等困难群众投保包括医疗商业补充保险、意外伤害保险和家庭财产保险三大险种的扶贫特惠保险，让贫困人口享受到了实实在在的政策性红利。

2019年以来，建立完善即时发现即时帮扶机制，对一般农户因病因残因学等出现致贫风险的，纳入即时帮扶范围中来，防止出现返贫和新致贫。市扶贫开发领导小组先后制定《东营市健全防止返贫致贫动态监测和即时帮扶机制实施方案》《关于进一步健全防止返贫动态监测和帮扶机制的工作方案》。为了全面排查发现存在返贫致贫风险的群众，不落一户、不漏一人，我们加强政策宣传，逐村发放《防止返贫监测帮扶政策明白纸》，鼓励群众通过镇街受理网点、12317热线等渠道咨询政策、反映问题、自主申报。加强部门数据预警，每月调取新增低保特困、大额医疗支出、重度残疾人等预警信息，分析研判返贫致贫风险。对纳入监测范围的农户，我们全部安排帮扶责任人开展结对帮扶，根据每个家庭的实际情况、风险类别和帮扶需求，按照"缺什么补什么"的原则，对有劳动能力的强化产业就业帮扶，对无劳动能力的强化综合保障政策落实，加强教育、医疗、住房、低保、助残、就业等政策措施落实，有效防止返贫和新致贫。全市累计有280余户700余人纳入监测范围，经过帮扶救助，90余户200余人的致贫风险已经消除，守住了返贫致贫的底线。

　　脱贫攻坚既是一场战胜贫困的政治硬仗，也是一系列温暖善举的人性关怀。为了让我们的各项扶贫政策落得扎实、落得精细、落得温暖，我们在全省率先制定了《东营市扶贫帮扶责任人管理办法（试行）》，从县乡机关干部中，选派了一批懂基层、会帮扶、责任心强的精干力量，与贫困户结成对子，定期到贫困户家中讲解扶贫政策，查看生活情况，帮助解决各类急难愁盼的问题。结对帮扶，既温暖了群众，也锻炼了干部。5 年来，我们累计选派 7000 余名干部结对帮扶，办理惠民实事 7.2 万余件。许多帮扶干部与贫困户结成了"干亲戚"，节假日期间，他们自发到贫困户家中打扫卫生、一起包饺子做饭，新冠肺炎疫情发生后，帮扶干部与贫困户团结一心、抗击疫情，为贫困户提供防疫和生活用品 10 万余件，把党和政府的关心关爱，送到贫困群众的心坎上。

　　脱贫摘帽不是终点，而是新生活、新奋斗的起点。解决发展不平衡不充分问题仍然任重道远。我们没有任何理由骄傲自满、松劲歇脚，必须乘势而上、再接再厉、接续奋斗。"胜非其难也，持之者其难也。"我们将切实做好巩固拓展脱贫攻坚成果同乡村振兴有效衔接各项工作，让脱贫基础更加稳固、成效更可持续。

从"大半天"到"一刻钟"的转变

赵宝杰

我是土生土长的东营人,1996 年参加工作,先后在两个镇街工作过。近年来,东营区医保局在全省首推"门诊慢性病医保服务向基层延伸"改革,让基层门诊慢性病患者在"家门口"就能就诊、取药、报销,从原先大半天的奔波到现在来回 15 分钟就能拿药报销,随时吃随时买,真正实现了家门口拿药、家门口报销,打通了服务群众的"最后一公里",兜牢了民生底线。

缘起:慢性病诊疗急需"快"起来

到区医保局工作后,通过工作调研,我发现随着老龄化递进,慢性病越来越成为人民群众最主要的健康威胁和疾病负担。统计显示,慢性病是当前基本公共卫生服务中最大的费用支出点,占公共卫生服务经费的 50% 以上。然而巨额支出之下,一些基层村居的患病群众却受制于多种障碍而缺乏获得感。

一个是,当时东营区门诊慢性病医保定点全部在城区二级及以上医疗机构，镇村医疗机构均不具备门诊慢性病医保定点资格，慢性病药品配送品规少，无法医保结算，群众每次看病、调药、报销只能奔波至城区医院。"进城看病"不仅"太费事"，而且"不划算"，农民群众在基层定点就诊的医保报销比例是90%，而城区医院只有75%。再就是，乡村医生整体队伍结构呈现"一高两低"（年龄偏高、学历偏低、医技水平偏低）现象，难以满足群众高质量医疗卫生服务需求，导致镇村医疗机构虽然近在咫尺，却很难获得群众广泛信任。还有就是，基层医疗机构实施国家基本药物零差价销售政策，基层医务人员缺乏激励机制、晋升渠道窄、工作积极性不高，良性发展的内生动力不足，形成城区医院对基层医疗卫生服务的"虹吸效应"。

这三点导致尽管慢性病医保报销比例可达90%，但不少患病群众却享受不到。截至2019年4月，全区9000余名慢性病患者中，超六成生活在偏远村居，政策知晓率低、待遇享受率低的问题十分突出。

问题就是改革的"号角"。作为医保局主要负责人，我深感责任重大，团结带领医保局干部职工开始了深入探索，努力让医保服务更有温度。

探索：前期试点改革积累经验

为解决基层慢性病群众鉴定难、就医难、取药难、报销难的"烦心事"，探索破解基层医疗卫生体系升级、服务升级、管理升级、保障升级"大局面"的新路径，让基层群众体会到实实在在的幸福感、获得感，我们前期进行了多次探索。

出台了《东营区建档立卡贫困人口门诊慢性病专项鉴定工作实施方案》，区里成立了建档立卡贫困人口门诊慢性病专项鉴定工作领导小组，分管副区长任组长，区医保局、区扶贫办、区卫健局、胜利油田中心医院、区人民医院、各镇街道等相关单位主要负责人为成员，多次召开成员部门联席会议，精心研究、周密部署，油地各部门积极献策、形成合力，为鉴定工作顺利开展提供了有力的组织保障。

延伸服务，政策先行。联合区扶贫办先后在区直、镇街举办了6期医保政策宣传培训班，培训全区700余名帮扶干部，明确了门诊慢性病的政策、范围、流程等相关事项，提高了帮扶干部对慢性病政策的理解运用；发动全区帮扶干部利用一个月时间，对全区建档立卡的1443户2597名贫困人口逐户逐人进行慢性病摸排，214名贫困人口申报了门诊慢性病鉴定，帮扶干部对他们的病例等资料进行收集上报。同时，对收集资料实施精细化管理，开展"管家式"服务，建立台账，为解决医保扶贫政策落实中的漏点和盲区储备了第一手信息资料。

为确保排查出的贫困人口慢性病患者"应鉴尽鉴"，根据专项鉴定方案，我们将鉴定服务下沉至牛庄镇卫生院，由胜利油田中心医院、东营区人民医院派出特聘鉴定专家12名、工作人员16名，出动移动体检车2部，全程参与鉴定工作。为申报门诊慢性病的214名建档立卡贫困人口进行"上门服务"鉴定，对8名行动不便、长期卧床、无法到现场鉴定的重症贫困人口，组织专家进行入户鉴定。最终，138名贫困人口符合政策通过鉴定，解决了贫困人口参加鉴定的难题。

鉴定难题解决后，我们发现群众依旧不就诊取药，原因是不方便。那么如何打破"政策藩篱"，让镇级医疗机构也具备门诊慢性病医保资格？我就这个问题专门向市医保局作了专题汇报，市局非常重视，安排专人与我们进行工作对接，深入研究。在市医保局的大力支持下，门诊慢性病医保延伸工作被确定为全市试点项目，政策和技术壁垒全部被打破，作为试点的牛庄镇卫生院被认定为居民门诊慢性病定点资格，及时联系地纬公司将东庞社区卫生室并入市慢性病联网结算系统，解决了村级卫生室慢性病医保结算问题。为保障试点项目顺利推进，我们与金融部门合作，采取"项目共建"的模式，与市农行签订了《创新金融服务，助推医保扶贫》共建协议，各方立足职责、强化担当、主动融入、积极作为，共同推进试点工作落到实处。

在试点改革推进过程中，为让试点周边的患者都能了解试点工作的内容和各项慢性病待遇以及就近选点的好处，我们先对牛庄镇东庞社区试点周边的11个村居社区163名门诊慢性病患者开展专题政策讲解，引导他们就近签约、就近诊疗取药。通过宣传引导，当场就有 49 名慢性病人选取牛庄镇卫生院、东庞卫生室作为定点机构，实现了就近签约"开门红"。

在有患者定点就诊之后，我们又就如何实现此项改革工作可持续发展这个问题，将基层门诊慢性病定点建设纳入了区级民生实事，每年安排专项财政资金，用于区人民医院下沉服务绩效补助以及基层医护人员激励补助。坚持"多劳多得、优绩优酬"的原则，创新制定以贫困人口门诊慢性病签约率、患者就诊率、群众满意度等为主要指标的质量评价体系，采取"第三方社会化评价 + 财政差异化补助"的绩效考核方式，激发基层定点优化管理服务的内在动力，有力保障了在基层门诊规模大幅增加后，基层定点的公益性和可持续发展。

在牛庄镇试点的医保延伸业务稳定开展之后，我们又进一步思考，如何实现此项改革工作可复制可推广。2019 年以东营区人民政府办公室名义发出《关于成立东营区门诊慢性病医保延伸服务标准化建设工作领导小组的通知》，开展医保延伸服务标准化建设工作。同时，向省级部门申请《2019 年度标准化综合改革暨"山东标准"建设项目计划》，2020 年 10 月，以 91 分的高分通过验收，并且形成了 6 大类、199 项普通标准、12 项核心标准的门诊慢性病医保延伸服务标准体系。

核心：突出做好延伸服务这篇文章

首创开展的门诊慢性病医保延伸服务试点工作，实现了群众"家门口"就医、取药、结算的医保服务新模式，促进了城乡融合发展，助推了乡村振兴战略实施。

通过"鉴定"，是患者享受慢性病医保服务的第一道关口。过去由于必须到城区医院现场鉴定，一些患者或受困于行动不便，或搞不清申报流程而无法获得保障。为此，我们进一步优化门诊慢性病鉴定程序，由申报材料评审改为直接在定点医院申报鉴定。针对脱贫享受政策的人口，我们还推出了即时鉴定机制，进一步方便了这部分人群的鉴定需求。目前，全区已完成鉴定的 6325 名慢性病患者中，脱贫享受政策患者就有 749 名，基本实现了脱贫享受政策人口中的慢性病患者"全覆盖"。

在"门诊慢性病医保资格仅限二级以上医疗机构"的"硬杠杠"下，要享受政策，群众只能进城找大医院。我们通过市、区慢性病资格认定联动机制打破成规，一级医疗机构只要通过市级部门的审核验收，也能获得资格。以牛庄镇东庞社区卫生室为例，东庞卫生室获得资格认定后，辐射周边 5 个村 400 余名患者，形成"一站式 15 分钟就医圈"。全区以 8 个镇（街道）医疗机构为辐射源，认定 130 个镇、村卫生机构为基层门诊慢性病医保定点，参保群众覆盖率达 100%。与便利性同步提升的是诊疗水平。一方面，基层定点统一安装远程诊疗系统，区人民医院医生每日轮流坐诊。另一方面，组建 8 支专业支持团队，每月定期集中到基层定点巡诊，报销比例由在城区的 75% 提高到 90%。

为确保慢性病患者就近取药、不断药，我们还同时推进药品配送下沉。镇（街道）卫生机构设立门诊慢性病专用药房，定期按患者需求集中招标采购、统一配送至定点村（社区）卫生室。在史口镇中心卫生院，门诊慢性病配送药品品规从不足 20 个扩大至 120 余个，并实现了100% 按需采购配送。

成效："一子落而满盘活"的叠加效应

我们在推进医保延伸服务中，树立系统协同思维，将慢性病医保服务延伸改革作为民生发展大棋局中的关键一招，融入脱贫攻坚、深化医改、全民健康、乡村振兴等工作，激发了一子落而满盘活的叠加效应。

慢性病与贫困的恶性循环，容易使基层群众陷入"因病致贫、因病返贫"的困境。我们这项改革试点，实行"三沉一提一免一减"（鉴定、医保、药品全部下沉，基层医保报销比例提高 15%，签约贫困患者转诊核心医院免除门诊诊疗费，转诊住院只计一次起付线）政策，同时也注重做好与基本医疗保险、大病保险、医疗救助、扶贫特惠险、扶贫基金等制度衔接，能够实现个人年内合规费用自付比例不超过10%，大大降低了基层群众的就医成本尤其是贫困患者"因病致贫、因病返贫"风险，为群众"病有所医"兜住了底线。

基层医疗卫生服务体系中的短板产生既有客观现实方面的问题，也有主观能动层面的因素。为此，我们坚持软硬兼施抓两头的改革思路：既抓镇村医疗卫生机构建设，实现了基层卫生机构标准化建设全覆盖，也抓基层服务能力提升，形成了区域紧密型医共体；既能够让基层群众得到医改的实惠，"15分钟便捷就医""1元钱看病"变为现实，也可以让镇村医生从中受益，基层定点乡村医生平均年收入达到3万元，高于全市平均线25%。

健康管理是基本公共卫生服务的薄弱环节，许多基层慢性病患者直到病情严重时才被动接受治疗，贻误了就医的最佳时期。我们的改革在解决群众"被动"治病难题的同时，将健康宣传、门诊慢性病延伸政策宣传与脱贫攻坚、乡村振兴宣传工作相结合，切实增强了群众的健康意识，增加了沉甸甸的健康获得感。

推广：让更多门诊慢性病患者受益

医保延伸改革工作的成功，让我更加坚定了为群众服务的信心，同时也产生了把这项利民惠民的做法推到全市、全省乃至全国的想法，让更多基层门诊慢性病患者受益。

各级新闻媒体宣传报道了我们的经验做法。2019年9月17日参加《中国医疗保险》杂志的社医保案例评析，以《医保政策延伸下沉，助推三医联动改革》为题，详细介绍了门诊慢性病医保延伸服务试点和成效。10月23日，《人民日报》发表《山东东营创新基层医保慢病管理服务》一文。2020年7月8日，《山东脱贫攻坚简报》第25期刊登《东营市东营区推进医保扶贫延伸服务》。2020年9月1日，《中国扶贫》杂志在经验交流栏目刊发《山东东营区：做好医保扶贫，助力精准扶贫》。2020年9月10日，《大众日报》刊发《慢性病诊疗"快"起来！东营区推动优质医疗资源向基层延伸下沉》新闻报道。2020年9月18日市委改革办《改革动态》刊发文章《医在身边，健康到家——东营区实施门诊慢性病医保服务向基层延伸的改革实践》。东营区医改的经验做法，迅速在国内传播开来。

新华社山东分社领导对我区医保服务延伸下沉改革的惠民举措十分认可，年初专门派记者到我区进行专题调研采访。2021年3月23日，新华社山东分社以《将"医保红利"向镇村深度延伸——东营区"门诊慢性病医保延伸服务"改革调查》为题，在《新华社山东要情动态》第18期刊发并于当日呈送省委省政府主要领导。3月23日当天，省政府主要领导李干杰同志作出批示。3月26日，为落实李干杰同志批示精神，省医保局局长张宁波要求相关处室借鉴东营做法，创新方法，将国家医保局胡静林的要求变为现实，尽快形成方案在全省推广。

2021年4月21日，全市门诊慢性病医保延伸现场推进会在东营区召开。以此为契机，全力推进门诊慢性病医保延伸服务落地见效，要求6月底前，各镇街卫生院、卫生服务中心全部开通，每个镇街至少开通一个村卫生室（社区卫生服务站）医保延伸服务点。为发挥东营区典型带动作用，按照省、市安排部署，迅速召开专题会议，邀请卫生健康专业人员参加，对全区全面推行医保延伸服务进行专题研究，拟定了《东营区全面推行居民门诊慢性病医保延伸服务工作的实施方案（讨论稿）》，2021年5月30日，经区政府常务会议通过。同时，协同卫生健康部门对全区各村居的卫生室进行一次全面排查，摸清基层卫生服务机构情况、医师配备情况、服务村居情况以及各村居慢性病患者的情况等，绘制了"慢病管理数字地图"，开展慢病和"两病"病人的精细化管理。目前全区130个村级延伸服务点已全部开通，为6325名门诊慢性病患者，18509名"两病"患者提供便捷实惠的医保延伸服务。

7月29日，出台了《城乡居民慢性病管理服务工作实施方案》，总结和推广东营区慢性病医保延伸工作试点经验，积极推进全市城乡居民慢性病管理服务工作。9 月 30 日，山东省市场监管局下发文件，东营区医疗保障局申报的东营区医保服务标准化示范获批列入 2021 年度山东省标准化示范项目，同时也是我市唯一获批列入省级标准示范项目。

接下来，我们将继续整合各方力量，做好协调工作，加快与国家市场监管总局、国家医保局对接沟通，尽快将我区医保延伸改革标准化纳入国家试点推广范围，形成医保延伸国家标准化体系，争取国家医保局出台典型案例。我们的目标是以医保延伸小切口推动民生服务大提升，脚踏实地久久为功，将"医改红利"惠及更多群众，让广大群众充分享受改革发展的成果。

让展区群众搬得出、稳得住、能致富

张麦荣

2011 年刚到董集工作时，西十一片区的 11 个村，也就是现在的杨庙社区 11 个村，给我的第一印象就是小、破、旧。那时我第一次有了房台村的概念。

11 个房台村窝在大坝下头，往东是行洪的展区，没有路，往西紧临黄河，被隔成了一个"孤岛"。这个孤岛不仅仅是地理位置层面的"孤岛"，更是经济社会发展层面的"孤岛"。当时，展区内土地利用和产业开发活动受到政策限制，水电路讯等基础设施不完善，产业发展滞后，群众生活相对贫困一些。特别在 2012 年以前，房台村农民人均纯收入、人均居住面积都远远低于全市平均水平。

黄河流入东营境内后，河道左转弯接近 90 度，折向东北方向，进入一条长达 30 公里的"窄胡同"，河道堤距一般在 1 公里左右，最窄的地方仅有 441 米。群众在享受着母亲河哺育之恩的同时，也饱受洪灾和凌汛的水患之苦。20 世纪 60 年代，胜利油田的前身"九二三"厂，在这段窄河道两岸分别发现了胜利油田和滨南油田，这对当时还是贫油的新中国来说可是件大事。为消除狭窄河道引发的凌洪威胁，保障沿黄人民生命财产安全和胜利油田勘探开发，1971 年，水电部报经国家计委正式批准，确定实施黄河南展宽工程。工程涉及当时博兴、垦利两个县，6个公社的80个自然村，76个大队，5万余名群众，其中就有我们杨庙社区的11个村。

为保障展区群众安全，1972年动工修建避水房台，1977年完工，共建成房台38个。工程建成后，南展大堤和黄河大堤之间的区域，被称为南展区，房台村也是在这一时期形成的具有特殊意义的村庄。

为建设南展宽工程，国家投入了大量的人财物力，展区群众自觉以大局为重，无私地奉献出宅基地，离开故土家园，到狭小的避水房台上建房居住。杨庙片区的11个村，正确处理国家、集体、个人三者利益关系，克服了种种困难，统筹安排旧房拆迁、新房建设工作，按时完成了迁建任务，为防洪安全和国家建设作出了巨大贡献。

党和国家没有忘记展区群众付出和奉献，始终关心着他们的生产生活。国务院批复的《黄河流域综合规划（2012—2030年）》，将现房台居住群众返迁至展宽区内建房定居，国家根据有关规定给予相应补助。国家发改委复函同意对南展区进行统筹规划，支持水利、交通、现代农业等基础设施建设。2013年，东营市委、市政府出台意见，加快新型农村社区建设，改善南展区群众的生产生活环境。杨庙社区自此筹建，这时的我也以镇政府迁建工作人员的身份参与到这项改变沿黄群众生活环境的工程之中。

得知要建新社区，不少人喜忧参半，喜的是终于可以住上宽敞的新房子了，担忧的是负担重不重，以后生活方便不方便。在这个过程中，党和政府交出了一份让社区群众百分满意的答卷。

杨庙社区总投资5.61亿元，群众自筹部分不到总投资的1/4。政府给每户宅基地补7000元，每口人补8000元，每人再免费分10平方米楼房，超出面积按照建设成本价1950元/平方米收取。比如，北范村的赵国峰一家五口，购买120型（建筑面积127.7平方米）房屋，带46.3平方米车库（车库每平方米1600元）。地上附属物评估15.58万元，宅基地、青苗、搬迁补助4.7万元，无偿配送50平方米。这样算下来，一套总价23万元的房子，他只需交2.9万元。

为进一步解除群众疑虑，各村党支部充分发挥作用，组织党员干部入户走访，摸清百姓所愁所盼，做好政策宣讲，收集搬迁难题，妥善协调解决。工作做实了，好事就能办好。杨庙村仅用 7 天时间，就一户不落签完了协议。2013 年 11 月 14 日，历时 142 天，董集镇在全市率先完成杨庙社区 11 个村、1728 户的补偿安置协议签订。

楼房建多大合适，也充分尊重群众意见。经与群众反复商议，确定了"100+55"子母型等七种户型，满足了群众的多元需求。

2016 年 11 月底，投资 7.9 亿元的杨庙社区率先完成全部楼宇建设，并把所有住房全部分到群众手中。在党的十九大召开前，杨庙社区 11 个村全部居民近 4800 人全部搬进了崭新的楼房。同事程永锋的父母也搬进了 120 多平方米的大房子，窗明几净，水电暖齐全，小区各项生活设施先进，新修的柏油路四通八达……两位老人高兴地一个劲念叨着："这才是新房！这才是新房！"

搬出穷窝窝，圆了安居梦，这是第一步；让搬迁群众"稳得住"，这是第二步。

稳得住，没有保障生活的服务设施不行。社区水电气暖统一入户，联通数字网络全覆盖，水费 1.5 元 / 立方米，电费 0.5469 元 / 度，暖气费 10 元 / 平方米，远低于城市 21 元 / 平方米的收费标准，天然气按照 2.1 元 / 立方米收取，社区群众的生活质量大幅改善，总体生活成本与搬迁改造前基本持平。同时，社区还引入专门物业公司，及时修缮道路基础设施配套，定期开展楼房漏雨隐患排查，农机具集中存放，生产路专门铺设，建设地埋式污水处理站，采用活性菌处理工艺集中处理，物业费个人承担 0.3 元 / 月 / 平方米（镇政府按照 0.25 元 / 平方米进行补贴）。

社区还设置了青少年之家，配备了近 1000 本读物，面向社区家长开展家庭教育指导服务，面向社区儿童和家长开展亲子实践活动，面向青少年提供专门的阅读、学习、活动场地。打造了老年活动中心，设置老年餐厅、休闲娱乐室和健身室 3 个功能区，原来老年餐厅只为低保户、五保户等老人提供 1 元午餐，现在 60 岁以上老人拿 10 元钱也可来这里就餐，打造了最具温情的社区之家。

稳得住，教育水平的提升要走在前面。镇政府按照省级一类标准在社区建成了幼儿园，建筑面积 2000 多平方米，活动场地 4500 多平方米，社区全部年满3周岁的孩子都能就近入园；配备了3辆标准化校车，按时到镇上接送小学生上下学，解决了社区群众孩子上学接送难题。针对社区学生暑期"看护难"问题，开设了萤火虫学堂，寒暑假组织高校大学生志愿者、青年教师志愿者和社会组织力量，为社区6到14岁青少年提供亲情陪伴、心理疏导、学业辅导、自护教育等志愿服务。

稳得住，医疗服务要跟得上。社区配备了省级标准化卫生室，设置了5个功能科室，开通了远程诊疗系统，管理整个社区4096名群众的健康档案。每年组织辖区65岁以上老年人免费体检，常规检查政府专项补贴70元/人，其他项目再由社区单独申请补贴70元/人。卫生室开展"两医联动、三高共管、六病同防"工作，即家庭医生和乡村医生联动，高血压、高血糖、高血脂共管，三高导致的冠心病、脑卒中等6个并发症同防，期望通过三高共管工作，控制社区群众三高水平，降低并发症的发生，由原来的治病为主转变为医防融合。

稳得住，社区服务不能落下。建设了便民服务中心，镇上2名机关干部，带着79项服务事项，沉下来常驻社区，设置物业服务（2个）、就业服务、便民服务等4个服务窗口，其中社会保障、医疗保障、社会救助等32项在这里直接就能办好，其他47项工作人员帮着办，家门口就能"一次办好"。社区实行"网格化"服务管理，打破村庄壁垒，划分为6个基础网格，配备网格员6名，组建起184人的网格协管队伍，建立起问题发现、处理、评价机制，实现政府管理与居民自治的有机结合。2019年以来，社区共处理了各类矛盾纠纷789件，实现了"网格事项前端发现、前端化解"，做到了"小事不出村，大事不出社区"。社区还成立了矛调中心，配备专职人民调解员2名，专职工作人员1名，建立了警官、法官、检察官和律师轮值机制，信访案件及社区刑事案件越来越少。

乡村振兴战略实施以来，南展区焕发出新的生机活力，迎来了新的发展机遇。

无论在战天斗地的南展区工程建设工地上，还是在带领群众发展致富的道路上，农村基层党组织始终发挥着强有力的战斗堡垒作用。特别是在社区治理工作中，杨庙社区坚持"上级选派＋村书记兼任"工作模式，镇党委、政府从中层站所长中优选 3 人任党总支书记、副书记，专职负责党总支全面工作。我很幸运地以党总支书记的身份再次参与到社区工作中来。片区 6 名村党支部书记兼任党总支委员，参与集体决策、集中议事，11 名村书记每周在轮值服务岗轮流坐班，协助党总支处理社区事务，强化党建统领，推动融合发展，实现共治共享。另外，在党总支的统筹下，社区制定了社区公约、党员自律公约，成立了业主委员会、红白理事会和 16 支自治组织，以党建引领推动组织、服务、治理、文化、产业实现全面融合。

搬迁改造只是手段，致富才是目的。产业是乡村振兴的根本。为促进社区产业发展，党总支充分发挥党建引领作用，建立党支部领办合作社孵化中心，政府投资 200 万元培育了农民专业合作社 6 家，带动村集体投资 110 万元、吸引社会投资 350 万元。建立了公司化运营机制，将土地流转给东胜德荟源、新征家庭农场等 8 家企业，带动各村普遍增收 5—10 万元。探索"资金＋土地"入股、"公司＋合作社＋农户"等模式，建立企业、集体、村民利益联结机制，村集体与群众共享产业发展成果。

比如，北范村发展果蔬种植业，将老村闲置宅基地 80 余亩折合为村集体股本，带动村集体每年增收 3.2 万元，带动 637 名村民入股；新李村发展果蔬和金银花种植，通过土地增减挂盘活老村闲置土地 30 亩，将乡村振兴扶持资金、村集体资金和集体土地折价入股，村集体占股 30%、全村 235 名群众占股 70%；前许村发展棚室蔬菜产业，村集体以"土地＋资金"方式入股，村民以土地入股，每年可带动村集体增收 3.3 万元，群众务工性收入每人每年 1.5—1.8 万元；杨庙社区发展草编工艺产品，动员所辖 11 个村共同出资，村集体占股 100%，2020 年经营收入 16.8 万元。

乡村振兴，人才是关键。我们创新人才培养模式，与鲁东大学农学院等高校合作，引进先进技术。每年举办技能培训班十余期，培训群众 360 余人次。在社区建立就业云平台，每年帮助群众解决就业 200 余人次。注重"土专家"培养，赵小华等 3 名种养能手入选垦利区"乡村之星"。5 名大学生返乡创业，其中 2 人当选村党支部书记。

富了口袋也要富脑袋。日子好起来了，群众的精神生活也丰富多彩起来。我们连续多年开展先模人物评选，乡风越来越好。杨庙村创建为全国文明村，罗盖村、北范村创建为省级文明村。我们还组织各种文化培训，群众的爱好越来越广泛。现在，社区里越来越热闹，能唱会跳可以上台表演不算啥，能参加文化志愿服务队当回老师才够"时髦"。

绿水青山就是金山银山。社区群众几代人住在黄河边，更要守护黄河母亲，建设美丽家园。黄河流域生态保护和高质量发展纳入重大国家战略，拉开了践行"两山"理论建设生态文明的黄河序幕。实现高质量发展，关键在于保护生态环境、培育生态产品、实现生态价值。一方面，按照"三生三美"融合发展思路，建设了"堤坝林带""生态廊道"等生态工程，实施了大气污染防治、区域异味整治、河流污染治理等环保项目，杨庙社区成功创建为省级美丽乡村示范村。另一方面，积极探索自然资源领域生态产品价值实现机制，推进老房台、河堤、湿地等片区生物修复，乘着乡村振兴的东风，着力发展研学、采摘、观光等农旅融合和文旅融合项目，正在逐步实现生态价值的显化和外溢。

2021 年 10 月 21 日，习近平总书记来到我们杨庙社区。作为社区党总支书记，我有幸向总书记当面汇报了社区的建设管理运行情况，内心无比激动和自豪。总书记对我们社区工作给予高度评价，提出了殷切期望。我一定牢记总书记嘱托，团结带领社区群众，撸起袖子加油干，把我们的社区建设得更加和美、更加幸福。我坚信，在党的领导下，杨庙社区群众的日子一定会越过越红火。

利津县聚力实施黄河滩区脱贫迁建

刘静

我是在 2019 年 9 月负责这项工作的，正值全国脱贫五年攻坚最关键的时刻，工作标准要求之高前所未有。当时全县的脱贫攻坚形势严峻，系统内建档立卡的脱贫享受政策人口占全市的 45%。全市 236 个产业项目，我县 120 个，占到接近 50%。全县 512 个行政村，贫困户涉及 372 个，与其他地市相比，贫困人口多而且分散，插花式分布特点明显，资金不能集中投放，精准扶贫面临巨大挑战。

帮扶责任人 1600 多人，涉及县直部门 63 个，镇街机关干部凡是在编的都是，队伍非常庞大。工作量占到全市的 50%，压力很大。帮扶脱贫，首先必须心里明、底子清。我们开展工作的第一步，就是对全县脱贫人口进行深入摸排分析，除插花式分布之外，凡是纳入帮扶系统的人口还存在两个问题：一是年龄偏大，平均年龄 54.99 岁。16 岁（不含）以下的，占比 5.49%；16 岁（含）至 60 岁（不含）的，占比 44.60%；60 岁（含）以上，占比 49.91%。二是文化程度偏低。文盲、半文盲和小学以下文化程度的占比 63%。三是劳动能力偏弱。具备普通劳动能力的，占比 16.69%，弱劳动力、半劳动力和无劳动能力的，占比 83.31%。这些特点在县域内的黄河滩区尤为明显，于是我们因地制宜，落实精准扶贫政策，最终蹚出了滩区居民迁建的"利津路径"。

滩区脱贫迁建势在必行

　　利津县处于黄河最下游，从19世纪中期到20世纪70年代，黄河在利津县内改道四次。滩区村民为躲避洪水就地筑高房台，每家一个房台，形成了"日行河底夜宿台"的独特景观。受自然因素制约，利津县滩区内有些群众受累于筑台建房，长期没有实现脱贫；有些群众虽然收入达到贫困线以上，但住房安全问题一直没有解决；有些村庄没有产业支撑，群众缺少稳定收入来源。滩区"行路难、浇地难、上学难"等民生问题比较突出，公共服务设施相对落后。总的来说，群众没有致富的门路，也没找到适合的产业，整个滩区的经济发展比较落后，脱贫攻坚任务非常艰巨。如何让滩区群众既能安居乐业，又能脱贫致富，成为摆在县委县政府面前的一道难题。

　　2017年，党中央、国务院作出黄河滩区脱贫迁建、彻底解决滩区群众安全和生活问题的战略决策，为黄河滩区"蜕变"带来了历史机遇。

　　2017年9月，山东省黄河滩区居民迁出规划出台，利津县根据自身实际，征求19个村滩区居民意见，90%以上的滩区群众故土难离，表示在保证自身生命财产安全前提下，愿意就地居住。于是，我们从外迁、就地就近筑村台、修筑围堰、建撤离道路、旧村台改造提升这五种滩区脱贫迁建方案中，选择了实施旧村台改造提升工程。旧村台改造最大的意义有两个：一个是，通过改造彻底解决人民群众的生命和财产安全问题；另一个是，通过旧村台改造提升工程，以基础设施的提升和配套，带动黄河滩区的产业发展和滩区群众生活水平的提高。

破解滩区脱贫迁建三大难题

实施旧村台改造提升工程，面临三大难题，省里把破解难题、率先开工的任务交给了利津县。对此，我们迅速制定工作方案，先行先试，攻坚克难，大胆探索，为全省黄河滩区旧村台改造提升提供了可借鉴、可复制的成功经验。

一是批复难，在滩区内搞工程建设必须得到黄委批复才能进行。黄委的计划是：山东省99个村台同时规划、同时评审、同时批复、同时审批。但全省村台情况复杂，条件各异，防洪基础条件更是参差不齐，根本无法满足同时审批的要求。在这种情况下，我们主动担当，积极谋划，多次向黄委有关部门汇报，邀请领导及专家实地考察调研，用事实证明分条件分批次实施是可行的。我们求真务实的作风、锲而不舍的精神，感动了专家，赢得了认可。黄委重新进行研究，同意对满足防洪条件的我县北宋镇4个村单独审批，率先实施，探索出了全省旧村台改造提升工作"先急后缓、先易后难、分批实施、压茬梯次推进"的新路子，为全省破解了难题。

二是土地使用难，在旧村台改造过程中，施工或多或少会占用耕地、林地和基本农田，增加了批复难度。在迁建规划刚刚下达时，我们首先考虑的就是土地问题，利用省国土资源厅调整规划的时机，采取两条腿走路，一是由市、县自然资源部门向省自然资源部门汇报，争取省国土部门特事特办，及时调整土地规划；二是会同设计单位省水利勘测设计院，重新进行现场勘察，调整施工设计，运用工程技术解决占用基本农田问题，把涉及19个村的耕地和基本农田的使用全部调整完毕，为后期手续办理扫清了障碍。至2018年底，全省旧村改造提升工程涉及的99个村台，只有15个村台开工，而利津县就占了12个。

三是施工难，项目涉及8000多户群众的切身利益，需要做大量工作。改造提升工程是在原村台上施工，用老百姓的话说就是"在自己家炕头上干活"，这会在短时间内给老百姓的生活带来不便，而且旧村台乱搭乱建问题比较严重，要想彻底改造，必须在征得老百姓同意后才能拆除、清理。为赢得群众支持，加快项目推进，各乡镇街道成立专班，挨家挨户做工作，人盯人、户盯户，从点滴小事做起，用群众的话说就是"上到房屋修缮，下到柴米油面"，事事关心。人心换人心。以人为本、扎实细致的工作得到了群众认可，在提升工程开工前完成了"清账"工作。

与其他地市相比，我们是手续完成等开工，而不是开工等手续。2018年5月，一期工程开工4个村，到2019年9月完工。2018年8月，二期工程开工8个村，到2019年11月完工。三期工程涉及7个村，2019年10月开工，2020年11月底提前完工。通过两年多的努力，我县黄河滩区脱贫迁建工程在全省实现"四个率先"，即率先完成黄委批复、率先开工建设、率先项目竣工、率先启动产业项目。2019年中期评估时，我县位列全省第一，获得优秀等次，获批省奖励资金200万元，并作为优秀典型案例通报表扬，为全省黄河滩区旧村台改造提升和乡村振兴融合发展提供了可借鉴、可复制的成功经验。2021年10月至11月，省审计厅进行阶段性综合审计，给予高度评价，没有提出任何问题。省扶贫开发办推荐济南、聊城、潍坊、青岛、滨州等地市来我县学习交流。

两大政策调动群众积极性

利津黄河滩区共涉及3个乡镇，19个村，8186人，其中脱贫享受政策和监测帮扶对象有122户252人。这122户中，享受兜底保障（低保、特困、孤儿）的54户74人，实现就业的有71人。黄河滩区扶贫政策要做到普遍性与特殊性相统一，只有这样，才能真正发挥作用，助推滩区脱贫迁建。

落实普适的扶贫政策。一是组织实施"十有八达标"标准化建设，全面提升特殊贫困群众脱贫质量。"十有"，即有一套齐全的户情资料、有一个关联的帮扶项目、有一名结对帮扶干部、有一支医疗帮扶团队、有一套健康综合保障措施、有一名家政护理人员、有一份家庭商业补充保险、有一系列政府教育扶助政策、有一份孝善养老扶贫基金保障、有一支结对帮扶志愿者（义工）队伍；"八达标"，即道路硬化达标、住房安全达标、饮水安全达标、生活环境达标、个人卫生达标、基本生活必需品达标、贫困残疾人无障碍化改造达标、居家贫困老年人"适老化改造"达标。二是创新推出脱贫攻坚"活"页户情档案，作为模板在东营市推广应用。2020年，青岛、济南等5个地市7个考察团分别到利津县考察学习。三是"老病残"特殊群体每月发放固定生活补助60元。我们从管理对象中评出最困难的"老病残"帮扶对象，保障他们的基本生活。四是在全市率先制定了《关于全县农村推行设立扶贫孝善养老金实施方案》。符合条件的贫困老人子女交纳养老金，我们给予10%的奖补；对特困老人和子女实际上无赡养能力的贫困老人，我们补助每人每年600元。总体来说，全县脱贫攻坚工作比较平稳，历次明察暗访都是以"零问题"完成迎检验收。

实施特殊的扶贫政策。滩区贫困人口，除了享受普遍性的扶贫政策之外，县里还实行滩区贫困人口差异化政策，这项帮扶政策只有这19个村、122户享受。一是对60岁以上贫困老年人发放生活困难补助。对黄河滩区19个村建档立卡脱贫享受政策贫困户中60岁以上的347人次老年人，给他们每人每月发放30元生活补助，钱不多，但体现了滩区群众享受的待遇。二是对滩区贫困人口家中的在校生发放校车补助。因为滩区需要通过大坝到学校，路途远一些，孩子们基本坐校车。我们拿出财政资金，对贫困家庭子女从幼儿园到义务教育阶段统一乘校车的34人次学生给予补助，每生每年1500元。三是开展免费"送医（药）到户"活动。重点关注两头，年龄大和年龄小的，再加中间有慢性病、老年病的贫困人口，这些人群基本上都是因病致贫。县财政拿出20万元专项资金，上半年下半年两次健康查体，有问题的免费送医送药。四是滩区所有脱贫人口均享受产业帮扶项目收益分红。坚持差异化发放原则，贫困程度深的多发，浅的少发甚至不发，保证这部分资金实打实地用在有需要的脱贫群众身上。

群众生产生活面貌焕然一新

旧村台改造提升工程建设内容主要有五项：村台加固护砌，高度以洪水最高水位线为标准，用四棱砖加高加固，以种草护坡辅助，解决防洪问题；修建连村道路；建设村内道路，包括村内主道、环村路；建设雨污排泄设施，实现雨污分流；提升基础设施，建设便民服务中心，村内大小巷道以及联村路全部实现硬化并加装路灯，房屋外墙统一粉刷并喷绘精美墙画，做到绿化、美化、亮化。两年多累计投资 2.885 亿元，取得了看得见、摸得着的显著成效，滩区群众得到了实实在在的利益。

实现了群众安居。通过滩区旧村台改造提升及基础设施配套工程建设，提高了村台防洪能力，群众居住环境更加安全舒适，群众满意度和获得感进一步增强。高家村一位 80 岁的老人说："自打记事到现在，我搬了 5 次家，这次旧村台改造提升后，再也不用搬家了。啥叫安居？不搬家就是安居，安居了，也就心安了。"老人有时羡慕那些一搂粗的大树，过去常对人说："大树能扎下根儿，咱啥时候也跟树一样扎下根呢？"现在，老人逢人就说："这下好了，我也活成大树了，有了大树的命，扎下根了！"北宋镇的高家村，以整个拆建为背景，拍了一部电影《高家台》，被省扶贫办推广到国务院扶贫办，在国扶办官方网站和公众号宣传推广，在各大院线上映。电影中很多原型就来自高家村，比如村书记如何发挥脱贫迁建带头人作用，耐心细致地做村民工作。比如失独家庭的贫困户，原本失去了生活信心，通过脱贫迁建改变了原有生活方式，成功改造了人生观，重拾了生活信心，感恩党的好政策。这些事例都来自真实的生活。

推动了产业破题。按照"融合化、产业化、景观化、田园化"的发展理念，以产业平台为依托，推动黄河滩区脱贫迁建与沿黄乡村振兴示范带融合发展，进一步放大了滩区资源优势，串珠成线，连线成片，产业规模化和标准化程度得到极大提升，有效增加了群众收入。比如北宋镇中草药产业依托养生天下中草药产业园，金花葵、万寿菊等中草药种植面积达到3000亩。陈庄镇临合蜜农业产业园，投资六七个亿，规模达到5000亩。陈庄镇在滩区内开发高标准农田15000亩，实现自动化灌溉。依托滩区内的产业园，有的贫困户建起自己的大棚致富，有的到园区务工，有了稳定的收入，防止了返贫和新致贫问题发生。

改善了滩区环境。借助滩区脱贫迁建，推动滩区生态建设，对滩区空间环境实施一体式绿化美化工程，对关键节点进行重点打造，实现了滩区环境和村庄环境整体提升。通过美丽示范创建，发挥典型带动作用，佟家村、南贾家村等滩区村庄入选山东省第一批美丽村居建设试点和美丽休闲乡村，村庄环境更加宜居宜业，成为一道美丽的沿黄风景线。

2020年脱贫攻坚圆满收官，在全国脱贫攻坚总结表彰大会上，利津县扶贫开发办公室被党中央、国务院表彰为全国脱贫攻坚先进集体。我们深知，脱贫是一项长期的战略任务，脱贫难，巩固脱贫成果更难。我们将按照中央"四不摘"（不摘责任、不摘监管、不摘政策、不摘帮扶）的指示要求，继续精准落实帮扶政策，创新工作方法，建立健全动态监测和帮扶机制，坚决防止返贫、新致贫现象的发生，努力做好巩固拓展脱贫攻坚同乡村振兴有效衔接工作。

脱贫攻坚路上的点点滴滴

王凤华

我是王凤华，山东省龙口市芦头镇农村经济服务管理中心主任，中共党员。2014年，一直从事经管工作的我有了一层新的身份——光荣且普通的扶贫干部。

七年的扶贫历程，从最初的不明就里到现在的行家里手，从刚开始摸着石头过河到现在大刀阔斧的创新，从例行公事的办公到饱含真情的帮扶，本着俯下身子沉一线、脚踏实地办实事的初心，我始终坚守在脱贫攻坚的最前沿，带着对农村的热爱和对人民群众的感情尽职尽责做好分内的工作。

在这七年的扶贫路上，我立足实践、勇于创新，在龙口市扶贫工作中结合实际创建了扶贫大数据库并普及推广，运用大数据助推政策精准落实。每年，我至少走访两遍全镇的贫困户，一家一户地进去问一问、听一听、瞧一瞧，确保扶贫政策能够精准落实到每一户每一人。在这期间，我一直倾心倾力服务贫困群众，由于高强度的工作积劳成疾，经历了两次大手术，术后放弃休养，第一时间进村入户助贫解困，践行着一名共产党员的初心与使命，始终将对党的忠诚和对人民的热爱贯彻在自己的工作生活之中，时时刻刻都不忘展现一名共产党员的本色和风采。

扶贫"门外汉"变身"小能手"

刚开始，我思路并不清晰，方法不对路子，只是被动地通过村里了解贫困户的信息和诉求。加上对行业政策了解不透彻，走了很多弯路，往往付出了很多努力，但结果总是不尽如人意。我一边实践一边虚心请教，总结经验，终于厘清了思路，把扶贫工作干得游刃有余。在从事农村经济管理工作的时间里，我一直是全市的领头雁，不断创新工作模式与工作方法，许多规范村级财务管理方面的经验做法在全市普及推广。扶贫工作也是一样，我照样动脑筋、想思路、强作为，创新建立了贫困户政策落实大数据库，极大地提高了贫困户数据采集的准确性，为政策精准滴灌到位打下了坚实的基础，在取得良好的实效之后得到了全市的认可并在全市普及推广。

创新的动机源于一次上门走访。在遍访中心泊村贫困户时东芹时，由于她是听力一级的残疾人，存在严重的听力障碍，我连说带比划地问，嗓子都喊哑了，而时东芹一脸发蒙，只是迷茫地看着我。根本无法获得有效信息，很难采集到准确数据，全镇的精准扶贫信息采集工作一度陷入瓶颈。

回到单位，我问帮扶责任人，他们也答不上来；采集的信息，贫困户有的不认可，我又没有有力的证据证明数据的真实性，盯着桌子上的收入明细表，我陷入沉思，看着表上列出的一项项收入，突然灵感闪现，"要想知道他收入多少，可以去问发钱的部门，从根上找啊！"对照着明细表，我列出了其中涉及的十多个部门，从各部门要来该年度该户发放的款项表，再进行汇总，这样该户的收入和情况就一目了然了。当我将汇总好的表递到时东芹面前时，她满意地签了名。

举一隅当以三隅反，在事后总结的时候我就在想既然这一户可以这么做，那全镇的其他户是不是也可以，慢慢地一个大数据库的轮廓在我脑海中渐渐清晰了起来。从各部门获取贫困户当年的收入数据以及享受到的各项政策待遇，逐一分项，在 excel 表格中利用函数公式汇总整理，一个涵盖全镇可随意查询贫困户各项信息的数据库就这样建成了。后来市里也认可了我的这个思路，数据库在全市推广了起来，看着自己的思路被人认可并且提高了全市扶贫工作的水准，我心里格外的开心。

走村入户晒出精准扶贫"健康黑"

我个头矮，一脸"健康黑"也是我的特点。这"健康黑"是我扶贫路上的勋章。数据库建成之后确实是提高了工作效率又保障了数据的精准，但我深知，数据库是再好也只是辅助工作的工具，绝对不能过于依赖和迷信数据库，读万卷书不如行万里路，扶贫工作可不是简单的坐在办公室里报表，行业政策是否落实到位？贫困户是否认可满意？还有没有其他诉求？家里的条件咋样？是不是干净整洁？等等，都需要实地的入户走访才能做到清楚明了。再加上所有政策都是动态变动的，实地入户，才能掌握第一手资料。

每当我们走访遇到疑难杂症的时候，家里的领导们也就跟着忙碌了起来，由于白天我们在村里入户走访，就晚上召集片长和行业部门的负责人同我们一起进行探讨研究，制定解决方案和对策，结束时已是深夜，第二天大家顶着黑眼圈相视一笑，继续投入到工作中，丝毫没有抱怨和抵触。

在扶贫工作中，有很多事使我印象深刻。

有一次，在党委书记刁书记遍访时，走到望马史家村的低保贫困户于凤龙这一家时发现，于凤龙一直担心签订孝善协议后会影响到自己的低保收入，因此连续两年都拒绝签订协议，相应的奖补也不能及时发放到位。刁书记一边耐心诚恳地做户上工作，打消他的顾虑，一边让我们扶贫办加强关注 2020 年的孝善协议签订情况，凡是贫困户该享受的政策一定都落实到位。今年，经过多方努力，村级联系人也帮忙一同做思想工作，终于打消了于凤龙的顾虑，痛快地签订了孝善协议，将孝善奖补领到了手中。看着一户户摘掉了贫困的帽子过上了好生活，我们便是觉得再苦再累也是值得的。

我们镇韩家店村的一名贫困户王培德由于肢体一级伤残长期瘫痪在床，由妻子杜凤玲照顾，老两口一直在外村的女儿家住。在一次入户走访中，我和杜凤玲谈到王培德应该享受护理补贴。杜凤玲却毫不迟疑地说到"没有收到这项补贴"。我马上打电话向镇民政办询问，民政办的工作人员回复说"月月发放"，我随即跟工作人员要来了打钱的卡号并告知杜凤玲，杜凤玲拍着大腿说道："那个存折好久不用了，正打算丢了。"立即翻箱倒柜地寻找起来。第二天，她兴高采烈地打电话给我，"存折找到了！卡里有5000多元，太感谢你了，要不是你告诉我，我们这样贫困的家庭要蒙受多么大的损失啊。"

镇上韩栾村有贫困户28户，工作压力较大。60岁的计生主任封秀云曾对我说，最让她难忘的是我走访他们村的时候，为了节省时间，每次遍访，都让她骑着电动车拉着我，从早晨走到晚上，边走边看边问边记录是我永远的工作模式。由于王少安多年未回，很长时间没有音信，随着每年的贫困人口动态调整，将他进行了退出处理。2020年1月，长期失联的他因意外导致残疾丧失了劳动能力，工友们从外地把他送回了村。当知道这个消息的时候，我马上动身进村核实，并建议村书记向镇民政部门申请，请求重新给他低保待遇，并帮助他办理了肢体残疾证。此外，我还及时向市扶贫办汇报相关情况，王少安又被重新纳入国扶办系统当中，再次享受到了贫困户待遇。嫁在本村的王淑巧是王少安的姑妈，平时照料侄子生活，老人一直对我充满了感激："从重新享受政策到收拾家，里里外外，风华妹妹跑前跑后，真是多亏了她。"

经过多年的扶贫工作积累，全镇上下每个贫困户的情况我都信手拈来、如数家珍。在日常走访帮扶中，练就了"看、问、听"三样本领，看生活状况、问政策落实、听愿望诉求，一户一档建立贫困户台账，用真心真情帮助贫困群众办理低保、送医送学、安排公益专岗等，保证贫困群众政策应享尽享、精准到户到人。

无私忘我，舍小家顾大家

我的同事们都说"王凤华拼起来不要命"。2016 年，在长期高强度的工作节奏下，我的身体出现严重不适，疼痛难忍，但我依然冲在一线，迟迟不愿休息。最后，在领导和同事们的催促下，我才勉强去医院做了检查，检查结果是我的身体里长了一个巧克力肿瘤，只得做切除手术。丈夫三番五次地劝我，2020 年 5 月 22 日，我在烟台毓璜顶医院再次做了手术，医生嘱咐我术后一定要好好休息，不能再劳累。但是，为了不耽误工作，做完手术三天后，我就在病床上给村里的支部书记打电话，发微信，联系安排扶贫排查工作，精神头儿又上来了。有病友说："这哪是刚做完手术的人，真是不要命了。"

在家养病期间，我的心却始终在扶贫工作上。为了不让我上班，我的女儿和丈夫将我的随身包和钥匙藏了起来。可是我一旦决定的事情，克服任何困难也要做到，于是我发微信让同事开车来我家接我，趁家人外出时，偷偷地溜出了家，强忍病痛进村入户帮助贫困群众排忧解难。也正是因为这样，我被大家认作"贴心人"，更有贫困户主动送来锦旗给我表达感激之情。

我作为一名生在农村、长在农村的普通乡镇干部，在平凡的岗位上扎实苦干，在脱贫致富的行程中积极作为，民本是我的思想理念，实干是我的公仆情怀，创新是我不懈的追求。在今后工作中我将绝不止步，也绝不自满，我想说，责任使命在肩头，脱贫致富在路上，功成虽不必在我，但功成却必定有我。

脱贫攻坚让我们与群众心连心、肩并肩

田庆盈

　　脱贫攻坚，是习近平总书记亲自挂帅、亲自出征、亲自部署、亲自督战的重大攻坚任务。他多次强调，打赢脱贫攻坚战，是全面建成小康社会的底线任务和标志性指标；我们不能一边宣布全面建成了小康社会，另一边还有几千万人口的生活水平处在扶贫标准线以下。

　　2016 年，我在莱芜市工作时，曾分管过扶贫工作。在我内心里，打赢脱贫攻坚战是党对人民作出的庄严承诺，是我们党委、政府必须牢牢抓在手里的民生工程，更是必须限期完成的重大政治任务。2018 年 7 月，我到潍坊就任。在我的印象中，潍坊是人口大市、经济大市，面积、人口、经济总量都在全省第一方阵，而贫困人口和贫困村数量只占全省 7.7% 和 4.8%，在 2017 年底就实现了 337 个省定扶贫工作重点村摘帽，6.7 万农村建档立卡贫困人口脱贫，全市脱贫攻坚任务基本完成。但事实上，这项工作开展得并没有我想象中那么好，前期的扶贫工作还是粗线条、不均衡的，离习近平总书记提出的"下一番'绣花'功夫"差距还很大。

全力以赴打一场脱贫攻坚"翻身仗"

2019 年 4 月 20 日，省里发布了《2018 年度全省扶贫开发工作成效考核情况通报》，潍坊的考核等次是一般，全省排名倒数第二。4 月 26 日，我和时任市委书记惠新安同志到济南接受了省委、省政府的约谈。5 月 5 日，省里又以视频会议的形式，在全省通报了 2018 年考核情况。市委班子几经研究、痛定思痛，决定在全市开展一场大反思大讨论，全力以赴扭转被动局面，打一场脱贫攻坚"翻身仗"。

5 月 5 日下午，我们召开了全市反思会，市级分管领导、上一任扶贫办主任和时任扶贫办主任都作了反思、也都表了态，全市上下对考核结果进行了深刻剖析。会上我就讲，从市县到镇街、村居，各级都要扪心自问，第一，为什么会出现这些问题，出现这些问题到底应该不应该；第二，针对反映出来的问题和没有反映出来的问题，我们有没有能力解决，换句话说，我们能不能完成党中央交给的这一项重大政治任务。

脱贫攻坚出现这样的问题，我的领导责任不可推卸。我那段时间晚上经常睡不着觉，反复考虑问题原因，最后分析了三个方面：一是思想认识上出了问题。一种错误认识是，很多同志把我市的贫困情况当作了我们脱贫攻坚工作的情况，认为我市的贫困面和贫困程度不严重，脱贫攻坚工作也不会出现大的问题，潍坊更不可能排在全省倒数第二名。再一种错误认识是，把脱贫攻坚这项重大政治任务等同于一般工作，没有真正摆上突出位置。很多地方认为会开了、要求提了、程序走了，就万事大吉了。二是工作上出了问题。说一千道一万，就是工作没有做到位，功夫没下到位。总书记提出，脱贫攻坚需要"下一番'绣花'功夫"。怎么下"绣花"功夫？我觉得一要细，不能大而化之，要用绣花针；二要实，要一针是一针，不能一针当三针用；三要有统一的谋划。这是下"绣花"功夫的基本要求。三是作风上出了问题。问题表现在工作上，但根子在作风上！潍坊的干部作风一直以来都是好的，但也出现了一些不好的苗头，有的工作在省里拖后腿，有的领域被多次通报、曝光、约谈。脱贫工作出问题绝不是偶然的，追根溯源还是要在作风上找原因。

我想不用过多地探讨考虑，习近平总书记关于脱贫攻坚的重要论述早就给出了答案，主要就是解决好"扶持谁、谁来扶、怎么扶"的问题。

第一，解决好"扶持谁"的问题。扶贫必须要先"识贫"，我们下决心实施一次彻底的"遍访"行动。我要求各县市区党委、政府负责同志带头，包联走访真正困难的贫困户，不能只看好户，市级负责同志也要抽出时间下去看。镇街负责同志要遍访辖区内建档立卡贫困户，每户必须直接走到，而不是打电话让村干部走到，及时帮助贫困户研究解决困难问题，对不达标或问题户落实专人跟进。关于"遍访"行动，我还明确了两个要求，一是在去年考核、考评发现问题基础上，提高工作标准，扩大排查面，放大到全部扶贫对象，放大到存在的所有问题；二是走到之后要登记在册，签字背书，这一户来过了，发现了什么问题。若当时没有发现问题，后来发现了，要追究走访人的责任。

第二，解决好"谁来扶"的问题。关键是责任落实到人。针对帮扶责任人到位率、群众满意度不高的问题，从各级党政机关、事业单位、国有企业选派帮扶干部，开展常态化走访帮扶，通过真帮实联着力提升帮扶成效。各镇街按照属地管理原则，承担对帮扶责任人考核管理的第一责任，考核结果作为对选派单位评价和帮扶责任人年度考核的重要依据。市委组织部、市扶贫开发办对派驻情况进行专项督查，定期通报。关于这项工作，当时我提了三点：一是不能由村干部担任主要帮扶责任人，每名责任人帮扶对象最多不超过五户。二是如果发现不了问题或者发现问题不上报影响脱贫质量，要追究帮扶责任人的责任。三是要搞好与贫困户的沟通交流，一定要带着感情，面对面用群众语言跟群众说话。

当时，扶贫系统尤其是基层扶贫机构队伍建设上也存在一些问题，主要是力量不足，不适应脱贫攻坚工作正常开展的需要。我又提了两条，一是从市直行业部门抽调了 20 名业务骨干，成立了 5 个脱贫攻坚专项督查组，对全市脱贫攻坚工作情况进行集中督导检查。我给督查组提的要求就是"发现不了问题是失职，发现问题不报告是渎职"。各县市参照市里做法，也都成立专门督导组。二是理顺基层扶贫部门机构编制，把干部队伍配强。脱贫攻坚任务重的县，县级扶贫开发办人数按照 15—20 人配备，其他地方按照 10—15 人配备。脱贫攻坚任务重的镇街，安排专职扶贫干部 3—5 人，其他镇街 2—3 人。各成员单位也结合自身承担的扶贫任务和工作职能，选齐配强了专职扶贫力量。

第三，解决好"怎么扶"的问题。开对了"药方子"，才能拔掉"病根子"。这里面有个小插曲。7 月 1 日，我到昌乐县红河镇肖家河村调研，全程"四不两直"进村入户，现场查看脱贫攻坚工作情况，发现一户贫困户房子透风撒气，不用鉴定就是危房，卫生又脏又乱，三间北屋，儿子儿媳住两间，老太太住西边的北屋，屋里一股很重的刺鼻气味，好像没有人管。我随机问了镇上几个在场的同志有关当地贫困户的数据，他们支支吾吾答不上来。我当时发了大火，把党委书记劈头盖脸批了一顿。事后我担心批得过重，一是本人思想有负担，二是县里可能会因为我的批评处理相关干部，所以我专门打电话给昌乐县委书记，要求他们不能因为这个事处理干部，要鼓励他们深刻反思，扎扎实实把工作干好。后来，这个镇知耻后勇、真抓实干，脱贫攻坚工作由后进变成了全国的先进，2021 年 2 月镇党委被授予全国脱贫攻坚先进集体荣誉称号。

调研回来后，市扶贫办的同志跟我汇报，说有的县市区委书记、乡镇党委书记对扶贫工作还是不够重视，很少专门调度、调研扶贫工作。上面松一寸，下面松一尺，对扶贫工作不重视的问题表现在基层，但根子出在县一级。为此，7 月 3 日，市委、市政府紧急召开调度会，重点明确主体责任问题，尤其专门就思想认识问题作了强调，要求对脱贫攻坚工作，在认识上必须触及灵魂，行动上必须落在实处。会上我提出要全力抓好 16 项具体工作：一是群众满意度问题，所有的帮扶责任人都要同贫困户"结穷亲"，跟他们沟通好感情，让他们发自内心说好，对工作满意。二是环境脏乱差问题，帮扶对象院子内部的卫生，自己干不了的，由镇上和帮扶责任人帮助搞好；院子外的村容村貌，由镇里负责治理。三是脱贫稳定性问题，随时返贫随时纳进来，要动态管理，关键是不能漏下。四是产业扶贫项目问题，县市区委书记对辖区内所有的扶贫项目要全部跑一遍。五是危房问题，所有住人的房屋都要再排查一遍；没有住人的房屋也要排查，不能留安全隐患。六是饮水问题，解决好饮水安全问题、安装不到位问题。七是改厕问题，部分县市区整改仍不彻底，虚报或不达标、不能用的情况要抓紧整改到位。八是医疗保障问题，市县两级每一家公立医院都要成立专项医疗队、配一辆车，对贫困户不间断地进行巡诊。九是漏查漏报漏管问题，重新排查，有多少报多少，绝不能把我们的扶贫对象排除在外。十是政府兜底问题，市县两级加大财政投入，扩大政府兜底范围，该兜底的一定要兜底。十一是责任人问题，扶贫项目必须要有市级机关干部负责，县市区再增加一个项目责任人，两个人共同管理扶贫项目。十二是问题的收集和处理，对督导、巡察、检查、暗访发现的问题，以及通过各个渠道反映的问题，实行台账化管理。十三是建立一个平台，贫困户的情况、诉求，"三个责任人"情况、项目情况都能在平台上查到。十四是组织领导和投入保障问题，副市级以上领导干部全部包靠1个扶贫工作重点镇、1个扶贫工作重点村和5个建档立卡享受扶贫政策的贫困户，市直部门至少再派出1000人下去当帮扶责任人，县市区至少再出5000人，市县两级财政无论多困难，都要将脱贫攻坚特别是政府兜底放在"三保"首位。十五是两个主体责任问题，一个是县市区委书记的责任，一个是县市区分管负责同志、扶贫办主任和镇街党委书记的责任，再发现问题，坚决、严肃追究责任。十六是资金跟踪审计问题，市县两级审计部门要加强扶贫资金审计，尤其是扶贫项目资金审计，绝对不能出问题。

这一年，市委、市政府保持高压态势推动脱贫攻坚工作，连续推出了脱贫攻坚反思会、推进会、通报、培训等"20会2报2班1巡察1问政"26项举措，持续强化责任、传导压力，全面推进扶贫各项工作。市县镇村四级责任进一步压紧压实，全市帮扶责任人真正动了起来，持续查问题、改问题，脱贫质量得到明显巩固提升，脱贫攻坚工作有了很大起色。在全市上下的共同努力下，2019年全省扶贫开发工作成效考核，潍坊从全省倒数第二跃居正数第二位，并获得省委、省政府"打赢脱贫攻坚战"单项奖，实现了真正的"大逆袭"。

在高强度的工作情况下，当时的扶贫办主任王勇同志身患疾病依然坚持在工作岗位上，直到后来住院期间，动完手术躺在病床上，还是每天调度工作，丝毫不顾及自己的身体状况，令人动容。我们的扶贫干部就是这样，真真正正把扶贫工作和贫困群众装进了心里。

脱贫攻坚必须要完美收官

2020年是脱贫攻坚的收官之年，这场硬仗到了攻城拔寨的冲刺期。习近平总书记强调，"到2020年现行标准下的农村贫困人口全部脱贫，是党中央向全国人民作出的郑重承诺，必须如期实现，没有任何退路和弹性。"我们必须按照"小康路上一个都不能少"的要求，全力以赴攻坚，确保脱贫攻坚任务如期全面完成。

而当时我们首先面临的是扶贫办主要负责同志调整的问题。由于王勇同志刚刚做完大手术，需要好好休养，考虑到脱贫攻坚最后一年工作强度大、任务艰巨，不得不重新安排新的人选。经过反复研究商议，市里最后决定由时任寿光市委常委、政法委书记马焕军同志接过了这个接力棒。马焕军同志有二十几年的基层工作经验，善于做群众工作，工作作风硬朗，敢啃"硬骨头"。上任后，他很快进入了角色，在扶贫系统开展了一场问题"清零"战。市县镇村干部逐人、逐户、逐村、逐项目"过筛子"，"地毯式"查问题，一个环节、一项政策都不放过，13个县市区全覆盖督导了30多次，实现了全市面上问题的见底清零。

2020年，新冠肺炎疫情的暴发给工作带来了一定影响，但全省各市都铆足了劲向前冲，我们不敢有丝毫的松劲懈怠。我去基层调研时就提出来，要发挥基层党组织的战斗堡垒作用，这是最核心的。尤其是在脱贫攻坚这项工作上，已经到了最关键时刻，响鼓重锤谁来敲？谁来举这个锤？谁来敲这个鼓？尤其是那些面对稳定脱贫却不愿意退，想纳入帮扶又不够条件的这些群众，必须要依靠村党组织、我们的党员干部，靠上去做他们的思想工作。

为了调动镇街层面工作的积极性，市里出台了"红黄牌"管理办法，工作出现问题的，坚决挂"黄牌"绝不含糊；工作成效好的，就公布示范镇街、授红旗表扬；示范镇街出现问题反弹的，立即摘了红旗挂黄牌，先后有 42 个镇街挂了黄牌，74 个镇街成为示范镇街。"红黄牌"做法，是潍坊的独创，经过实践检验，这个办法成效非常明显，真正让所有镇街都动了起来，彻底扭转了思想不重视、压力传导不到位的问题，在全市形成了争一流、争"示范"的浓厚氛围。

临朐县是革命老区，贫困人口占到了全市的近三分之一，扶贫任务非常重。某种意义上说，临朐县的脱贫质量就代表了整个潍坊市的脱贫成效。收官之年，省里先后到临朐县开展了 4 次明察、暗访，几乎把整个县的镇村走了个遍，但一个问题都没发现。其间，省暗访组曾在柳山镇连续查了 4 天半，随机抽查了 11 个村、207 户贫困户，就是没找出问题来。这个镇，就是在经历了"挂黄牌—抓整改—评示范"的过程后，工作成效得到了明显提升。后来，"红黄牌"的做法，也被借鉴引用到了人居环境整治、环保督查中，都取得了很好的效果。

脱贫攻坚这项工作一定要用心、一定要真心、一定要细心。我经常说，"干部要用心干，不要用心眼儿干"，这句话用在脱贫攻坚上同样适合。你用心干事还是用心眼干事，老百姓是非常清楚的，体现在工作成绩上也是骗不了人的。

年中，市里扶贫、教育、卫健、住建、民政等部门联合开展了扶贫政策确认工作，干部们主动上门、挨家挨户给贫困群众送服务，发现有政策落实不到位的立即协调解决。特别是对老弱病残特困群众，市里组织了拉网式、起底式大排查，先后为残疾人办证 1.28 万人次，办理低保、五保 1.86 万人次，办理门诊慢性病及"两病"5.46 万人次，真正给贫困群众解决了困扰多年的心头事，真正把这些贫中之贫、困中之困兜住了底。

收官这一年，节奏很快。全市广大扶贫干部在脱贫攻坚一线舍小家顾大家，步调一致、说干就干，以钢铁般的意志迎难而上，苦干实干，赢得了全市脱贫成效的显著提高。2020年，潍坊先后以"零问题"的成绩通过了省级评估验收和省年度考核。在省评估验收会上，时任省人大常委会党组书记、副主任于晓明同志充分肯定了潍坊的脱贫攻坚工作，并满怀期望地指出："中央和省里要求脱贫攻坚要'圆满收官'，但对潍坊来讲，是要做到'完美收官'。"两字之差，对我们来讲既是鞭策、更是莫大的鼓舞。

功夫不负有心人。2021年3月24日，《大众日报》刊发了2020年各市经济社会发展综合考核结果，潍坊脱贫攻坚工作取得了全省第一名的好成绩，并再次荣获省委、省政府打赢脱贫攻坚战单项奖。

脱贫攻坚的5年，全市先后投入财政专项扶贫资金11.86亿元，高标准建设产业扶贫项目941个，为贫困群众稳定脱贫提供了有力支撑；5年来，市县镇三级共计3.2万名帮扶干部、1811名驻村第一书记，与贫困群众并肩战斗，共同收获奋斗来的硕果；5年来，我们创新实施的"三个保障办法"、"五步一站式"即时结算、"党支部＋合作社＋贫困户"产业扶贫模式、"五小工作法"等扶贫经验做法，擦亮了脱贫攻坚的潍坊名片。

回望这五年，我们坚守初心、不辱使命，为脱贫攻坚画上了一个圆满的句号。2021年2月25日，党中央召开全国脱贫攻坚总结表彰大会，潍坊市两个集体、两名个人荣获全国脱贫攻坚奖。其中，昌乐红河镇党委书记作为山东省的唯一代表，站了人民大会堂的领奖台上，接受了党中央领导授予的奖牌，红河镇也是全国仅有的两个镇级受表彰的单位。这是至高无上的荣耀，也证明对于脱贫攻坚这项不平凡的事业，只要我们真正用了心，下足了"绣花"功夫，一定能赢得最后的胜利。

脱贫攻坚让我们与群众心连心、肩并肩

脱贫攻坚，讲的是政治，惠的是民生，检验的是作风，反映的是党性。习近平总书记经常说，"脱贫攻坚是我心里最牵挂的一件大事""我最牵挂的还是困难群众"。这些质朴话语，是人民领袖的赤子之心，也展现了共产党人的责任担当。在脱贫攻坚总结表彰大会上，习近平总书记深刻总结了"上下同心、尽锐出战、精准务实、开拓创新、攻坚克难、不负人民"的脱贫攻坚精神。在潍坊脱贫攻坚一线，也涌现出了一大批先进典型：带着患病妻子在村里一待就是八年、甘当脱贫攻坚"老黄牛"的驻村第一书记牛伟国，把病房当成指挥部的原扶贫办主任王勇，铁面无私挂黄牌、全力以赴争第一的原扶贫办主任马焕军等，他们以自己的实际行动，生动诠释了脱贫攻坚精神的内核。

脚下沾有多少泥土，心中就沉淀多少真情。脱贫攻坚这一路上，我们和群众手挽着手与贫困作战，风雨同路，携手前进，群众的日子越过越好了，党与群众的心也越来越近了。

我包靠的昌乐县红河镇贾家成官村有一户贫困户，户主快70岁了，妻子是智力一级残疾，家里有个女儿在镇小学上六年级。2019年我去走访的时候，听说这个孩子学习成绩优异，在小升初考试中获得了全校第一，我就鼓励她好好学习，有什么困难和需求尽管提出来，也把我的联系方式留给了他们。我们走的时候，她母亲隔着玻璃给我们鞠了一躬，虽然她精神有问题，但是我们的扶贫工作得到了她的认可，这非常令人感动。后来，我帮着协调给孩子的房间实施了希望小屋项目，配上了学习桌椅，一家企业主动跟这一户结成帮扶对子，每年为孩子提供上学、日常开支等费用，直到她大学毕业。现在，这家人的生活状况和精神面貌都有了显著改善，这个孩子学习成绩稳居班级第一，还担任了班长，对生活和学习都充满了信心。

市扶贫办的一名扶贫干部在督导中了解到一名贫困老人需要做截肢手术，主动协调相关医院，免费为其做了手术，为这一家省下了4万多元的医疗费。听基层的同志讲，这位老人每天坐着轮椅在村头等着，就想再见见当时入户的那个扶贫干部。2020年年底，省里验收组的同志们走访高密市姜庄镇伊家庄一位老人时，这位年近80岁的残疾老人，深情地给大家唱了一首《社会主义好》，在场的同志都深受感动。这发自肺腑的歌声，句句饱含着群众对党和政府的感激之情。像这样的例子数也数不清，一帧一缕，都是我们脱贫攻坚史上的宝贵印迹。

百年征程波澜壮阔，百年初心历久弥坚。在建党百年之际，脱贫攻坚再一次深刻诠释了党的为民初心，体现了全心全意为人民服务的根本宗旨。经过脱贫攻坚这项伟大工程的淬炼，再一次拉近了党员干部与群众的距离，让群众真正了解了干部，体会到我们的党是全心全意为人民服务的党，我们的干部是发自真心地为他们考虑、为他们着想，只要能让他们过上好日子，党员干部们拼上豁上、流汗流血也值得。对党员干部来讲，与贫困群众"结穷亲"，思想和心灵再一次接受了洗礼，重拾了革命战争年代党和人民群众心连心、背靠背的真挚情感，扶贫路上同老百姓坐一条板凳、用一个碗喝水，把困难群众当亲人，把群众的事当家事，用心用情用力，付出无怨无悔。

习近平总书记强调，脱贫摘帽不是终点，而是新生活、新奋斗的起点。脱贫攻坚收官后，我又提了两个要求：一是要持续抓巩固脱贫成果。工作标准和要求只能比原来高、不能比原来低，工作措施和投入只能比原来强、不能比原来弱，检查督导只能比原来频繁、不能比原来少。二是要给扶贫干部一个说法，让为脱贫攻坚事业奋斗过、奉献过的扶贫干部，都得到应有的褒奖。

我们见证的脱贫攻坚事业，是一项艰难曲折的事业，是一项伟大的事业。作为参与这段历史的亲历者、参与者，我感到非常自豪。现在，我们已经踏上全面推进乡村振兴的新征程。习近平总书记强调过，这个难度不亚于脱贫攻坚。我们必须再接再厉、接续奋斗，为以更大决心和更大力度，全面推进乡村振兴，加快农业农村现代化，努力让人民群众有更多的幸福感、获得感、安全感，为早日实现共同富裕不懈努力！

参与脱贫攻坚是我一生的骄傲

王勇

我 1984 年参加工作，在乡镇干了 17 年，县里干了 17 年。

2019 年 1 月，组织安排我到市扶贫办工作。那时，全市 2017 年已经基本完成脱贫任务，2018 年对那些没有收入的户也都安排了低保、五保等政策兜底，剩余的工作就是查漏补缺、进一步提升脱贫质量。总的来看，我市到 2020 年高标准完成脱贫攻坚任务问题不大。我当时的想法是，从潍坊各方面的发展水平来看，扶贫工作理应走在全省的前列，更何况这项工作是一项实打实的民心工程，是一项积德行善、造福后代的善举，我必须要尽最大努力干好，让市委、市政府满意，让贫困群众满意，才能对得起自己的良心。

为了尽快掌握面上情况，我到任后第一时间就"四不两直"走访了 4 个县市区、8 个村，从走访来看，情况并不理想，有的户还住在破旧的老房子里，有的户臭气熏天进不去人，有的残疾人没办残疾证、没享受到残疾补贴等等。面上来看，整体工作并没有我想象的那样好，离上级要求和群众期待还有不少差距。深入了解后，我也认识到扶贫是个精细活，马虎不得，真得像习近平总书记说的那样，下一番"绣花"功夫。

上任那段时间我集中抓了几件事，重点就是先弄明白要干什么、怎么干。

第一是抓学习。扶贫工作涉及多个部门，几十项政策，面广量大，学不明白就干不明白。尤其是市办的干部必须人人是行家里手，所以我要求各业务组每周五集中开会，学习上级新精神、新政策，大家互相碰头、研究工作，避免互不通气、各管一摊。

第二是摸情况。上任第一个月，我基本上每天都在下边调研，多数是"四不两直"进村入户，1个月跑遍了有扶贫任务的13个县市区，转了26个村、140户贫困户，很快掌握了面上情况。我总的感触是，对扶贫工作，各级在思想认识、工作摆布、队伍建设上还有不少问题。那会很多熟人见了都问："都脱贫了，你们还干什么？"反映出不少同志思想认识不足，对扶贫工作盲目乐观。

第三是定目标。调研结束后，我开了个全市扶贫办主任会，主要目的就是统一思想、明确目标。会上我说，2019年工作重点就是巩固提升，关键就是抓问题整改，核心是提升脱贫质量，怎么个标准？就是习近平总书记讲的"既不降低标准，也不吊高胃口"，在现行标准下，提升贫困户的幸福指数，稳定实现"两不愁三保障一提升"。

第四是抓作风。习近平总书记讲，"脱贫攻坚任务能否高质量完成，关键在人，关键在干部队伍作风"。对此，我提出"真、实、细、新"四字诀，动员广大扶贫干部在一线务实创新、争创一流。这个"真"就是用真情、认真干、真干事、真追责，"实"就是摸实情、出实招、务实效，"细"就是细化任务、细化责任、细化措施，"新"就是学新本事、出新思路、建新机制。通过以作风建设为抓手，实现工作的高质量提升。

第五是建制度。大会小会讲，工作怎么干、问题怎么改都明确了，再出问题怎么办？我觉得得有个说法，你不能说了不干，定了不算，那这个活没法干。这样就得定定制度、立立规矩，我提出"四个一"，就是"一次告知、一次整改、一次督查、一次问责"，对重点工作、重点问题实行一次性告知，对告知事项落实不到位、存在严重问题的立即进行通报、约谈、问责，确保一次办好，不搞下不为例。

深刻反思、背水一战，打一场
脱贫攻坚"翻身仗"

2019年1月份我到扶贫办工作时，省对市的考核结果还没出来。2019年4月20日，《大众日报》公布了2018年省考核结果，潍坊扶贫工作为一般等次，全省倒数第二位，市委、市政府主要领导因此被省委、省政府约谈。那会我刚接上扶贫办主任不到三个月，这个结果像个晴天霹雳一样，让我非常震惊。当时成绩一公布，很多人都问："怎么回事？弄这么个成绩。"虽然成绩代表以前，但作为时任扶贫办主任的我，也感到压力很大。那时候我每天都在琢磨，想尽快扭转局面。

紧接着，5月5日全市召开脱贫攻坚反思会，市委、市政府主要领导带头反思问题、分析原因。会上市级分管领导、原扶贫办主任和我都作了深刻检讨、表了态。时任市委书记惠新安、市长田庆盈带头查找问题，深刻剖析原因，主要有以下五个方面。一是思想上松懈麻痹。很多同志盲目乐观，认为脱贫攻坚任务基本完成后，就可以"松口气""歇歇脚"了。特别是"五级书记遍访贫困对象"行动，很多领导干部没有扑下身子真帮实扶，工作流于形式。二是贫困户底子不清。对全市的贫困户情况掌握不够，哪些还住危房？哪些政策没落到位？哪些有问题没解决？哪些群众满意度不高？等等，没有做到心中有数，扶贫工作未实现系统内贫困户全覆盖。三是责任落实不到位。很多帮扶干部结对帮扶贫困户，半年不去一次，甚至连户里基本情况都摸不清，导致帮扶责任人到位率、贫困群众满意度都在全省倒数。四是项目管理不规范。项目重建设不重管理，导致有的项目出现收益低、资产流失等问题，项目运行管理到位率居全省末位。五是行业部门作用发挥不明显。有的部门不重视，政策落实力度小、推进缓慢，没有形成扶贫工作合力。会上，还从政治站位不高、标准境界不高、担当意识不强、作风不严不实等主观方面，深刻剖析了问题原因。

当时我对照考核失分项，结合之前调研发现的问题，分析了四个方面的原因。一个是指导有偏差。之前把主要精力放在山区库区和未脱贫人口上，对城区、脱贫不享受政策户关注的少，导致部分不享受政策户又出现返贫，部分户"三保障"，尤其是住房安全问题突出。二是汇报少、压力传导不够。对考核差的县市区和市直部门没有汇报给领导小组组长、副组长，只约谈了部分县市区扶贫办主任，没能把压力传导给他们主要负责同志，导致个别部门、县、镇对扶贫工作不够重视。三是抓落实力度不强。项目方面，发现了一个问题，可能就整改了一个问题，至于改没改好也没跟上复查，没有举一反三，导致面上一直有问题。帮扶责任人方面呢，没有标准要求，考核跟不上，问责更谈不上，导致帮扶基本都浮在面上，群众满意度很低。四是抓队伍建设没跟上。一上任那会，我已经发现系统内部一些问题，专业人员太少、各级力量配备不足、借调的干部待遇得不到保障等，干部思想有波动，导致"军心"不稳，影响了工作。

这么一项政治任务、民心工程，市委、市政府高度重视，贫困群众眼巴巴地盼着，干不好没法交代。扶贫系统作为全市扶贫工作的参谋部、指挥所，必须要自我加压、走在前列。5月份，在全市开展了"深刻反思背水一战坚决打好脱贫攻坚翻身仗"大讨论活动，利用三个月左右的时间，市、县、镇三级扶贫开发办及全体人员，市、县两级扶贫开发领导小组成员单位及全体扶贫干部，集中学习，反思讨论，查摆问题，边查边改。当时的目标就是，2019年度省对市级党委政府考核进入"好"等次、总名次实现争三保五目标。市扶贫开发领导小组各成员单位在2019年度上级业务部门对扶贫工作的考核实现争三保五目标。

军令状立下了，但压力也成倍成倍地上来了，6月底就要实现问题"清零"，面上还有那么多问题，必须要拼上豁上，好处是全市上下都憋着口气，干劲非常足。

首先是市委、市政府层面响鼓重槌、高位推动。为落实"五级书记抓扶贫"要求，全市建立起市级领导包靠制度，31名市级领导每人联系1个重点村镇、包靠5户享受政策户，带动各级领导同志、帮扶干部落实责任。5月28日，潍坊电视台《问政时间》栏目首次直播就问政扶贫办，没有预演、没有排练，我和班子成员在节目上接受了辣味十足的问询。同时，市委开展脱贫攻坚专项巡察，对全市扶贫领域进行一次全方位政治体检，着力解决政治站位不高、思想认识不够、工作落实不力等问题。

在市委、市政府的强力推动下，面上基本上都动起来了。但压力传导是不是到位，还有没有死角，这是我当时关注的一个问题。为了及时准确了解基层工作情况，办里专门成立了一个小分队，我带着几个年轻的小伙子，隔三差五去基层暗访检查，专门去看那些县市区交界处、偏远地区，搞"机动式""点穴式"检查。

6月份，我到诸城百尺河镇看了一户贫困户，脱贫质量很差，帮扶干部压根就没去过，户里连扶贫档案都没有，村支部书记一问三不知，支支吾吾答不上来。我带着情况就到了镇党委，翻了翻一年的会议记录，镇上竟然一次扶贫会议都没召开过，我当时头就嗡的一下，火一下子就上来了。5月份市委、市政府开了反思会，5、6两个月市里连续召开了7次推进会、调度会，但基层还是这么个状态，这个"翻身仗"还怎么打？怎么打赢？对此，我在诸城专门开了个问题反馈会，当着诸城市委书记的面，我讲了"三个没想到"：第一，没想到中央明确要求"五级书记抓扶贫"，但我们的镇党委书记、村支部书记还这么不重视；第二，没想到市县两级组织了一轮又一轮的督查，但诸城的督查工作彻底流于形式；第三，没想到基层干部的工作这么不扎实、工作作风如此漂浮。在会上我当着百尺河镇的党委书记讲，多亏这次是我发现这些问题，如果是市委巡察发现了，这就是个严重的政治问题。

诸城市百尺河镇的情况并不是个例，这反映出我们的扶贫工作在压力传导、责任落实方面还存在"上热下冷"问题，这个问题不解决，工作不会好，仗也打不赢。

这里有个小插曲，就是7月1日当天，时任市长田庆盈同志提出要"四不两直"摸一摸基层的真实情况，在车上，我们随机抽取了昌乐县红河镇肖家河村。恰巧因为之前发大水，进村主路都封了，邻村又修路，我们步行将近一小时才打听着到了户里。进户一看，房子窗户都是窟窿，透风撒气，不用鉴定就是危房，卫生又脏又乱，三间北屋，儿子儿媳住两间，老太太住西边北屋，炕头一堆卫生纸、遍地是痰，场面实在没法看，田庆盈市长当即掏出2000元现金，塞到了老太太手里。我们一个小伙子给帮扶责任人打电话问户里情况，结果一问三不知，田庆盈市长火就上来了，接着去了红河镇党委，当场问党委书记和镇长，镇上多少贫困户？多少五保户？多少帮扶干部？又找来户里的帮扶干部，问户里什么情况？什么时候走访的？没有一个说上来的。田庆盈市长当时发了大火，劈头盖脸地把书记和镇长批了一顿，中午饭也没吃就回了潍坊。

在车上，我专门跟田庆盈市长解释，通过扶贫办近期多轮的督导调研发现，红河镇的问题绝对不是偶然，全市面上对脱贫攻坚的认识还很不到位，压力传导还不够，工作还存在死角、盲区。同时，冲着保护干部的角度，恳求田庆盈市长不要处分基层干部，给他们一次将功补过的机会，让他们深刻反思，扎扎实实把工作干好。田庆盈市长也非常赞同我的观点。后来，这个镇知耻后勇、真抓实干，脱贫攻坚工作由后进变成了全国的先进。

总的来看，红河镇发现的问题，根本原因还是重视程度不够、政治站位不高，关键的关键就是县委书记的责任没有落实到位。对此，7月3日，市委、市政府紧急召开调度会，县市区委书记和部门主要负责同志全部参加，专门就思想认识问题作了强调，要求对脱贫攻坚工作，在认识上必须触及灵魂，行动上必须到位。会上，时任惠新安书记围绕落实"五级书记抓扶贫"工作要求，重点强调了"一把手"的责任，指出一个地方脱贫攻坚的成效，与这个地方的主要负责同志特别是县委书记有至关重要的关系，责任必须要压实压紧，绝不能不闻不问。田庆盈市长更是结合红河镇的调研情况，一口气提出了16项具体要求，要求所有的帮扶责任人都要同贫困户"结穷亲"，跟他们沟通好感情，让他们发自内心说好，对工作满意。提出市县两级每一家公立医院都要成立专项医疗队、配一辆车，对贫困户不间断地进行巡诊。强调一个是县市区委书记的责任，一个是县市区分管负责同志、扶贫办主任和镇街党委书记的责任，再发现问题，坚决、严肃追究责任，直至就地免职。

7月3日这次会议，可以说是全市脱贫攻坚工作的一个标志性的转折点，是全市脱贫攻坚工作中具有里程碑意义的一次会议。通过这次会议，"五级书记抓扶贫"最关键的一级——县委书记责任得到全面压实，"上热下冷"的问题得到全面解决。会议结束后，县委书记们带头进村入户开展遍访贫困对象行动，带动各级干部全身心地投入到脱贫攻坚工作中。

强化措施、加压奋进，坚决把问题改彻底、改到位

市委、市政府高度重视、全力支持，作为发挥参谋助手的扶贫办，更要自我加压、鼓足干劲，不打折扣、不讲条件地把市委、市政府的部署要求落到实处。我们接连开展了几项工作，目的就是彻底把脱贫质量提上去。

一是全覆盖查问题。提高脱贫质量，摸清问题底数是关键。先是在全市扶贫系统开展了"双访一联"全员下基层活动，市扶贫办每名党员干部（县、镇两级各配备一名扶贫干部）年内走访10个省定扶贫工作重点村、100户农村建档立卡贫困户，联系1个乡镇，与基层贫困群众面对面，了解实际情况，听取意见建议，为贫困群众解决实际困难。市里摆上工作擂台，每个督导组、业务组的走访情况都要上擂台，年底一并总结。然后，开展了建档立卡贫困人口全面"回头看"、"审计调查发现扶贫领域问题"整改落实、建档立卡贫困户"幸福指数"提升、产业扶贫项目及资产管理整改提升、扶贫开发工作督查问效"五个专项行动"，面上问题基本解决差不多。针对点上的问题，紧接着又搞了重点镇村"解剖麻雀"、337个省定重点村调研、"村村到、户户看""户户到、人人见"等一系列调研活动，挨村挨户查问题，项目一个个过筛子，这样由面及点逐步实现全领域全覆盖查问题。

当时，大部队在下边铺开查问题，我继续领着小分队"四不两直"暗访找问题，一是看看下面工作情况，二是看看我们大部队查问题查得怎么样，再就是看看有什么需要面上解决的问题。那段时间，除了市里开会，我大部分时间都在下边转，13个县市区转了很多遍，337个村也都走遍了，边边角角的村、户也都去到了。为全面地查改问题，田庆盈市长提出来，从市直行业部门抽调了20名业务骨干，成立了5个脱贫攻坚专项督查组，对全市脱贫攻坚工作情况进行集中督导检查。这在全省来看，是个创新性做法。这些同志与办里同志一起，几乎天天在下边督导，冒严寒顶酷暑，足迹踏遍了所有的贫困村、贫困户、扶贫项目，非常不容易。

为了全面收集发现问题，必须要畅通群众反映诉求的渠道，让老百姓有事能反映上来，及时跟上解决。当时国家扶贫监督举报电话是12317，没有几个老百姓知道，问题反映不上来、解决不及时，工作就会有盲点、群众就会不满意。对此，我要求在全市6780个行政村村务公开栏公开12317举报电话，同时把考核监督组8789729的信访受理电话也公布出去，让老百姓都知道扶贫的事找谁解决。当时做这个决定也是下了很大决心，征求意见时，部分同志有顾虑，怕举报的多了，影响我们工作，处理不好容易造成更大的信访舆情。但事实证明，老百姓是最朴实、最明事理的，有问题反映出来，我们帮着解决了就会感恩戴德，就会说我们干部好、说党的政策好。群众诉求渠道畅通了，问题得到及时解决了，满意度自然提升了。

二是强化指导改问题。问题查出来，整改是关键，怎么改？用什么标准改？得让基层明白。当时针对一些面上问题，我和班子反复研究，有的反复修改几十遍，怕的就是指导出现偏差，可以说是慎之又慎、细之又细。围绕明确服务对象，在建档立卡贫困户的基础上我们创新提出了市标户、重点关注户，把全市不能稳定达到"两不愁三保障"的户基本上全管起来了；围绕帮扶工作怎么干，明确了"三个责任人"职责、研究了帮扶工作"四步工作法"等，对帮扶工作提出明确要求；围绕提升项目管理规范性，制定了产业项目实施流程、项目ABC分类标准等，帮助基层提升项目管理水平；围绕完善档案，制定了"三个档案""五个台账"、暖心包、贫困人口识别退出档案、扶贫对象退出"四个规范"、重点村"五通十有"台账等等，详细体现我们的帮扶过程。可以说，这些标准规范分别针对户、村、项目，非常全面，总的就是让基层弄明白怎么干，遇到问题怎么改，不会出现盲目用力，一遍一遍"翻烧饼"。

三是明确责任到人。查问题、改问题，具体谁去改？改不好怎么办？关键还是明确责任到人。针对帮扶责任人到位率低、群众满意度低的问题，我们从各级党政机关、事业单位、国有企业党员干部中选派帮扶干部工作，开展常态化走访帮扶，通过真帮实联着力提升帮扶成效。各镇街按照属地管理原则，承担对帮扶责任人考核管理的第一责任，考核结果作为对选派单位评价和帮扶责任人年度考核的重要依据。市委组织部、市扶贫开发办对派驻情况进行专项督查，定期通报。关于这项工作，当时明确了三点要求：第一不能由村干部担任主要帮扶责任人，每名责任人帮扶对象最多不超过五户。第二如果发现不了问题或者发现问题不上报影响脱贫质量，要追究帮扶责任人的责任。第三要搞好与贫困户的沟通交流，一定要带着对贫困群众的感情，面对面用群众语言跟群众说话。

四是配强专职力量。队伍这个事我一直很重视，没人干活不行。市级层面，与组织部门协调充实人员力量，明确借调过来的干部可以在这边提拔晋升，大家工作热情、工作干劲大大提高，市办最多的时候到了将近60人（其中专门督导组20人）。县级层面，要求对脱贫攻坚任务重的县，县级扶贫开发办人数按照15—20人配备，其他地方按照10—15人配备。脱贫攻坚任务重的镇街，安排专职扶贫干部3—5人，其他镇街2—3人。各成员单位也结合自身承担的扶贫任务和工作职能，选齐配强了专职扶贫力量。

五是汇聚扶贫合力。中央要求要建立大扶贫格局，全社会都要齐心协力、共同发力。我的理解是，扶贫工作不能单靠扶贫办单打独斗，相关部门、社会组织都要参与进来，有力出力、有计献计，全力构建一个大扶贫格局。第一，要凝聚行业部门的力量。住房、医疗、教育等行业部门，是扶贫的主力军。市里连续召开了多次调度会、推进会，行业部门的扶贫责任非常明确，"谁家的孩子谁抱走"，谁出了问题板子就打到谁身上，各部门逐渐由被动变主动，都动起来了。卫健部门开展了"三个一"医疗巡诊，为贫困户办理慢性病、签约家庭医生，医疗保障政策实现了应享尽享；教育部门逐人落实教育补助，不让一个贫困孩子失学辍学；住建部门逐户鉴定贫困户住房，对 C、D 级房都进行了改造。行业政策落实到位了，群众的脱贫基础就更坚实了。第二，要发挥第一书记的力量。我们联合组织部门，对全市 337 个省定扶贫工作重点村，全部安排了第一书记驻村。这些人都是市县的机关党员干部，有资源、有思路、有责任心，能为村里办实事。同时，市财政又拿出 2600 万资金，拨给第一书记发展产业项目，帮着贫困村脱贫增收。这里面，全市的优秀驻村第一书记代表——牛伟国同志，连续驻村 8 年，任劳任怨、默默耕耘，被授予了全国脱贫攻坚先进个人的光荣称号。第三，要动员社会力量参与。我市的社会组织数量居全省第一位，社会帮扶工作也开展得有声有色，但就扶贫而言，前期一直没有建立一种沟通渠道，用好这部分群体的力量，导致很多社会爱心人士想参与，但没有渠道、找不到路子。我在多方考察、论证的基础上，在 10 月 17 日国家扶贫日期间，成立了潍坊北海扶贫服务中心，为爱心企业、爱心人士搭建一个平台，通过接收爱心捐款等形式成立扶贫基金，用于扶贫济困事业。在此基础上，又组建了潍坊扶贫志愿者协会，让社会组织都能参与进来，通过开展公益活动等方式，为贫困群众进行全方位帮扶。我当时的想法是，通过组建一个中心、一个协会，把社会力量这块搞活，既能募集资金用于扶贫济困，又能让社会爱心人士开展活动、奉献爱心，对脱贫攻坚乃至以后的乡村振兴，都能发挥重要的作用。第四，要用好潍聊协作这一平台。我们先后选派 20 名党政干部到聊城协作挂职，聊城同步选派了 14 人来潍坊挂职，这些挂职干部发挥了很好的桥梁纽带作用，使两市在产业支持、人才交流、金融扶持、民生协作等领域都实现了新突破。实践证明，潍聊的扶贫协作模式开创了省内协作帮扶的新模式，两市互帮互助、携手共进，助力脱贫攻坚工作双双走在了全省的第一方阵。

六是加强交流、取长补短。要想比学赶超，沟通交流不能少。利用空余时间，我带着业务组的同志，先后到德州、滨州、东营等八个地市考察交流，学习他们的大数据平台、产业项目管理、孝善养老等方面的好经验、好做法，回来后总结提升，形成了我们潍坊自己的办法，也慢慢闯出了我们自己的亮点经验。6月份，我们积极争取国务院扶贫办在临朐县举办了中央彩票公益金支持革命老区扶贫项目管理现场培训会，会上对我市扶贫项目经验做法进行推广，让我市的扶贫项目管理工作走在了全省前列。

敬终如始、接续奋进，收获脱贫攻坚圆满结局

在全市上下全力以赴抓整改、促提升的一系列努力下，全市面上工作明显有了起色，大家工作积极性都很高，但在这时出了一点意外。

2019年10月开始，我经常感觉身体不舒服，但因为当时工作推进得紧，我也没太在意。一直拖了一个多月，才到医院去检查，结果说需要马上手术。由于事发突然，紧急安排了去北京治疗，我便抓紧一切时间想把工作安排好。我记得去北京那天，10点就要上火车，9点了还在跟同志们开会安排工作。当时我心里更多的不是担心身体，而是考虑工作怎么办，这么好的工作局面不能因为我个人耽误了。当时心里就一个信念，在位一天就得负责一天，翻身仗必须打赢，脱贫攻坚任务必须高质量完成。

住院期间，只要身体允许，我就通过电话沟通调度工作。

功夫不负有心人，经过一年的不懈努力，全市脱贫攻坚工作取得了明显的提升。2020年3月12日，《大众日报》公布2019年考核成绩，潍坊位列全省第二，并获得打好脱贫攻坚战单项奖，省里给了最高奖励资金2500万元。得知这个消息，我感到无比激动和自豪，终于能松口气了，觉得没有辜负组织的信任和群众的期盼，也对得起自己的良心了。

2020年，潍坊一鼓作气拿了全省第一名，实现了脱贫攻坚完美收

官。尤其是在全国脱贫攻坚总结表彰大会上，我市两名个人、两个集体获得表彰。脱贫攻坚取得全面胜利，离不开市委、市政府的坚强领导，离不开全市扶贫系统干部的锐意进取，更体现了我们党集中力量办大事的政治优势。

我和扶贫的 3000 个日夜

孙增平

2021 年 6 月，全国乡村振兴（扶贫）系统先进集体、先进个人表彰大会在北京国际会议中心召开，我作为先进个人，身上披着红色绶带，胸前挂着金灿灿的奖章，与全国 300 多名代表一起，坐在表彰大会会场。我参加扶贫工作 3000 个日夜的点点滴滴，如同放电影一般，一幕幕在我的脑海中闪过。

走上扶贫路

2013 年 5 月，全市的扶贫开发工作从农业开发办转交到市农业局，由市场信息科负责。年底，市农业局组建扶贫开发科，我和三名同志负责起了全市的扶贫工作。当时从事扶贫工作的人少，而且还面临着底数不清、资金投入少、县级工作力量薄弱、工作任务重、工作量大等许多困难，为将这项工作干好，不辜负全市 40 多万贫困人口的期望，我和同志们一起加班加点搞调研、写报告、汇表格、研究政策，起早贪黑，不分昼夜，扶贫开发科成了市农业局最忙的一个科室。经过大半年的努力，在 2014 年秋天，如期完成了全市 12 个县市区 337 个省定扶贫工作重点村、18.9 万户、43.5 万名贫困人口的识别认定工作，全市的扶贫工作走上了正轨，扶贫工作也在我心里扎下了根，成为我必须为之奋斗的目标任务。

脱贫攻坚战

2015 年底，市里从各单位抽调人员，成立扶贫开发领导小组办公室，独立运行，负责全市扶贫开发工作。当时，家人和朋友都劝我说："你快 50 了，事业人员身份，中级职称已经 15 年了，干扶贫发不了论文，也没有科研成果，很难进副高职称。再说，你家里的老人 80 多岁了，家里其他人身体情况也不好，需要你照顾，你别在扶贫办拼命了，还是在农业局干吧，晋升职称机会多，工作压力还小，也有时间陪陪家人。"当时，我也确实有过这样的想法，但是想到我为之奋斗的目标还没有实现，还有许多和我一样的同事，奋斗在脱贫攻坚一线，我不能做逃兵，便咬牙坚持住了。当时考虑到脱贫攻坚是一场硬仗，自己参加工作多年，从事扶贫工作也 3 年了，有一定的经验积累，这时候应该主动承担任务，就主动请缨到扶贫办工作，志愿在脱贫攻坚一线实现自己的奋斗目标。

探索产业扶贫新模式

在新组建的扶贫办，我担任了项目组长，工作也由原来的全面工作转为负责全市产业项目管理。为尽快掌握基层项目实施需求，我和我的同事利用两个月的时间，走访了全市承担扶贫任务的 12 个县市区、337 个省定扶贫工作重点村，对在这些地方实施的项目进行了全覆盖调研。

在安丘市郚山镇有子沟村，第一书记刘啸找我，希望为他村扶贫资金的规范使用进行专业指导，同时为脱贫产业开个"良方"。根据当地地理环境与农业发展情况，该村计划发展西瓜种植产业。然而，以往从未规模化种植反季节西瓜，缺乏经验是首要问题。通过不断调研，最终决定村里由党支部带领成立西瓜生产合作社，与寒亭区郭牌西瓜合作，引进郭牌西瓜的种植技术与管理经验，同时将村里贫困户与其他村民吸纳到合作社中，由他们共同承包经营种植。项目经过半年的运作，实现规范化运营，产出西瓜的产量、质量喜人，当年单价即达十几元一斤，大大增加了贫困户年收入，多个贫困户当年即实现脱贫，其他贫困户在持续增收中实现脱贫。根据调研情况，我和同事们在山东省率先总结推广实施了"党支部＋合作社＋贫困户"产业扶贫模式，通过发展生产带动、提供服务带动、承包地和闲置房产入社、合作社向失能贫困户赠股份等方式，把贫困户纳入产业链条，在党支部和合作社的帮助引领下实现增收脱贫。

目前，潍坊市参与帮扶的企业、合作社、家庭农场达到3000多家，2.4万名贫困人口通过加入合作社实现稳定脱贫。

推广项目管理经验

想想这几年我负责的项目管理工作，推广好管理经验是我最为欣慰的事。第一点是做好顶层设计。为解决扶贫项目实施程序不规范问题，我多次到临朐、青州、安丘、峡山等地，实地考察项目实施程序和项目档案规范性管理中遇到的问题，在县市区项目管理组同事的协助下，我牵头编制的《潍坊市财政专项扶贫资金项目县级实施规范性模板》修订了三稿后，印发县镇参照实施，进一步规范了扶贫项目建设程序，解决了基层项目档案材料不规范这一难题。这个《模板》在2017年5月召开的山东省扶贫项目管理会议上作为典型在全省推广。第二点是做好培训。一方面是培养县级项目管理业务骨干。每年举行业务管理工作提升培训，对项目管理的难点问题开展专题讨论，集体研究解决办法，进一步提升了项目管理组长的业务水平。目前，在全市乡村振兴系统中，临朐、青州、诸城、安丘、峡山等县市区的项目管理组长都已成长为项目管理方面的专家，多次被省扶贫办抽调参加省级考核。另一方面是广泛开展培训。通过集中培训、视频会议等方式，培训乡镇项目管理人员、驻村第一书记、项目实施村支部书记近100次，培训人员1.5万人次。第三点是坚持"一线工作法"。扶贫项目建在农村基层，管理也在基层。因此，在项目管理上，我一直坚持"一线工作法"，不论春夏秋冬，不论严寒酷暑，我与同事们一起常年奔波在项目一线，走遍了全市所有产业扶贫项目现场，督促项目建设进度、查找项目存在问题、研究提升项目运营成效的思路，现场讲解项目管理的相关知识。

通过以上措施，全市项目管理水平明显提高。脱贫攻坚以来，潍坊市实施的900多个产业扶贫项目全部健康规范运行，每年可稳定产生8000万元收益，不仅能有效巩固脱贫攻坚成果，而且为新时代乡村振兴提供了新动力。

2019年和2020年，在山东省对全省16地市综合考核中，潍坊市连续两年获得山东省脱贫攻坚专项奖励。

管好扶贫收益

实施产业扶贫项目的目的就是帮助贫困地区发展产业，通过产业扶贫项目产生的效益，增加贫困人口收入，增加贫困村集体收入。2017年初，我们在省内率先制定了《潍坊市产业扶贫项目收益管理办法》，2019年完善制定了《产业扶贫项目收益分配工作规范》，2021年又根据工作任务的转变，制定了《关于财政专项扶贫资金产业发展项目收益分配的指导性意见（试行）》，指导基层管好用好扶贫收益，让产业扶贫项目收益的每一分钱都发挥出最大的帮扶作用。

扶贫不是简单的给钱给物，而且还要扶志和扶智，让贫困人员有致富的信心和动力，教会他们致富的技能。在这一方面，我们在规划实施产业项目的时候，就注重让贫困群众参与项目建设，参与项目经营，通过自己的劳动获取工资收益。2016年，安丘市有一个贫困村实施了建设蔬菜大棚项目，建设了12个蔬菜大棚，其中有两个大棚就动员该村的贫困户去承包经营，开始他们不敢干，我们扶贫干部就做工作，找农技人员与他结对传授技术，最终他们通过参与项目经营一年赚了1万多，顺利脱贫。另一方面，我们在产业项目收益分配上，用项目收益设立多种公益岗位，让那些有劳动能力而出不去的贫困人口在家门口就业，实现增收。通过参与项目建设和到项目公益岗位就业，不但增加了收入，更重要的是提升了信心，通过自己的努力实现了生活上的小康。

建好临朐嵩山扶贫天路

临朐有一条扶贫天路，他是连接着临朐县嵩山七个山顶村的一条环山公路。这条路在我脑海中留下了深深的记忆。

2016年，我到临朐县城西南的嵩山生态经济发展区泉头村调研项目，去的时候天刚下了雨，车进不去，我和同事沿着泥泞的小路走了两公里才到现场，项目种的蜜桃，品质非常好，但是由于路不行，运送生产资料和产的桃子全靠肩挑人抬，老百姓出行也非常困难。守着青山绿水，交通成了"最大短板"。于是，我们便和临朐扶贫办的同事一起研究，要解决嵩山7个贫困村的脱贫，最重要的是先修好这条路，于是我们向省扶贫办提交了中央彩票公益金项目申请，并多次到省办汇报，最终争取中央彩票公益金支持革命老区项目落地嵩山，中央投资2000万元。

2018年5月，项目完成招标，进入了全面建设阶段，经六七月份建设，路基已基本完成。但好事多磨，8月份一场"温比亚"台风，给临朐带来了特大暴雨，在半山腰辛辛苦苦修好的路基被冲得七零八落。雨后第二天，我和同事便赶赴现场查看受灾情况，与临朐的同事一起研究救灾措施，千方百计让项目继续实施下去。由于重新铺筑路基，工期一下变得更加紧张。并且，山路盘曲在 600—800 米海拔山腰上，总长 57.5 公里，有着近千个弯，运料上来一次就要 2 小时，施工难度大。为此，我提出新想法：两头施工，齐头并进。根据这个想法，施工队先从两侧往中间铺设水稳层，再从中间往两侧铺沥青，两侧同时运料施工，加快了施工进度。我带着项目组全程跟随施工队伍，吃住在临朐，每日早上七八点便上山，到现场查看进度，督导质量，晚上协调临朐有关部门同志研究解决白天发现的问题。2018 年 12 月初，施工队提前 20 多天高质量完成了建设任务。竣工当晚，我看着嵩山漫山遍野下起的大雪，长长舒了一口气，在现场的施工人员和村民们也在雪中欢呼，不少人喜极而泣。

该项目在 2019 年上半年国家级绩效评价中获得山东省第一名，圆满通过国家验收，并得到国务院扶贫办考核组高度评价，将全国中央彩票公益金扶贫项目现场培训班安排在临朐县举办。

如今这条"天路"，成了"三路一体"环山路，具有生产路、消防路、旅游路功能。路开通后，嵩山的土地资源终于得以充分利用，沿线新增蜜桃 1.5 万亩，种植柿子 3000 亩，包括贫困人群在内的 1.3 万名山区群众因路受益。这条路壮观美丽，视野极佳，吸引了不少游客自驾、骑行观光，临朐也因此开发了一批观光旅游项目，促进了县域经济发展，加快了山区群众脱贫致富奔小康步伐。同时，这条路也成为临朐西南山区的平坦畅通的救火消防通道。

走村入户认穷亲

因工作原因，我需要经常走访贫困户，有一些户甚至去了两次、三次，遇到特殊需要帮助的户，我会留下手机号码，希望能为他们解决更多困难。有一回，我曾经走访慰问过的贫困户残疾大哥给我打来了电话，和我倾诉生活中的一些琐事。在电话中，他提到了自己的轮椅垫子很软，经常滑下来，用起来不方便。挂掉电话以后，我就想办法为他解决这个问题，想到自己距离远，工作还忙不方便过去，就联系上了大哥所在的镇扶贫办，托付他们为他制作了一张稍硬挺的坐垫，替换到了轮椅上。解决了这个问题之后，这位大哥专程打电话表示感谢，还将我当成了他的亲人，每逢重大节日就打电话问好。这一件非常小的事，却一直记在我心里，一直勉励着我，"只有把贫困群众当成自己亲人，扶贫工作才能真的干好"。

通过我们扶贫干部的共同努力，群众满意度逐年上升，在去年第三方入户调查中，我们的满意度是100%。

感激家人的大力支持

2015年12月份，正值省考核前期，我和科里的同志一起准备迎接考核。下午5点多的时候，我接到家人电话，老母亲心梗被120救护车拉走了，我匆忙处理完手头工作，赶到市人民医院急诊室已经快7点了，母亲已进入了深度昏迷，好在经过医生一晚上的抢救，母亲病情基本稳定了。考虑到工作不能耽误，我和家人商量，白天他们陪护，晚上我去值班。第二天一早，我没有向单位请假，又返回了工作岗位，晚上我再去医院，尽儿子应尽的义务。春节前，母亲出院回家了，我不能请假，只能让家人多照顾。不过令人欣慰的是，在当年的考核中，潍坊市的扶贫工作获得了山东省第一名的好成绩。

2021年9月，母亲查出患了恶性肿瘤住进了医院，我还是和以前一样，晚上去医院陪护，白天继续工作。10月19日晚上，当我从寿光项目现场返回医院的时候，母亲已永远地离我而去了，我抚摸着母亲已经变硬的躯体，泪水再也忍不住，不停地从脸颊流下。我的心中，更是充满了愧疚，潍坊的贫困人口早都脱贫了，而我依然没能兑现自己心中的诺言，拿出一个整天来陪陪母亲，也没能尽到儿子的责任，陪母亲走完人生的最后一程。

由于大部分时间我忙着工作，只能由妻子一人照顾家庭，孩子从小学到高中的家长会，我没参加过一次。有时孩子实在想念我，给我打来电话，我也只是短短说几句便又投入到工作中了。每当我想对家人表达歉意，还没等我开口，妻子却反过来安慰我："你放心扶贫，家里有我呢！"

最让我难以释怀的，是姐姐身患癌症自己却没多抽出时间去看看她。姐姐从 2016 年开始患病，在 2019 年去世，三年里，我仅去姐姐家看望她两次。我总说要多去看看姐姐，却一直"吝啬"抽出时间，她还打电话宽慰我，说："我理解你，你去把工作做好，让更多人脱贫。"

通过不懈的努力，我做出的扶贫成果受到市里和国家的肯定，先后获得多项荣誉。我的荣誉有家人的一半，是他们的理解支持帮助我做好扶贫工作。

新起点、新征程

2021 年 3 月，市扶贫开发办公室正式更名市乡村振兴局。在更换牌子的当天，我和项目组的同事一起，在市扶贫开发办公室的牌子和市乡村振兴局的新牌子下照了个合影。牌子换了，但我们的担子更重了。

我愿做扶贫路上的"老黄牛"

牛伟国

2013年1月，我把照顾家庭的任务交给妻子后，毅然扛起行囊来到距家近百公里的省级贫困小山村——安丘市吾山镇石河村担任第一书记。自此，我连续八年奋战在脱贫攻坚一线担任驻村第一书记。

我开始有点懵，很多事情不是我想象的那样。"村里群众最期盼的是什么？重点解决什么？要谋划些什么？"带着这些问题，进村第一天，我就挨户上门走访，走进了群众中，走进了工作中。

给我印象最深的是贫困户刘政志一家。第一次走进他家的时候，他的所谓的"家"：残垣断壁、妻子另嫁、俩娃辍学、老刘酗酒。第一次当第一书记的我昼思夜想，怎样才能把这个家"扶"起来？我想了好几个晚上，这确实是一个系统工程。

首先，我用两个月时间跑部门、拉赞助、筹资金，帮助刘政志先把房子重建起来，又自费给他购置必需的生活用品。房子搭建好了，还得为这个家解决"生计"问题。我发现他在院子里养着几十只鸡，我就跟老刘说，我帮你盖起两排鸡舍，你多养上些土鸡，我负责给你销售鸡蛋，年底我再给你销售土鸡。在我的鼓励下，他真的发展起了养殖业，当年就获得了不错的收入。

家庭收入解决了，摆在我面前最大的困难还是他两个女儿的户籍问题。因为种种原因，两个孩子没有户籍，上学、工作都重重受阻。村干部跟我介绍，前期曾经有志愿者和社会义工组织多次想解决这个"老大难"问题，但都无功而返，问题不是那么简单。我想来想去，"难"怕什么？我们党员干部就是为群众解决困难来的，更何况他两个女儿的户口问题已经是刻不容缓。小女儿就是因为没有户籍，就没有学籍，在校处于自卑状态。大女儿没有户籍，外出寸步难行，整天在村附近瞎转。看在眼里，我心急如焚，记不清多少次跑镇、县、市三级计划生育、公安等部门协调，费尽了口舌和解释，终于争取到相关优惠政策，全家做DNA检测，落实户籍。

问题又来了，前妻在哪儿？刘政志也不知道。功夫不负有心人，我使出浑身解数，最终在离石河村100多里地的一个山村找到了老刘都不知去向的前妻。但是前妻一听是前夫的村里来人，内心很抵触，我多次前往，才在当地村干部的协调下见上了面，说明来意，苦口婆心终于做通她的思想工作，又开车带他全家去市级医院做DNA检测。检测费5000元我也悄悄给他付上。两个孩子终于有了户口，拿到崭新的身份证那一刻，两个孩子轻轻抚摸着，久久不肯放下，她俩知道这意味着新生的希望。最终，辍学半年的小女儿复学，大女儿也在城区找到了工作。

其实，在对老刘家帮扶期间，我最感谢的还是妻子的全力支持。刚开始妻子跟我说，我看你是对老刘这一家动了真感情，"陷"进去了。后来，她每到周末就跟我要求去给老刘家送衣送物，给老刘一家添置锅碗瓢盆、衣服、被子，看看还缺啥，下次又给他家置办上。甚至刘政志两个女儿的女性生活用品，媳妇都给她们找上、买上。每次去，妻子都像母亲一样跟他的两个女儿聊不够，有时还带她俩一块去镇上吃顿饭，临走，千叮咛万嘱咐，每次都是含着眼泪离开。我跟妻子开玩笑说，你这不是也"陷"进来了吗？接连两个春节，妻子都把老刘两个女儿接在我家过的，并给她们买上过年的新衣服。

帮扶石河村刘政志一家只是扶贫路上的一个缩影。在我的驻村里，每个困难群众都是我的"心头肉"。

领导和同事们都说，"老牛，你不仅把扶贫当作了一项工作，你是把它当作了一项事业来做。"的确，脱贫攻坚战是一项具有划时代意义的伟大事业，习近平总书记亲自谋划，亲自部署，亲自督战的伟大事业！困扰我们中华民族千百年来的绝对贫困问题得到历史性解决，我也为自己能够亲身参与到这项伟大事业中来，亲眼见证了胜利，由衷地感到骄傲与自豪！以至于到今天我已经舍不得离开农村这片热土了，这不，我再次请缨参加"第一书记"驻村工作，再出发，为巩固脱贫攻坚成果，为乡村振兴再创辉煌。

2019 年，是脱贫攻坚"啃硬骨头"的关键时期，我又跟党组织主动请战，来到峡山区大圈村，兑现我许下的诺言，"脱贫攻坚战一日不胜，我就一日不撤"！

但驻村不到两个月，妻子因病需要立即动手术。组织上考虑到所驻村庄离家太远，不方便照顾家属，提出替换驻村人选。我婉拒了组织的好意。在妻子出院当天，我带着妻子一起住到了村里。我想，这样可以边工作边照顾妻子，也正好弥补这几年驻村在外对妻子的亏欠。可事实正如妻子所说，一回到村里，我的心里就只装着村里的老百姓了，妻子反而成了我驻村扶贫的好帮手，常常和我一块带着自己买的衣服等物品到贫困户家走访。妻子也说过，来到村里才更体会得到我这几年一个人驻在村里工作、生活的不容易。她跟我说过，一年来她在村里生活尽管艰苦一些，但是，这也是她这几年最幸福的一段日子。

村里的工作就是脱贫阵地的最前沿，我时刻感到战战兢兢，如履薄冰，生怕因为自己的闪失造成损失。台风侵袭当晚，我半夜冒着风雨查看困难户住房是否安全；千方百计设置保洁等公益岗位，优先安排困难户就业；因思想懒惰致贫的，我安排村里能人一对一帮带；有特长的，就赞助资金技术搞养殖，搞加工……

在扶贫工作中，我重点抓住三点工作。

一是兴产业上项目。贫困户致贫原因千差万别，除了一些客观原因外，多数是因病、因残、因思想意识不到位，甚至是因为懒惰造成的，脱贫攻坚战越到后期越都是一些难啃的"硬骨头"。我因村施策，因户施策，因人施策，增强脱贫户持续增收的内生动力。在大圈村，我们创设卫生保洁、红白事理事、安保巡逻等十几个固定公益岗位，保洁队长李其昌、队员孙秀云、村部保安王希信等，这些贫困户每年仅此项固定收入就达到 6000 元以上，保证他们有持续的经济收入。疫情临时值班，我们也是有意多安排困难户值守，让他们通过劳动获得报酬，体现出自己的社会价值，最主要还是帮助他们树立靠劳动致富的思想，树立致富的信心，深挖致富的内生动力。比如楚希泉，36 岁，一只眼睛眼疾，形象不是很好，有点自卑，不大愿意见人，有些自暴自弃，吊儿郎当，偷瓜摸枣，村里人也不大待见他，我就安排他给村里的能人退伍军人李华平帮工，特意嘱咐李华平带带他。每年工资 6000 元，还管吃住，有了固定职业的楚希泉逐渐变得爱说话了，有自尊了。在大街上，老远见我就打招呼，判若两人。对每个人都有专门定制的脱贫致富的方案。这些致贫的群体，没有外力的帮助，没有别人来拉一把，靠自身很难脱贫，很难走上致富路。

说一千道一万，增加群众收入是关键，产业是发展的基础。我按照经济规律，因地制宜，因势利导，帮助村里搞好产业发展。石河村的红薯粉皮加工业，原来是一家一户的散户加工。散户到集市销售，耗时费力，收益不高，我就召集他们一块研究出了统一注册石河粉皮商标，统一工艺，把住质量，保持住不添加任何添加剂、绿色食品的品质和优势，分散加工，集中收购，统一销售，叫响了石河粉皮品牌，打通了农村到城市的销售渠道，农户收入效益大增。

2019 年初来到大圈村，我了解到村里在 2018 年底刚刚发展了几十亩猕猴桃。我就带领村干部、种植户到淄博，到市农科院请教，硬化了到猕猴桃产业园地头的道路，修建了防涝排水沟，统一提供技术，统一种植品种，统一注册了大圈猕猴桃商标。同时，免费提供统一印制的包装盒，还搞了猕猴桃采摘节，制作了抖音，搞了电商销售网站。村里优质好吃的碧玉猕猴桃，在采摘节当天就销售一空，第二年的也已经被全部预定，实现了开门红。

我了解到我村村民张学业在村头办的业丰机械有限公司，是一家工艺传统落后的铸造企业，耗能高，污染大，正面临关门倒闭的局面。初见张学业时，他正在愁眉苦脸，无计可施。我说："你还想干下去吗？"他说："我非常想干下去，而且我还想干好、干大，这是我辛辛苦苦经营了几十年的企业，关了门倒闭了，我心不甘呀！"我说："这样，我是发改委派来的第一书记，帮助企业发展是我们的职能和特长，我帮你一块研究政策，对照标准，对企业提升改造，争取救活她，发展好！"当时我心里其实有一个小算盘，鼓励相关企业发展好了，一样可以增加村民收入。我们跑省、市发改委，省、市工信委，当面汇报，当面请教，按照标准要求彻底整改提升。拆除传统的"冲天炉"，淘汰旧设备，新上国内最先进低耗能达标的智能流水生产线。由于缺口资金2000万元，我帮他联系到吉林修正药业旗下的一家投资公司考察后愿意投资，今年疫情期间又帮他联系到了200万元的政府优惠的低息"疫情贷"。功夫不负有心人，我们顺利地拿到了省发改委备案核发的省级备案证书，业丰机械有限公司已经成为上市公司潍柴集团、福田雷沃农机集团的一级配件供应商，年利润翻了两番，产值就达到8000万元，安置本村劳动力100多名，企业工人工资在7000到1万多元，提供公益岗位12个安置困难户。今年村里九九重阳节，企业捐款3万余元。实现老百姓在家门口就能打工就业，比啥都好。

二是夯实公共基础设施。千方百计补短板强弱项，让老百姓安居乐业。我从一进村，就按着胳膊数腿，在"五通十有"方面找短板下功夫，村内道路、生产路硬化，群众文化广场，自来水改造，村庄美化绿化亮化等方面逐项研究，想尽一切办法，动用一切关系，把政策资源争取到村，完善村里的基础设施，让老百姓充分享受到改革发展的红利，不断增强群众的幸福感、获得感、安全感。

我们大圈村是一个整体搬迁移民村，山东第一大水库——峡山水库修建时，村民做出了巨大的利益牺牲，原来的三个村子搬迁到了现在的大圈村位置。隔河相望的村旧址还有500多亩耕地，去年春天我来到这片田野时，看到老百姓还在地头用传统的柴油机抽水灌溉农田。村民告诉我，柴油机抽水成本高，动力不足，抽水量小，来回运输笨重的柴油机不方便，生产成本高。由于距新村隔着一条河，村里几次努力想安装变压器通上农用电，都因资金缺口太大没有成功。"我一定把变压器早日安上，早日通上电，让老百姓少受罪，减少生产成本，多增加收入，越快越好！"我心里暗下决心。第二天，我带上农田灌溉现场的视频资料和书面汇报材料，找到电力公司，可是得到的答复是，供电系统的惠民政策实施结束，事情近期恐怕难以办成，要我再等等是否有新政策出台。我能等，可是老百姓的庄稼不能等！我非要把事办成不可。那段时间，连续十几天，我几乎天天穿梭在电力部门各处室。最后他们说："被你第一书记的为民情怀感动了，我们一定竭尽全力，也为群众生产生活提高助一把力！"国网潍坊供电公司李振杰总经理表态，特事特办，为民服务他们也义不容辞。不到 60 天，我们村的 500 亩耕地便用上了农用电，通电当天老百姓都围在我身边竖大拇指。望着渠道里汩汩的流水，村民张可金高兴地说，我这 4 亩猕猴桃园，单浇地一项每年就节省 2000 元。

三是加强党建引领，倡树农村文明新风和精神文明建设。下功夫培养一个好班子，是开展工作的牛鼻子，这样，即使我离开了村子，也会留下一支带不走的带领乡亲们致富的好班子。

我来到村里，第一件事就是就严格按照党建标准做严做实基层党建工作。坚持抓好重温入党誓词，坚持"三会一课"制度，通过每月 25 日的主题党日、党员户挂牌、党员亮身份、党员设岗等一系列活动，充分发挥好村党支部战斗堡垒作用和党员的先锋模范作用。第二，以身作则，带好村支部工作作风建设。我每天 8 点准时来到村支部办公室，村支部成员每天召开碰头会。我有意识公开处理村里几起典型事务，给支部委员们做样板。例如，处理市长热线 12345 反映村里养鸡户李其宝污染问题。我来到村里不久，村里几次接到市长热线转办单，反映村里李其宝养鸡造成臭气熏天，邻居苦不堪言，污染问题严重。村干部说这个问题已经存在一年多了，多次劝说催促关闭，无济于事，提起这个问题就头大，村"两委"都跟养鸡户李其宝成了冤家了。我说，这样，我们一块去现场看看。来到李其宝家，我看到村里干部和养殖户还没有说上几句话，就互相顶起了嘴，是明显的对立关系。我说，"老李，养鸡是你的技术特长，也是你家的主要经济来源，供用两个孩子上学的费用。但是，我们这片区是山东省第一大水库所在地、国家一级水源地，按国家政策是不允许搞不达标的养殖的，于情于理于法，都不能允许。我想先听听你的打算？咱们再共同研究一个解决问题的好办法。"也许是老李好久没有听到有人从他的角度考虑、和风细雨的谈话了，老李和盘托出了他的想法。我牵头和党支部研究了解决办法，一是老李鸡舍临时搬到村外一处闲置废弃的厂房内，边养殖边给予三个月时间处理善后，租金由村里补贴。二是我们村支部全体成员一块动手出劳力帮助他搬迁。三是与业丰机械有限公司衔接，待养殖鸡处理结束后，给老李夫妇安排合适工作岗位。第三天，老李就痛快地搬到了新鸡舍，问题得到了圆满解决。三天就顺利解决了这件令村里头痛了将近一年多的难题，支部成员也没有想到。借此，我们支部会议展开讨论，大家总结出：群众利益无小事，处理问题一定要站在以人民为中心的出发点来处理，这是解决一切问题的法宝。大圈村村委委员张录范说："这两年，我最大的收获是跟着牛书记学会了很多处理问题的好方法好方式，感觉处理问题越来越顺手了，也越来越得到群众拥护了。"第三，以党支部为主阵地，引领村风民风文明建设。我们上半年借三八妇女节，搞好村里好媳妇、好婆婆评选；下半年借九九重阳节，发动村里人士自愿捐款，我每次都带头捐款 3000 元，为全村老人购买发放节日礼品；村里成立红白理事会，提倡厚养薄葬，原来一场白事要折腾三天，花费一万多元，经过两次改革，现在已经是只带个白花，支部委员到场致悼词，360 元就完成一切丧事工作。村民反映说，其实大家心里都想这么做，只是担心开这个头人家说闲话，赚上不肖子孙的骂名。村党支部挑头做顺民心和民意的好事，大家都拥护。党建加强了，村风正了，村里的事情也就好办了。

我经常说，党组织的战斗堡垒作用和党员的先锋模范作用是奋斗出来的，脱贫攻坚战的胜利是奋斗出来的，群众的美好生活是奋斗出来的！党员干部的威信也是奋斗出来的！只要我们以群众为中心努力工作，群众就会拥护我们。

2020 年初，突如其来的疫情是一场大考，我时刻提醒自己：越是紧要关头，越要和群众肩并肩在一起。从大年初一疫情防控开始，近半年我没有在家待过完整的一天。

两年不到，大圈村变了新模样。两条主街变成了柏油路，水泥路硬化到了各家门口，生产路硬化到了田间地头，灌溉农用电网覆盖了全部耕地，猕猴桃采摘园人流不断，线上线下销售火爆，几十盏路灯照亮了全村，文化大院里吃了晚饭的妇女，放着音乐，跳着广场舞，扭着秧歌。大圈村贫困户人均年收入超过了12000元。大年初一，我带着妻子给困难户、企业留守职工拜年，90岁高龄的困难户高玉莲说："牛书记大年初一带着媳妇给我这个老婆子拜年，比我自己的儿女都亲，共产党的干部就是好！"乡亲们在大街上老远就喊"牛书记好！""牛书记，别走了，在我们村留下吧！"早晨敞开大门，不知哪位村民放在大门口带着露珠和泥水芬芳的一把韭菜，几根黄瓜，几棵白菜……我觉得比拿全国大奖还要高兴！

扶贫8年，荣获3项全国大奖、6项省级奖：先后荣获全国脱贫攻坚贡献奖、全国脱贫攻坚先进个人、敬业奉献中国好人、山东省脱贫攻坚先进个人、齐鲁时代楷模、山东省榜样第一书记、敬业奉献山东好人、山东省优秀共产党员、山东省第八届道德模范等荣誉称号，两次受到习近平总书记亲切接见。2021年6月底，我作为全省优秀第一书记代表，在省委、省政府举办的建党百年活动中领诵第一书记誓言。2021年7月，我作为全国先模人物代表、山东省唯一第一书记代表被邀请到北京参加中国共产党成立100周年系列庆祝活动。

习近平总书记讲过，"人民就是江山，江山就是人民！""人民对美好生活的向往，就是我们的奋斗目标。"我的工作就是努力将初心使命变成一件件让群众满意的实事、好事。我愿意俯下身、弯下腰，继续发扬"老黄牛"精神，做一头永远为江山添光彩，为人民服务的"老黄牛"！

决战决胜的脱贫攻坚红河答卷

王建书

2018 年 12 月，我到昌乐县红河镇担任党委书记。在脱贫攻坚工作中，全镇坚决贯彻落实习近平总书记关于打赢脱贫攻坚战的决策部署，迎难而上、攻坚克难，在中央和省、市、县委的坚强领导下，在各级扶贫部门的帮助指导下，全体党员干部与父老乡亲同甘苦、共命运、心连心，在苦干实干中逐一探寻脱贫致富奔小康的"红河路径"。截至 2020 年，全镇三个省定贫困村全部摘帽退出，现行标准下贫困人口全部实现稳定脱贫。

2021 年 2 月，红河镇被授予全国脱贫攻坚先进集体称号，6 月，被授予全国先进基层党组织称号。一年之内，我连续两次登上了人民大会堂的领奖台。

负重奋起，不获全胜绝不收兵

红河镇辖 62 个行政村、149 个自然村，人口 11.6 万，镇域面积 194.5 平方公里，共有 3 个省定贫困村，建档立卡贫困户 1494 户 2604

人，其中，享受政策户651户1024人，即时帮扶户14户35人。

面对脱贫攻坚这项系统而又复杂的工程，我们抓住"人"这个关键，在全镇开展"谈思想、说心声、讲认识"思想解放大讨论活动。随着思想解放活动的不断深入，抓落实逐渐成为脱贫攻坚的主基调。但真正推动全镇脱贫攻坚发生质变的，还要从田庆盈书记的一次"四不两直"说起。

2019年7月1日上午，时任潍坊市委副书记、市长田庆盈同志与时任市委副秘书长、市扶贫开发办主任王勇同志，采取"四不两直"的方式，到红河镇肖家河村暗访脱贫攻坚工作。田庆盈市长走村入户，对全村7户建档立卡贫困户逐一走访，仔细查看房屋安全、居住环境和"两不愁三保障"政策落实情况，坐下来与贫困群众细心交流，倾听群众诉求，了解帮扶干部是否经常到户走访，解决了哪些难题，做了哪些实事，对帮扶工作满意不满意。在检查的现场，田市长逐一指出了我们在政策落实、入户帮扶、居住环境等方面存在的问题，并就如何整改进行了现场指导，可以说是"手把手"地教我们怎么干，而且现场决定专门包靠红河，帮助我们提升脱贫攻坚工作水平。

当天下午，我们立即召开了全镇脱贫攻坚问题反思整改暨工作推进会议，根据田市长的安排部署，进一步明确工作目标，理顺工作思路，明晰工作举措。同时，连夜召开专题分析讨论会，逐个社区、逐个村，全面剖析存在的问题，一个一个地拉出清单，逐项销号解决。7月3日，远在国外考察项目的田市长打来电话，对工作细节再三叮嘱，让我们放下思想包袱，将所有精力放在推动工作上，同时安排马清民副市长坐镇指导，对全镇进行"解剖麻雀"式的"诊断"，从领导层面给予我们全力支持。此时此刻，我不禁被田市长对基层干部的包容厚爱深深感动，我们暗自下定决心，一定不能辜负领导的包容和群众的期盼，"头拱地"也要把脱贫攻坚这项工作做扎实、做到位，一个月之内，一定要让全镇的脱贫攻坚"翻天覆地"！

为了保证政策落实到位，在统筹抓好其余各项工作的同时，我们先后召开脱贫攻坚专题调度会六次，研究制定了《关于开展脱贫集中攻坚月活动的方案》《脱贫攻坚工作责任追究办法》等文件。白天只要有时间，镇村干部就靠在群众家中，一项一项地梳理，晚上加班加点汇总上报，用自己的身体力行、默默奉献感动群众，这其中的酸甜苦辣也是脱贫路上帮扶干部与群众难以忘怀的真情。

帮扶责任人徐鑫，包靠着80多岁的贫困群众崔华栋。崔华栋无儿无女，身体还患有疾病，徐鑫在忙完工作后主动承担起照料他的责任，做饭、换洗床单、晒被褥、拉家常，像亲女儿一样照顾崔华栋。徐鑫还经常利用周末带着女儿小溪到崔华栋家中进行帮扶，渐渐地，崔华栋也把徐鑫当成了自己的"亲闺女"，把小溪当成自己的"亲孙女"。每次小溪去，崔华栋都会领着她买香蕉、零食，把电视调到少儿频道。崔华栋逢人便说："俺这闺女孙女，比亲的还要亲！"

贾家成官村建档立卡户贾庆远体弱多病，妻子患有唐氏综合征，女儿贾肃静的出生让这个家庭重获新生，但这个特殊家庭，始终让年幼的贾肃静有些自卑。在了解到家庭的实际情况后，县林业发展中心的王金宝与贾庆远结为帮扶对子，多次带着妻子王翠红到贾庆远家，为贾肃静送去换季衣服、学习用品、课外读物等，嘱咐她一定要自强自立、好好学习。通过多次接触、交流，贾肃静与帮扶干部慢慢处出了感情，从陌生到熟悉、再到无话不说，贾肃静也慢慢地变得活泼开朗。感觉到这一可喜的变化后，王翠红趁热打铁，只要有时间就带着学习用品和生活物资看望贾肃静，贾肃静也变得更加懂事，学习成绩直线上升，多次位列班级前列，时常得到老师表扬，王翠红也多次为贾肃静的听话懂事、认真学习而感动落泪。

我的妻子吴爱宁听说贾肃静的故事后，也深受动容。她说，"我也是两个孩子的母亲，见不得孩子受苦"。于是，经常利用周末、节假日带着孩子去走访看望贾肃静，并把贾肃静接到家中。在共同相处期间，细心照料她的生活，叮嘱注意学习方法，让贾肃静充分感受到母爱！原来家庭让她产生的自卑心理得到了彻底改变，贾肃静慢慢变得落落大方、充满自信。

后来，在田市长的帮助协调下，山东华丰动力股份有限公司主动资助贾肃静到大学毕业，多次送去生活用品和资助金。在大家的关怀下，贾肃静健康成长，在初二期中考试获得班级第一的好成绩。

功夫不负有心人。通过细致摸排、深入推进、全面整改，脱贫攻坚工作取得了阶段性进展。2019年8月2日，田庆盈市长再次到红河镇检查指导脱贫攻坚工作，先后到贾家成官、吴家成官村的贫困户家中走访，对全镇一个月的集中攻坚给予了肯定。全镇上下坚定信心，一件事接着一件事办，踏踏实实为贫困群众办实事，坚决打赢脱贫攻坚这场硬仗，不获全胜决不收兵！

决战脱贫攻坚，下足"绣花"功夫

　　我始终有这样一个信念，那就是让群众满意。2019年7月到10月，利用3个月的时间，我逐户走访了镇上600余户享受政策贫困户，但有些关系到群众切身利益的"小事"还未能落到实处。于是我决定，从贫困群众关系最密切的衣、食、住、行、就医着手，下足"绣花"功夫，从根本上提升贫困群众的满意度、获得感，让他们真正从心里感受到党的温暖。

　　为了让贫困群众"雨天不踩泥，晴天不踩土"，我们为所有享受政策户的院里铺设了1.6米宽的红砖扶贫"小康道"；为了方便群众用水、确保"四季可用"，我们帮助贫困群众建设了扶贫"小水楼"；为了提升群众的院内环境，增加一部分经济收入，全镇统一购置了果蔬种苗，由帮扶责任人和贫困群众一起经营起扶贫"小菜园"；为了方便贫困户看病就医取药，我们与县卫健局联合，组成送医送药诊疗队，并投资近20万元，购置巡诊服务车，为贫困群众配备扶贫"小药箱"，全面开展送医送药服务。全镇先后签订送医协议653人，签订送药协议103人，办理慢性病308人，办理高血压、糖尿病"两病"279人，真正将政策落实的"大水漫灌"改为了"精准滴灌"。

　　为了确保各项工作要求落实落地，我们专门制定了"集中帮扶日"制度，每个月的第一个和第三个周六进行入户走访。所有帮扶责任人全部下村到户，组成"小分队"，上午与贫困户沟通感情，了解其所思所想、所需所求，及时解决问题；下午帮扶责任人与包村干部交叉互访，互相检查，开展"组团式"帮扶。

我们利用一个月的时间，为所有享受政策户进行了旱厕改造。针对部分贫困户墙面破损、乱扯用电线路、有线电视安装不到位等问题，集中对283户贫困户的房屋墙面刮瓷、室内PVC吊顶、用电线路规整、地面硬化，对房屋、院墙、门口、室内等进行全面整修，真正让群众住得舒心。

为了督促帮扶责任人落实责任，一家一户地录下视频，每天晚上逐户播放，班子成员、帮扶责任人、村干部对照视频，逐户分析问题，制定提升方案，实打实地补短板强弱项。2020年6月12日，《农民日报》以"扶贫小事诠释绣花功夫"为题，对全镇推行小分队、小暖包、小康道、小菜园、小药箱的"五小工作法"，高质量打赢脱贫攻坚战的事迹进行了深入报道，相关经验做法也被评为潍坊市改革创新典型案例。时任山东省委书记刘家义同志对《农民日报》报道的关于红河镇脱贫攻坚事迹给予了充分肯定，省委副书记杨东奇同志批示"这篇报道生动再现了昌乐县红河镇在扶贫工作中所下的绣花功夫，小事中见大业"。

是帮扶干部与贫困群众的鱼水之情，是特别能吃苦、特别能战斗、特别能奉献的过硬作风，让红河镇党员干部群众团结一心，攻坚克难，在风吹雨打中毅力前行，熠熠生辉！

全面小康路上，一个也不能少

脱贫是攻坚战，稳脱贫则是持久战。经过两年的探索，我认为巩固脱贫攻坚成果，应该根据脱贫群众不同情况，综合考虑劳动能力、生产基础、家庭条件等各方面因素，建立长效机制进行巩固。因此，我们探索"四个一批"办法进行分类帮扶，实现"一类人群，一套办法，一抓到底"。

首先，托底一批，对因病因残以及完全或部分丧失劳动能力的特殊贫困人口，分别落实分散供养、低保、医疗、残疾、产业项目分红等普惠性、兜底性政策，以"政策叠加""政策托底"确保病有所医、残有所助、衣食有保障、生活有信心。其次，提标一批，对脱贫不享受政策的户，通过设置环卫工岗位、联系企业务工、参加合作社生产经营等方式，做到自食其力。再次，巩固一批，对脱贫享受政策户中有劳动能力的，鼓励发展种植、养殖业、服务业，实现稳定收入。第四，稳住一批，对档外低保户、独居老人、留守儿童、突患病人员，采取党员包靠、社会募捐、公益帮扶、临时救助等各项政策，多方位加大帮扶救助力度。韩家集子村脱贫户韩国明曾经和我说过，"镇上的梁其坤镇长帮我申请了富民农户贷款，养了4只牛，20只羊，我也有了收入了。妻子在厂里打工，孩子在社区上班，都挣钱了，生活越来越好了，多亏了党的扶贫政策。"

为了将脱贫攻坚与乡村振兴有机结合，以农业大片区开发理念，我们探索"党支部＋合作社＋项目＋贫困户"办法，在蔡家河村一带，流转土地1200亩，规划建设荣华环水岭田园综合体，将产业扶贫"嫁接"到项目建设。为了推进项目建设进度，党员干部分片包靠，成立临时党支部，机器昼夜施工，3个月就完成了项目建设，累计惠及贫困群众600余人。为了实现"扶贫与扶志"的融合，充分激发脱贫户内生动力，促进帮扶群众持续稳定增收，我们全镇深入实施了以小种植、小养殖、小加工、小岗位、小电商为主要内容的"新五小工作法"，52户脱贫户实现稳岗就业，每户每年增收达到1000元以上。

工作的创新探索，让脱贫攻坚的"红河做法"逐步推广，得到了组织和群众的认可。红河镇的脱贫攻坚"三四三"工作模式、"五小工作法"等做法，陆续被《新华社高管信息》、人民网、《大众日报》《山东新闻联播》等中央和省重点媒体深入报道。全市脱贫攻坚问题清零"回头看"暨质量提升现场推进会在红河镇召开，时任潍坊市委副书记刘运出席，对红河镇脱贫攻坚工作给予充分肯定，并要求全市镇街区向红河镇学习，近10个县市区及50余个镇街党委和扶贫系统3000余人实地参观学习脱贫攻坚工作，聊城、东营、淄博3个地市扶贫干部也慕名前来参观学习。

红河镇被授予全市首个脱贫攻坚工作示范镇，也是全市唯一的山东省脱贫攻坚先进集体，我本人被山东省委组织部评为担当作为好书记，被潍坊市委、潍坊军分区授予党管武装好书记。

2021年2月25日上午，我代表红河镇党委到北京参加全国脱贫攻坚总结表彰大会，作为全省唯一代表上台接受了由中共中央、国务院授予的全国脱贫攻坚先进集体奖牌。在中国共产党成立100周年之际，红河镇党委被评为全国先进基层党组织，我有幸代表红河镇到北京参加庆祝建党100周年系列活动，并与习近平总书记合影留念，我心潮澎湃。

"人民对美好生活的向往，就是我们的奋斗目标。"站上历史的新起点，回首这场历经数载之久的脱贫攻坚之战，我们将不忘初心，发扬伟大的脱贫攻坚精神，以永不懈怠的精神状态，一往无前的奋斗姿态，乘势而上，再接再厉，接续奋斗，战胜一切艰难险阻，朝着共同富裕的目标阔步前行。

决战脱贫攻坚　决胜全面小康

张涛

自 2016 年 11 月份来到泰安后，我先后任市委副书记、代市长、市长，其间（2018 年 4 月至 2019 年 5 月）兼任东平县委书记。在泰安工作的这段时间，我亲历了打赢脱贫攻坚战的全过程，很多方面给我留下了深刻而难忘的印象。

和全国、全省一样，经过全市上下多年奋进，泰安也如期完成了新时代脱贫攻坚各项目标任务，全市 71578 户 145437 名建档立卡贫困人口全部实现稳定脱贫，213 个省级贫困村、251 个市级贫困村全部退出摘帽，东平县移民避险解困、易地扶贫搬迁、黄河滩区居民迁建"三大工程"取得决定性进展，脱贫攻坚战取得全面胜利。

以决战决胜之势谋划攻坚路径

打赢脱贫攻坚战是全面建成小康社会的底线任务和标志性指标，是我们党向人民作出的庄严承诺。习近平总书记讲道，一代人有一代人的长征路。可以说脱贫攻坚就是我们这代人的长征路，是我们这代共产党人肩负的神圣历史使命。对此,我们把脱贫攻坚作为重大政治任务和头号民生工程,全面对标中央和省委、省政府要求,切实提高政治站位,持续加强组织领导,完善工作推进机制,为打赢脱贫攻坚战提供了坚强保障。

强化高位推动。2016 年 1 月,市委、市政府印发了《关于调整泰安市扶贫开发领导小组组成人员的通知》,组建了由市委书记和市长任组长,市委副书记和市政府分工负责同志任副组长,48 个单位主要负责同志为成员的市级领导小组,并逐级建立了以党委、政府主要领导同志任组长,分管领导同志任副组长,行业部门主要负责同志为成员的扶贫开发领导小组,确立了"市抓推进、县乡抓落实"的工作机制。2016 年 4 月,印发《泰安市精准扶贫精准脱贫工作规划》,随后相继出台了《泰安市"十三五"脱贫攻坚规划》《关于脱贫攻坚三年行动的实施意见》等指导性文件,提出"领导力量、工作力量、工作劲头、工作责任、扶贫政策"五个不能减的要求。这期间,我们还成立了泰安市扶贫开发领导小组办公室,市县新的扶贫工作机构也全部调整为一级独立运行单位。

压实工作责任。2016 年 2 月,市委、市政府印发了《关于贯彻落实省委省政府扶贫开发工作部署坚决打赢脱贫攻坚战的意见》,意见出台后,市扶贫开发领导小组 26 个牵头成员单位编制了 28 个脱贫攻坚专项实施方案,对脱贫攻坚政策进行梳理细化实化,形成了"1+28+26"脱贫攻坚政策体系。2016 年 4 月,市委办公室印发了《关于对全市脱贫攻坚工作实行领导包保责任制的通知》,确定实行市委、市政府领导脱贫攻坚工作包保责任制,市委、市政府 16 名领导同志分别包保 6 个县市区、32 个乡镇。2018 年 2 月,市委、市政府印发《泰安市脱贫攻坚责任制实施细则》,与各县市区(功能区)签订年度脱贫责任书,层层压实脱贫责任。各级党政主要负责同志和领导小组成员既当指挥员又当战斗员,形成了市县乡村四级书记一起抓、党政一齐上、部门全参与的良好工作局面。

凝聚攻坚合力。加强典型引领。按照"广播有声、电视有影、报纸有字、网络有言、户外有势"的要求,在报纸、电视台等开设《脱贫攻坚·担当作为》专栏，每年举办"10·17"扶贫日系列宣传活动，脱贫攻坚成为百姓话题。岱岳区扶贫办原副主任苏庆亮同志荣获全国脱贫攻坚先进个人、全国脱贫攻坚贡献奖、齐鲁时代楷模荣誉称号，省委下发了《关于开展向苏庆亮同志学习活动的决定》；东平县人力资源和社会保障局被评为全国脱贫攻坚先进集体。借力社会资源。坚持大扶贫格局，发挥山东农业大学、省果树研究所等科研院所驻地泰安的优势，实施"62116"科技助推脱贫专项行动，选派379名科技指导员深入基层开展技术帮扶，实现科技指导员贫困村全覆盖；依托山东省扶贫开发基金会，募集社会捐款1355万余元，实施扶贫项目97个，受益群众6.6万余人次；扎实推进"百企帮百村"、"菜单式"志愿服务扶贫、巾帼脱贫、青春扶贫等活动，形成"微爱助学"等一批优秀扶贫公益品牌。强化驻村帮扶。为充分发挥第一书记、驻村工作队和帮扶责任人的尖兵作用，2018年，印发了《关于加强贫困村驻村工作队选派管理工作的实施意见》等文件，制定出台帮扶责任人定期入户走访、帮扶措施挂账销号等制度，"穷亲"不脱贫、帮扶不脱钩、责任不解除，打通帮扶贫困群众的"最后一公里"。截至2020年底，已连续选派四轮、3535名第一书记到村任职，实现了省市扶贫工作重点村全覆盖；建档立卡贫困户全部落实了帮扶责任人，帮扶责任人到位率达100%。

以攻坚克难之劲抓好工作落实

习近平总书记指出，扶贫开发贵在精准，重在精准，成败之举在于精准。精准扶贫精准脱贫，是扶贫工作的生命线和方法论，也是脱贫攻坚最鲜明的特色。对此，我们坚持因人因地、因贫困类型和原因，采取精准超常的举措，全力抓好脱贫攻坚。

聚焦稳定脱贫，分类施策精准帮扶。

精准动态调整。2016年初，开展了建档立卡"回头看"，坚持"三清一健全"，严格标准、程序和核查办法，精准识别省定扶贫标准以下贫困人口 71578 户 145437 人。2017 年 10 月，印发了《泰安市贫困人口动态调整管理实施细则》，严格贫困退出标准和程序步骤，认真做好贫困人口脱贫和新致贫人口返贫识别等工作，做到贫困人口、致贫原因、帮扶措施、脱贫路径、脱贫成效"五个清楚"。这一年，先后开展了四次建档立卡数据清洗核准工作，对全市系统内建档立卡贫困户中存在的八类问题和"五类人员"进行了逐一核实、逐一标注销号，提高了数据精准度。依托精准扶贫综合平台，对脱贫户家庭收入状况、返贫潜在因素和后续帮扶措施等定期进行比对分析，及时监测建档立卡贫困户人均收入增长和支出情况，对收入下降、再次返贫的，及时登记、强化帮扶。2020 年 3 月，印发了《关于建立相对贫困人口即时帮扶和脱贫监测机制的实施细则》《关于做好即时帮扶和防止防贫致贫动态监测工作的通知》等指导性文件，构建了市县乡三级联动、多部门协同发力的即时帮扶和动态监测体系。通过严格标准、精准识别、精准退出，特别是围绕提高贫困家庭人均收入和群众认可这个核心，做到硬件过硬、软件达标，实现应纳尽纳"零漏评"、应退尽退"零错评"、档案规范"全记录"、数据精准"可追溯"，确保脱真贫、真脱贫。

强化资金投入。坚持把扶贫开发作为优先保障重点，调整优化财政支出结构，建立健全扶贫资金稳定增长机制，确保资金投入与脱贫攻坚任务相匹配。2016 年至 2020 年，全市累计安排各级财政专项扶贫资金 13.3 亿元，其中中央资金 1.26 亿元、省级资金 5.76 亿元、市级资金 3.56 亿元、县级资金 2.72 亿元。制定出台《关于加强年度财政专项扶贫资金使用监管的意见》《关于整合扶贫资金集中建设 2019 年扶贫项目的通知》等文件，实行"嵌入式"审计监督，运用"制度＋科技"模式，对各级各类扶贫资金分配、下达、支付及项目资金绩效目标执行等情况进行逐环节全流程监控，做到资金运行过程可记录、风险可预警、责任可追溯、绩效可跟踪，确保财政专项扶贫资金安全高效使用。2017 年、2018 年、2020 年在全省财政专项扶贫资金绩效评价中获得优秀等次，分别获得奖励资金 500 万元、1000 万元、2500 万元。坚持"扩规模、提效益、控风险"并重，准确把握小额扶贫信贷方向，持续放大"致富酵母"作用，让更多"金融活水"助推脱贫攻坚。截至

2020年底，全市累计发放小额扶贫信贷资金 10.39 亿元，帮扶带动贫困人口 28649 人次。

全力促民增收。做优产业扶贫，2016 年 10 月，印发了《泰安市扶贫资金项目管理办法》，鼓励以乡镇或县为单位统筹实施产业扶贫项目，提升扶贫项目的规模化、集约化水平和抵御市场风险的能力。2019 年 1 月，制定了《泰安市产业扶贫项目收益分配使用管理指导意见》，健全利益联结和带贫减贫长效机制，资产收益主要用于帮扶建档立卡贫困人口，重点向无劳动能力的老弱病残贫困户倾斜。2016 年至 2020 年，全市共投入产业扶贫资金 8.18 亿元，发展各类产业扶贫项目 1566 个，覆盖贫困人口 28.82 万人次。结合农村产权制度改革，将产业扶贫项目全部纳入农村"三资"管理平台，明晰所有权、放活经营权、确保收益权、落实监督权，推进扶贫资金资产保值增值，保障贫困群众持续稳定受益。做实就业扶贫，通过"送企进村、送岗到户"，打造家门口的"扶贫车间"，以及推行"企业订单、农民工选单、培训机构列单、政府买单"培训模式、政府购买公益岗位等方式，解决贫困人口脱贫与贫困失能人员解困问题。截至 2020 年底，全市外出务工贫困人口达 21081 人；19 家扶贫基地、50 家就业扶贫车间安置贫困人口 1085 名；开发农村互助公益岗位 907 个，帮扶贫困家庭 2120 户。做好消费扶贫，探索建立了"行政引导、公司运作、市场对接、物流补贴、电商助力"长效化消费扶贫工作机制，打造线上线下联动的县乡村三级消费扶贫服务物流体系，让产业"特色"成为脱贫"亮色"。成功认定山东省消费扶贫产品 140 种，实现消费扶贫产品进商超、进高速服务区、进国企、进直播、进电视、进"京东商城泰安扶贫馆"；疫情期间，全市消费扶贫产品销售额达 3.2 亿元，确保贫困群众户户有增收项目、人人有脱贫门路。

聚焦脱贫难点，整合资源聚力攻坚。立足构建"学有所教"教育保障线，建立了适龄儿童信息共享、控辍保学动态监测、特殊群体学生关爱、联控联保等长效机制，实行从学前教育到高等教育的全覆盖资助政策，既解决好薄弱学校改造等"硬件"问题，又解决好师资力量配备等"软件"问题。截至 2020 年底，全市累计免除建档立卡学生学杂费、学前教育保教费 3800 万元，发放各类助学金、义务教育生活费补助 3859 万元，受助学生 75348 人次；为 543 名就读技工院校的建档立卡贫困家庭学生落实"五免一享"政策，减免学费、住宿费、教材费等共计 113 万元；发放"雨露计划"补助资金 2743 万元，惠及贫困学生 13747 人次。

构建"病有所医"医疗保障线，严格落实门诊"两免两减半"、住院"先诊疗后付费"等惠民便民政策，为建档立卡贫困人口购买扶贫特惠保险，符合参保条件的建档立卡贫困人口全部纳入基本医疗保险、大病保险范围，个人缴费部分实行财政全额补贴，形成了"基本医保、大病保险、医疗机构减免、医疗救助、医疗商业补充保险、医疗再救助"的住院六重保障和门诊慢性大病"基本医保、大病保险、医疗商业补充保险"三险叠加的"6+3"医疗保障体系。全市 131 家健康扶贫定点医疗机构全部设立便民惠民门诊、综合服务窗口，开通"一站式"即时结算系统，"一站式服务、一窗口办理、一单制结算"，实现贫困患者身份自动化识别和跨县市区结算，住院贫困患者个人自付费用控制在医疗总费用的 10% 以内。开展门诊慢性病医疗健康服务"三个一"活动，全市慢病贫困人口 36099 人，签约率、随访率均达到 100%。

构建"居有所安"住房保障线，全面核查贫困人口住房安全情况，逐一对 4.6 万户脱贫享受政策贫困户住房安全等级进行技术鉴定，全部悬挂等级鉴定牌。针对 C 级、D 级住房，结合贫困户个人诉求和实际情况，综合考虑有无劳动能力、生活来源，有无赡养人、扶养人等情况，按照修缮加固一批、原址建设一批、赡养安置一批、兜底安置一批的办法，多渠道筹措建设资金，分类推进危房改造工作。2016 年到 2020 年，累计完成危房改造 5072 户。

构建"需有所供"饮水保障线，对 143 个有改造需求的省市级贫困村饮水安全进行提升改造，所有贫困村全部实现通水，并建立健全农村饮水安全工程良性运行管护机制。

构建"弱有所扶"兜底保障线，完善农村低保和特困救助人员供养政策，连续 4 年提高农村低保和特困供养标准。截至 2020 年底，农村低保和农村特困供养标准分别提高到每人每月 475 元、620 元；推进失能、半失能农村特困人员集中照护，特困人员集中供养率达到53%。脱贫享受政策贫困户中享受低保、特困政策共计54643人，占全市建档立卡贫困户总数的62%。

构建"老有所养"养老保障线，规范推进子女尽孝、集体尽力、社会尽心、政府尽责的孝善扶贫模式，充分发挥孝善基金的"酵母"效应，构建老有所养、代代传承的孝善养老长效机制。对积极赡养老人的子女，按子女缴纳孝善资金10%—20%的比例进行奖补；无子女或子女无赡养能力的，由民政等部门按照标准落实供养政策。全市有74个乡镇建立孝善养老基金，累计发放奖补资金950余万元，带动子女缴纳孝善养老金4750余万元。

深化贫困村提升工程，着力抓好脱贫攻坚与乡村振兴、民生事业建设融合发展，对照"五通十有"等标准要求，集中力量，盘活资源，深入实施贫困村提升工程，重点解决贫困村公共服务和基础设施建设短板问题。义务教育方面，新建改建贫困村幼儿园23所，新增学位2320个，贫困村适龄幼儿入园需求得到保障；全面改薄精准扶贫项目学校57处，建设、购置项目112个，所有项目均达到省定"二十条底线"要求。医疗保障方面，290个省扶贫工作重点村建成标准化卫生室，56个村设立医疗卫生服务点，28个村由邻近村卫生室覆盖服务且服务半径均不超过2.5公里，所有省扶贫工作重点村实现机构、人员或服务全覆盖；开展市县乡三级医院对口帮扶，推行第一科室主任、业务院长选派，人才县管乡用、乡管村用及医联体、医共体等工作，基层医疗卫生能力显著提高，满足了贫困群众基本医疗需求。道路交通方面，投资2.99亿元，累计为贫困村建设公路478公里，贫困村通柏油路（水泥路）率达100%，具备条件的贫困村均通客车（公交），全市所有贫困村实现巷巷通、户户通。电力保障方面，投资6.78亿元精准补强贫困地区电网架构，完成所有贫困村电网改造升级和电网晋档升级工作，贫困村均通生活用电，供电可靠率、综合电压合格率、户均配变容量等指标值超过平均值。文化体育设施服务方面，投资523万元，给省市级贫困村全部配备了健身器材；省市级贫困村全部按照省建设标准完成综合文化活动室建设任务。

以担当实干之风抓好重点攻坚

2018 年 4 月 24 日，按照省委决定，由我担任泰安市委副书记兼任东平县委书记。东平县是全国第二、全省第一移民大县，全省 20 个扶贫工作重点县之一，黄河滩区、东平湖库区、山区分别占县域面积的 7%、28.8%、30%，扶贫类型多、贫困程度深。到东平工作后，我牢牢把握高质量发展主动权，精准研判宏观形势运行的阶段性特征，通过广泛征求意见、深入基层调研、科学统筹谋划，确立了"坚持'党建统领'一条主线，抓好'经济建设、平安建设、党的建设'三张报表，坚守'民生改善、生态环保、稳定和谐、廉洁从政'四条底线，打好'精准脱贫、污染防治、防范化解重大风险、三大工程建设、美丽乡村建设'五大攻坚战，做好'产、城、山、水、乡、土、路'七篇文章"的工作思路，构建起"县乡村三级联动、全社会聚力攻坚"的脱贫攻坚工作格局。

攻克"三大工程"硬堡垒。攻克坚中之坚是扶贫精准方略的重要内涵。东平县贫困人口主要集中在东平湖库区、黄河滩区和落后山区，为彻底改变困难群众生产生活，东平县积极借助国家脱贫攻坚政策机遇，统筹实施移民避险解困、黄河滩区迁建、易地扶贫搬迁"三大工程"，分别占全省任务量的 49%、16.2%、36%。总投资 75.45 亿元，规划建设 29 个社区，涉及 10 个乡镇、128 个村、12.5 万人。项目规模大、投资多，时间紧、任务重，必须真抓实干、埋头苦干。到东平上任的第二天，我就深入接山镇、大羊镇调研"三大工程"建设、脱贫攻坚工作，走访接山镇尹山庄社区、朝阳庄社区和大羊镇西王社区贫困户，实地察看制帽产业项目，准确掌握第一手资料。2018 年 6 月 8 日，我作出批示："'三大工程'攻坚战能否如期决战决胜，事关全县脱贫攻坚任务能否如期完成，事关县委、县政府对省委、市委和全县人民的承诺书、军令状能否全面兑现，责任重大，任务艰巨，不容有任何失误和闪失。要在确保质量和安全的前提下，克服困难，加快进度，坚决如期完成建设任务，如期实现村民的搬迁入住。"2018 年 6 月 19 日，全县脱贫攻坚暨生态环境保护工作大会召开，这是我到东平后召开的第一个关于脱贫攻坚的全县大会，在会上我讲到进一步加快三大工程建设，着重提到人员、资金、责任、力度、设施"五个到位"。围绕确保质量、确保安全、加快进度的总体要求，实行指挥部实体化运作机制，每个社区由一名县级领导牵头，包保部门和镇村干部盯上靠上，倒排工期、挂图作战。严把工程质量生命线，对工程涉及的招投标、施工许可等建设手续全部列出清单、跟踪办理，确保依法合规；县里统一招标监理公司，成立巡回督导组、审计监督组对工程质量、资金安全全程监管，全面做好质量监控。所有社区统筹建设水电气讯、绿化亮化等配套设施和公共服务中心、养老服务中心、幼儿园、卫生室、超市等服务设施，让贫困群众享受高品质的城市生活。

开辟"两区共建"新路径。搬迁只是手段，脱贫才是目的。既要让群众住上新房子，更要过上好日子，真正搬得出、稳得住、能发展、可致富。2018 年 8 月 17 日至 19 日，省委、省政府召开了乡村振兴暨脱贫攻坚现场会议。根据市委安排，8 月 22 日，我带队到淄博市临淄区考察学习了脱贫攻坚、产业发展、美丽乡村建设的"临淄路径"。通过考察学习，我深刻感受到产业扶贫才是脱贫攻坚的治本之策，才是乡村振兴的主题主线。8 月 29 日，我组织召开了全县乡村振兴暨脱贫攻坚座谈会，号召全县上下"解放思想创新干、寻找窍门科学干、撸起袖子加油干、鼓足劲头拼命干"，全力推进农民增收、农村稳定、经济发展。为此，我们统筹实施搬迁社区、产业园区"两区共建"，成功探索出一条"园区添财气、社区增人气"人聚集产业旺的新发展路径。制定宜居宜业的发展规划，安置社区、产业园区同步规划、一体推进，统一规划建设了 1 个扶贫产业园、4 个移民产业园，每个社区附近建设 1 个特色产业园，每个省市级贫困村建立 1 个规模化扶贫就业点，形成"园区＋基地＋就业点"扶贫格局。培植富民强村的产业项目，重点引进成长性好、带动力强的劳动密集型项目，筛选培育电商、柳编、乡村旅游、绳网加工、服装加工、畜禽养殖、食用菌种植等"十大产业"，探索出基地式、农场式、车间式、家庭式、融合式、分红式等"六种模式"，探索开发公益性岗位，安置建档立卡贫困人员 719 人次，开发规模位居全省前列，村级扶贫专干为全省首创。创新共建共享的联结机制，盘活土地等集体资源、村民资本，扶贫、移民、惠农等政策资金，实行"龙头企业＋基地＋农户""支部＋合作社＋农户"等利益联结方式，构建产业、居民、社区利益共同体，带动搬迁群众增收、贫困群众分红，也增加了村集体收入、乡镇财税收入。2018 年，全县村集体经济收入过 50 万元的村达到 75 个，贫困群众人均增收 800 元，带动 2.3 万人脱贫。截至 2019 年 6 月，"两区共建"规划建设滨河新区扶贫产业园、老湖镇扶贫产业园、接山制帽产业基地等 30 个特色产业园区，24 个园区投产见效；实施制帽加工、食用菌种植等 34 个项目，群众生产生活面貌明显改善。

促进社区治理提质效。脱贫迁建，不是简单的建社区、聚人口，要在人居方式、管理体制上真正实现由"村"到"居"，由"乡"到"城"的全方位转变。2019 年 2 月 21 日，全县乡村振兴暨脱贫攻坚大会召开，这是一个千人大会，全县 81 个管区和 716 村（居）的书记都参加了会议，我对"健全完善乡村治理体系"作了进一步阐述。强化社区软硬建设，提升社区管理水平，转变群众思想观念、行为习惯，尽快适应新社区新生活，成为党委政府工作的重中之重。为此，我坚持一切从群众需求出发，从三个方面着力。夯实基层党建基础，在 29 个农村社区实施"党建先行"工程，成立社区党组织，建好社区服务中心，抓实抓牢基层党建突破项目，探索建立了抓组织强基础、抓队伍强素质、抓制度强规范、抓载体强服务、抓经济强发展的"五抓"促"五强"农村社区治理模式，2018 年 7 月份全市抓党建促乡村振兴工作会议在东平召开。强化民生服务管理，按照城市管理模式，组建物业管理队伍，将辖区内的环境卫生、水电、保安、污水排放等全部纳入物业管理，让搬迁群众享受到和城市小区一样的生活。推动文明实践活动，大力开展"五星社区"创建活动，制定完善村规民约，开展"十星级"文明户评选和道德模范、最美家庭、好媳妇、好婆婆等系列评选活动，赋予搬迁社区文明家园的新内涵。西王社区以党建为引领，充分发挥村民自治作用，探索创新"六大员"社区安居乐业"微治理"模式（乡贤议事员、人民调解员、治安巡防员、物业管理员、法律宣传员、环境保洁员），由部分村"两委"成员和热心村民义务担任，化解邻里矛盾、推动社区和谐，2020年被评为全国易地扶贫搬迁典型社区（山东省仅2个）。

担好民生为本这份责。我作为"一线总指挥"不仅要运筹帷幄、谋篇布局，也要身先士卒、冲锋陷阵，引导党员干部下沉第一线，战斗最前沿！我主动包保最薄弱的大羊镇，联系最贫困的毕庄村，走访最困难的贫困户，推动项目、资金、人才等要素下沉。30余名县级干部、170余名省市县第一书记、3400余名县乡村党员干部全部下沉一线、结对帮扶，做到了"脱贫不漏户、户户见干部"。2018年5月15日我到大羊镇杜村阳光玫瑰庄园、山东三强智能设备有限公司、西北村农业示范基地，实地察看特色产业、公司发展、合作社经营等情况；在毕庄村与村"两委"成员及群众代表进行了座谈，为村庄发展谋思路、定方向。随着"三大工程"深入推进，动员群众搬迁成为摆在党委政府面前的一道难题。为彻底解决农村群众故土难离的心理包袱和现实顾虑，我于2018年9月15日，组织召开全县全面完成易地扶贫搬迁任务决战誓师大会，发出了"全力冲刺、决战决胜，大干十五天，实现全回迁"的庄严誓言，提出了要将群众工作贯穿始终，做到政策宣传到位、群众认识到位，最大限度让群众满意，把决战必胜的信心传递到了千家万户，推动群众"要我搬"到"我要搬"思想转变。主要采取了"四个法"。干部包保法，县级领导包保安置点、机关干部包村、村干部包片、党员包户，深入开展"三下三上"进村入户宣传，实现群众工作全覆盖。吸收搬迁涉及村"五老"人员（老党员、老干部、老模范、老族长、老教师），成立群众质量监督小组，发挥他们的监督宣传作用，赢得移民群众的拥护支持。愿景引导法，组织群众代表到农村社区建设先进地区参观学习；设立"每周开放日"，组织群众有序参观样板，凝聚广大群众广泛共识。算账对比法，针对群众关心关注的焦点问题，帮助他们算好经济账、生活账、环境账，真正让群众"政策明白、优惠清楚、期盼有底、真心支持"。重点帮促法，对无劳动能力、无经济来源、无法定赡养人的特困户等6类人群，给予最大限度的优惠，让贫困群众少花钱或不花钱住进宽敞明亮的新社区。大羊镇西王社区于2017年4月破土动工，于2018年9月顺利搬迁入住，成为全县实现第一个搬迁入住的易地扶贫搬迁社区。接山镇朝阳庄村从协议签订到147户旧房全部拆除，仅用了10天时间。截至2019年6月，"三大工程"涉及的29个社区稳步推进，20个社区的3.7万群众住进新社区、过上新生活。

脱贫攻坚的这些年，有辛劳也有收获，现在回忆起来还历历在目。但脱贫摘帽不是终点，而是新生活、新奋斗的起点。下一步，我们将坚决贯彻落实中央和省委、省政府部署要求，按照摘帽不摘责任、不摘政策、不摘帮扶、不摘监管的要求，把来之不易的脱贫攻坚成果巩固住、拓展好，确保把脱贫攻坚与乡村振兴的"接力棒"衔接好，为打造乡村振兴齐鲁样板泰安篇章作出积极贡献。

初心点亮扶贫路 用干部的"辛苦指数" 换取群众的"幸福指数"

张海波

2016 年以来，全市上下深入学习贯彻习近平总书记关于脱贫攻坚的重要论述，认真贯彻落实中央决策部署和省委工作要求，把脱贫攻坚作为重大政治任务，坚持精准扶贫、精准脱贫，用辛勤的付出和艰苦的努力，书写了齐鲁大地战贫减贫的威海篇章。2019 年，我市荣获全省经济社会发展综合考核脱贫攻坚单项奖。

提认识、精谋划，锚定方向抓攻坚

2017 年，我刚到威海任职时，全市贫困人口全部实现了省标脱贫，180 个省定扶贫重点村里，有 120 个达标退出，可以说脱贫攻坚工作整体进展较快。但同时，也存在着一些"卡脖子"问题，特别是部分干部、群众对这项工作还有着一些错误思想，十分影响工作成效。经过几年攻坚，全市大部分地区已经解决了"两不愁三保障"和饮水安全问题，各项任务逐步进入了冲刺期。有的同志认为马上要交总账了，时间紧任务重，于是急于抢跑、急于清零，求快不求细，求效率不求质量，结果工作就掺杂了水分，精准度不高，影响了脱真贫、真脱贫。

在脱贫攻坚的关键时期，习近平总书记为我们破解难题指明了方向。2018年6月12日，习近平总书记亲临威海视察，提出了威海要向精致城市方向发展的殷切嘱托，为我们抓好各项工作提供了总目标总方向总遵循。脱贫攻坚是乡村振兴的基础和前提，更是要把精致理念贯穿始终，每个环节都必须精准、高效、下足"绣花"功夫，来不得半点虚功。为了达到精致的标准，我们首先从体制机制着手，建立了责任、工作、投入、产业、帮扶、社会、协作、督考"八大体系"，涵盖了扶贫工作的方方面面，用更精准的责任落实，把链条上的每个螺丝都拧紧，把四级书记、各个部门和社会各界的积极性都调动起来，促进工作的精准推进，确保脱贫攻坚的质量不打折扣。

解决责任问题只是第一步，要想真正实现精准，还必须得深入到每个贫困户家庭，了解他们真实的需求，解决具体的困难。从2018年起，我们常态化开展了"遍访贫困对象行动"，市县乡村四级领导干部走村入户，在田间炕头和贫困群众面对面、心贴心地交流，在闲谈唠嗑中了解他们最关心的问题、最迫切的需求，再根据每家每户的不同情况，点对点解决他们的"急难愁盼"问题。在遍访贫困对象行动的基础上，2019、2020年，我们又进一步启动了领导干部包村扶贫工作，市、区市两级党委常委，人大、政府、政协领导干部，在脱贫任务比较重的镇街中，每人包扶一个班子软、造血能力弱、经济发展差的重点村，亲自抓产业项目发展，抓人居环境整治，和村干部、第一书记一起谋思路、做规划、抓落实，帮助村庄发展。我包扶的乳山市冯家镇南泥沟村属于省定扶贫工作重点村，被选为重点村时，村内产业以小麦、玉米、花生等传统种植业为主，村民人均收入低于全镇人均收入，经济基础薄弱。通过引入特色产业，多条腿走路，如今的南泥沟村发生了翻天覆地的变化，金银花、海棠园、羊肚菌、丹参、猕猴桃等特色产业蓬勃兴起，村集体经济蒸蒸日上，贫困群众也都作为劳动力参与到产业项目建设中来。我在和村民交流时，有个村民就说，"在这里干活，比种地省心多了，不用外出打零工，一年能挣上六七千元，日子比从前好过多了！"2020年，南泥沟村村民平均年收入达到了1.5万元，可以说真正走上了脱贫致富奔小康的"康庄大道"。

兴产业、固根基，引得源头活水来

习近平总书记指出，发展产业是实现脱贫的根本之策。没有过硬的产业作支撑，脱贫攻坚就是无源之水。2017年，虽然全市重点村基本达到了"五通十有"标准，但还有相当一部分村产业不强，集体经济比较薄弱，这个问题如果解决不好，扶贫成效就得不到长期保障，强村富民更是无从谈起。对此，我们始终坚持开发式扶贫方针不动摇，持之以恒抓产业、促增收，帮助重点村挖掉"穷根"、栽下"富苗"。

说到产业，在过去的扶贫工作中，产业项目也建了不少，但为什么很多都起不到应有的作用？经过调查发现产业的发展模式出了问题。在扶贫项目建设中，威海部分区市、镇街，有的"撒胡椒面""撒芝麻盐"，产业建得很分散，"村村点火、户户冒烟"，同质化现象严重；有的低质低效项目多，整体收益低，而且与推进乡村振兴关联不紧等，这些都让大量项目和资源"躺在地上晒太阳"。于是我们明确提出要根据气候条件、资源禀赋等，因地制宜、因村施策的发展产业项目，并着重走集约化、规模化发展的路子。2016年，我们在文登试点，探索镇级领办、多村联建的发展模式，将重点村扶贫专项资金集中起来，以镇为单位建设产业扶贫项目。以米山镇西山后村为例，村委当时想发展火龙果项目，但扶贫资金远远不够，于是镇党委出面牵头，整合了四个重点村资金，建起了火龙果冬暖大棚，给每个村都确权一个，一年下来，每个村都能获得3万元的收益。实践证明，这种模式是可行的，是发展产业的好路子。2017年起，我们开始全面推广，并鼓励以区市为单位进行更大范围、更高层次的统筹。由此，规模化发展逐渐成为全市产业扶贫的主导模式，重点村全部拥有了支柱性产业。

产业起来了，但精准度还不够。威海的贫困人口高度分散，70%以上分布在"插花村"，仅靠重点村的产业"辐射"是不够的。2018年，我们调整了产业项目发展布局，开始在"插花村"建项目，这在当时是全省首创。同时，为进一步提高产业质量，我们对前期建成的扶贫项目，逐个进行风险评估和整合提升，并把这些项目和乡村振兴样板片区等结合，纳入乡村振兴大盘子一体推进、融合发展，推动产业扶贫同乡村产业振兴有效衔接。通过几年的持续建设，"村村有主导产业、户户有增收来源"的蓝图逐渐成为现实，西洋参、苹果、牡蛎等12个农业特色产业蓬勃发展，"石旮旯"里长出了"摇钱树"，"绿叶子"变成了"金叶子"、小蓝莓变成了大产业、羊肚菌变成了致富果，300个产业扶贫项目产生收益近8000万元，为村集体经济发展注入了"源头活水"。

那么在产业发展过程中，贫困户如何实现增收呢？简单的分红是不可持续的，也无法激发贫困户战贫脱贫的内生动力。对此，我们借助外力，引导龙头企业、专业合作社等新型经营主体参与扶贫产业，运用扶贫资金将贫困户入股变股东，不仅实现了专业化运营，还拓宽了贫困户的增收渠道。2017年荣成成立的益农果品种植扶贫专业合作社就是一个典型，它是省内首家股份制产业扶贫合作社，我们将扶贫资金作为贫困户的股份，入股益农果品合作社，建立起"合作社＋龙头企业＋贫困户"的利益联结机制，让贫困户以股东的身份参与合作社管理，并优先吸纳贫困人口就近务工，入股贫困户每年可获得入股分红、务工薪金、土地流转三份收益，拥有了可持续的收益保障。到2020年底，所有贫困人口全都享受到了产业发展带来的红利，年人均增收1000多元，日子越过越红火，主动脱贫的精气神也越来越足。

筑安居、建靓居，打造精致新农家

"两不愁三保障"和饮水安全是脱贫攻坚的底线任务，也是关系到脱贫质量的关键指标。我们始终聚焦薄弱环节，狠抓整改落实，构建起全过程教育帮扶体系、全方位医疗服务体系、全覆盖住房保障体系、全天候供水安全体系，牢牢兜住了贫困群众基本保障底线。经过坚持不懈的努力，贫困学子求学、升学的渠道彻底打通，曾经被病魔困扰的家庭挺起了生活的脊梁，贫困群众都喝上了安全水、放心水、清洁水，居有所安的梦想成为现实，幸福感获得感安全感日益高涨。

除了完成"规定动作"，我们还结合实际，在住房安全上积极探索"自选动作"，先后实施了三大工程。

首先是"安居"。让贫困户不住危房是底线，对此，我们建立起贫困户住房动态监测机制，对全市农村住房开展"拉网式"排查，发现一户，改造一户，确保危房"动态清零"。

其次是"靓居"。在实施"安居"工程中，2017年起，我们在全省率先开展贫困户居住质量提升行动，实施"靓居工程"，对"老破旧、脏乱差"贫困户住房进行统一整修，通过更换门窗、粉刷墙面等，贫困户房屋焕然一新。过去"一进屋子两眼一抹黑""外面下大雨屋里下小雨"的景象一去不复返。很多老人感叹："经过一番整修，像是住上了新房子。"

最后是"美居"。硬件问题解决了，但新问题又接踵而至。从2019年开始，我们在全市开展了"精致农家·美丽庭院"创建工作，按照"村子美、庭院洁、屋内净"的标准，对房前屋后、炕头灶头、厕所笼舍等进行大排查、大清扫，并将贫困户全部纳入示范户范畴，发动志愿者和帮扶责任人，帮助没有劳动能力的贫困户打造干净整洁的居家环境，以"庭院美"促进"家风美"，用"家风美"推动邻里"和谐美"。我们创新建设了一批"巾帼信用超市"，采取"超市化运作、积分制兑换"的模式，引导村民用劳动换积分、用积分换物品，同时开展了"晒晒我的家""为美丽庭院点赞"等一系列活动，让村民在互看互学、互评互比中，一改生活陋习，养成文明习惯，共同营造"人人讲文明、处处弃陋习、时时树新风"的良好风尚。

现在，全市各地涌现出一大批"精致农家·美丽庭院"示范镇、示范村、示范户，这个项目成为推动乡村振兴的重要引擎。如今走进农民群众的家中，随处可见院落干净整洁、室内一尘不染、户户窗明几净，可以说是"关门淡雅朴素，开门碧水青山"，正是一派美丽和谐的新农村景象。

搭平台、聚合力，"直通车"通千万家

脱贫攻坚任务艰巨繁重，既需要党委政府发挥主导作用，也需要社会力量的广泛参与。社会力量虽然庞大，但整体上还是比较松散、零碎。有的有劲使不出，有资源有能力，但不知道往哪儿投；有的有劲用不准，很多村被多个资金、项目、资源重复投入，也有很多困难群众无人知晓、无人问津。之所以会出现这样的情况，我认为是缺乏有效的平台和载体，针对这个问题，我们创新运用项目化的管理方式，打造了精准扶贫直通车品牌，搭建统一的平台，整合各方资源优势，让党政机关、企事业单位、社会组织和爱心人士有效参与到脱贫攻坚中来。

以健康扶贫直通车为例，这是我们整合市卫健委、中医药管理局、各级中医院等资源，并联合第一书记、青年志愿者、媒体等社会力量，共同打造的医疗扶贫项目。通过到村开展义诊、建设国医堂、捐赠医疗器械设备、举办医药知识讲座等方式，让贫困群众足不出户就能享受优质的医疗服务，让农村老百姓"小病拖、大病扛"的现象成为了过去。我在临港区走访调研时了解到，汪疃镇下韩村有一名老人，因病不能行走，全家人都以为患得了坐骨神经疾病，吃了很多药也没见好转。后来"健康扶贫直通车"开进村里，医护人员入户对他进行了详细诊断，判断他是股骨头坏死，并立即安排他到市立医院做进一步检查。确诊了病情，需要进行髋关节置换手术，但他根本无法支付数万元的手术费，最后医院党委决定免费为他做手术，"直通车"爱心企业又无偿提供了髋关节置换材料。现在，老人已经能够站立行走，迎来了人生的第二春。

围绕助学、助残、扶志扶智等领域，依托精准扶贫直通车品牌开展的活动层出不穷，中医药进农村、乡村就业大篷车、巾帼扶贫车间、公益助残、金晖助老、泛海助学等等，开展了 1000 多次，惠及贫困群众 8 万多人次，凝聚起了众人拾柴火焰高的磅礴力量。其中巾帼扶贫案例入选了第二届全球减贫案例征集活动获奖案例，充分展示出威海减贫方案的可复制路径。

查问题、强督导，重拳出击严作风

扶贫领域作风问题与其他问题不同，贫困群众属于弱势群体，侵害贫困群众的利益，就等同于谋财害命。从 2017 年起，我们全面启动了扶贫领域腐败和作风突出问题专项治理，聚焦扶贫资金和干部作风两大领域，狠抓自查自纠、督导巡查和整改提升，推动脱贫攻坚全过程各环节更精准、更规范、更务实。为推动作风建设走深走实，我们将 2018 年定为扶贫领域作风问题专项治理年，打响问题歼灭战，开展了扶贫领域突出问题专项治理"百日攻坚"行动，围绕"四个意识"不强、"四风"问题新表现、责任落实不到位、工作措施不精准、资金使用管理不规范、考核监督从严要求不够等方面，追根溯源、对症下药、彻底整改。

同时，我们先后开展了"问题整改落实季""沉一线全覆盖、抓整改促落实""抓重点促攻坚、大调研大整改"等系列活动，分级分类建立问题台账，逐项逐条制定整改措施，对问题整改落实情况反复开展"回头看""再回头看"，达不到标准的绝不放过，确保问题改彻底、改到位。近年来，全市公开曝光典型案例 31 个，处理问题干部 8 人，在扶贫领域形成了有效的震慑警示作用，杜绝了形式主义、官僚主义和数字脱贫、虚假脱贫现象，为打赢脱贫攻坚战提供了坚强的纪律和作风保障。

抓协作、谋双赢，东西携手奔小康

东西部扶贫协作是党中央十分重视的工作，脱贫攻坚伊始就召开专题会进行研究。山东省对口支援重庆市，威海市帮扶的是云阳县。威海市还对口支援青海省海北州门源县，这里面也涉及大量的扶贫合作。在此基础上，省委省政府开展了"6+6 携手奔小康"行动，威海结对帮扶枣庄市。结成帮扶对子后，如何开展协作这一课题就立即被提上了议事日程。经过反复讨论、协商研究，我市推出了"6+7"扶贫协作模式，明确了六大民生帮扶工程和七大领域产业协作，全面推进枣庄各类民生事业发展，加快农业、旅游、商贸流通等领域合作。

2019 年开始，我市持续加大对枣庄的资源投入，加快两地旅游资源互推互介，实施"大姐工坊"工程带动就业，深化人才交流培训，不断将协作向纵深推进。几年下来，山东科宏纺织、威海市商业银行等在枣庄拔地而起，薛城养老服务中心、特教学校、长城爱心大本营助残扶贫基地等造福了一方百姓，马铃薯、石榴、核桃等产业协作基地给枣庄农业发展按下了快进键，"生态山亭优质农产品年货节""万人游枣庄"等活动也开展得如火如荼。

威海和枣庄不仅开展合作，更形成了产业链互补。枣庄产业协作基地的农产品产量大、质量好，但受运输条件限制，很多只能卖到周边，市场消化能力远远不够，而威海的本土快消品连锁企业家家悦集团刚好可以弥补这一空白。我们在两者间搭建了合作桥梁，开展"农超对接"，基地负责生产，家家悦负责采销，从田间地头采下的枣庄特产，一天之内就能通过家家悦的物流网在全省上架，有些优质农产品除了供应省内，还远销东南亚各国。除了供销合作，家家悦还在枣庄开设了 4 家实体门店，带动当地群众就业增收。同样，威海迪尚集团同枣庄近 50 家服装企业合作，创新推行"中心工厂 + 卫星工厂"模式，以工人规模 200 人以上的纺织企业为中心，将订单外放到周边农村小型加工点，把企业用工需求与贫困户就业需求精准对接，不仅推动了服装业发展，还有效缓解了贫困群众务工难问题。

除了与枣庄合作，我们也全力抓好对门源、云阳的对口帮扶，通过资金支持、人才支援、产业合作、劳务协作等方式，取得了一系列实实在在的成效。在门源，当地海拔高、人口少，发展传统产业显然是不可取的，我们经过研究，立足那里日照时间长、气候湿润、水量丰富等特点，帮助门源大力发展高原畜牧养殖、高原特色旅游等产业，打造了全国首个高原大西洋鲑鱼育苗基地、鲁青原田园综合体等产业项目，特别是育苗基地项目，后来发展成为西北最大的鲑鳟鱼苗供应基地，被纳入国家种业提升计划，结束了海北州"十三五"以来没有进出口业务的历史。在云阳，当地的土壤、海拔等非常适合中药材种植，于是我们就沿着这一思路，实施了"特色产业培植、新兴产业推进、旅游合作提升、消费扶贫带动"四项工程，打造了总面积 19000 多亩的柑橘、中药材、菊花、蚕桑、花椒五大产业基地，带动 1.6 万余名贫困群众脱贫增收。经过几年的不懈努力，云阳县于 2018 年 8 月正式脱贫，2020 年在重庆市开展的东西部协作考核中获得满分。

今后我们要扎实推进巩固拓展脱贫攻坚成果同乡村振兴有效衔接，着力建设精致化城乡融合发展先行区，当好乡村振兴齐鲁样板排头兵，绘就"精致城市·幸福威海"崭新画卷！

小康路上，不让一个贫困残疾人掉队

刘长城

13 载公益助残扶贫路，我牵挂着他们的牵挂，追求着他们的追求，幸福着他们的幸福。

甘做爱心长城上的一块砖

2008 年 11 月，我从威海市行政审批中心，被组织部门安排到文登市侯家镇挂职党委副书记。那年的冬天格外寒冷，但我心里揣着一团火，扑下身子一头扎进基层，跑遍了全镇 38 个村庄，调查了解老百姓的生活状况，和 50 户特困家庭结为帮扶对象，认下了这些"亲戚"。

帮扶可不是嘴上说说就完的事。我拿出自己的工资，给这些生活困难的百姓买米买面、送油送肉、送医送药，挨家挨户走访；镇敬老院没煤取暖，大冷天老人们冻得受不了，我自掏腰包买来煤送去，让老人们过上暖冬；帮扶村集体没钱修路，我东奔西跑，筹资 29 万元帮助把村路修了起来；自己的工资不够用，我就和老婆软磨硬泡，把家里的 5 万元存款"抠"出来贴补进去……

一个人能力再大，也只是万里长城上的一块砖。我甘愿做一块奉献爱心的砖，影响身边更多的人，构筑爱的长城。当年12月，长城爱心大本营注册成立。有了长城爱心大本营这个阵地，身边的同事、朋友纷纷加入，不少爱心企业家、学校师生也主动参与，连妻子、女儿，甚至80多岁的老母亲都成了爱心大本营的志愿者。大本营志愿者像滚雪球一样不断发展壮大，短短几年就拥有登记注册志愿者4312名，招募、培训、使用各类志愿者4万多名，筹集、捐赠公益善款200多万元，开展公益帮扶活动200余次。

唱响助残扶贫"三部曲"

成立之初，长城爱心大本营就把助残扶贫作为公益服务的主要内容。只不过，那时的助残扶贫行动主要以传统"输血型"公益为主：针对需要帮助的特困残疾人家庭，组织发动爱心企业和社会人士捐款捐物，走贫访苦，扶危济困。

但一份调查问卷，改变了我助残扶贫的思路。当时，我一边开展公益活动，一边走街串巷、进村入户，调查重度肢残残疾人家庭的生活状况。调查的100户重度肢残残疾人，在回答"你的梦想是什么"这个问题时，38人回答"活着没意义"，26人回答"过一天算一天吧"，36人表示"说这些有啥意思"。

面对这一令人震惊和心痛的调查结果，我的心久久无法平静，开始重新打量这个群体：他们因身患重度残疾，自我怀疑、自我否定，丧失信心；他们丧失劳动能力，又无就业创业技能，经济无来源，生活无保障；他们医疗费支出大，家庭负担沉重，却又无法摆脱贫困，感到生活没出路……

这是一个最贫困、最无助、最需要帮扶的群体。可怎么帮？还像以前一样送钱送物？肯定不能！帮得了一时，帮不了一辈子。光靠"输血"去不了穷根，解决根本问题，得先帮他们建立生活信心，让他们融入社会，再设法帮助学会一技之长、自我"造血"、摆脱贫困。"先扶志——建立自信，后扶智——技能培训，再扶贫——就业致富"，长城爱心大本营从此唱响了助残扶贫"三部曲"。

扶志怎么扶？我和志愿者一起挨家挨户走访，把这些常年自我封闭的残友背出家门，逛超市、看电影；陪他们到景区旅游、户外采摘；定期组织举办残疾人趣味运动会、冰雪运动会，教他们骑马、射箭、滑雪……得知很多残友从来没去过刘公岛，我们组织几百名志愿者，推着300多名残友坐船登岛游览景区，圆了他们想都不敢想的梦。有个残友叫苗延平，1995年因一场大病，从一个顶天立地的男人变成了靠老婆养家、靠老母亲照顾的高位截瘫残疾人，家庭因此陷入贫困，老苗心灰意冷、消沉绝望。我上门看他的时候，一度被拒之门外。后来又多次登门和他拉家常，拉着他去景点游玩、超市购物、休闲采摘，终于把他心焐热了。老苗慢慢地打开了心扉、找回了自信，笑容重新回到脸上。他感慨地说："以前我的世界是灰暗的，现在我可以追寻以前想也不敢想的'诗和远方'，长城爱心大本营让我勇敢追梦、有梦可追。"2016年，苗延平主动加入爱心大本营，成为一名志愿者，组建起"威海截瘫英雄互助群"，组织残友参加活动，鼓励大家勇敢面对生活，做自己的英雄。

何为扶智？就是授人以渔，让每一个残友都能拥有一技之长，实现就业创业。面对残疾人这一特殊贫困群体，让他们掌握什么技术更实用更管用，我是绞尽了脑汁。凑巧的是，2015年6月，一个偶然的机会，我认识了北京油画大师王砚方。"为什么不请老师教残友们学油画？"我脑海里闪出这个念头，并当即和王老师商量，请他当导师，到威海为轮椅残疾人培训油画创作技巧。没想到王老师欣然同意。当年，"轮椅上的画家梦"这一助残扶贫项目开始启动实施。

第一个在轮椅上实现画家梦的残疾人叫苏文志。十多年前的一场意外事故，让他一夜之间变成了"轮椅客"。大本营刚发起"轮椅上的画家梦"项目后，苏文志抱着试试看的想法参加了培训。功夫不负有心人，在老师悉心教导和自己勤学苦练下，他的油画创作技能日益娴熟，成为同学中的佼佼者。创作的油画作品通过展览拍卖、网络销售等形式，短短一年创收近 5 万元。2016 年，苏文志作为"轮椅上的画家梦"项目学员代表，先是在省内项目大赛中斩获阳光助残类金奖，后又在全国大赛中荣获金奖。"轮椅上的画家梦"实施以来，已经培训残疾人 500 多人次，帮助 122 名残疾人脱贫圆梦，每月创收 3000 元左右。2016 年 12 月，这个项目在第三届中国志愿服务项目大赛中获金奖；同月又荣获第十一届中国青年志愿者优秀项目奖。

2016 年，长城爱心大本营在"轮椅上的画家梦"基础上，利用"互联网+"的脱贫思路，发起了"轮椅上的电商梦"助残扶贫项目。组织残疾人进行电商培训，通过淘宝平台以"网店代销，厂家发货"的模式，将厂家产品陈列在自己网店内，交易达成后，厂家直接发货给买家，残疾人从按销售额提取佣金，足不出户就能够创收。今年 55 岁的于新仕 2013 年因车祸致残，对生活失去信心，两年几乎没出过门。2016 年，他参加了电商培训班，结业后在家开起了网店。从一窍不通到熟练自如，于新仕的网店经营一年一个台阶，很快甩掉了低保户帽子。现在他的网店经常连续几个月都是培训班里的销售冠军，月收入稳定在 7000 元以上。

此后，我们又将这一助残扶贫模式复制到盲人群体，打造"盲人电商梦"项目，帮助盲人拓宽就业渠道，实现脱贫致富。开展助残扶贫公益行动以来，长城爱心大本营策划实施品牌化项目 24 项，培训残疾人 1300 多人次，帮助 760 多名残疾人成功脱贫，其中 50 多人月收入已突破万元。

精准帮扶的非常"8+1"

2018 年 12 月 5 日，在威海市区青岛路东的一处临街二层商品楼前，我和志愿者忙活了一上午，把镶嵌着"希望之家"四个红色大字的门头高高挂起来，承载着长城爱心大本营公益助残、精准扶贫任务的双自之门"8+1"助残扶贫项目培训基地，就这样悄无声息地启用了。

这个系统化、全方位、无短板的助残扶贫项目培训基地面积有2000多平方米，我把它设计成了8个功能各异、紧密衔接的区域，既有心理疏导、康复治疗，还有医疗医务自理、浴室洗浴自理、轮椅大小便自理等生活起居自理训练，还有就业创业技能培训。我比喻成8个台阶，引领贫困残疾人一步步走向自强之门、自立之门。"1"是什么？就是明确一个目标：走出双自之门的残疾人学员，必须要助人、利他，结对帮助3个以上同样需要帮助的贫困残疾人一起脱贫。

"希望之家"地处市区黄金地段，仅租金一年就得五六十万元。很多朋友不理解地问："花这么多钱租这么大个地方给残疾人用，图个啥呀！"我只能一笑了之。公益助残这么多年，要是图啥，还能坚持到今天？我就是想为贫困残疾人打造一个既能全面康复、系统培训，又能自主创业的精准扶贫项目，打造一个全方位的"康复＋脱贫"助残服务体系，让他们真正自强自理自立，实现共同富裕。

"残疾一个人，拖垮一个家"，这是贫困残疾人家庭的真实写照。"希望之家"首先瞄准因残致贫的残疾人家庭，把常年生活无法自理的残疾人请进门、扶起来，实现"培训一个，解放一人，脱贫一家"的目标。今年55岁的梁永正，14年前因工伤导致高位截瘫，常年卧床，吃喝拉撒全由家人照顾，一度想轻生。为了防止他自杀，妻子不得不把窗户加上护栏，倍加精心照料。即便如此，老梁依然觉得日子没有盼头。"希望之家"助残扶贫基地设立后，他被志愿者"搬"了过来，从此走出了心灵泥潭，找回了微笑，不仅学会生活自理，还能够帮助妻子做饭、拖地、干家务。妻子总算可以放心地走出家门，找到了一份稳定的工作，月薪近5000元，曾经苦难的家庭终于摆脱了贫困。"要不是长城爱心大本营帮扶，我们这个家早就垮了！"梁永正感慨地说。

面对残疾人就业创业难题，我们采取"基地＋项目"的方式，将"轮椅上的电商梦""轮椅上的画家梦"等品牌助残项目嫁接进来，使基地培训有抓手，学员创业有阵地，脱贫致富有榜样。今年50岁的王萍萍是一个肢残残疾人，生活不能自理，上厕所都得靠老母亲抱到马桶上去。眼看着老人70多岁了，已是力不从心，老母亲常流着泪对她说："闺女呀，再过几年老妈抱不动你了，谁来照顾你？"我走访了解到这种情况后，马上把王萍萍接到"希望之家"进行系统全面训练，同时给她制定了脱贫计划：先进行生活自理技能训练，再进行电商技能培训；同时按培训基地的标准，对她家进行无障碍设施改造。王萍萍毕业后，大本营还免费为她家安装了电脑。如今，王萍萍不仅能够自己上厕所、洗浴，还能自己洗衣、做饭，生活完全自理。她经营的网店也走入正轨，月收入达4000元。她的老母亲逢人就说"多亏了共产党的好政策"。

"希望之家"助残扶贫基地有一个特别的毕业证书，上面写着一道"填空题"：学员名字后面连着三个空格，他们每帮扶一个残友，就可以在上面填一个名字，填满三个，才算正式毕业。在我看来，从靠他人到靠自己，自强自立固然重要，但能够助人利他，牵手实现共同富裕，才是长城爱心大本营追求的最终目标。

家住威海市区的王刚是个阳光帅气的小伙，24岁时因车祸致残，一度对生活失去信心。走进"希望之家"基地培训后，他拿起画笔，成了名副其实的"轮椅画家"，靠创作实现了经济自立。为了兑现毕业承诺，王刚在小区附近开起了油画工作室，免费培训周边生活困难的残友学画，还兼职基地的油画指导老师，培训指导30多名学员学成毕业。乳山市诸往镇50多岁的残友栾权是建档立卡贫困户，2013年遭遇车祸后，精神萎靡不振，甚至不愿出门。我登门走访了解情况后，鼓励他参加了第一期"轮椅上的电商梦"培训，没想到第二个月他就挣了5000多元。栾权从此信心倍增，经营电商热情十分高涨，现在有时能月入过万元。当"轮椅上的电商梦"再开班时，栾权又报名参加，不过这一回他不是学员，而是基地志愿者——协助老师培训新学员。

精准扶贫贵在一个"准"字。为了不让一个贫困残疾人掉队，"希望之家"与威海市大数据中心联网，建立起助残扶贫大数据库，动态了解、实时掌握全市残疾人家庭的基本状况，确保助残扶贫有的放矢、精准高效。依托项目基地，在全市范围内建起了十几个城乡精准扶贫服务站，对辖区进行"拉网式"调查摸底，将全市5000多户残疾人家庭全部建档立卡，实行网格化管理，提供个性化立体式精准帮扶。截至目前，希望之家双自之门"8+1"公益助残项目已培训残疾人1200余名，其中 300 余人实现就业创业、摆脱了贫困。2019 年，这个项目荣获全国学雷锋志愿服务"四个 100"先进典型。

"走出去"的爱心担当

2018 年 9 月，位于台儿庄市的长城爱心大本营新时代文明实践枣庄助残基地，在简朴而热烈的仪式中正式启动。当时，为认真贯彻中央和省关于扶贫协作工作决策部署，威海市和枣庄市结成对口扶贫对子，优化资源配置，相互取长补短，携手脱贫攻坚。作为威海市对口帮扶队伍中的一支生力军，威海长城爱心大本营怎样发挥自身优势、帮扶当地残疾人群众脱贫攻坚，承载着两地党委政府的期待和重托。

在扶贫协作过程中，我们以长城爱心大本营新时代文明实践枣庄助残基地为依托，嫁接"轮椅上的电商梦""轮椅上的画家梦"等助残扶贫品牌项目，复制推广扶志、扶智、扶贫等成熟经验和先进理念，变"输血"为"造血"，助力当地建档立卡贫困残疾人口尽快脱贫。在两地市委、市政府的坚强领导及相关部门和爱心企业的大力支持下，我们先后开展了电商、油画及按摩推拿等技能培训和项目化运作，举办助残脱贫培训班 5 期，培训残疾人 172 人，帮助 161 户贫困残疾人家庭增收创收、摆脱贫困。

助残扶贫"走出去"，是爱心奉献，也是责任担当。2020 年 1 月，长城爱心大本营首个省外公益助残项目基地，在辽宁省朝阳市喀喇沁左翼蒙古族自治县揭牌启用。这个占地 5000 平方米的基地，设有紫砂壶制作区、紫砂系列艺术品展示区、电商培训区等多个功能区，将充分利用当地得天独厚的资源，嫁接紫砂陶瓷制作工艺，复制推广长城爱心大本营成熟的助残扶贫项目，以"造血"式项目运作模式，帮助当地残疾人搭建就业创业平台、开展结对帮扶。基地启用以来，当地已有 200 多名残疾人接受了技术培训，掌握了紫砂制作手艺。此后，我又把喀左非遗项目紫砂壶工艺引进来，和威海非遗工艺锡镶技术相结合，研发出

"双非遗"紫砂工艺品。目前该基地已获得北京 2022 冬奥会和冬残奥会特许商品生产商，新生产线将于今年在威海张村镇基地投用，届时，这个"造血"功能更强大的精准助残项目，将吸纳更多残疾人就业。

经过多年来努力，长城爱心大本营先后在辽宁、济南、枣庄及文登等地设立助残扶贫服务基地，形成了"一个中心十个基地"的公益帮扶格局，在扶贫协作、异地帮扶中擦亮了"威海品牌"，彰显了"威海力量"。

从几个人单打独斗做好事，到 8 万多名志愿者携手助残扶贫开展公益行动，长城爱心大本营在威海这座文明城市中茁壮成长、枝繁叶茂。

我先后荣获第四届 CCTV 年度慈善人物、全国志愿助残阳光使者、山东省脱贫攻坚先进个人等荣誉称号，并作为首届全国文明家庭代表、第六届全国道德模范和全国助残先进集体代表及中残联第七次全国代表大会，先后 4 次受到习近平总书记的亲切接见。长城爱心大本营也先后获得全国助残先进集体、志愿服务优秀组织奖、全省最佳志愿服务组织、"雷锋号"先进集体等荣誉称号 20 余项。这些沉甸甸的荣誉，属于威海这座文明的城市，属于和我一起奋斗的志愿者，属于每一个关心、支持和帮助我的威海人民。

上下同心　日照市交出高质量脱贫攻坚答卷

张惠

我于 2019 年来到日照，任日照市委书记。当时，日照市脱贫攻坚工作恰逢决胜攻坚期。虽然自己在威海、省妇联工作期间，也抓了不少脱贫攻坚的事，但作为"五级书记"抓扶贫中的一环，这种责任和压力还是很不一样的。能够经历这场伟大脱贫攻坚战，是我人生中的一大幸事！在决胜攻坚的日日夜夜里，我也切身感受到在日照这片热土上广大干部群众澎湃着的信心、涌动着的干劲。300 多万日照儿女以争当时代弄潮儿的志向和气魄，咬紧牙关、事不避难，干在实处、走在前列，啃下一块块硬骨头，圆满打赢脱贫攻坚战。日照的脱贫攻坚工作成果显著，其中不少经验在全省得到了推广，有的还被写入了中央文件，得到了国家层面的充分肯定。

坚决扛起脱贫攻坚责任，绝不能辜负贫困群众的信任

按照"五级书记"遍访贫困对象要求，我需要遍访所有脱贫攻坚任

务重的乡镇。2019年12月30日，到日照任职的第一天，我便到莒县峤山镇、招贤镇对脱贫攻坚工作进行调研。通过深入到部分贫困户的家中，与他们面对面交谈，我真切地感受到贫困群众对党委和政府那种信任。这份沉甸甸的信任，让我很受感动，也深感肩上责任重大，我们决不能辜负。

日照市是山东省东部沿海地区扶贫任务最重的市：一是贫困人口数量多。2019年时，全市共有省定贫困村130个，建档立卡贫困人口66022户117975人，脱贫仍享受政策人口41358户71317人。二是"老弱病残少"特困群体占比高。享受政策人口中因病致贫占69.6%，因残致贫占23.1%，60岁以上占61.15%，初中以下文化程度占88.2%，一人独居占49.5%。三是贫困区域集中连片。莒县北部、五莲西部、东港西部、岚山西北部4个贫困区域，贯穿全市南北，涵盖26个乡镇，集中了全市90%的贫困村、56%的贫困户。

尽管任务比较艰巨，但总体来看，日照市前期的脱贫攻坚工作做得还是比较扎实的。在我前面的市委书记都亲自挂帅出征、推动工作。2019年度全省脱贫攻坚年终考核，日照市获得"好"的等次，这是连续四次考核中的第三次。此外，财政专项资金绩效考核连续四年位居全省前列。能取得这样的成绩，对于日照来说，实属不易。

当然，那个时候也存在一些不容忽视的短板和不足：一是重视程度有所下降，个别干部存在麻痹思想、厌战情绪。二是产业扶贫项目长效机制尚不完善，特别是早期实施的扶贫项目投资少、体量小，收益率不高，存在较高的市场风险隐患。三是贫困区域发展短板依然突出，基础设施投入有待进一步加大。四是有的贫困群众依然存在内生动力不强、陈规陋习难改的问题。

脱贫攻坚工作要想决战决胜、全面收官，这些问题就是绕不过的"娄山关""腊子口"，必须一个一个解决。习近平总书记强调，"全面小康路上一个都不能少"，这不仅仅是一句口号，更是我们必须兑现的承诺。尽管问题不少，但也要看到，经过这几年全市上下的共同努力，日照脱贫攻坚工作的基础是良好的，广大群众对脱贫攻坚工作是支持的，扶贫战线上的同志能力是过硬的，在急难险重任务面前是经得起考验的。这都是我们打赢脱贫攻坚战的坚实保障。我们必须把脱贫攻坚作为最大的政治任务和头号民生工程，拿出踏石留印、抓铁有痕的劲头，坚决扛起该扛的那份责，顶起该顶的那片天，举全市之力、集全市之智，尽锐出战、合力攻坚，确保全面小康路上一个贫困群众都不掉队。

面对疫情"加试题"，脱贫攻坚战
目标丝毫不能打折扣

脱贫攻坚工作，其作始也简，其将毕也必巨。对此，我深有感触。从我到日照任职，到习近平总书记庄严宣告我国脱贫攻坚战取得全面胜利，抓脱贫的主要时间都集中在了 2020 年。现在回过头来看看，这段时间确实是刻骨铭心、极不平凡。这一年，我们面临决胜全面小康和决战脱贫攻坚收官的重大使命，有很多攻坚战要打、硬骨头要啃，突如其来的新冠肺炎疫情，又给我们出了一道"加试题"，在给生产生活增添诸多不便的同时，也加大了脱贫攻坚战的艰巨系数。

但疫情只是我们前进路上的"泥洼地"，绝非"拦路虎"，在初心和使命面前，再大的困难也有解决的办法。在党中央和省委的坚强领导下，我们快速反应，科学研判，仅 2020 年，就先后召开综合性会议 7 次，调研脱贫攻坚 23 次，按照"防护与保障并重、产业与就业兼顾"的原则，迅速从五个方面发力，确保疫情防控和脱贫攻坚两手抓两不误。

一是快速切换疫情防控形势下脱贫攻坚工作模式。立足日照工作实际，快速制定并下发了《关于做好新型冠状病毒感染肺炎疫情防控和脱贫攻坚有关工作的通知》《关于切实做好贫困人口新型冠状病毒感染肺炎疫情防控工作的通知》《致全市帮扶责任人的一封信》三个文件，分别从市级、县乡、帮扶责任人三个层面，就扶贫领域疫情防控、新形势下脱贫攻坚工作作出新的安排部署，为全市做好疫情防控和脱贫攻坚工作提供了有力的指导和借鉴。

二是全面落实贫困群众防疫措施。我们发动县乡村扶贫干部、"第一书记"和帮扶责任人"三支队伍"，按照规范程序，深入贫困群众家中开展防疫知识宣传，落实个人防护措施。指导他们戴口罩、勤洗手、常通风，做到"少出门、不串门、不聚集"，并发放口罩、84消毒液、酒精、喷壶等防疫物资，对室内外房屋院落进行消毒。

三是全力保障贫困群众基本生活。充分发挥基层包村干部、村"两委"干部和帮扶责任人作用，通过电话、短信、微信和上门探视等手段，聚焦"老病残"群体，及时掌握贫困户生活必需品储备情况，及时配送米、面、油、蛋、菜等物资。尤其对失能半失能贫困人口，全面落实饮食起居等生活照护措施。全市119个村级集中式互助养老服务站，全部改集中就餐为上门送餐，保证失能半失能贫困人口持续吃上热乎饭。

四是严防已脱贫人口返贫致贫。疫情对不少农村家庭的收入都造成了冲击，其中包括已经脱贫的贫困户。对此，我们在全面落实贫困群众防疫措施、全力保障贫困群众基本生活基础上，发动全市2.97万名帮扶责任人，认真梳理排查贫困户在收入达标、教育、医疗、住房、饮水、低保、老年补助等方面存在的问题，有针对性地采取措施，不断巩固提升贫困人口收入、"两不愁三保障"水平，严防脱贫人口返贫和新致贫现象发生。

五是强化扶贫项目建设运营。对全市614个产业扶贫项目全面开展疫情影响摸排评估，督导扶贫车间类项目及时复工开工，加强种植类项目和畜牧养殖类项目运营管理。对受疫情影响较重的旅游采摘类项目，我们积极帮助联系销售渠道，最大限度减少经营主体经济损失。

经过全市上下的共同努力，疫情防控期间，无一户因病因灾返贫致贫。

坚持以创新思维破局，为打赢
脱贫攻坚战提供强大动力

日照一些地方存在基础条件先天不足、"造血"功能不强、"输血"通道不畅、"腰板"硬度不够等短板。面对这类贫困区域，如何激发内生动力、持续增强扶贫质效，是我们必须要攻克的难题。我们紧扣贫困村、贫困户的实际情况，聚焦增强贫困群众自我造血的动力和能力，坚持以创新思维破局，探索出了一些具有日照特色的扶贫举措，有效推动了贫困群众实现稳定脱贫和可持续发展。

创新实施互助养老扶贫。我们针对无子女或子女无赡养能力的失能贫困老人，创新探索了"邻里互助、居家养老、多方支持、脱贫解困"互助养老扶贫模式，通过聘请贫困家庭妇女帮扶失能贫困老人，同步解决贫困妇女"脱贫"与失能老人"解困"两个难题，全市所有4618名失能半失能贫困老人全部吃上了热乎饭、穿上了干净衣。该做法在全省推广，并写入中共中央、国务院《关于打赢脱贫攻坚战三年行动的指导意见》。

创新实施即时帮扶机制。聚焦"有病有灾、有老有少、无依无靠、无志无智"四类重点特困群体，研究制定了《贫困人口脱贫监测和即时帮扶机制实施方案》，及时发现返贫、致贫风险人口，及时开展系统化帮扶，确保脱贫人口不返贫、一般农户不致贫。这项机制被省深改委评为山东省2020年度改革品牌。截至2020年底，已对有致贫风险的161户367人、有返贫风险的67户141人落实了帮扶措施，对生活困难的脱贫享受政策户939户1472人进行了重点监测。

创新实施贫困区域绿色脱贫模式。针对莒北、莲西区域山区、库区、老区"三区"叠加，生态红线管控严的情况，我们积极践行"两山"论，将贫困区域作为林水会战的主战场，全面推进山水林田湖草系统治理，努力让荒山变青山、青山变金山。比如，五莲县针对莲西横板裸岩地貌特征，采取"深翻土、厚盖土、植壮苗、强配套"的发展模式，引导工商企业投入莲西贫困区域生态扶贫，累计绿化荒山裸岩 2 万亩、新发展经济林 5 万亩。莲西贫困区域"荒山裸岩蝶变金山银山"的经验做法作为山东省地方改革案例上报中央改革办。

创新实施"互联网+"志愿扶贫模式。社会力量是脱贫攻坚的重要一环。为拓展社会力量参与扶贫的途径，我们开发了志愿扶贫信息平台，一端连着帮扶责任人、镇村干部收集发布贫困群众需求，一端连着志愿组织、爱心个人认领帮扶，实现了社会组织供给与贫困群众需求精准对接。平台累计发布贫困户需求 1.08 万条，帮扶贫困户 8600 余户，带动社会组织投入资金 2569 万元、物资 15.9 万余件。市扶贫志愿者协会聚焦贫困老人吃饭难题，建成"摆渡"爱心食堂 15 处，为 225 名特困人口提供免费午餐，带动 75 家企业、550 余名爱心人士参与，项目荣获中国青年志愿服务项目大赛金奖。

创新实施中央彩票公益金扶贫项目。这个方面，我们在全省可以说是走在前列的，先后实施了 3 期，累计争取专项资金 6000 万元，争取资金数列全省第二位，建设生产路 74.8 公里，各类水利设施 81 座，极大地改善了 45 个贫困村的农业生产条件，其中两期项目获得省级绩效评价第一名，在全国考核中位居前列。比如，莒县峤山镇大石头山区依托两期中央彩票公益金项目，争取 9292 万元土地整治资金，建成了"田成方、路成框、水成网、林成行"的农田生态系统，招引工商资本 2.53 亿元，片区内人均纯收入由 5600 元增长到 14600 元。

正是依靠这种力拔穷根的创新精神，我们的脱贫攻坚工作才能从别人没有走过的地方踏出新路，找到突破难点的方法路径，真正让贫困区域和贫困群众从中受益，兑现党向人民向历史作出的庄严承诺。

收官就要有收官的样子，不获全胜决不收兵

编筐编篓，重在收口。打赢脱贫攻坚战，收官阶段至关重要。越是攻坚到最后，越要绷紧一鼓作气的劲头；越是胜利在望，越要发扬精益

求精的作风。我们紧扣中央决策部署和省委工作要求，在抓牢疫情防控的同时，抢时间争进度、强弱项补短板、抓评估促整改、固根基谋长远，持续巩固提升脱贫质量，确保高质量打赢脱贫攻坚战。

为卡牢"收官"节点，我们倒排工期，全力以赴抓推进抓落实。组织全市各级各部门对需要落实的政策、需要推进的项目进行全面梳理，倒排工期，卡表对时，压茬推进。抓好扶贫项目建设，投资 2.42 亿元新实施的 54 个产业项目在 2020 年 9 月底前全部完工并发放收益，产业扶贫项目带动贫困户，户均增收 1500 余元。确保住房和饮水安全，2020 年完成房屋改造、整修 3910 户，累计改造 2.09 万户，占享受政策户的 51%，有效解决了 153 个村水质不达标和 2451 户村通户不通问题。抓好医疗救治，加大门诊慢性病、残疾人、重度精神障碍患者排查、救治力度，2020 年办理门诊慢性病卡 6500 余人、残疾人证 4900 余人，完成无障碍改造 6800 余户，对 3500 余人次重度精神障碍患者实行了免费救治和住院 15 元 / 天兜底生活补助。组织开展"低保助力脱贫攻坚"行动，全力抓好兜底保障。

为提高"收官"质量，我们查漏补缺，全力以赴抓整改抓提升。问题就是潜力，差距就是方向。我们坚持问题导向，组织发动扶贫干部深入基层、靠在一线，不间断走访排查，及时发现问题、解决问题。先后开展了新冠肺炎疫情防控、新一轮遍访贫困户、温暖安全过冬等 5 次集中遍访行动，组织 3 万余名机关干部、"第一书记"、帮扶责任人，对脱贫享受政策户、即时帮扶户和产业扶贫项目进行全覆盖、多轮次核查。严格抓好问题整改，实行"谁走访、谁签字、谁负责"的整改责任制，坚决做到"五个不放过"，也就是：情况调查不清楚不放过、问题不解决不放过、工作有疑点不放过、群众不满意不放过、没有巩固措施不放过。截至 2020 年 10 月底，全市贫困户"两不愁三保障"和扶贫项目建设管理存量问题实现清零。

为巩固"收官"成效，我们举一反三，全力以赴抓长效抓衔接。帮钱帮物，不如帮助建个好支部。基层党组织是带领群众脱贫致富的坚强战斗堡垒，只有基层党组织建强了，群众收入才能更可持续、更有保障。我们持续强基层、打基础，部署开展基层党建"全面提升年"活动，深入实施扶贫领域作风问题专项治理，大力整治软弱涣散党组织，基层党组织建设全面进步、全面过硬，为全面打赢脱贫攻坚战提供了坚强的组织保障。与此同时，我们全力做好巩固拓展脱贫攻坚成果与乡村振兴有效衔接的文章，制定出台了《关于实现巩固拓展脱贫攻坚成果同乡村振兴有效衔接的若干措施》，在全面落实省级帮扶政策的基础上，又梳理了七大项市级帮扶政策，确保帮扶政策和支持力度连续稳定。比如，我们将产业扶贫项目纳入农村集体三资管理平台，建立"动态监测、实时预警、综合评估、整合置换"项目管理长效机制，全市产业扶贫项目收益率全部达 7% 以上，确保了扶贫资产长效安全、群众长期受益。莒县陵阳街道陵阳街村创建为全国贫困村创业致富带头人实训基地，成为全国七个基地之一，是山东省唯一一个。

脱贫摘帽不是终点，而是新生活新奋斗的起点

初心不改、使命必达。2020 年 12 月，日照市 11.8 万农村贫困人口全部实现稳定脱贫，301 个省市扶贫工作重点村全部摘帽，莒北、莲西、港西、岚西北 4 个贫困区域实现整体性脱贫，基本公共卫生服务实现全覆盖，家庭医生签约服务应签尽签，全市脱贫人口 2020 年人均可支配收入 11768 元，义务教育阶段适龄、适学儿童无失学、辍学现象，摘帽村村集体收入平均达 17 万元。日照这座城市，历史性地告别绝对贫困。

长达 5 年的脱贫攻坚战中，日照市累计投入各级财政专项扶贫资金 10.7 亿元，累计建成产业扶贫项目 614 个，发放扶贫收益 1.53 亿元，大力开发扶贫公益性岗位，引导 13319 名建档立卡人口外出务工就业，救助贫困患者 18.5 万人次，减免医疗费 11.09 亿元，扶贫小额信贷总额 10.16 亿元，实现扶贫收益 1.5 亿余元。

在脱贫攻坚战中，我们也涌现出了一些典型和亮点。日照市扶贫志愿者协会党支部书记、会长滕兆敏，五莲县洪凝街道红泥崖村党支部分

别被授予全国脱贫攻坚先进个人、全国脱贫攻坚先进集体称号，由日照市探索创新的"互助养老"扶贫模式、"互联网+"志愿扶贫模式等经验也在全省、全国范围内复制推广。

"民亦劳止，汔可小康"，早在2500余年前，我们的祖先就表达了对美好生活的向往，时至今日，日照人民追寻幸福生活的脚步也未曾停歇。脱贫摘帽不是终点，而是新生活、新奋斗的起点。我们将在党中央和省委、省政府坚强领导下，全力推进巩固拓展脱贫攻坚成果同乡村振兴有效衔接，凝聚"九牛爬坡，个个出力"的奋斗合力，做好巩固文章，做好拓展文章，做好衔接文章，让发展成果更多更好地惠及全市人民。

坚定走有山区特色的绿色脱贫之路

马维强

我于 2016 年 12 月任五莲县委书记，在五莲工作的几年间，我干的一项很重要的民生大事，就是脱贫攻坚工作。五莲县作为沂蒙革命老区，发展相对落后，这既有交通区位的原因，也有人的因素。全县共有 50 个省扶贫工作重点村，40 个市扶贫工作重点村，在 5 年的脱贫攻坚战中，全县上下凝心聚力，一举摘掉了贫困帽子，贫困人口全部脱贫，贫困地区发生了天翻地覆的变化，人民群众由衷地感谢感恩党的扶贫好政策。回想起来，我最大的感受就是国家的扶贫发展战略是非常英明的，各项扶贫政策是很精准到位的，全县扶贫干部和老百姓也都很拥护支持，全县创新性地开展了互助养老等经验做法，开创了一系列五莲模式和路径，全国各地都来考察学习，并受到了国务院的表彰、中央媒体的关注。在这里，我谈一下五莲开展脱贫攻坚的一些重点情况。

绿化荒山裸岩，实现区域脱贫与生态建设"双赢"

五莲县是典型的山区县，山地丘陵面积占县域面积的 86%，山多坡陡，土壤结构松散、降雨集中等因素造成全县水土流失面广量大。尤其是重点贫困的五莲县西部区域，多荒山、裸岩，土层只有不到20厘米的厚度。

作为"五级书记"中的一环，在联系贫困地区时，面对贫困群众期盼脱贫的目光，我深感责任之重。在荒山裸岩中，农业发展不起来，发展经济更是困难，要想实现脱贫，唯有下非常之功，用非常之法，思非常之策，出非常之力，才能在决胜整县摘帽之年高质量打赢这场收官战。

在脱贫攻坚之始，县里就研究出台了一系列支持莲西发展的工作方案，都是围绕生态和绿化的，专门对绿化工作进行奖补，还专门成立了莲西扶贫开发指挥部，绘制了作战图，挂图作战。通过林水会战，完成造林4万多亩。

省定贫困乡镇中至镇几年间共招引包括弘丰集团、土地储备集团等国有企业在内的近十家企业落地发展，完成投资近2亿元，重点建设了薛礼崖生态林、万牛湖林果片区、弘丰生态林、青平峪林果片区和凯阳农业油桃片区等林果园区。石场乡通过引进绿丰农业、大德苗木等企业，建设了小黄山林果片区、古山大樱桃片区，还有杜鹃谷、官山榛子园等千亩大片。于里镇重点发展黄桃，在将军岭、大绿汪水库水岸发展极具规模的桃园，不仅绿化美化了环境，还有了可观的经济效益。我曾多次到该区域实地调研，切实感觉到了绿化荒山带来的新变化，环境好了是其一，关键是初步形成了绿色产业的基础，这是至关重要的。

莲西有一句很响亮的口号："打好林果牌、念好山水经、唱好旅游戏、摘掉贫困帽、全面建小康。"这句口号也确定了莲西区域脱贫攻坚工作的基本调子，那便是向生态要效益，向绿色要发展。在完成绿化荒山裸岩的过程中，莲西培植壮大黄桃、油桃、苹果林果产业，夯实了贫困群众脱贫致富的产业基础。

人不负青山，青山定不负人。荒山裸岩披绿后，高泽镇引进的丰美园林基地，建成国内最大的美国红枫繁育基地，流转了周边村庄的土地，贫困人口通过土地租金和打工薪金获得收益，实现了共赢。于里镇招引的胜源果业，高泽街道招引的华岳农业科技公司，年可加工几万吨以上，产品全部出口美国，消化了县域内的全部黄桃，形成了完整的黄桃种植加工产业链，为种植黄桃的贫困群众脱贫增收解除了后顾之忧。近期，又招引新希望六和、隆铭高端肉牛、同泰等十余个现代农牧项目，形成了种养结合、生态循环、效益倍增的综合产业，带动作用更加明显。

打通交通"大动脉"，突破贫困区域瓶颈制约

五莲的道路建设比较滞后，交通瓶颈制约是五莲脱贫攻坚的突出短板。2017 年以来，五莲坚持大投入、快投入，通过农村公路攻坚行动、村庄"巷巷通"工程、城乡公交一体化改革"三位一体"推进、彩票公益金项目等，让群众"出门硬化路、全城公交车"的愿望变为现实。

实施农村公路攻坚行动。要想富，先修路，全县提出"突破农村公路、助力乡村振兴攻坚行动"及"交通扶贫"的一系列规划，从 2018 年开始决定利用两年时间，构建起"东西畅通、南北通达、布局合理、高效便捷"的七纵四横农村路网，为五莲乡村振兴、脱贫攻坚提供坚实保障。这次农村道路升级扩建分为"三条线"展开：便捷出行线，重点方便农村人口特别是贫困村出行，像洪罗路、吕街路、管库路；特色产业线，重点以有利于农业特色产业发展，解决农产品运输销售问题，如汪黄路、三王路、苏邱路；全域旅游线，重点促进乡村游发展，并促进电商物流，解决堵车问题，如九仙山至国道、三关至李家峪段、北山至黄庄沟路、李家店至驼石沟等。纵贯石场乡和中至镇的"汪黄路"是莲西纵贯南北的"大动脉"，曾年久失修，颠簸难行。2018 年，历时两年的中至石场段改造工程圆满结束，进一步解决了出行难、运输难问题。

实施村庄"巷巷通"工程。为彻底改变农村"晴天一身土、雨天一身泥"的现状，打通群众出行"最后一米"，县里又研究决定实施"巷巷通"惠民工程，县财政每年拿出 5000 万元奖补资金，4 年内硬化全县所有村庄的大街小巷。在工程建设中，注重突显原生态，坚持"硬化

不是水泥化"的原则，大力推进巷道铺装去水泥化，就地取材，主要采用本地的原石、毛石、大理石尾料，最大限度地保持原生态，让群众"留得住乡村记忆、记得住乡愁"，让农村更像农村。

打造乡村驿站。重点围绕经济"空壳村"脱贫致富，在农村幸福公路沿线规划设定便利店、土特产交易市场、农家乐、公共卫生间、停车场等功能区域，可以为游客和村民提供停车休憩、餐饮购物、休闲观光、旅游咨询等服务。最重要的是，能带动乡村旅游发展，促进土特产销售，给乡亲们带来实实在在的收入。靠着这种脱贫攻坚的"新思路"，五莲县布局乡村驿站这一"妙招"已经初见成效。松柏镇王家口子村的乡村驿站南侧建有一处配套农产品交易市场，每年5月份樱桃旺季，村民收入高的能达到五六万元，贫困户实现稳定脱贫。

实施城乡公交一体化改革。为统筹城乡发展、方便群众出行，五莲把"城乡客运一体化"列为2017年九大惠民工程的"头号工程"，在县财政并不宽裕的情况下，筹资1000多万元，开通县城至所有乡镇的公交客运专线，全部统一执行2元票价。组建交通发展有限公司，实行公交化管理，对线路、站点、发车频次和车辆配置等进行统一规划，合理设置线路、配置车辆和调度运营并实现了与日照市区、青岛市区公交的互通应用。

实施彩票公益金道路建设。我县积极争取中央专项彩票公益金项目，先后在三个省定贫困乡镇实施项目建设。其中，2012年实施的中央彩票公益金项目顺利通过国家绩效评价，考评名次位列创新试点项目组全国第一。

户部乡三关生态园是最早实施该项目的区域。2014年借助中央彩票公益金扶贫开发项目，共硬化盘山路40多公里，新建若干小农水设施，新发展大樱桃、板栗、核桃、苹果等林果，带动了该区域的产业发展，方便了农村人口农业生产。

2018年，五莲县第二批中央专项彩票公益金贫困革命老区扶贫项目落户石场乡，九个省定扶贫工作重点村迎来了脱贫新机遇。通过新建生产路，配套建设塘坝、拦河坝等设施，彻底解决了石场乡东西部大片耕地的灌溉用水和生产道路难题。石场乡旺岭村是省扶贫工作重点村，山岭薄地因缺少水浇条件而影响产业经济发展，这是中央专项彩票公益金扶贫项目给村里带来的变化，村民们种小麦有了保障，种姜、种芋头等经济作物的劲头更足了。

聚焦特色产业，厚植贫困区域产业支撑

发展产业，是群众稳定脱贫的长久之计，但除了靠政府引导，还得干部用心用情来帮扶。脱贫攻坚战打响后，五莲依托林水会战和脱贫攻坚政策、资源优势，以乡镇为主体，以壮大村集体经济、助推贫困户脱贫为目标，抓牢产业发展，变"输血"为"造血"。自2016年全县共投入各级财政资金2亿多元，实施产业项目160多个，重点支持发展了大樱桃、9602油桃、羊肚菌、茶叶、葡萄、蘑菇等优势特色产业，引领绿色产业发展，获得了丰厚的收益，全部用于贫困群众脱贫和壮大村集体经济。

中至镇通过项目带动，大大提高了村集体收入，一举消灭了集体经济"空壳村"。石场乡整合两个村的项目资金在仲家崖前村建设七个现代油桃大棚，吸纳周边有劳动能力的贫困人口，增强了贫困人口的工资性收入。在产业项目管理上，落实所有权、经营权、收益权、监督权"四权分置"，加强运营管理，确保扶贫资产保值增效，收益用于巩固脱贫成果。

另外，脱贫攻坚以来，五莲县大力发展农村电商以带动产业发展振兴。全县12处乡镇（街道）全部建成了电商服务中心，许多村建成了电商服务站。实施"互联网＋扶贫"，通过微商平台帮助中至、石场、街头等乡镇贫困户销售农产品，网售价格是当地售价的两倍以上；众普利公司等多家电商带动五莲大樱桃、梨、小米等特色农产品网上销售，让贫困户丰产增收。进一步完善县、乡、村三级电商服务体系功能，建设县级电子商务公共服务中心，构建县、乡、村三级电商公共服务网络体。

同时，着力加强农村电商人才培养。多层次、多渠道开展电子商务应用培训班，开设普及班、专才班、精英班，培训电商人才1万余名，培育出一支专业的农村电商发展队伍，成为电商改变乡村最敏感的触角，推动农村电商的跨越式发展。

随着脱贫攻坚工作的深入推进，一个个贫困村产业逐渐连片成园，全县每个村都有了特色产业，每一户都找到了增收之路，这让我对整县摘帽有了底气。

强化保障措施，兜牢困难群众民生底线

脱贫攻坚越到最后，越要像"绣花"一样，一针一线不错漏，一家一户补短板，只有这样，才能给贫困群众带来更多实惠，让脱贫成果经得起任何检验。我们始终紧盯生活富裕这一乡村振兴主要目的，一手抓村级集体经济增收，一手抓农村群众增收，群众获得感、幸福感、安全感不断提升。2020年，群众满意度调查全省第九、全市第一，社会治安满意度全省第二，"生活在五莲很幸福"成为群众共鸣。

坚持党建带动。充分发挥党建在脱贫攻坚中的核心作用，以党建工作统领脱贫攻坚全局，着力打造"党建+扶贫"工作亮点，全面盘活党建脱贫"一盘棋"。突出基层组织建设，创新推行党员一小时活动、党员联四邻等机制，推动农村党建迈入规范化、正常化轨道，基层党组织战斗力、凝聚力显著增强。洪凝街道红泥崖村党支部获评全国先进基层党组织。

突出关键少数，建硬建强村支部书记队伍。坚持"选优、汰劣"双管齐下，"选优"上，探索回请在外能人、建立村支部书记后备人才库、实施"头雁工程"、"三年创业承诺"等办法，全面提升支部书记带领群众增收致富本领。通过回请在外"能人"担任支部书记带头实施经济项目。有两名村支部书记被省委表彰为担当作为好书记。"汰劣"上，建立支部书记"红黄牌榜"，对不作为慢作为支部书记公开曝光或

调整。

充分发挥县级领导、县直部门党组织、机关党员干部、第一书记、经济强村党组织在脱贫攻坚工作中的主力军作用，探索实施了以"县领导联镇、单位包村、机关干部帮户、第一书记驻村、强村带贫困村"为内容的"五位一体"精准帮扶机制。2019年底全县43位副处级以上干部连续两轮进村入户，核查扶贫政策落实情况，这是全县首次处级干部全部靠上抓推进落实的一项工作，持续传导压力，层层压实脱贫攻坚责任。

为解决一些贫困户内生动力不足等精神层面的问题，在全县省市定点扶贫工作重点村创新开展"守初心、知党情、感党恩、跟党走、共奋进"大宣讲，用白话、土话对贫困户进行教育引导，讲清讲细改革开放40年来农村的变化、政策的变化和脱贫攻坚以来贫困户享受的孝德基金、危房改造、特惠保、教育补助、互助养老、帮扶责任人帮扶等各项惠民政策，结合各村实际，拿有代表性的贫困户举例说明，让党的政策深入人心，让贫困群众铭记在心，从内心深处生出感激之情、感恩之心，激发内生动力，提升扶贫工作满意度。松柏镇潘家庄村有一个贫困老人"爱哭穷"，了解了扶贫政策后，非常惭愧地表示自己以前不知好歹，是共产党、是扶贫工作让他过上了这样的好日子。

创新开展互助养老扶贫，通过政府购买服务、社会爱心捐赠等方式，聘请有劳动能力的居家贫困妇女与"老困孤"贫困人口结对帮扶，变送钱、送物为送服务、送关爱，同步解决"贫"和"困"的难题。县委、县政府将该项工作列入为民办实事项目，并通过设立公益性岗位、百企帮百村、自力更生、社会助力等形式保证其长久运行，这些做法为解决农村养老问题提供了一种思路和借鉴。目前全县在151个村聘请贫困护理员203人，与1418名贫困失能老人结对帮扶。经验做法在新华社山东要情动态第55期上刊发，省委主要领导两次批示肯定。

红泥崖村在全县率先开展互助养老，受该村的启发，五莲县各乡镇和村庄开始积极探索推行互助养老扶贫，"一对一""一对多""多对多"，三种模式迅速在不同村居复制和推广开来。为把好事真正办好，五莲县实行"一村一策"。人数较少的村，开展"一对一""一对多"上门分散服务；贫困老人多、村集体经济相对较好的村，则建立"互助养老服务站"，由护理员集中为老人做饭。红泥崖村党支部和支部书记先后被表彰为全国脱贫攻坚先进集体、全国脱贫攻坚先进个人。先后有广东、海南、内蒙古、甘肃等全国各地来我县学习交流乡村振兴和脱贫攻坚先进经验做法。

五莲县坚持"多条腿"走路，探索多种资金筹措方式。县扶贫办每年统筹整合扶贫资金 100 万元，主要用于互助养老场所改造、配套购买生活设施等。县财政出资用于发放村级互助养老扶贫公益岗位补贴，解决了互助养老开支的"大头"。石场乡创新互助养老"石场模式"，即独立运营式、企业援建式、联合运营式、连锁配餐式四种互助养老模式，实现了互助养老全覆盖。

在此基础上，五莲县针对因大病、大灾、突发意外等出现重大困难，创新建立了"即时帮"机制。建立联动排查机制，镇村干部、第一书记、帮扶责任人等定期检查、持续跟踪，对可能返贫致贫人口，即时发现、即时纳入、即时帮扶。建立协同预警机制，多部门每月汇总分析，确保应纳尽纳、应帮尽帮。目前全县共纳入监测帮扶户 149 户近400 人，省脱贫攻坚简报、《大众日报》整版报道了我县该做法。于里镇于里村有个叫赵振堂的，得尿毒症，每年光透析就要花费 3 万多元，生活非常困难，将其纳入监测帮扶户，解决了他们一家看病就医的花费问题。

清零就是脱真贫，群众满意才算行。2020 年，五莲县圆满完成脱贫攻坚任务，全县脱贫摘帽。虽然历尽艰辛，但能有幸参与见证这一段伟大的战斗历程，我的内心充满自豪和幸福。脱贫摘帽不是终点，而是新生活、新奋斗的起点。我们将不忘初心、继续前进，带领人民群众共同创造更加幸福美好的明天。

莒县峤山镇：真抓实干谋发展
搬掉贫困"大石头"

张传坤

我于 2016 年的 8 月，脱贫攻坚战正式在日照打响后调到日照市莒县峤山镇，任日照市莒县峤山镇党委书记一职。到 2021 年的 12 月，脱贫攻坚圆满完成一年后调离。

任职期间，我同峤山镇的党员、群众一起，按照日照市委、市政府的谋篇布局，胸怀对峤山人民的深厚感情，迎着困难往前走、扑下身子抓落实，在脱贫攻坚"战场"上辛勤耕耘、真情帮扶，搬掉了贫困"大石头"。在上级政策的扶持下，我们圆满完成了脱贫攻坚任务，全镇 32 个省扶贫工作重点村全部达到"五通十有"标准，所有贫困群众全部稳定脱贫。2020 年 11 月，山东省纪委书记陈辐宽带队到日照市验收脱贫攻坚工作期间，专门到峤山镇检查村庄、贫困户、扶贫项目和基础建设等，给予了高度评价。2021 年 5 月，峤山镇被表彰为全省脱贫攻坚先进集体。回顾几年脱贫攻坚路，我认为，我们主要抓了四个方面的工作。

强化党建引领，抓班子带队伍，夯实政治责任

峤山镇位于莒县县城东北 11 公里处，对空面积 96 平方公里，辖 78 个自然村，有 2.2 万户，6.2 万口人。峤山镇的自然村中，有 26 个山区村庄，受土地条件、交通条件等多重因素制约，是莒县的深重度贫困区域。长期以来，这些村庄的经济社会发展一直面临着历史悠久与现实落后并存、生态良好与灾害频发并存、资源丰富与开发滞后并存的窘迫局面。

组织安排我到峤山镇工作，明确要求要把脱贫攻坚作为头等大事和第一民生工程来抓，这份责任和担子很重。我到岗之后，用一个多月的时间到各村察看村情，听中层以上干部介绍情况，然后静下来思考，分析贫困乡镇被动落后的诸多原因。

长期以来，峤山镇的"两委"班子风评并不算好，工作开展很难。这既有客观因素，更有主观原因，最根本还是基层组织软弱涣散，镇村班子缺乏战斗力，思想混乱，畏难发愁，事不关己，甚至每周两次例会点名的时候，有接近三分之一的干部请假不参会。这样的队伍、这种精神状态，不可能完成脱贫攻坚这样艰巨的政治任务。要从根本上改变贫困乡镇的面貌，决胜脱贫攻坚，必须在抓班子带队伍上下大功夫。

首先是乡镇干部队伍要有好的精神状态，有团结力、战斗力，发挥好示范引领作用。在这个方面，我采取了四个措施：一是开创了机关干部"激情创业讲坛"。每周五组织观看《感动中国人物》《最美社区工作者》《百家讲坛》《红旗渠》《脱贫攻坚先进模范人物事迹》等一系列弘扬正能量和高尚情操的视频，从内心深处震撼、冲击每一名干部的灵魂，然后每名干部轮流上台，谈体会和今后工作打算，我最后点评，以鼓励激励为主，从思想上调动积极性。二是开展人文关怀。对家庭有病员、遇到突发困难等情况都及时了解，在第一时间给予精神上和物质上的安慰。每年寒暑假都安排职工有上高中、大学的孩子到单位实践实

习，让父母无后顾之忧、安心工作。同时在节假日和周末繁忙之余，组织职工趣味运动会、登山比赛等活动，活跃气氛。三是建章立制。对学习、会议、考勤、工作考核、请销假、卫生评比、表彰处罚等一系列规章制度定出框架，具体规定要求让每名职工去填空，经过"三上三下"制定出的制度，每个人都能够认真遵守，使遵守制度蔚然成风。四是开展了岗位适应度测评。每名干部职工对自己现岗位适应度进行自我测评，可以选择自己最适应的工作岗位，发挥最大的主观能动性。通过一系列的措施，干部队伍精神状态更加饱满了，干劲上去了，团结力和战斗力空前。在以后工作中，我们遇到的许多大事难事都平稳度过了。如，大石头河治理，23.5公里的河道清理，杀伐阻水树木20多万株，拆除违建养殖棚100多个，只用了不到2个月的时间；峤山大集搬迁，机关干部连续一周早晨5点集合维持秩序，没有一个人迟到；脱贫攻坚的最后验收期，所有镇村干部进村入户连续工作100天，没有一个人请假。

其次是在抓农村干部队伍方面。一是紧抓农村党支部书记这个关键，不断加强农村支部书记队伍的思想政治教育、培训、考核，强化政治意识，锤炼为民办事的诚心和公道正派好作风。结合扫黑除恶三年行动，协调有关执法部门刑事处理支部书记4名，党纪重处分农村干部50多名。二是加强乡镇经管站队伍建设，充实农村财务管理力量，对农村财务每月定期审计，建立村级资金直接支付制度，扶贫资金不经过镇村干部的手。建立农村公共资源交易平台，凡是超过1万元的资金、项目、民生工程、合同签订一律通过平台竞标实施，扎牢笼子。三是压实责任。对脱贫攻坚工作，我亲自抓谋划、抓推进、抓落实，实行党委、社区、村和帮扶责任人四级包保联动机制，在每周社区例会上，随机抽查提问各村党支部书记所在村的贫困户情况，使他们尽责任、懂政策、抓落实。几年来，先后对扶贫工作推进不力的30多个村党支部书记进行了调整和问责，压实了农村基层党组织的扶贫政治责任，激活了内生动力，打造了一支"嗷嗷叫"的扶贫干部队伍。四是用好第一书记、驻村工作队这支生力军。2016年以来，140多名第一书记和驻村工作队员先后争取资金3500多万元，在各村实施了500多件为民办实事项目，让群众感受到了实实在在的变化，更重要的是带来了好的民风、村风转变和基层干部作风的转变，为打赢脱贫攻坚战提供了有效的外力支撑。

铺石成路，大搞基建，突破贫困制约瓶颈

嵘山镇南北窄、东西狭长，平原、丘陵、山区各占三分之一，交通条件最差的是东部山区，也就是原来的大石头乡区域。大石头乡是2000年合并到嵘山镇的，由于是合并过来的乡，基础设施十多年来没有投资，领导也很少过来，这个片区出不来、进不去。当时春种秋收还是肩扛人抬，连牲口都进不了地，甚至还有老百姓推着独轮车去赶集买东西。当地老百姓有句顺口溜："一个辘辘两人抬，两个辘辘扛起来，四个辘辘进不来。""高粱不绣穗、玉米打光棍、地瓜不撑纹、数着花生长得好，还是个独粒。"说的就是大石头山区里老百姓长期以来的生活状态。

这种情况下，修水修路才是这方百姓最迫切需要的。令我感到欣喜的是，莒县作为沂蒙老区的18个县区之一，已经申报了中央彩票公益金支持沂蒙革命老区社会公益事业建设项目，其中莒县申报的"嵘山镇大石头片区扶贫生产路"在全省项目绩效评价中获得总分第一名的好成绩，并获得奖励项目资金2000万元。

从2016年10月开始，扶贫生产路沿线的21个村党支部就按照道路规划占地，挨家挨户去征收土地，村民听说是修建打通山路的硬化路，在土地流转工作上积极响应，不讲价钱、不谈条件，全力支持道路建设，整条扶贫路路基占地600余亩，沿线村庄干部群众全力支持，拆迁和土地流转没有花党委、政府一分钱。11月开始建设，除了修建生产路37公里，还配套修建扬水站3座、蓄水池5座、塘坝29座，到2017年12月竣工，极大改善了这个区域的生产生活条件，为农村经济社会发展打下了坚实基础，基本突破了贫困制约瓶颈。该项目建成后，

顺利通过了省级验收，并位居全省第一，国务院扶贫办还将莒县实施该项目的经验和做法作为典型案例在全国推广，并且表示以后会继续给予项目资金支持。

2019 年，省里又支持彩票公益金无偿资金 2000 万元，作为表彰奖励项目实施，奖励项目继续在大石头片区实施，又修建生产路 17.55 公里，桥涵 96 座，塘坝 4 座。这两个项目的实施，使道路向东连通五莲县石场乡，向北连通桑园镇，向南连通龙山镇和店子集街道，向西连通县道杏园路和石山线，构建起大石头片区四通八达的路网，彻底解决了过去群众生产难、生活难和出行难的状况。

同样是在 2019 年，镇党委政府与市土地发展集团合作，实施了投资 9000 万元的沿大石头河流域精准扶贫土地整治项目，通过清淤塘坝、修建扬水站、蓄水池、铺设管道、修建桥涵、深翻土地、整修田坎、生态绿化等措施，改良了 38 个村的 24000 多亩耕地，新增耕地 4000 亩，播撒有机肥 21700 亩，使薄土地变成了高产田，形成了"田成方、路成框、沟成网、村成行"的农田生态系统。特别是沿着彩票公益金道路两侧发展起大姜、芋头、小米 1 万多亩，林果 1.5 万亩，这里的土地从过去"二三百元没人要"到现在"七八百元都租不到"，实现了深度贫困山区"改山换地"的新变化。

东部山区的问题解决了，回过头来看，城镇发展的制约瓶颈仍然是道路交通，过去的峤山镇驻地只有一条长三公里的南北大通道，东西道路全部是断头路，外人称峤山镇驻地就是"一条胡同两堵墙"。我们镇党委、政府一班人坐下来，认真研究讨论后达成共识，认为镇驻地要突破、要发展，同样还要从道路交通入手。

几年来，峤山镇驻地先后修通了富峤路、牛庄大街两条南北干道和富民路、利民路、惠民路、兴峤路、希望路、学苑路、沿河路等 8 条东西干道，形成了"三纵八横"小城镇框架，镇驻地面积扩展至 6 平方公里，居民容载量突破 2 万人的规模，与镇驻地相连接的招峤路、孟双线、石山线，在上级扶持下，也相继新建和提升改造。同时，镇驻地不断完善商业服务设施，阁子里商贸中心 2 万余平方米已于 2020 年底投入运营，引进乐得福、新宇两座大型超市，新建占地 100 亩的峤山大集，招引了三兴集团投资 6000 万元新建 2.1 万平方米的三兴嘉园居住区，驻地个体工商户达到了近 300 家，既方便了群众生活，又发挥了镇驻地在脱贫攻坚工作中的巨大拉动作用。

做好扶贫产业项目，做强特色农业，
提升扶贫造血功能

在加大基础设施建设投资的基础上，5 年来，我们先后争引了产业扶贫资金 3500 余万元，建设了设施农业、文化旅游、光伏、农产品加工、扶贫厂房等产业项目 32 个，带动 4000 余名贫困群众就业，扶贫产业项目实现收益 8000 余万元，直接分配给贫困群众的扶贫项目收益金 1000 余万元。

在扶贫产业项目上，我们坚持大处着眼小处着手，密切关注与老百姓息息相关的民生"小项目""小短板"，用足"绣花"功夫，想方设法提升广大群众的获得感、幸福感、安全感。比如，镇党委、政府投入扶贫资金 951 万元，带动社会投资 1800 余万元，在东桥村建设 120 个高标准蔬菜大棚，每年可收租金 60 万元，使全镇贫困群众人均增收 240 元。其中，残疾夫妇张洪练（肢体残疾四级）、杨洪彩（肢体残疾二级），在镇党委、政府的帮助下，种植两个蔬菜大棚，2019 年，全家纯收入达到 8 万多元，其脱贫致富的事迹被日照市电视台报道。再比如，省级贫困村张家阿疃村采取"扶贫资金 + 社会资本"合作的方式，与日照众诚益民禽业有限公司、莒县三兴食品有限公司共同投资 5000 万元，聘请泰山学者林海教授和泰山产业领军人才山农大刁有祥教授进驻，开展产学研合作，在村里建起全省最先进的蛋鸡养殖示范基地华山家庭农场，吸收 30 余名贫困人员在农场就业，每人年收入 3 万余元，扶贫入股资金每年可为张家阿疃村、莲花村 61 名贫困人口人均提供收益 900 元，该扶贫模式被中央电视台专题报道。

旅游是扶贫脱贫的重要产业，是推动绿水青山资源优势逐步转变为金山银山产业优势的重要方式。依托境内梁甫山万亩槐花林，峤山镇连续三年举办莒县槐花节，并通过较少的产业扶贫资金，招引香港麦德瑞投资集团投资建设梁甫山田园综合体、日照绿荫农业开发有限公司投资建设绿荫农业生态观光园、日照陌上花开生态农业发展有限公司投资建设陌上花开生态农业园，贫困群众可在景区务工获得薪金。比如，2019年大石头社区的600余名贫困群众，通过务工年人均增收1.5万余元；同时，还通过在旅游节庆期间销售当地特色产品增加收入。

发展产业是脱贫攻坚的治本之策。峤山镇是全国大姜的"一村一品"示范乡镇，从20世纪90年代种植大姜，高峰期种植面积超过1万亩，是老百姓增收的重要来源，但是近年来受姜瘟和轮作种植要求限制，每年种植面积只有3000亩左右。虽然种植面积少了，但是这个产业我们一直没有放弃，而是转变思路，重点向大姜的流通贸易转变。几年来发展规模以上大姜加工企业6家，培养合作社、经纪人600多名，国内广东、上海的大姜供应量，峤山镇达到了40%以上，出口欧美的每年达到4万吨。大姜收购北到辽宁，南到广西、云南，年销售量一般在6万吨，产值达到8亿元，形成"买全国、卖全球"的格局，峤山镇成为国内重要的大姜贸易集散地，带动了一大批群众脱贫致富。另外一种农作物芋头，也从每年种植1000亩，发展到现在的每年种植面积超过1万亩，像当年的大姜一样，成为群众重要的增收渠道。在东部山区的徐家村、古乍石、大穆家村、陈家沟发展起茶园2000多亩，逐步成为新的产业增长点；南涧小米是莒县第一个获得农业部地理标志认证的农产品，这些年的种植面积一直稳定在3000亩左右，现在通过电商这种新的销售模式也卖到了全国，价格比原来实现了翻番。

带动产业发展的还有工商资本下乡。鼎昌集团在大石头河北村承包山场6000余亩，种植短枝富士，群众每年收入土地租赁费100余万元，打工收入也超过100万元。莒县春城建筑公司在崮山发展了1000亩速生楸树育苗基地，莒县利民果蔬合作社在于家庄承包山地2000余亩发展起桃园，东部山区不但林果产业发展起来了，荒山都变绿了，生态也好了。产业的蓬勃发展，使群众的收入得到了快速提升，特别是大石头山区的群众，在 2016 年的人均收入只有 5600 元，到 2021 年达到 1.6 万多元，超过全县平均水平。

凝聚扶贫合力，发展民生产业

我深知，让贫困地区人民摆脱绝对贫困的标志，是稳定实现贫困人口"两不愁三保障"——不愁吃、不愁穿，义务教育、基本医疗、住房安全有保障。而实现"两不愁三保障"，既要"授之以鱼"，解决深度贫困，实现直接脱贫，更要"授之以渔"，增加贫困地区脱贫的内生动力，持续增加基层群众幸福感、获得感和安全感。

我们坚持以党建为引领，在全市率先建起社会扶贫中心，广泛发动社会力量参与脱贫攻坚。建立全市首家积善之家爱心超市，向社会筹集爱心捐款 40 万元，物品 3.8 万件，全部免费发放给困难群众，该做法荣获山东省第三届志愿服务项目大赛金奖、第四届中国志愿青年服务项目大赛全国赛铜奖。

在教育保障上确保"不漏一人"。实施教育"阻断贫困代际传递"工程，建立小草学堂、留守儿童之家、心理辅导室和四点半学校，帮助贫困学生和留守儿童 300 余名，累计向 900 余名贫困学生发放补助资金1100 余万元。

在住房安全上确保"不漏一户"。为 450 户贫困群众进行了危房改造，改造无害化厕所 1.49 万套。

在医疗救助上"应助尽助"。先后通过滴水工程、社会捐助、大病救助、两癌母亲等社会救助项目，共筹集发放救助资金 310 余万元，救助 1300 余人次，为 469 名贫困群众办理免费健康卡。开通互联网医院，镇卫生院和 32 个省级贫困工作重点村可直接连线北京优质医疗资源，贫困群众可免费诊疗，享受高质量医疗服务。

在助老养老上"老有所养"。创新建立亲情宝孝德基金，覆盖 1789名贫困老人，建立 32 家农村幸福院，对孤寡老人进行集中供餐。全镇

78个村，有70个村高标准完成了道路"户户通"工程，有77个村能通行大型客车。到2021年，全镇大石头河南、徐家村、古乍石3个省扶贫工作重点村一跃成为省级美丽乡村示范村，16个村创建为市级美丽村庄，另外有59个村也全部创建为市级清洁村庄。

如今，我调离峤山镇，但时常还会想起峤山的一草一木、一人一物。那些淳朴的老乡们，有的在烈日下给我端过一碗凉茶，有的在田间泥泞里拉过我一把；那些敬业的工作伙伴们，我们一起在山村的崎岖山路上走访、讨论、互相鼓励。我亲自见证并经历了峤山镇的贫困群众在扶贫干部帮助下摆脱贫困，也见证了脱贫攻坚全面胜利的伟大时刻。我内心的成就感、获得感无以言表。我会带着这几年脱贫攻坚的宝贵经历，全身心投入新的工作中，初心不改，使命必达。

从贫困村到美丽乡村的"嬗变"

张守英

我在农村出生长大，看不得乡亲们受穷受苦，让乡亲们过上好日子是我最大的愿望。我在红泥崖村 32 年，从一个普通村民成长为老百姓口中的"闺女"书记。2016 年，红泥崖村被确定为市级贫困村，村集体坚持把脱贫攻坚作为工作的重中之重，把全村脱贫致富作为首要任务目标，创新实干、重点突破，闯出了一条脱贫攻坚、强村富民的"嬗变"之路。40 户贫困户仅用一年时间全部实现脱贫，红泥崖村也先后荣获全国乡村治理示范村、全国减灾示范社区、山东省先进基层党组织、山东省省级文明村、山东省社会科学普及示范村、全国脱贫攻坚先进集体等荣誉称号。我也有幸经历了日照市委市政府团结带领群众，一步步过上好日子的历程，见证了农村翻天覆地的变化。

春风吹进小山村

我是 1990 年嫁到红泥崖村的，那时候的红泥崖村只有一条五米宽的主街，两边全是草垛、牛棚、羊棚，低矮的石头房杂乱无序，中间剩下不到两米的乡间小道，晴天是土路，雨天是泥沟，猪羊满街跑。

这座位于五莲县城的东南方向的小山村，紧靠省级森林公园——大青山，自古就有村北是雪、村南是雨的奇特景观，民间也有"大雪不过红泥崖"的谚语。全村共有 551 户 1600 口人，党员 76 人，"两委"班子成员 3 人，耕地面积 1879 亩，山场面积 3800 亩。虽然地不少，但村里多是山岭薄地，农田都在山上，拖拉机都上不去，平时种地只能靠人抬肩挑。靠天吃饭的村民耕种一年，秋收后就得盘算着卖粮食，凑凑年底上交"三提五统"。每亩地年收入 1500 元左右，温饱都很难解决，村民还要想方设法从牙缝里攒点钱，为子女买个城镇户口。

贫穷，曾是红泥崖村的烙印。我们村没有成型的主导产业，村集体基本上没有收入来源。2007 年的时候，村里连公共厕所都没有，出门是土路，吃水从井里挑，贫穷限制着村子的发展，也让年轻人纷纷离开山村，到外面打工讨生活。

2011 年 5 月，我当选为红泥崖村党支部书记。从那之后，让村子富起来，让村民过上好日子不仅是我的愿望，也变成了我的责任。在担任支部书记之前，我经营了一家家纺加工厂，有 26 名村里的妇女在厂子里上班。担任书记后，村子的发展成了头等大事，我本想关停家纺厂，但考虑到这家厂子还能为村里妇女提供就业岗位，便将厂子转手出去。

不少人说我傻："放着挣钱的厂子不要，来当遭罪的小村官。"但村民选我做书记，是对我的信任，全心全意让家乡发展好，是我应当完成的任务。我下定决心，一定要让村子发展起来，让乡亲们过上好日子。

红泥崖村以前属于党组织软弱涣散村，村"两委"班子不强，党支部委员会成员和党员互不信任，上边来了好政策，大家往往都先想着自己，等到村里需要党员带头的时候，却各种推三阻四、拖拖拉拉，召集党员开个会，用大喇叭吆喝半天，人都凑不齐。党员这个样，村里老百姓更是明着和村里对着干，单是村里的"三大堆"（指农村的乱土、垃圾堆，草堆、粪堆）问题，村里吆喝了 18 年，却就是清不出来。

筋骨不强，寸步难行。要想发展，强有力的队伍必不可少。我担任支部书记后，借着整顿软弱涣散党组织这项工作，下决心要把村里的党风民风整顿过来。打铁还需自身硬，我从村"两委"班子内部入手，要求成员团结一心，凡事带头冲上前领着干。时间一长，支部的作风逐渐得到了党员的认可，党员们也主动参与到村里的工作中。我上任的第二年，靠着党员带头，群众支持，仅用了两个月，我们就把"三大堆"清了出来。

2014 年，县里制定出台了农村"党员活动一小时"制度，我们每月 10 号按时组织党员开展学习、议事、服务，并创新实行了"我家有党员"模式，要求村内党员佩戴党徽、挂党员户门牌亮身份，凡事冲在前、做表率。村集体还通过召开村民大会、组织讲座、评选先进、用LED 大屏播报好人好事等方式，引导全村在潜移默化中形成互帮互助、乐于助人的良好风气。

习近平总书记在讲话中指出：中国共产党根基在人民、血脉在人民、力量在人民。这番话我深有体会，只要我们全心全意为群众办好事、办实事，群众就会义无反顾地支持我们、配合我们。村里支部领头帮、党员带头干，村民也主动为村里发展献计献策，各项工作都从以前逼着干到现在争着干，逐步形成了向上向善的村风民风，为村庄后续发展打下了坚实基础。

党中央对农村的关怀从未缺位过，我当选书记时，党的十七大报告为社会主义新农村描绘了一幅宏伟的蓝图，为解决民生问题提出了切实可行的宏观战略方针。党的十八大以来，以习近平同志为核心的党中央接过历史的接力棒，把脱贫攻坚作为实现第一个百年奋斗目标的底线任务和标志性指标，举全党全国之力向绝对贫困宣战。

一项项惠农政策从中央到地方，就像春风吹进红泥崖这个小山村。2016 年，脱贫攻坚战正式在日照打响，红泥崖村的村民，也开始了脱贫致富的新征程。

村民的日子奔小康

在我看来，只有实实在在增加群众收入，实实在在改善农村人居环境，让百姓兜里不缺钱，脑袋里不缺精神生活，才可以说是实实在在的小康。这些说起来简单的构想，在红泥崖村，并不是容易实现的事情。

要发展，需要资金。但在红泥崖村，不仅没有村集体收入，2011年时，还有10万元村集体欠款。最困难的时候，我们连村主街20盏路灯的电费都交不起，"地无三寸土、路无三米直、人无三两银"便是那时红泥崖村的写照。

2016年，红泥崖村被定为市级贫困村，建档立卡贫困户40户58人。不少人觉得，被认定成贫困村是丢面子，戴上了贫困的帽子，不仅抬不起头来，还要增添不少考核任务的负担。但我却认为，这恰恰是党对于我们小山村的关怀，红泥崖村等待多年的发展机遇终于来了。

政策的倾斜让贫穷的红泥崖村有了发展的机遇，2018年，日照市出台《关于实施"清零""倍增"三年行动计划抓党建促村级集体经济发展的实施意见》，打开了我们的脱贫致富思路。我跟"两委"班子一起分析村里实际存在的问题，走访党员、群众，征求意见。最后想出了三条发展路子：一是"借东风"，就是依靠包联部门、"第一书记"，争取上级政策、项目和资金，平整生产路、修建灌溉渠道，来改善耕种条件，从土地上要效益；二是"引外力"，通过招商引资、大户带头，努力发展乡村旅游，让老百姓在家门口就业；三是"练内功"，依托自己村的自然优势和传统习俗，创建属于我们红泥崖村自己的品牌产品，打"品牌"战。

思路一转天地宽，在各级党委、政府的关怀支持下，红泥崖村开始了大刀阔斧的改革。

推进产业结构调整，发展林果业。我们组织党员和村民代表外出考察学习，努力改变村民的传统种植观念，结合本村实际，带头推进农业产业结构调整工作，把发展现代化农业和采摘游作为引领村民创业致富的重点。全村种植小国光、红富士 100 亩，开辟荒山 120 亩用于种植茶叶。为保证水源，积极进行小流域建设，多方争取上级有关部门及爱心企业家的支持，投资 40 余万元，建成塘坝 1 处，并对危库进行了维修加固，确保了流域灌溉水源充足。

利用区位优势，发展旅游服务业。通过实地调研，我们利用紧靠大青山景区的优势，依托已建成的精品林果片区，深挖现有旅游资源，大力发展采摘游、乡村游、农家乐等，做好旅游业与"森林五莲"建设、农业结构调整的深度融合，带动红泥崖村旅游业的发展。前期已委托文体旅游局邀请北京大地设计院对野虎山片区进行规划设计，注册红泥百花庄园商标，积极招商发展村级旅游业。

积极招商引资，发展特色加工业。2016 年，我们通过招商投资、村集体入股等方式募集资金，投资 50 余万元，建设村级加工车间 600 平方米。车间因地制宜，主要加工手工煎饼、面粉、馒头等农产品，所需原料优先从本村村民中收取，同时吸收有劳动能力的贫困人口到扶贫车间打工，车间年底收益分红由村集体和贫困户按照一定比例进行分配，在增加村集体收入的同时也增加了贫困户收入。

利用互联网平台，发展电商销售。在加工车间的生产步入轨道后，打开销路开拓市场又成了摆在面前的紧要任务。我们针对农产品及车间加工产品销售难、价格低的问题，转换思维，借互联网迅猛发展东风，成立村级电子商务中心，在网上销售村内的农特产。2016 年 7 月聘请了电子商务教师，对 40 余名村民进行了培训，现有 30 余户村民在家中通过电商，对自己的农特产进行销售。目前村级电子商务中心正在运营中，市场逐步向日照、潍坊、青岛等周边城市延伸。

通过一系列的改革，我们建起了农产品加工车间，注册了"红泥百花庄园"商标，有了自己的特色农产品品牌。通过"三资清理"（对村集体经济组织的资金、资产、资源进行合理清查、整顿、完善）工作，我们盘活了 300 多亩的集体土地，用于集体种植高效作物、对外租赁茶园。村集体有了收入，村民们的腰包渐渐鼓起来了，脸上的笑容也多了起来。

村民富了，但富了口袋，不能空了脑袋。在抓强村富民的同时，精神文明创建也同样重要。我干过12年的妇女和计生工作，对妇女工作有着深厚的感情，在脱贫攻坚的过程中，村里围绕"平安和谐家庭"创建，开展了"尊老敬老文明家庭"评选表彰活动。此外，为了积极弘扬社会主义核心价值观，村里还组建文艺宣传队，专门购置了音响及演出道具等，每年春节前，都举办一场有广场舞、三句半、小品、秧歌等内容丰富的乡村春晚，群众参与热情高涨，社会反响良好，极大地丰富了群众的文化生活。同时，我们结合"美丽乡村文明行动"，每年在村里评选10户优秀村民，8个"好媳妇"，8个"好婆婆"，并在庆新年晚会上进行表彰，在村中大力倡树尊老敬老文明风尚。

在一系列活动的推动下，红泥崖村形成了尊老爱幼、邻里和睦、崇尚科学、文明和谐的良好村风民风。

锁定老病残　情暖夕阳红

我自从嫁到红泥崖村后，就一直跟公婆住在一起。公公婆婆把我当亲闺女一样疼，我也一直管他们叫娘、叫大大（日照方言，指父亲）。家里有两位老人，让我更能体会到老年人的难处。在乡村，数量最多、最困难的便是这些老人们。

在红泥崖村，有大量老弱病残、失能半失能"老困孤"群体，亲人不在身边，他们的生活基本不能自理。给米给面、给钱给物根本解决不了实际困难，他们更缺的是关爱、陪伴和照料。

村里83岁的贫困户郭公正就是如此。郭公正和智障的儿子相依为命，爷俩基本失去自理能力，吃饭是他们最大的难题。2016年，经县妇联牵线搭桥，爱心企业家牟宗莉捐款2400元帮扶郭公正爷俩。钱要用在刀刃上，如何让这2400元最大限度改善郭公正爷俩的生活，我想了好久，最终决定，单独捐助一户，不如将善款"转个弯"。

于是，我用这笔捐助款聘请村里的贫困妇女陈淑芳，让她与郭公正结成对子，担任养老护理员，帮助日常照料郭公正一家，提供生活照料、卫生清理、代购物品等服务。这样一来，送钱送物转变为送服务，贫困妇女陈淑芳有了固定收入，郭公正老人日常养老照料也有了保障，一份钱解决了两家难题。

这一措施受到市扶贫办的肯定，在市里的协助下，我决定扩大帮扶范围，拓展延伸服务对象和内容。一方面，我们让一个贫困妇女同时帮助几个贫困老年人，另一方面，我们也不断丰富完善服务内容，从简单的做饭、洗衣服，延伸到卫生清扫、拆洗衣被、陪护就医、代购代办等一系列日常护理照料。这样做的效果也很明显，老人们实现了养老不离家，服务送上门，护理员实现岗位送上门，脱贫不离家，脱贫和解困两大难题同步得到了解决。

随着养老扶贫模式的推进，我发现，护理员一家一户照料贫困失能老人，村村点火，户户冒烟，浪费人力物力。为解决这个难题，我跟村"两委"商议，以村级幸福院为依托，统一配备厨具、洗衣机、床铺、电视、棋牌等设施，既方便老人日常照料和交流娱乐，也便于社会组织、慈善机构等集中探望关爱活动。分散服务变为了集中服务，实现了小院子供养、大集体关爱。于是，村里投资4万余元将150平方米的村级幸福院改建成为互助养老服务站，配套液化气灶、厨具、洗衣机等生活设施以及棋牌、电视等娱乐设施。4名贫困护理员每天都为18名贫困失能老人统一制作油饼、包子、馒头等主食，老人们饮食更有保障有营养，生活更有质量。

在长期探索中成型的"互助养老"扶贫模式，也得到了中央、省、市、县的肯定。2021年2月25日，全国脱贫攻坚总结表彰大会在北京举行，红泥崖村党支部被授予全国脱贫攻坚先进集体称号。我也获得了2018年的全国脱贫攻坚奖创新奖，2021年被全国妇联授予全国巾帼建功标兵称号。但真正让我感到自豪的是，"互助养老"模式在山东省推广，共聘请护理员30063人，其中贫困人口14551人，照顾贫困老人9.29万人。不仅如此，这一模式还在全国范围内进行推广，惠及更多的人。

我们在这个小山村探索出的模式，不仅让红泥崖村的村民老有所养、老有所依，过上小康生活，也让全省、全国的困难群众、困难老人受益。

脱贫攻坚以来，红泥崖村集体收入增长了43%，年人均收入增长超过50%，贫困户年人均收入增长了2倍，村容村貌大幅提升，基础设施和公共服务全面改善。

2020年，日照市五莲县洪凝街道红泥崖村的贫困户全部脱贫摘帽。但红泥崖村的幸福之路才刚刚开始，我们还将在村里建立健康小屋、心理咨询室等服务机构，将互助养老逐渐向社会化养老转变。红泥崖村将以乡村振兴接续脱贫攻坚，逐步绘就出一幅"产业兴旺、生活富足、村容整洁、乡风文明"的美丽乡村新画卷。

"摆渡"爱心食堂：让贫困老人有口热乎饭

滕兆敏

2015 年，对中国人民来说，是非凡的一年，全国上下吹响了打赢脱贫攻坚战的号角，全党全国勠力同心，攻坚克难，苦战五年决胜农村所有贫困人口的脱贫难题。作为一个土生土长的农村人，作为一个对"贫困"有着刻骨铭心经历的普通百姓，作为一个心系偏远山村孤寡老人生活的普通志愿者，追忆年少曾经有过的艰辛，思索与憧憬美好生活之未来，向脱贫攻坚宣战响起的号角注定会是这个伟大时代的最强音。

5 年脱贫攻坚路，1800 百多个日日夜夜，我作为日照市扶贫志愿者协会党支部书记、会长，带领志愿者们发起了"摆渡"爱心食堂项目，为贫困孤寡老人免费提供午餐。6 年多来项目筹集了 460 余万元爱心资金，在日照市各辖区建设了 15 处"摆渡"爱心食堂，为 729 名农村失能、半失能贫困老人提供免费午餐 27 万余份，也为 54 名贫困妇女提供了就业岗位，帮助她们成功脱贫。2018 年 12 月，"摆渡"爱心食堂荣获了中国青年志愿服务项目大赛金奖；2021 年 2 月，我被中共中央、国务院评为全国脱贫攻坚先进个人。在这里，我跟大家分享一下我的扶贫故事。

许下一个无法兑现的承诺

我出生在 1978 年，亲身经历并见证了我国改革开放 40 多年的光辉历程。一家人住在五莲山下，家里姊妹六个，我排行老三，是家里唯一的男孩，也是家里未来的顶梁柱。因为孩子多，家庭的重担全压在了父亲身上，为了给我们创造更好的生活条件，曾怀揣教书育人一辈子梦想的老父亲，离开了他热爱的岗位，用一个单薄高瘦的肩膀撑起这一家老小。可即使父亲拼尽全力，家里还是穷得揭不开锅。每当母亲看着妹妹们因为饿站在墙角哭，眼里总是泛着泪光，心疼地把我们抱在怀里。记得在寒冬的一天，妹妹们依旧哭泣，母亲抱着我们，思索再三，紧紧拉着我的手走出家门去一家一户借粮食。走了不知多少户，当有位邻居将半碗玉米递到母亲手里时，母亲低下头，眼角的泪再也没忍住流了下来，我仰头看着母亲，正好看到母亲一滴一滴掉下的泪，这一幕也一辈子刻在了我的记忆。回家的路上，我紧紧拽着母亲的衣角，默默感受着母亲淹没在北风中的细小抽泣声……后来母亲每隔几天领着不满十岁的我一家一户借粮食，父亲爱面子，但为了我们有时也会去讨点吃食。那时候的一个煎饼翅、一块硬馒头和一茶碗花生油成为我们一家人一辈子吃过的最温暖的饭。

"要记住别人对咱家的好，长大后要记得报恩。"这是一个字都不认识的母亲经常挂在嘴边的话，这句话也成为我毕生的信念。所以，我很感谢曾经帮助我们的邻里街坊，也很感恩父母艰辛地把我们拉扯大。1997 年的寒冬我瞒着家人参军入伍。在部队里，我光荣地加入了中国共产党，成为一名共产党员，全家人为我高兴，我也自觉身上有了更重的责任和担当。记得部队周边是矿区，矿区周围的村子里生活着一群贫困孤寡老人和留守在家的儿童，他们大多仅靠捡煤核维持生计。当看到那些灰头土脸的孩子跟着驶过的煤炭车争先恐后地捡着掉下的煤炭，那时我就仿佛看到了小时候的自己，母亲的话也出现在耳边。那晚我给家里老母亲打了个电话，告诉他们以后省下来的津贴就不往家里寄了，我没想到母亲很赞同，几天后我收到了母亲寄来的之前已经寄回家的津贴。从那之后，每月的津贴我都给了村子的老人和孩子。部队待了5年，这样的事儿也做了5年。也就是从那时起，我开始了我的24年公益岁月。

从部队回来后，我依然坚持做公益，也成立了自己的公益组织。2015年初秋的一天，我像往常一样带领志愿者到日照市五莲县洪凝街道孙家岭村开展帮扶活动，在一个狭窄的巷道里，一位老人迎着我们跪地爬来，为了不硌着膝盖，双手在土路上拨着膝盖前的小碎石。我跑上前想把老人搀扶起来，试了多次老人始终站不起来。后来从村民口中得知老人姓孙，这么多年来一直靠爬出门。我跟着老人来到家里，见过无数贫困家庭的我还是被眼前的一切惊呆了，屋内墙角边其他志愿组织送来的米面油，堆放在地上，已落满厚厚的灰尘，虽没开封却已经被老鼠啃了一圈洞；屋门边灶台上的那口锅也已经烧透见底、锈迹斑斑……那一刻我才知道，社会各界提供的物质保障使老人不愁吃、不愁穿，但因为自身能力的欠缺却让他们吃不到嘴边热乎饭，就像眼前的孙大爷一样。我叫停正往老人家里搬米面的志愿者，让他们去买些能现成吃的物资给老人送来。在孙大爷吃完志愿者送来的油条后，才对我打开话匣子："我身子没毛病，就是饿，浑身没有一点劲。"原来，老人身体并无大碍，只是患有腿疾，自己没有能力做饭。听了孙大爷的话，我当即许诺："您老好好活着，等我开一个养老院，到时候保证让您每天都能吃饱饭。"回来后，我就里里外外忙着筹办养老院的事。筹办期间，当我再来看望孙大爷时，却得知老人已经离世的消息。

回来的那天晚上，我久久不能入睡，在苦苦思索着。深夜披衣起床，翻看着电脑里第一次与老人见面时的相册和老人同意接他进养老院后露出的笑脸。一向自诩为钢铁汉子的我，还是在深夜流下了对老人心有愧疚的泪水。孙大爷的离去，像一块巨大沉重的石头压在我的心头，对于孙大爷，我今生欠他一个永远也无法兑现的承诺。

经过这件事，我突然意识到，有些事不能等，我必须与老人的生命进行赛跑。从那以后，我便和志愿者开始更加深入地了解农村贫困孤寡老人的生活状况，反复研讨帮扶方式。边走，边摸索，边走，边琢磨，直到最后我做了一个大胆的决定，要把食堂开到农村老人居多的村子里，免费给他们供餐。方案一出，现场气氛顿时凝重，在场的所有志愿者沉默了。大伙儿都认为这是不可能做到的事。沉默了许久，在一片寂静中，我再次播放了孙大爷生前的照片，播完后我盯着屏幕前的孙大爷照片，说："我还是想试试！"

就这样，2016 年我和志愿者成立了日照市扶贫志愿者协会，同时正式启动了"摆渡"爱心食堂项目，帮助农村贫困老人解决吃饭难的问题。然而，话好说，事难做，在实际推进过程中，走出办公室当头就是三棒——没房、没钱，最让我不理解的是没人信！

面对出现的一系列问题，我没有停下。没房！我就入村打听村民闲置的房屋，把这些房子进行租赁、翻修、改造，当作我们的主阵地。

没钱！协会党员、骨干先凑份子垫底，再四处"化缘"！志愿者们奔单位、跑企业分头凑钱，寻找各种社会爱心资金，最终凑够了开办食堂的 30 万元。

万事俱备，眼看食堂建好了，设备配齐了，开餐也在即，村干部却在这时候担起了心。他们怕我们开食堂是假，套赚村集体资金是真；村民更是一万个不相信！开食堂还免费吃？笑说天底下哪有这样的好事！这明摆着就是来搞形式挣钱的！更糟心的是，就连免费用餐的老人也不相信！担心我们会扣他们的养老钱。那段时间，"滕兆敏开食堂为挣钱"的事被传得头头是道；无论我们是登门劝说还是签订协议，就算磨破嘴皮大家始终仨字儿——"不相信"！虽然村民不理解的话像刀子一样扎进了心里，但我开食堂的想法始终没有动摇，我觉得做公益就得有恒心有毅力，老百姓不相信，我就用行动证明，再苦再难坚决要把这个事搞成！村民不信，我就继续做通老百姓的思想工作，拉上志愿者挨家挨户寻找突破口，最后我带领党员志愿者在村委党旗下宣誓，村民才勉强给个面子相信了。

几经周折，2016 年 11 月 19 日，我开办的日照市第一家"摆渡"爱心食堂在莒县龙山镇北上涧村开业了，为符合条件的老人免费供餐。开餐时，食堂里热热闹闹，老人们的食量也着实"吓"了我一跳，一位名叫董向洲的老人一顿吃下了 8 个馒头、3 大碗菜，他说："谢谢小滕儿，这是我这么多年吃得最饱的一顿饭。"在那个寒冷的冬天，因为爱心食堂的存在，村里的这群老人暖意融融。

社会共建打造一个崭新的模式

摆渡，这个名字其实也意味深远，寓意着我们想将那些需要帮助的贫困失能孤老"摆渡"到一个幸福的家。当然，渡人也是渡己，我愿意做这个幸福的"摆渡人"。如今，经过多年的探索发展，"摆渡"爱心食堂已经从1家开到了10家，又从10家开到了15家，形成了高标准、规范化、模式化的扶贫服务体系，也成为山东省脱贫攻坚工作中一张闪亮的名片。

开办容易运维难，为了确保食堂持续健康运行，我和志愿者们群策群力，大家有钱的出钱，有力的出力，一年365天每天都在为老人们"一顿热乎饭"奔波着，没有一个人敢放松，也没有一个人肯放松，大家较着劲儿地"拼"在这个公益项目上。为了做好人性化服务，提升硬件设施标准。在每一处爱心食堂，我们都设置了厨房、餐厅、超市、活动室、休息室等场所，统一配备炊具、餐具等设施。食堂每月公开账目，所需食材由志愿者统一采购配送，保障每日用餐的营养与安全。

我认为，既然开办爱心食堂的目的是精准的，那么帮扶对象也必须要做到"精准"。为了不让一位贫困老人掉队，"摆渡"爱心食堂的帮扶对象均由食堂落地村村委会推荐，我再带着志愿者挨家挨户走访核实，敲定了可以在食堂就餐的人员名单后贴在村里的公示板上，经村级公示后最终确定帮扶对象。同时，协会也在村内聘请了几位中年贫困妇女到食堂工作，为老人提供免费午餐和日间照料服务。

"摆渡"爱心食堂的举办，切实帮助解决了贫困老人们的吃饭难题，也在社会上产生了广泛而积极的影响。贫困老人不但得到了基本的照料，也形成了一个个互帮互助的群体。日照市东港区陈疃镇上蔡庄村一位名叫张茂分的老人，有一次连续两天没来食堂，做饭的工作人员感觉不对劲，担心老人出现什么意外便主动去老人家里看了看，结果发现老人已经高烧虚脱话都说不清了，工作人员赶紧联系村里医生进行急救，硬生生地把老人从死亡线上拉了回来。从此，张茂分逢人便说："是食堂救了俺一命。"老人的话深深触动了我，也让我感受到了对这群老人更重的责任感。

爱心食堂的建成，不但大大改善了被帮扶对象的生活质量，也在很大程度上改变了他们的生活方式和精神面貌。从前，老人们大多蓬头垢面、不修边幅、精神不振，到食堂吃饭后，大家也开始慢慢注重起穿衣打扮、个人卫生，眼睛有光了，人也有了神采，对党、对社会充满了感激。日照市东港区陈疃镇堰村 53 岁的彭军贤患侏儒症，经常受人歧视，每当看到有志愿者去食堂服务，他也到食堂去帮忙。有一天，他找到食堂的志愿者郑重地跟他们道谢，也感谢社会对自己的帮助，同时也说出希望能在生命走到尽头时，将遗体捐献给国家供医学研究，以此回报社会。这些感人的话语就来自我们帮助的淳朴老人，这也让我们看到了公益项目开展的意义。

更让我们欣喜的是，孤寡老人得到了照料，村庄风气也跟着越来越好。我们发现，凡是办起"摆渡"爱心食堂的村子，村里邻里守望相助、敬老孝老爱老蔚然成风，村民不但自发地将自家种的菜、打的粮送往食堂，每逢端午节、九九老人节这些传统节日，村里那些大嫂们还会主动挎上整篮子的鸡蛋、大米，到食堂一起给老人们包粽子、包饺子，陪着他们说说话，大家一起其乐融融，情景非常动人。与此同时，食堂聘请的服务人员大都是本村的贫困人员，他们每人每月能拿到 500—1000 元不等的劳动收入，借着"摆渡"爱心食堂她们实现了"脱贫 + 解困"，一举解两难。

为了日复一日的这顿热乎饭，我和协会志愿者们集思广益，不断优化食堂发展模式。办好食堂，必须有全心全意为人民服务的情怀，有参与公益的奉献精神，有持之以恒的活力激情，因此协会针对项目确定了"党建引领 志愿同行"的党建品牌。一切思想听党话，一切活动跟党走，以实际行动让老人们吃上暖心饭，感受到党带给他们的改变和温暖。

小食堂汇聚大爱心。在食堂后来的推进过程中，我们也得到了日照市扶贫办、文明办与社会各界的支持。5年来食堂先后带动了75家文明单位、爱心企业、高校及3600余名爱心人士走进农村开展志愿扶贫活动数千次。营养、可口的饭菜，不仅滋养了老人年迈的身体，也是政府、社会和老人之间的"连心桥"。

通过"政府兜一点、社会捐一点、村里补一点、个人掏一点"，食堂有效破解了老人吃上热乎饭这一难题。甚至，为了让免费热乎饭惠及更多贫困老人，2020年我依托食堂启动了"1小时"爱心配餐圈，为新增的348位老人免费送餐到家，我要做的就是竭力打通党委政府的好政策与老人嘴边一顿热乎饭的距离。

扶贫路上我会一直走下去

做公益过程中，我遇到过很多坎坷、逆境，有人不理解、讽刺我，说我图点什么，说我出风头，面对被人的不理解和讽刺，我就是排除干扰，不予理睬。爱心食堂建设中，我也遇到过各种质疑的声音——为什么要办食堂？怎样确保食堂长效？如何避免老人来回路上发生意外……这些问题，我们也一直在思考，一直在优化，一直在突破。但更多的是事实胜于雄辩，从关爱贫困孤寡老人的"情暖夕阳红"项目，到关爱农民工子女、留守儿童"情系红领巾"项目，从帮扶救助各类重大疾患"微光爱心基金"项目，到解决贫困失能半失能贫困老人的"摆渡"爱心食堂项目，我用自己的执着坚持与实际行动做出了有力的回答。"兆敏啊，你要继续做下去！"2019年10月17日，在山东省深入学习贯彻习近平总书记关于扶贫工作重要论述和对山东工作的重要指示要求座谈会上，山东省委副书记、省扶贫开发领导小组副组长杨东奇的这句话，让我在公益路上继续走下去的信心决心更加坚定了。

习近平总书记说，脱贫摘帽不是终点，而是新生活、新奋斗的起点。我才刚刚启航，还要不畏艰难，还要开拓前进！哪里有老人需要这口热乎饭，我就要把爱心食堂开到哪里去。正是因为这顿热乎饭，我也成了 729 位老人口中的"当家的"，也成了他们的牵挂。聋哑、智障老人唐秀美，每天最重要的一件事就是等中午的那顿饭，风雨不误。有一天见我到食堂送菜，她蹒跚回家抱来一个大塑料袋，咿咿呀呀和我比画了半天，我打开一看是已经坏了一多半的山楂。原来，老人家里有棵山楂树，每逢深秋她都会将树上熟得最好的那个山楂摘下来给我留着，攒得多了放得久了却坏了大半儿。80 岁的刘家庭大爷在食堂开餐后，因为吃上了猪肉炖土豆和白米饭，向我伸出大拇指说："天底下还真有这样的好事，感谢共产党！"被村里人称为"老古怪"的厉宝生，一生无儿女，弥留之际把藏在枕头下的五保小本塞进我的手里，喃喃说道"滕儿，这辈子是不能报答你了，你对俺的好俺记下了……"伴着这顿热乎饭，已有 26 位孤寡老人离开了这个世界，那个吃了 8 个馒头、3 碗菜的董相洲大爷拉着我的手跟我说："滕儿，大爷在食堂白吃了你五年的饭，大爷信你，俺全村人都信你啦，傻孩子，你图个啥呀！"

现在，爱心食堂也走了五个年头，开设爱心食堂的村基本实现了老人们养老不离家、不离乡、不离老伙伴。志愿服务站、社会工作站、新时代文明实践站、大学生社会实践基地、党建示范基地、美丽乡村工作站的多方合力，也共同保障了爱心食堂的长效运行，助力了农村养老和扶贫政策惠心、社会齐心、村民安心、老人开心、儿女放心。回头看来，这五年里，有严寒酷暑的奔波，有泪流满面的感动，也有生离死别离的无奈；遇过食堂运行资金的短缺，也面对公众对我公益初心的质疑，但无论怎样，只要老人有需要，我们"摆渡"爱心食堂里的这顿热乎饭就会一直做下去。作为一名退役军人，一名志愿者，一名共产党员，责任告诉我就是要让老人们都能够实实在在地感受到共产党的温暖！我和协会志愿者也会继续研究、讨论，看看哪里还能再升级哪里还能再补缺，用咱们的双手托起老年人稳稳的晚年幸福！

打赢脱贫攻坚战役　加快振兴沂蒙乡村

王安德

临沂是全国著名的革命老区，是沂蒙精神的主要发源地。新一轮脱贫攻坚开展以来，作为全省两个脱贫攻坚重点市之一，我们牢记习近平总书记殷切嘱托，坚持精准扶贫精准脱贫方略，大力弘扬沂蒙精神，带领老区干部群众攻坚克难、真抓实干，打赢了一场新时期"孟良崮战役"。2020年底，全市1275个贫困村全部摘帽，45.1万农村贫困人口全部脱贫，贫困发生率由2015年底的4.85%到2018年底基本归零，脱贫攻坚战取得了全面胜利。

任职临沂后，我多次就脱贫攻坚开展专题调研，还利用大雨过后、严寒到来的关键节点，深入贫困村里看变化，走访贫困户家中听心声，切身感受到了沂蒙老区发生的翻天覆地变化，主要体现在：贫困人口收入水平明显提高，群众生活水平大幅提升，全部实现了"两不愁三保障"，脱贫群众不愁吃、不愁穿，义务教育、基本医疗、住房安全、饮水安全都有了保障，补齐了全面建成小康社会的最大短板。全市贫困人口年人均纯收入由2016年的2620元提高到2020年的7514元，较2016年底增长了186.8%。贫困乡村实现跨越发展，全市6个脱贫任务比较重的县、46个省级重点扶持乡镇、268个省级扶贫工作重点村经济实力不断增强，基础设施明显改善，社会事业长足进步，行路难、用电难、通信难、上学难、就医难等问题得到历史性解决。工作中，我们坚持扶贫先扶志，千方百计提振人民群众的脱贫积极性和精神面貌，广大脱贫群众由过去的"站着看"转变为"抢着干"，自力更生、奋发向上的精气神得到有效激发，群众信心更坚、脑子更活、心气更足、路子更宽，脱贫致富的热情空前高涨。通过脱贫攻坚工作，进一步融洽了党群干群关系，各级党组织和广大党员干部坚决响应中央号召和省委要求，尽锐出战、冲锋在前，用脚步丈量土地，以担当诠释初心，党员、干部的作风更加务实、形象更加美好，党在农村的执政基础更加夯实。

回望这场波澜壮阔的战斗，我们认为，沂蒙脱贫攻坚战取得全面胜利，靠的是习近平新时代中国特色社会主义思想的科学指引，靠的是习近平总书记的掌舵领航，靠的是党中央、国务院的英明决策和省委、省政府的坚强领导，靠的是全市干部群众的团结奋斗，靠的是社会各界的倾力支持。经过这场大战大考的淬炼洗礼，我们积累了一些宝贵经验，激励着沂蒙党员干部不断前进。

打赢脱贫攻坚战，最核心的是
坚持党的领导、忠诚看齐

临沂是一片红色热土，革命战争时期，沂蒙人民铁心向党，坚定不移跟党走，靠的是党的坚强领导。打赢脱贫攻坚这场硬仗，同样靠的是党的领导。

脱贫攻坚伊始，市委、市政府提出"走在前列、带个好头"的目标定位，把脱贫攻坚确定为新时期"孟良崮战役"。工作中，我们始终坚持党对脱贫攻坚的全面领导，成立由市委书记、市长任"双组长"的扶贫开发领导小组，市县乡村层层签订脱贫责任书，立下"军令状"，构建"市抓推进、县乡村抓落实"的四级扶贫工作机制。同时，充分发扬老区人民"党员干部打头阵、男女老少齐上阵"的优良传统，广泛动员各方面力量共同向贫困宣战，心往一处想、劲往一处使，上下同心、合力攻坚，创新实施了"百千万"沂蒙老区脱贫攻坚行动和"双16"推进计划，百名县级干部、千名第一书记、万名机关干部进村入户、靠上帮扶，百家强企、千家电商、万家志愿家庭齐心协力、无私支援，16个县区、16个职能部门分区分线、协同作战，各行各业发挥专业优势，民营企业、社会组织和公民个人热情参与，构建起了专项扶贫、行业扶贫、社会扶贫"三位一体"大扶贫格局，形成全党上下齐动员、全民参与促攻坚的宏大局面。

脱贫攻坚的生动实践证明，党的领导是干好一切工作的坚强政治保证，集中力量办大事是社会主义的最大政治优势。只要我们始终坚持党的领导，坚定执行党的政治路线，坚定拥护"两个确立"，增强"四个意识"、坚定"四个自信"、做到"两个维护"，始终与党中央保持政治同心、目标同向、行动同步，就一定能从容应对前进路上的各种复杂局面和风险挑战，办成更多像脱贫攻坚这样的大事难事，不断从胜利走向新的胜利。

打赢脱贫攻坚战，最关键的是坚持科学施策、精准务实

脱贫攻坚，贵在精准，重在精准，成败之举在于精准。我们坚决落实精准扶贫精准脱贫基本方略，围绕解决好"扶持谁、谁来扶、怎么扶、如何退"等问题，下足"绣花"功夫，因村因户因人施策，用心用情用力推进，把精准精细贯穿到脱贫攻坚全过程各方面。

工作中，我们坚持做到"三个精准"：精准识别贫困对象。我们先后开展"百村万户民情大走访""三问三清""四查四看""五帮五促"活动。精准摸清全市致贫家底，精准制定帮扶举措，实现一户不漏、一人不落。同时，开发建设沂蒙脱贫攻坚指挥平台，量身定制"扶贫二维码"，推进32个部门间数据共享，全面真实掌握贫困户信息，及时调整优化帮扶举措，实现了精准帮扶、靶向治贫。精准帮扶贫困对象。坚

持因地制宜、因户施策，综合实施特色产业扶贫、党建扶贫、电商扶贫、旅游扶贫、金融扶贫、孝老扶贫等帮扶措施，趟出了"一村多业、一户多策、一人多岗"脱贫攻坚新路子。5年来，全市累计落实扶贫资金56.9亿元，发放小额信贷82.8亿元，建成产业项目3251个、扶贫车间276个，通过股份合作、订单帮扶、收益分红等方式，让48.9万人次贫困群众鼓起了"钱袋子"、过上了好日子。

根据贫困村实际，聚焦村级发展精准施策。全面实施"四联八建"。贫困村提升工程，加快扶贫车间标准化建设，推进美丽乡村建设与脱贫攻坚深度融合，重点在增加村集体收入上下功夫，不断增强村级发展后劲。同时，坚持自治、法治、德治并举，在贫困村成立扶贫理事会等自治组织，大力开展丧葬费减免等移风易俗政策，逐步提升村级治理能力。比如，沂南县马牧池乡新立村旅游资源丰富，他们与沂蒙红色影视基地开展村企共建，入股合作开发乡村休闲旅游度假项目，还吸引群众到影视基地当群演、卖产品，带动村集体增收26万元，周边40户贫困户实现脱贫。

事实充分证明，精准务实是打赢脱贫攻坚战的制胜法宝。正是这种精准施策的"绣花"功夫、求真务实的科学精神，让脱贫成效真正得到了群众认可，并经得起实践和历史的检验。在全面推进乡村振兴的新征程中，我们必须坚持一切从实际出发，继续坚持精准务实的科学方法，充分尊重乡村发展规律和群众现实所需，从各地实际出发，在精准施策上出实招、在精准推进上下实功、在精准落地上见实效，就一定能够为高质量发展和现代化建设提供科学路径、注入持久动力。

打赢脱贫攻坚战，最根本的是坚持人民至上、一心为民

脱贫攻坚实施中，我们坚持民有所困必有所帮。围绕"两不愁三保障"和饮水安全目标，着力解决贫困群众吃饭穿衣等基本民生需求，全

面解决贫困群众出行、上学、就医、住房、饮水等切身利益问题，让贫困群众有更多实实在在的获得感、幸福感、安全感。几年来，全市有10.4万人次学生得到教育资助，贫困患者累计减轻就医负担3.42亿元，4.2万户群众从"忧居"变成了"优居"，1675户3884人"挪穷窝"，摆脱了闭塞落后，搬入了新家园。费县崔家沟村原先是省定贫困村，搬迁前贫困发生率达46%，村里35岁以上的未婚男青年达到了28人。为破解崔家沟村行路难、吃水难、上学难、就医难、就业难、娶妻难"六难"问题，费县实行新型居住社区、就业安置园区、高效农业示范区"三区同建"，全村一次性整体搬迁到镇驻地，村民住上了楼房，实现了就地就近就业，28个光棍中27个娶上了媳妇，成为远近闻名的富裕村。坚持民有所求必有所应。授之以鱼不如授之以渔。我们注重改进帮扶方式，提高贫困群众自身发展能力，实现由"输血"式扶贫向"造血"式帮扶转变。依托临沂民营企业多、商贸物流发达优势，引进龙头企业入村、建设扶贫就业车间、提供免费技能培训，同时加大消费扶贫、电商扶贫力度，帮助提高群众自我发展能力，组织、引导、支持贫困群众发展产业、扩大就业实现脱贫。几年来，全市贫困人口累计就业4.8万余人次，农村公益性岗位安置就业2600余人，人均月收入增加500元。坚持民有所想必有所为。"志之难也，不在胜人，在自胜。"脱贫必须摆脱思想意识上的贫困。我们在加大脱贫攻坚投入力度的同时，坚持扶贫同扶志、扶智相结合，既富口袋也富脑袋，引导贫困群众树立"宁愿苦干、不愿苦熬"的观念，引导贫困群众依靠勤劳双手和顽强意志摆脱贫困、改变命运。几年来，先后培树出沂蒙扶贫"六姐妹"、沂水小棉袄等自主脱贫典型，推出《毛驴上树》《喜盈代村》等扶贫文艺作品，有效激发了贫困群众脱贫致富内生动力。蒙阴县74岁贫困户徐美凤说："父辈抢着拥军支前，现在让俺吃喝全靠政府，这不打俺的脸吗？"本可享受"兜底脱贫"政策的她，仍然参加了村里合作社养殖长毛兔，实现了光荣脱贫。

打赢脱贫攻坚战，最主要的是
坚持开拓创新、攻坚克难

精准扶贫不同于以往的扶贫开发，是全新的课题、全新的考验，没有现成的模式可学、没有成熟的路子可走，一切都要"开疆拓土"、用心用力去谋划研究。工作中，我们坚持以创新求实效，大胆尝试、积极探索，以敢为人先的首创精神探索出了很多可复制可推广的临沂经验，为打赢脱贫攻坚战贡献了"沂蒙智慧"。

工作中，我们注重做好三个方面的创新：一是注重模式创新。聚焦村级持续增收，创新推广专项扶贫资金转股金、村级资源转股权、集体资产转红利"三转"模式，为村级发展注入活力；聚焦社会爱心帮扶，成立临沂市孤贫儿童心理辅导志愿者服务团，创新探索出"扶贫＋扶心＋扶志＋扶技"的孤贫儿童帮扶模式，服务团被党中央、国务院评为全国脱贫攻坚先进集体。同时，我们还在全省率先设立爱心众筹公益平台、建立并推广"子女尽责、集体担责、社会分责、政府履责"的孝善养老新模式，最大限度汇聚了社会帮扶合力。二是注重机制创新。为加强扶贫资产管理，确保脱贫群众持续受益，创新建立了以"四权分置"为核心的资产收益管理机制，通过明确所有权归村集体、放活经营权归承包户、保障受益权归贫困户、落实监管权归镇政府，有效促进了扶贫资产保值增值、循环利用、安全运行。这一典型做法多次获得中央和省领导的批示，并作为全省唯一典型经验入选首届全球减贫案例。三是注重方法创新。省委对临沂脱贫攻坚非常重视，专门安排济南定向帮扶临沂，自济临扶贫协作开展以来，在济南市的大力支持帮扶下，两地在协作方式、协作领域上取得了丰硕成果。为继续巩固拓展协作成果，把好钢用在刀刃上，我们探索设立了3.5亿元规模的济临扶贫协作专项基金，投入收益稳定的国有公司运营项目，收益集中用于即时帮扶人口和脱贫监测户的帮扶救助，有效防止返贫和新致贫。目前已累计帮扶困难群众5万多人。

打赢脱贫攻坚战，最重要的是
坚持担当作为、无私奉献

讲奉献、敢担当是沂蒙干部的鲜明政治底色。党中央一声号令，全市各级党组织和广大党员干部尽锐出战、迎难而上，以热血赴使命、以行动践诺言，舍小家为大家，同贫困群众结对子、认亲戚，困难面前豁得出，关键时候顶得上，用实际行动乃至宝贵生命诠释了党的初心使命。比如，全国脱贫攻坚先进个人刘建光，生前是市选派驻沂水县四十里堡镇洪沟村第一书记，自2016年脱贫攻坚开始以来，连续两轮投身驻村帮扶，在生命的最后时刻还在研究项目引进、产业培育，用49岁的短暂生命诠释了共产党员的为民担当。再如，兰陵代村党委书记王传喜，带领群众将一个村集体负债380多万元、上任之初就收到126张法院传票的"脏乱差穷"的落后村，发展成集体经济强、村民生活富的先进村，并发挥乡村振兴的领头雁作用，带动其他村走上致富路，被授予时代楷模等荣誉称号。在沂蒙脱贫攻坚战场上，像这样的例子还有很多。5年来，全市8275名驻村第一书记、5.7万名帮扶干部在沂蒙精神的激励下，倾力奉献、苦干实干，和贫困群众想在一起、过在一起、干在一起，用自己的"辛苦指数"换来老百姓的"幸福指数"，兑现了不让一个群众掉队的庄严承诺。

在脱贫攻坚中锤炼的扶贫队伍政治过硬、本领过硬、作风过硬，是打赢脱贫攻坚战的重要保障，也是推进乡村振兴的主力军。

打赢沂蒙脱贫攻坚战，最有力的是
坚持严实作风、真抓实干

　　脱贫攻坚工作必须实打实、硬碰硬，来不得半点虚假，在推进工作过程中，我们始终坚持实的作风、严的纪律。近年来，全市连续开展多轮扶贫领域腐败和作风问题专项治理，全面系统排查精准识别退出、项目建设运营、扶贫资金使用、资产收益分配等方面存在的突出问题，纠正形式主义、官僚主义问题，杜绝数字脱贫和虚假脱贫。在监督考核中，我们不断深化监督考核机制，实施最严格的监督考核制度，在全省率先实施"嵌入式"审计监督，建立抽查、巡查、督查"三查"制度，建立全方位监督体系，确保脱贫攻坚安排部署到哪里，监督考核就快速跟进到哪里。严格执行脱贫攻坚问责办法，充分运用监督执纪"四种形态"，严厉查处扶贫领域各类问题，严肃依纪依规刚性问责，构筑起脱贫攻坚执纪监督防线。对长期奋战在脱贫攻坚一线的干部，我们坚持严管与厚爱结合、激励和约束并重，引导全市党员干部始终保持"不破楼兰终不还"的韧劲，善作善成、慎终如始，越到紧要关头、越是任务艰巨繁重，越要保持"越是艰险越向前"的韧劲和耐力，不获全胜绝不收兵，展现出铁的担当良好形象。2020年，面对新冠肺炎疫情和严重汛情，我们全力做好"加试题"、打好收官战，全力兑现"打赢两场战役、夺取两个胜利"的庄严承诺。

　　事实充分证明，坚持严的要求、实的导向是脱贫攻坚取得胜利的有力保证。新的历史时期，我们更要扛起管党治党政治责任，纵深推进全面从严治党，引导广大党员干部锤炼求真务实、真抓实干的过硬作风，继续在新的长征路上创造出无愧于时代、无愧于人民、无愧于历史的新业绩。

　　在全国脱贫攻坚总结表彰大会上，习近平总书记深刻指出，脱贫摘帽不是终点，而是新生活、新奋斗的起点。脱贫攻坚战的全面胜利，标志着我们党在团结带领人民创造美好生活、实现共同富裕的道路上迈出了坚实的一大步。当前，"三农"工作重心从脱贫攻坚历史性转移到全面推进乡村振兴上，全面实施乡村振兴战略的深度、广度、难度都不亚于脱贫攻坚。在全面推进乡村振兴的新征程上，我们将大力弘扬沂蒙精神和脱贫攻坚精神，尽锐出战、真抓实干，切实做好巩固拓展脱贫攻坚成果同乡村振兴有效衔接各项工作。

沂蒙老区脱贫攻坚路

孙涛

2015 年初。临沂作为山东省脱贫攻坚两个重点市之一，有全省脱贫任务比较重的县 6 个，省重点扶贫乡镇 46 个，省扶贫工作重点村 268 个，贫困人口 32.3 万人，贫困村和贫困人口均占全省的六分之一。脱贫攻坚以来，临沂市扶贫干部牢记习近平总书记视察临沂时"要紧紧拉住老区人民的手，决不让他们在全面建成小康社会进程中掉队"的殷切嘱托，大力弘扬沂蒙精神，带着对老区群众的深厚感情、带着全面脱贫的历史责任打好攻坚战，走出了一条帮扶措施多重覆盖、扶贫政策多层叠加、贫困群众多方受益，具有临沂特色的精准扶贫路子。5 年来，全市 1275 个贫困村全部摘帽，农村贫困人口累计减少 45.1 万人，彻底解决绝对贫困问题。中央领导汪洋同志先后四次对我市扶贫工作作出批示给予肯定。2017 年 12 月，《人民日报》头版头条以《习总书记办的，都是俺们盼的》为题刊发我市脱贫攻坚典型做法。中央电视台《新闻联播》8 次报道我市脱贫攻坚经验做法。特别是 2021 年 2 月 25 日，临沂市扶贫开发领导小组办公室荣获全国脱贫攻坚先进集体，受到党中央、国务院表彰，全市广大扶贫干部无不为之自豪。他们以行动践行诺言，以奉献诠释担当，以实绩展现作为。作为一名脱贫攻坚的亲历者、参与者，回顾 5 年来的脱贫攻坚工作，一幕幕尽在眼前。

健全机制是打赢脱贫攻坚战的第一动力

2016 年初，按照市委、市政府将脱贫攻坚工作作为统领"三农"工作一号工程的安排部署，印发了《打赢脱贫攻坚战行动方案》，创新实施"百千万"沂蒙老区脱贫攻坚行动和"双 16"推进计划，选派百名县级领导包镇、千名第一书记包村、万名机关干部包户；号召百家强企帮镇、千家电商帮村、万家志愿家庭帮户；16 个县区和 16 个牵头部门分区分线作战，分别制定实施方案、专项方案，形成了以《打赢脱贫攻坚战行动方案》为主体的"1+N"脱贫攻坚政策体系。

2017 年，为深入贯彻落实精准扶贫精准脱贫基本方略和省委省政府"八个精准"的要求，我们按照脱贫任务量实行"664"分区，把全市 16 个县区分为"集中攻坚区""全面突破区"和"巩固提升区"，明确重点、协同推进。把 46 个省扶贫工作重点乡镇和 268 个省重点村作为优先扶持对象，加大政策支持力度。同时，结合贫困人口末端分布分散的实际情况，在县乡两级集中布局扶贫产业园区，提高辐射带动作用，统筹做好非重点镇村的帮扶工作。

2018 年，制定出台《临沂市脱贫攻坚责任制实施细则》，市县乡村层层签订脱贫责任书，立下"军令状"。实施四级书记遍访贫困对象行动，各级领导干部带着感情、带着责任抓扶贫，既挂帅又出征，市级领导带头帮包联系贫困村，集中时间开展驻村蹲点调研，县乡两级围绕措施落地，强化责任落实，构建了市抓推进、县乡抓落实的攻坚格局。

2020 年 3 月 6 日，党中央召开了决战决胜脱贫攻坚座谈会，习近平总书记对决战决胜脱贫攻坚作出全面部署，为夺取脱贫攻坚战全面胜利发出了总攻号令。我们印发了《关于深入学习贯彻习近平总书记重要讲话精神决战决胜脱贫攻坚的通知》，深入学习贯彻习近平总书记重要讲话精神，克服新冠肺炎疫情影响，全力以赴抓好各项工作落实，确保高质量完成脱贫攻坚任务。6 月 4 日，我市召开了脱贫攻坚以来最高规格的决战决胜脱贫攻坚推进会，对决战脱贫工作进行再强调、再部署，动员全市各级各部门扛牢政治责任，坚决打赢脱贫攻坚这场大仗硬仗。按照市委市政府部署要求，我们着眼于脱贫攻坚决胜收官重点任务落实，成立了危房改造、自查评估、产业扶贫资金项目管理规范提升、贫困户饮水安全、扶贫领域腐败和作风问题整治、宣传总结及舆情引导、档案资料收集整理、扶贫队伍建设管理、健全长效机制、监督问责等10个工作专班，由市级领导同志牵头，整合资源力量，统筹推进工作落实。

坚持"精准"标准，一把尺子量到底

2016年以来，我们紧紧抓住精准识别这个关键，扎实开展了"三问三清""四看四查""五帮五促"等活动，摸清摸实贫困人口情况及底数，完善建立脱贫攻坚档案，时时扣好精准识别"第一粒扣子"。为了做到"精准"，让扶贫的各种信息、供需、监督、成效评估等数据一目了然。2018年，我们在全省率先建设了"两端一号"沂蒙脱贫攻坚指挥系统，打通32类行业部门数据，实现了信息共享、实时调度、动态指挥。2019年，又依托数据平台，为贫困户生成每户独有的实名制"二维码"，通过扫码实现帮扶动态及时录入、帮扶需求及时采集、脱贫质量及时核实，推动了脱贫质效的实时跟踪和动态监测。2019年9月22日，《大众日报》头版头条以《临沂市为27.3万贫困户量身定做"二维码"》为题进行了重点报道。

工作中，我们坚持用足用好每一分扶贫资金。我们搭建了多个金融服务平台，创新设立了多种农村金融服务产品，在全省率先开发"富民农户贷""富民生产贷"等金融扶贫产品，累计发放小额扶贫信贷82.8亿元。脱贫攻坚以来，实施的中央专项彩票公益金项目代表山东省在国家绩效评价中3次获评全国第一；财政专项扶贫资金绩效评价连续4年全省第一名。5年来，累计落实财政扶贫资金56.9亿元，为脱贫攻坚提供了有力的资金保障。

　　产业扶贫是脱贫攻坚的牛鼻子，我们紧紧抓住这个关键不放松，通过推广优势产业开发型、业态融合发展型等"七型"产业发展模式，开展"产业扶贫资金项目管理规范提升月"活动，确保了项目长期发挥效益。在特色产业发展上，发挥"八百里蒙山山清水秀、近千里沂河风光旖旎、红色文化根深叶茂"的优势，引导支持贫困村、贫困户因地制宜发展"种养加""乡村游"等致富项目 3251 个，培育了"生态沂蒙山、优质农产品"等品牌，建成了一批度假村、农家乐。沂南县朱家林曾是一个落后小山村，实施精准扶贫以来，该村依托丰富的乡村旅游资源，吸引青年返乡创业，把老百姓的老旧房屋租过来改造为特色民宿、发展乡村旅游，美了村庄、活了农业、富了农民，该村 31 户 65 名贫困群众在他们的带动下全部脱贫。兰陵县压油沟、沂南全域旅游助力革命老区扶贫 2 个案例入选"世界旅游联盟旅游减贫案例"。在扶贫车间建设上，发挥全国最大的市场——临沂商城的优势，组织引导商城商户利用贫困村闲置土地、空闲场所等兴办扶贫车间，吸纳贫困群众从事来料加工，实现"就近就业不出村、挣钱顾家两不误"。全市贫困人口年人均纯收入由 2016 年的 2620 元提高到 2020 年的 7514 元，较 2016 年底增长 186.8%。纳入国家补贴目录光伏扶贫电站 1745 个，累计收益 5.63 亿元，设立公益岗位吸纳 4.02 万贫困人口就业。在电商网点布局上，引导"农户变网商、农村变货仓"，实现农产品"上行"增值、农民"触网"增收。我市素有"结艺之乡"称号的郯城县红花镇，通过与淘宝网、天猫网等合作，搭建电商服务平台，免费为贫困户推广和销售中国结，使具有地方特色的手工编织品成了网上热俏的"香饽饽"，带动 200 多名贫困户增收脱贫。

坚守底线任务，重点保障特困群众

　　2019 年 4 月 16 日，习近平总书记在主持召开解决"两不愁三保障"突出问题座谈会时强调，稳定实现"两不愁三保障"是贫困人口脱贫的基本要求和核心指标，直接关系脱贫质量。我们针对贫困人口70%以上是老弱病残群体的现状，本着对沂蒙老区百姓还恩还情还债的初心和使命，把解决特殊困难群众实际困难作为攻坚的主要方向，印发了《扎实做好脱贫攻坚"回头看"着力解决"两不愁三保障"突出问题的实施方案》，不断完善兜底保障的"政策包"，精准落实救助政策，构建起特困帮扶"六线联保"机制，切实解决贫困群众生活难题，织密保障网。

在教育保障方面，我们积极配合教育部门落实好教育扶贫各项政策措施，在完善控辍保学动态监测机制基础上，从 2017 年开始，积极实施雨露计划项目，对脱贫继续享受政策的建档立卡贫困家庭和返贫、新致贫的贫困家庭在校接受中、高等职业教育的子女，按照每生每年3000 元的标准给予补助，支持引导农村贫困家庭学生接受职业教育，对阻断贫困代际传递发挥了重要作用。沂南县马牧池乡崔家庄村贫困户子女潘某某，家虽穷，志却坚，坚信知识能够改变命运。在教育扶贫政策帮扶下，顺利完成初中、高中学业，2017 年 9 月顺利考入潍坊护理职业学院学习，在校期间又享受到每学期 1500 元的"雨露计划"职业教育补助，大大减轻了就读经济负担。毕业后报名成为一名援疆志愿者，每月工资 3500 元左右，直接改变了这个困难家庭的命运。

在医疗保障方面，2017 年，我们联合卫健部门出台了医疗健康精准扶贫"金十条"，即《临沂市医疗健康精准扶贫实施办法（试行）》，创新推出对贫困群众含金量高、特惠性强的看病就医优惠政策。比如，为全市建档立卡贫困人口进行一次免费健康查体和主要疾病筛查；对患有高血压、糖尿病（并发症）、冠心病等 30 种慢性病和尿毒症透析、重性精神病等 9 种特殊疾病患者，录入医保信息系统，并按规定享受待遇；建立"一站式"服务模式，实行"先诊疗、后付费"结算机制；实行贫困人口参加医疗保险个人缴费由财政代缴政策，确保现行的基本医保政策落实到位；在市内各级各类医疗机构看病就医，实行"两免两减半"（免收贫困患者个人自付的普通门诊挂号费、诊查费，门诊专家门诊诊查费、大型设备检查费减半收取）优惠政策；住院治疗的，落实经基本医保、大病保险报销后个人自付部分由医疗机构减免 10% 优惠政策。特别是实行商业补充保险补偿政策，按照省、市、县 100 元、30 元、不低于 20 元的比例，为全市贫困人口购买商业补充保险，贫困人口住院治疗，经基本医保、大病保险、医疗减免按规定比例报销后，由商业补充保险部门按目录内报销 90%、目录外报销 85%，予以救助。这样使政策范围内费用报销比例在 90% 左右，覆盖所有脱贫享受政策人口，累计报销 3.42 亿元，最大限度地减少了贫困群众看病就医支出，有效防止了因病致贫返贫。

在住房保障方面，将农村危房改造政策重点向特殊困难群众倾斜，在住建部门补助的基础上，市里再提供每户 2 万元的补助，让"三无"失能特困人口和因病因灾重困人口不花一分钱就能住上安全舒适的新房子，累计完成修缮改造 4.2 万户。推进易地扶贫搬迁，自 2015 年底开始实施易地搬迁行动，共有 3 县 13 乡镇 36 个村 4493 户 12584 人需要实施易地扶贫搬迁，其中建档立卡贫困人口 1675 户 3884 人。分两年度实施，2016 年计划搬迁建档立卡贫困户 917 户 2099 人，同步搬迁 2069 户 6126 人；2017 年计划搬迁建档立卡贫困户 758 户 1785 人，同步搬迁 749 户 2574 人。到 2019 年底，全市易地扶贫搬迁共计 4493 户 12584 人，集中安置 3470 户 9953 人，分散安置 1023 户 2631 人，其中建档立卡贫困户 1675 户 3884 人已全部脱贫。

在饮水保障方面，配合市水利部门开展"农村饮水安全两年攻坚行动（2019—2020）"，优先解决贫困村、贫困户喝水难题，累计完成 1275 个贫困村的饮水安全提升工程建设任务，贫困群众饮水安全保障率达到 100%。兰陵县矿坑镇朱柳村地理位置偏远，过去都是家家户户自家打井吃水，井浅水质不达标。通过饮水安全提升工程，水利部门给村里新建了 180 米深的机井，水质好，并免费给全村安装了管材、水龙头、水表等设施，全村都喝上安全的自来水。

在护理保障方面，在全面落实低保、助残等政策的基础上，我市印发了《临沂市建档立卡贫困人口"三无"失能人员护理救助指导意见》，为无劳动能力、无自理能力、无子女赡养能力的"三无"失能人员聘请护理人员（每人每月统筹 200 元护理资金；县区配套不低于 100

元），护理员根据护理对象的特点和需求，以日常生活照料为重点，有针对性地制定护理内容。并根据护理对象的情况确定"五助四查"护理事项。基本护理内容包括："五助"即以日常生活需求为重点，定时帮助送餐做饭、定期帮助清洗衣物、帮助打扫卫生、帮助家务农活、帮助代购代办；"四查"即护理员每天上门走访查看护理对象在家庭中吃、穿、住、医方面的情况，及时发现"三无"失能贫困人口所需并提供服务。同时，村级成立志愿者服务队，吸纳第一书记、老党员、老干部、热心群众和水电工、卫生员等具有一技之长的人员，及时提供理发洗澡、应急维修、紧急援助、健康医疗、心理疏导等服务，并注重通过多种方式，丰富服务对象的精神文化生活。

在养老保障方面，充分发挥临沂孝文化源远流长的优势，将孝善文化与精准扶贫有机结合，通过设立孝心养老基金、签订赡养协议、完善村规民约、评选孝顺儿媳等方式，引导群众赡养孝顺父母，构建"子女尽心、集体尽责、社会尽力、政府尽职"孝老体系。各县区在各乡镇设立敬老基金，通过财政拿一块、村集体出一块、社会捐赠一块的方式统筹资金，按子女缴纳金额给予奖补，子女给老人 100 元的奖励 10 元，给 200 元的奖励 30 元，将缴纳赡养金情况在村公开栏设置"红黑榜"予以晾晒，形成了子女尽孝光荣的良好氛围。

不断探索创新脱贫攻坚的新路子

从 2017 年开始，持续增加的资金投入像"滚雪球一样"，形成了规模庞大的扶贫资产。这些资产不能"一锤子买卖"，更不能成为一笔"糊涂账"，如何管好、用好，使其持续发挥作用，保证贫困群众长期受益，是需要迫切研究解决的一个重要课题。随着脱贫攻坚的逐步深入，基层在资产收益扶贫实践中，普遍遇到了一些困惑和问题：扶贫资产所有权归谁，才能更安全；交给谁经营，怎么来经营，效益才能有保障；如何分配，分配多少，才能更合理；由谁去监管，怎样去监管，才能确保不流失。

针对这些问题，我们坚持边摸索边总结，边实践边规范，会同农业、财政等部门先后深入16个县区、46个乡镇开展调研，邀请国务院扶贫办、省扶贫办等有关领导来临沂现场指导，并与贵州民族大学反贫困研究院、临沂大学商学院等高校共同开展理论研究，逐步摸索出"一整三转四统"资金循环使用的新路子，即："一整"统筹整合涉农资金；"三转"专项扶贫资金转股金、村级资源转股权、集体资产转红利；"四统"资产统管、收益统分、平台统揽、绩效统审。在此基础上，吸收沂水县"一载体两分离"、莒南县"村社共建"、平邑县资产收益差异化分配等做法，逐步建立了"所有权归村集体、经营权归承包户、收益权归贫困户、监管权归镇政府"的"四权分置"扶贫资产管理模式，走出了一条产权明晰、循环使用、稳定收益的新路子。

明确所有权："把扶贫资产放进集体篮子里"。明确产权归属是加强资产管理的前提。我们将各级财政专项扶贫资金、整合各类涉农资金、社会各界帮扶资金用于产业扶贫发展形成的经营性资产界定为扶贫资产，除有明确指向的，其所有权都归村集体所有，向村集体颁发扶贫资产所有权证，让每一笔资产都有"身份证"。郯城县将1000万元财政专项扶贫资金投资到天沐温泉扶贫开发项目，从全县倒排出500个特困户，明确每个特困户享受该项目的投资收益分红，仅此一项可使特困户年均增收2000元左右。

放活经营权："让最能挣钱的人去用钱"。放活资产的经营权，参与市场化竞争，是提高产业项目质效，拓宽增收脱贫渠道的关键之举。我们指导村集体立足当地资源禀赋，注重发挥农业龙头企业、专业合作社、家庭农场等农村新型经营主体的生产经营优势，确保项目资产保值增值、提质增效。先后培育蒙阴蜜桃、平邑金银花、郯城银杏等特色产业基地16个、新发展果蔬大棚3.2万个、建设电商扶贫网点790个，为贫困群众稳定脱贫提供了良好的产业发展基础。

保障收益权："让最需要的人能受益"。收益分配足额及时到位是扶贫资产发挥减贫增收作用的重要保障。具体分给谁、怎么分？我们坚持从实际出发，尊重市场规律，制定了一系列标准规范。针对"分给谁"，对扶贫资产承包出租、折股量化、入股合作经营等实现的收益，70%以上用于帮扶建档立卡贫困户，其余用于发展村内公益事业。沂南县东铁峪村将联村光伏发电项目收益的 70% 用于贫困群众，他们改变以往直接发钱的方式，通过设置治安调解、护林防火、光伏养护等公益服务岗位，吸纳 13 名贫困群众就业，实现人均月增收 642 元。针对"怎么分"，按致贫原因、贫困程度、劳动能力等情况分类分档，建立收益滚动使用、差异化分配机制，拉开分配级差，因户因贫精准分配。平邑县丰阳镇按照差异化分配原则，将贫困户划分出特困户、临界返贫户、一般贫困户"ABC"三类，将项目收益按照 A 类人均 1242 元、B 类人均 828 元、C 类人均 414 元进行差异化分配，提高了分配的精准度和公平性。

落实监管权："让每一分钱都要阳光下运行"。我们将资金资产监管权下放至镇村，明确乡镇政府作为扶贫资金资产的管理主体，乡镇经管站具体承担扶贫资产的监督管理，建立资产登记管理台账，全面监控资产增减变动、运营收益等情况，做到专户储存、专人管理、专账核算，实现"村财镇管"。扶贫资产全部纳入农业经管部门"三资"管理平台，随时掌握扶贫对象动态调整、项目进度、资产收益分配等信息，做到"一网清、时时清、事事清"。并在全市扶贫工作重点村中，组建由老干部、老党员、致富能人、贫困户和村民代表组成的扶贫理事会，认真履行服务协调、监督建议等"第三方"职责，对扶贫资产的权属登记、经营管理、收益分配等环节进行民主监督，让"群众的事情群众办、大家的事情大家管"。

"四权分置"模式是我们改革创新的一个缩影。在推进脱贫攻坚过程中，我们大力弘扬沂蒙精神，坚持创新无止境、改革不停步，探索推进"四联八建"贫困村提升工程，设立扶贫超市、爱心众筹平台，支持孤贫儿童志愿者服务团等社会团体支援脱贫攻坚，为山东脱贫攻坚提供了临沂方案、沂蒙智慧。

建立一支敢打硬仗、能打胜仗的沂蒙扶贫干部队伍

在这场没有硝烟的扶贫战场上，临沂不仅顺利完成了各项脱贫攻坚任务，更是在脱贫攻坚中锤炼了一支敢打硬仗、能打胜仗的沂蒙扶贫干部队伍。原临矿集团选派第一书记刘建光，连续到两个贫困村担任"第一书记"，在1500多个日夜里，他带领贫困村夯基础、破难题、促发展，无悔的付出让两个村子彻底改变了模样。2020年7月7日因过度劳累不幸殉职。平邑县临涧镇85后扶贫干部李祥锋，即使小儿子患病几度进入重症监护室，他也没有离开过岗位，忙到深夜才回家探望一眼便匆匆返回。正是这些奋战在基层一线的扶贫干部，埋头苦干、无悔奉献，以钉钉子精神狠抓落实、促攻坚，才创造出这样无愧历史、无愧时代、无愧人民的脱贫攻坚业绩。

特别是2020年，面对突如其来的新冠肺炎疫情冲击，我们建立"防疫+"常态化工作机制，统筹抓好疫情防控和脱贫攻坚。印发了《关于深化实施遍访贫困对象行动的工作方案》，建立"市级领导联系县区、市直部门帮包镇街、领导干部深入一线靠前指挥"工作机制，统筹开展遍访贫困对象行动和疫情防控专项督导，促进任务落实落地。并充分发挥第一书记、帮扶责任人和驻村工作队作用，对贫困群众落实疫情防控措施，做到防疫消毒"全覆盖"、病患救治"全跟踪"、生活需求"全保障"。对2360名"三无"失能特困群体，逐户逐人落实帮扶措施，确保平稳渡过疫情。在复工复产中，全面分析疫情对脱贫攻坚造成的影响，落实各项行业激励政策，加快产业项目、龙头企业和扶贫车间复工复产。全市2016年以来实施的产业扶贫项目均已复工正常运行。同时，采取返岗一批、招录一批、吸纳一批、安置一批等方式，多渠道促进贫困人口就业。全市4.76万名贫困群众实现务工就业。

2020年8月，临沂市持续发生强降雨，有4个县45个乡镇830个贫困村1.38万名贫困群众不同程度受灾。灾情发生后，我们动员各级

扶贫干部迅速行动，开展受灾住房入户排查，对受损房屋逐一进行安全等级鉴定，逐一落实修复重建措施，绝不让贫困群众住在危房里。及时下发济临扶贫协作基金收益 2068 万元，按照每户 500—1000 元的标准，对受灾群众实施补助。组织党员干部开展消毒消杀、环境清理、送医送药、抢收补种、粮食烘干收购等工作，千方百计帮助受灾群众渡过难关。对特困群体落细解困救助措施，坚决防止出现"无人管、无人问、无人帮"。特别是对因务工受阻、粮食受灾、禽畜死亡等原因收入减少的贫困户，通过增设公益性岗位、发放专项救灾款、增加项目分红等方式增加群众收入，确保其稳定达到脱贫标准；对因灾可能致贫返贫的一般农户，开展即时帮扶，防止产生新的贫困。对产业扶贫项目受灾情况逐一排查认定，落实修复止损措施。金融保险机构开辟绿色通道，快速启动定损理赔。同时，通过社会捐赠、救灾资金帮扶等措施，实施项目修复，确保项目尽快恢复正常运营，努力把灾害损失降到最低，答好了攻坚收官"附加题"。

脱贫摘帽不是终点，而是新生活、新奋斗的起点。从脱贫攻坚这场没有硝烟的战场转入乡村振兴新征程，我们将深入贯彻落实习近平总书记关于"三农"工作重要指示精神，大力弘扬和传承脱贫攻坚伟大精神，再接再厉、接续奋斗，努力在打造乡村振兴齐鲁样板中走在前列。

"沂蒙妇女，脱贫攻坚好样的！"

岳利娟

我自 2017 年 2 月起担任临沂市妇联主席、党组书记，很高兴有这样一个机会，可以把沂蒙妇女的新时代脱贫攻坚故事说给大家听。

"蒙山高，沂水长，我为亲人熬鸡汤……"这首大家都听过的歌曲《沂蒙颂》，讲的就是沂蒙的故事。这是一片有过巨大牺牲与奉献的红色热土，革命战争年代，沂蒙根据地 420 万人口中，有 120 万人拥军支前，20 多万人参军参战，十多万人血染疆场。

在那个时代，沂蒙女性在党的领导下，缝军衣、做军鞋，筹军粮、运弹药，拥军支前、无私奉献，有"乳汁救伤员"的"沂蒙红嫂"明德英，有抚养多个将帅子女和烈士遗孤的"沂蒙母亲"王换于，也有组织乡亲们烙煎饼、送弹药、救伤员的"沂蒙六姐妹"等模范群体，她们的事迹广为流传。

在新时代，沂蒙妇女同样争做先进、毫不落后。

2015 年底，脱贫攻坚战役打响，临沂作为全国著名的革命老区，成为山东省脱贫攻坚的主战场。因为，临沂贫困人口约占全省的六分之一，其中妇女贫困人口是 22.6 万。

"不让一个贫困妇女掉队"，临沂市妇联喊出了这样的口号。我们立足于沂蒙贫困妇女群众的实际需求，采取精准有效的扶贫措施，让她们通过发展产业、学习技能、参与务工等途径，改善生活条件，持续稳定增收，走上了"摆脱贫困、发家致富"的道路。

5年来，临沂市共摘帽1275个贫困村、减贫45.1万人，其中女性22.6万人，贫困妇女年人均纯收入由2016年的2566元提高到2020年的7481元。凭借各级各部门的扶持，凭借自身的努力奋斗，沂蒙贫困妇女生活质量不断提升，精神面貌也得到极大改善。

在对抗"女性贫困"的这场战役中，沂蒙妇女没有退缩、勇于担当，做出了了不起的成绩。临沂市各级妇联也都为此付出了不懈努力，打赢这场脱贫攻坚的新时代"孟良崮战役"。

扶贫先扶志，激发脱贫内生动力

俗话说："人向高，水向低。"大家都不想贫困潦倒，都希望生活过得安稳富裕。在脱贫攻坚战役中，贫困妇女是巾帼脱贫攻坚主体，我们首先要做的就是激发贫困妇女的斗志，让她们积极参与、行动起来，让她们享受到脱贫致富的成果，这样才能最大限度发挥她们的主动性，运用她们的聪明才智，才能实现真正、长久的富裕安康。

"学习沂蒙红嫂、弘扬沂蒙精神"，市妇联在全市妇女中展开了组织动员、思想动员，教育引导贫困妇女转变观念，克服等靠要的思想，靠自己的双手增收，靠自己的勤劳致富。

牛庆花就是这场战役中出现的沂蒙妇女脱贫致富先进典型。她是临沂市蒙阴县野店镇北晏子村一名普通的农村妇女，平常就只在家里种地、做家务。当精准扶贫的战役打响，在各级妇联的扶持鼓励下，牛庆花参加了村里的电商培训，创办了"孟良崮果园"淘宝网店，当上了一名淘宝店主，将自家的桃子、苹果、花生等土特产上网销售。她勤快又朴实，店里售卖的水果等货品质优价廉，淘宝店很快就出名了，客人源源不断。自家的桃子卖完了，她又去收购乡亲们的桃子，帮助周边村镇的水果找到了销路。就这样，她年销售量很快就超过了100万斤，而且增长速度还在加快。短短几年内，牛庆花成了远近闻名的"桃宝皇后"。她富了，又带上乡亲们一起脱贫。

在平邑县咸家巷村，身有残疾的刘加芹在各级各相关部门的帮扶下，开办了服装加工厂，不但自己脱了贫，还吸纳了20多名残疾人、40多名贫困群众入厂务工，每月平均增收2000多元；在莒南县，农村妇女于学艳创办了塑料西瓜网袋生产加工企业，安置当地群众就业3000余人，其中一半以上是贫困户……

牛庆花、刘加芹、于学艳等人不等不靠、自力更生，依靠辛勤劳动实现了脱贫致富的梦想。她们和曹淑云、林西臻、王洋等三人，成为了新时期的"沂蒙扶贫六姐妹"。

榜样的力量是无穷的。市妇联将这些在妇女脱贫攻坚中涌现出的先进模范"请上台来"，通过开报告会、现身说法、拍摄纪录片等形式，在全市妇女中进行宣传推介，激发了沂蒙妇女创业就业的热情。

在报告会上，于学艳用自己的创业经历告诉妇女，"摆脱贫困首先要摆脱精神上的贫困，只要精神不滑坡，办法总比困难多"。她的事迹和话语在妇女群众中引起强烈反响。贫困户张继菊听了报告会，觉得"外人都对我家脱贫这么上心，我怎么好意思不努力，光吃救济呢"。2018年，张继菊凭借自家务工等方面的收入，提前实现了脱贫的目标。

年轻的韩梅选择了更为艰难的创业之路。在听到沂蒙妇女们依靠电商脱贫致富的故事后，家在平邑县地方镇的她也将网络销售桃子作为致富突破口。创业的艰辛超出她的想象。为了做好产品推广，她自己拍照、拍视频、做后期，连续几个月加班到第二天凌晨。就这样，她的订单从每天八九单，到后来上千单。现在的韩梅，拥有沂蒙坊、源丰农场等五家生鲜水果网店，顾客总数超过了3万余人。

实践证明，只要激发贫困妇女的内生动力，增强她们参与脱贫攻坚的积极性、主动性、创造性，就能汇聚形成持续巩固脱贫攻坚、实现与乡村振兴有效衔接的强大合力。

妇女脱贫的信心上来了，我们妇联接下来的重要任务就是帮助她们走上致富路。应该怎么做呢？

送技能上门，实现居家灵活创业、就业

沂蒙妇女为什么贫困呢？经过我们深入调查，最主要的原因就是她们文化素质普遍较低，创业就业既缺乏资金也缺乏技能。此外，因为农村大量男性青壮年外出务工，留守妇女家务繁重，既不能出去工作也不能参加培训，没有致富的途径。

面对这些问题，临沂市各级妇联组织从实际出发，开展了一系列因地制宜的技能培训"上门"服务，以268个省定贫困村为重点，有针对性开展种养殖、家政服务、手工制作、乡村旅游等实用技术培训，让广大妇女听得懂、用得上、得实惠，实现居家灵活创业就业。

早在2014年，市妇联就争取市委办公室、市政府办公室制定出台了《关于大力发展全市妇女居家灵活就业工作的意见》，提出利用五年时间，重点围绕发展家庭手工业、商业贸易、家庭服务业、农家乐旅游、特色种养殖业五大领域，扶持创建沂蒙大姐居家灵活就业示范基地，培育巾帼脱贫"领头雁"。

大部分农村妇女拖家带口，外出培训不易，组织她们集体培训有一定难度。怎么办？我们就在每年年初，发动县乡妇联进行摸底调研，摸清她们最想学习的内容。然后，选取那些简单易学、适合农村妇女居家创业就业项目，如手工编织、玩具布艺、煎饼制作等，邀请项目负责人来培训班现场讲解技术、传授经验。

从2017年至2020年，市妇联积极争取市农业农村局、人社局等部门支持，各级每年培训女致富带头人1万人次，有6000余名农村妇女通过参加培训走上了脱贫致富路。

具有浓郁地方特色的沂蒙手绣，就是费县主推的妇女脱贫培训项目之一。沂蒙手绣的传承人叫卞成飞，她的手绣作品有1000多个品种，已经走出国门，深得各国人士的喜爱。在民间，素有手艺"传内不传外、传男不传女"的说法，但卞成飞说，沂蒙妇女都是她的同胞姐妹。她先后举办沂蒙手绣公益课堂 170 余次，培养周边妇女和她一起做手绣，"绣"出了一条致富路。

2015 年，省定扶贫工作重点村崔家沟村整体易地搬迁，村民从山沟搬进了社区、住上了楼房，但就业成了难题。为了帮助一些老人、残疾人和留守妇女等就业致富，卞成飞主动送技能上门，开展了手绣公益培训活动，让大家居家就能通过手艺挣钱。82 岁的老人李以英耳不聋眼不花，这次也跟着做起了绣花的手艺活，每年增收 2 万多元。"住了楼，学绣花，还挣钱，这日子好。"老人握着卞成飞的手不放。仅崔家沟一个村，就有 34 名贫困人口依靠沂蒙手绣脱贫。

费县来绣花，那么兰陵就去种地。

蔬菜大县兰陵有个军芳家庭农场，是市级沂蒙大姐创业就业示范基地。农场总经理朱兴芳针对贫困户因缺乏种植技术、科技含量低等问题，组织专家每年在每村进行蔬菜种植技术培训会 3 次以上，每年还提供 10 万余株优质种苗，给贫困村种植户进行免费推广种植。

军芳家庭农场的 5 号棚棚长闫玉梅就是在朱兴芳技能扶贫下顺利脱贫的典范。闫玉梅的丈夫瘫痪在床，家里有老有小，全家的衣食住行全压在她一个人身上。努力学、辛苦干，闫玉梅从一个普通的农村妇女，变成农场里的育苗技术能手。在苗场里，她每天有 80 元的固定工资、20 元的生活补助，还有作为棚长的育苗提成。几年下来，闫玉梅早就摘下了"贫困户"的帽子。据我们统计，军芳农场已累计培训社员达 2500 余人，辐射带动周边妇女 5000 余人就业增收。

为帮助学员进一步拓宽脱贫致富的路子，我们还精选部分妇女居家创业就业项目，组织学员到费县手绣、紫锦葡萄园、煎饼产业园、蒙山桂花产业园、金水河田园综合体、山东沂蒙萃农业科技有限公司等实训基地现场观摩，对接项目，为学员居家创业就业致富牵线搭桥，激发她们的创业热情。

针对那些想要走出去的贫困妇女，我们主要发展了家政服务技能培训，依托市妇女儿童活动中心，建立家政培训基地，提升贫困妇女就业能力。蒙阴张立梅就是其中的佼佼者。她参加了市妇联第一期沂蒙大姐职业培训学校家政服务员培训，然后创建了兰山区沂蒙大姐职业培训学校，向北京、上海、济南、青岛等输送各类家政人才13000人。目前，临沂在家政服务方面，已经形成了招募、培训、输出为一体的培训就业产业链条。

截至目前，临沂市已累计投入1200万元，扶持234处沂蒙大姐居家创业就业示范基地，采用"示范基地＋贫困户""合作社＋贫困户""龙头企业＋贫困户"等模式，通过项目分红、免费发苗、托管养殖、基地务工等形式，辐射带动贫困家庭近万家，户均增收3000余元，带动5万余名妇女脱贫致富。

因为扶贫效果突出，在2019年这项扶持政策到期后，市妇联专门就这项工作进行调研并提交，得到市里支持，扶持政策继续实施。2020年，在市妇联积极协调争取下，临沂市出台了《关于扶持发展全市妇女居家灵活创业就业工作的实施意见》，市里每年安排专项扶持资金，扶持一批示范带动能力强的女性经营企业。

全方位帮扶，让困境妇女儿童共享成果

贫困妇女缺很多东西。她们缺钱，缺物资，也缺健康、缺关怀……救助贫困妇女，是一项包含多个方面的系统工程。

缺钱怎么办？我们在帮助沂蒙贫困妇女脱贫致富方面做了大量工作，但是我们也看到，由于多种因素影响，很多妇女没办法通过辛勤劳动致富，我们就直接"送岗位上门"。

沂水县夏蔚镇是个山区乡镇，很多村庄偏远又落后，当地妇女除了种地养殖没有其他收入来源。曹淑云，沂水慧阳制衣有限公司的负责人，这个公司也是临沂市妇联扶持的沂蒙大姐居家创业就业示范基地，将工厂的扶贫车间开到了该镇的云头峪村、双山村、崮前崖和诸葛镇等山区农村，为那里的150多位农村妇女提供了就业岗位。因为离家近，她们在车间打工还不耽误农活、家务活。曹淑云每年还带着扶贫车间的妇女们出外旅游一次。有些从未走出过山区的姐妹,第一次看到大海的时候都激动地哭了。

在村里开办扶贫车间、来料加工点等,都是各级妇联扶贫工作的重点。市妇联还积极争取资金,实施贫困母亲救助项目,对贫困妇女增收致富提供无息借款支持。靠着这些工作,我们让上万名农村妇女实现了"不出门,不出院,看着孩子做着饭,一年收入两三万"。

缺物资怎么办? 2018 年,我们联合市扶贫办、市文明办创新实施"美在农家"爱心超市建设项目,广泛动员社会爱心力量开展爱心捐赠。在爱心超市里,村民需要的生活物品如洗衣粉、香皂、牙膏以及锅、盆、棉被等,琳琅满目、样样俱全。贫困户可以到这里免费领取所需物资。目前,临沂市一共建设了 112 处爱心超市,社会各界捐资捐物合计500 余万元,惠及贫困群众 6 万余人次。

缺健康怎么办? 很多农村妇女保健意识差,健康查体率低,尤其乳腺癌、宫颈癌患病率不断提升。从 2012 年起,我们就在全省率先开展农村适龄妇女"两癌"(乳腺癌、宫颈癌)免费检查;2019 年,妇女"两癌"免费检查扩大到城镇贫困妇女。对于普查出的"两癌"确诊贫困妇女,市妇联多渠道争取到救助资金 3400 万元,救助 9645 人。此外,妇联还联合中国人寿保险公司实施"女性安康工程",2016 年以来,全市累计参保妇女 51.89 万人次,有效防止了沂蒙妇女因病致贫、返贫问题。

缺关怀怎么办? 自 2004 年起,我们市妇联开展千名孤儿救助;2015 年,成立妇联爱心公益组织"沂蒙助童会",累计捐款 3100 多万元。多年来,市妇联班子成员带头,妇联全体干部职工带头资助,每人至少资助 1 名困境儿童,有的甚至资助多名儿童。2015—2020 年,全市累计募集爱心资助款 272.76 万元,共结对救助帮扶困境儿童、贫困母亲 6379 人。每年开学前后,到市妇联交资助金的爱心人士络绎不绝,成为市妇联门前一道最美的风景线。

针对父母外出务工的农村留守儿童亲情缺位问题,我们市妇联还开展"代理妈妈"爱心结对活动,组织"爱心妈妈""代理妈妈"与困境儿童结成帮扶对子，为留守儿童提供物质帮扶的同时，更通过结对联系、走访慰问、学业辅导等提供心灵的疏导和陪伴，传递爱心温暖，培养留守儿童积极乐观、健康向上的心理品质。截至目前，全市共招募爱心妈妈 1.2 万余名，帮助困境儿童 10.7 万人次。

让沂蒙老区每一个孩子享受优质公平的教育

陈海玲

2016 年脱贫攻坚开始的时候，我还在郯城县担任县委副书记，曾统筹推进过全县的扶贫工作。后来到了市教育局，开始负责全市教育扶贫工作。这次要帮扶的是沂蒙老区广大贫困学子，再苦不能苦孩子，再穷不能穷教育，肩上的担子更重了，我也下了更大的决心，一定要把这项任务完成好，不辜负老区人民的期望。

"义务教育有保障"是"两不愁三保障"的重要内容，具体要怎么个保障法呢？我在前期工作的基础上，经过走访调研，召开专题会议研究，与各县区教育行政部门负责人座谈沟通，听取各方面意见后，确定了以下的帮扶思路：首先要控辍保学，这是大前提，一定要保障孩子们有学上，不辍学，家庭条件困难的孩子，应享受的资助和关爱政策一定要及时到位。其次是改善学校办学条件，不光要改善校舍这些基础配套设施，还需要提升师资力量水平，"硬件""软件"两手抓。再就是既"扶智"又"扶志"，既要让孩子上好学，学到真知识，又要让他们就好业，增长真本领，掌握一技之长，才能增强贫困家庭的自我发展能力，从根本上阻断贫困的代际传递。

按照以上工作思路，我在原有扶贫工作力量的基础上，进一步充实壮大了全市教育系统的扶贫队伍。由我担任市教育扶贫工作领导小组组长，我们领导班子成员"一对一"负责10条脱贫攻坚线，明确各自职责，确保各项扶贫政策、资金、项目精准到校到人。在我们的带动下，全市10万余名教师走进了每个学生家庭，收集群众需求诉求和各项数据，彻底托清底子；发放《临沂教育精准扶贫服务项目汇编》《临沂市学生资助政策一本通》《义务教育学校招生入学须知》等宣传材料，扩大惠民政策的知晓度和覆盖率；入户核查每一位建档立卡学生实际情况，积极劝返失辍学学生，并定期回访，形成了"领导干部打头阵、教干教师齐上阵"的良好局面。

五年来，我们着力聚焦义务教育有保障任务目标，通过智志双扶，为广大临沂学子蹚出了一条从"有学上、不辍学"到"上好学、成人才"的脱贫攻坚新路子，通过以下帮扶举措，让沂蒙老区每一个孩子享受到了优质公平的教育，也让有温度、有力度、有态度的教育扶贫落到了实处。

兜底线，咱沂蒙山区的孩子一个不能少

上任后不久，为了摸清贫困家庭学生的上学情况，我每个县区挨个走了一遍。每走进一个失辍学孩子的家，我的心情都十分沉重。记得到费县走访时，薛庄镇中心小学校长张贵州带我去看过几个辍学在家的孩子，五年级四班的雨晴同学，母亲离家出走至今未归，父亲年龄大，靠打零工维持生活，上边还有90多岁的奶奶，生活十分困难；贫困家庭的子浩同学，母亲病故，父亲年迈，无劳动能力，家庭很困难；还有患有白血病的泽明，家庭困难的盈盈……这些孩子的日子虽然过得紧紧巴巴，也遭受过许多同龄孩子不曾经历的困难，但他们的眼神里依然充满着对学习的渴望。

后来听张校长介绍说，孩子们身处逆境仍坚强好学的精神，打动了包括他自己在内的很多人。在他的带领下，薛庄镇中心小学的所有老师同心协力，把"控辍保学"工作当作学校的头等大事来抓。张贵州多次召开校长办公会和教师大会安排部署，并亲自带领办公室成员利用周末和寒暑假的休息时间，拎着书包、文具等学习用品走进了失辍学学生的家里。薛庄镇共有 32 个行政村，他分批分次地挨个走访，也都清晰记得每名孩子的家庭情况。对于那些因贫辍学的孩子，他通过联系当地政府，根据政策要求和实际情况，为贫困家庭积极办理贫困户手续，保障他们的最低生活需求，同时为贫困学子办理学杂费减免，让他们享受到资助政策。降低辍学率，不能只靠免除上学费用的单一手段，对孩子心理的关注同样重要。对于那些有厌学心理的孩子，他通过与家长和学生促膝谈心，宣讲政策，努力用恒心与爱心感动他们，同时在学生回校后，协调班主任老师对这些孩子多多关照，随时了解他们的学习、精神、思想状况等，创造良好的学习环境。有个孩子来自离异家庭，平时总是沉默寡言，张贵州担心孩子看到别的孩子都能穿上漂亮的表演服，心里难过，就自掏腰包为她买了表演服。像这种例子还有很多，一件学习用品，一句安慰的话，一个关切的眼神，很多人可能并不稀罕，但这些东西在贫困学子的心里，就是温暖。

像张贵州这样的好校长、好老师还有很多，一直以来，我们坚持兜底线，针对家庭经济困难学生、残疾儿童、留守儿童等特殊群体，着力强化关爱就学政策保障，在"有学上"这件事上，咱沂蒙山区的孩子一个不能少。

"控辍保学"是教育扶贫的底线目标，更是教育扶贫工作的"重中之重"。在实际工作中，我们印发了《临沂市教育局关于加强义务教育学校控辍保学工作的通知》，为每名在校学生建立了入学登记台账，规范学生学籍管理，并对义务教育阶段不在籍或在籍不在校的适龄儿童进行追踪，逐一落实，按照"一人一案"的原则进行妥善安置。对于适龄残疾儿童，我们印发了《关于进一步加强残疾儿童少年随班就读工作的意见》，采取特殊教育、随班就读、送教上门等措施，保障他们接受义务教育的权利。

对于留守儿童这类特殊的受教育群体，我们有专门的关爱帮扶措施。我们依托学籍管理平台和精准扶贫管理平台，为全市 8.15 万名留守儿童建立档案，登记父母外出务工情况和监护人变化情况，并在贫困村学校建成留守儿童关爱室 638 处，完成率达 100%。2018 年，在全省率先出台《临沂市农村学校留守儿童关爱室建设管理办法》，对留守儿童关爱室的室内外环境、设施配备、人员配备等作出明确要求。在沂蒙山区，有许多为留守儿童打造的幸福家园，位于郯城县的大唐学府就是一个典型例子。在这所学校里，留守儿童占 70% 以上，为近千名家长解除了后顾之忧。校长王勇基一直秉承"大唐学府无差生"的教育信条，对孩子"全身心投入、全方位关注、全过程欣赏、全人格理解"，让每个孩子在学校都能受到最适合的教育。同时我们还注重结合家庭教育，开展"十万教师联系百万家庭"留守儿童关爱活动，学习上优先辅导、生活上优先照顾、心理上优先疏导，让孩子们在全方位的关爱中健康快乐地成长。

不同的教育阶段，我们通过不同的学生资助政策，保障控辍保学工作的实施。在学前教育、普通高中教育、中等职业教育阶段，符合条件的家庭困难学生都可获得相应学段的助学金，幼儿园特殊困难幼儿、具有正式学籍的普通高中、中职学校建档立卡等家庭经济困难学生可免交学费；在义务教育阶段，我们为农村贫困家庭的孩子免除了学杂费、教科书费，并发放生活补助；在高等教育阶段，我们按照规定落实生源地国家助学贷款还款救助、高等学校毕业生学费和国家助学贷款补偿资助等政策，为我市在普通高校就读的特殊困难学生免除了学费。截至 2020 年底，我们共计发放建档立卡学生资助资金、免除学费（保教费）资金约 1.07 亿元，惠及 10.4 万人次，实现了从学前教育到高等教育各学段资助的全覆盖。

作为教育人，我们不光要让学生感受到来自学校、教师、同学的关爱，还要动员社会上更多的爱心人士参与进来，多多地走进这些困难孩子的家庭，让孩子感受到全社会的关爱。脱贫攻坚期间，几乎每所贫困村学校都开展了爱心企业捐资助学活动，我们还积极联系当地有爱心的社会团体、企业家和热心人士，为学生添置了图书、文具、电脑、空调等用品，让越来越多家庭经济困难的学生享受到了实惠，感受到了党和政府的温暖。我们的老师也不忘告诉孩子们，要感谢这些爱心人士，感恩我们的社会，但不要认为这是对自己的施舍，应该记住他们是在发扬

"和衷共济、守望相助、扶贫济困"的中华美德，更要将感恩之心转化为学习动力和实际行动，树立信心，好好学习，接过传承中华美德的接力棒，将来成才后好好回馈社会，报效国家。在老师们的教育指导下，孩子们的学习成绩有了很大提升，人生态度更加乐观向上，取得了可喜的成绩。

补短板，不断改善贫困地区的办学条件

我从小在农村长大，对儿时上课那种"黑屋子，土台子，里边坐着一群泥孩子"的场景仍历历在目。现在的条件虽然比过去好多了，但当我们走访一些贫困村学校时，还是会看到校舍内掉漆的墙壁、破旧的桌凳、泅水的屋檐，有些学校的餐厅、操场、厕所、实验室、机房等设施依然还很简陋，路远的孩子上下学也不够便利……针对这些情况，我们坚持补短板、强弱项，通过调整学校布局、改造薄弱学校、创建规范化学校等措施，着力改善贫困地区办学条件，让每一个贫困地区的孩子平等地享受到优质的教育资源。

为了全面改善贫困地区办学条件，我们联合编办、财政、住建等7部门，印发了《临沂市城乡居住区配套幼儿园规划建设及管理使用的若干意见的通知》，联合编办、发改、财政、人社、住建、税务等9部门，转发了《山东省教育厅等9部门关于进一步加强全面改善义务教育薄弱学校基本办学条件工作的通知》，使城乡学校布局更加规范均衡。我们积极创造条件，累计投入资金2.5亿元，新建、改扩建贫困村幼儿园180处，新增学位1.9万个，有效增加了普惠性学前教育资源供给。同时，在"全面改薄"原有规划的基础上，保障涉贫学校优先安排、优先施工，累计投入资金12.4亿元，全部完成扶贫工作重点村"全面改薄"规划的1432个校舍建设项目，为学生购置齐全各类教学设备设施，努力给他们提供和城区孩子一样的学习环境。除了硬件设施，我们还不忘提升贫困村学校的信息化水平。目前，全市638所扶贫工作重点村学

校均已完成教育资源公共服务平台和教育管理公共服务平台建设，实现了"宽带网络校校通、优质资源班班通、网络学习空间人人通"的目标，通过大数据有力推动了教育资源共享。

到 2020 年底，我们再次走访贫困村学校时，过去那些破旧的校舍、老化的教学设施、欠缺的信息化设备已不复存在，看到的都是崭新的教学大楼、漂亮的学生公寓、干净的学校餐厅、大气的操场、方便的校车，还有洋溢在学生和家长脸上灿烂的笑容。记得是在沂南县的一所村小，孩子们一下课，就争相跑到空调下面，踮起脚伸着双手去感受吹出的暖风，欢天喜地的。有学生跟我说："以前冬天，教室里可冷了，我的手常常被冻麻。自从安了太阳能空调，外面再冷，上课时也感觉像春天一样。""原先学校没有餐厅，中午我妈妈都是来学校给我送饭，到的时候饭菜都凉了，现在好了，每天中午一放学，就能吃到热乎可口的饭菜了。""自从开通了校车，我们上下学方便多了，再也不用走那么远的山路，择校转校了。"能让当地孩子在"家门口"享受优质的教育资源，再苦再累都值得。

教师队伍人才匮乏、质量不高、流失严重是乡村教育面临的又一大难题。脱贫攻坚以来，农村学校的条件越来越好了，吸引着更多的教师前去任教，我们也通过各种举措，全面提升乡村教师素质和水平：一个是充实壮大乡村教师队伍，自 2016 年以来，全市公开招聘教师 2 万余名，大部分安排到乡村学校任教，选聘优秀教师 140 余人作为农村学校特级教师，组织 2020 届、2021 届省属公费师范生 760 人参加考试并到农村学校任教；再一个是通过实施"互联网＋教师专业发展"工程，组织全体农村教师开展网络研修，实施薄弱学科教师技能培训、全市扶贫工作重点村学校校长（园长）、骨干教师网络培训等培训项目，有效提高乡村教师队伍的整体素质。此外，我们还大力改善乡村教师的生活条件，投入资金 8944 万元，建成乡村教师周转宿舍 1754 套，全面落实乡镇工作补贴政策，并向艰苦偏远乡镇教师倾斜，切实提高乡村教师待遇和生活保障水平。

招聘来的乡村教师能留得住，干得好，我要特别感谢贫困村学校的校长们和从事一线教学的老师们。李洪春就是其中一个例子。在沂水县泉庄镇中心校担任校长的他，创新利用"名师工作室"、"一帮一、一对红"帮扶策略、"片区协同教学""半天无课日"等方式带动教师成长，培养了三位市级教学能手，七位市级课堂教学一等奖。他们学校还有一个教师"扎根母校"的故事。有位高材生在大学毕业之际问她的爸爸："临沂、青岛的两所学校竞相聘我，我该选择哪个？"她爸爸很严肃地说了三句话："你是在这儿成长的，不能忘本；你是学校培养的，要讲良心；你是李校长带大的，要懂得感恩。"在这些像李洪春一样的学校领导的带动和影响下，全市乡村学校凝聚了一大批全心全意为乡村教育努力奉献的教学骨干，也为贫困地区的孩子点亮了一盏盏希望之灯。

在学校层面，我们积极引导城镇中小学与贫困村中小学开展结对帮扶、联建共建。印发《临沂市城乡义务教育学校结对帮扶工作实施方案》，重点做好教育教学帮扶、学校管理帮扶、教师发展帮扶和办学条件帮扶等工作。截至目前，共确定结对帮扶学校638对，贫困村学校帮扶覆盖率达100%。同时，注重发挥自身优势，加强东西扶贫协作和对口支援，做好援青援藏援疆工作，共选派194名优秀教师赴青海、西藏、新疆、重庆支教；开展校际间扶贫协作工作，与重庆市城口县扶贫协作学校9对，青海省海晏县结对帮扶学校7对；加大经费投入，共向青海、西藏、新疆、重庆教育系统捐赠电脑120台，捐赠现金110万元。

临沂第一中学张朝新老师，就是支教队伍中的一员。2018年9月，他放弃了优渥的工作环境，来到巴山腹地的城口县实验中学，支援山区教育。临行前，他把年仅一岁半的二娃交给妻子独自照料。来到城口县后，他就马上投入到紧张的支教工作中，对家人的思念只能依靠微信视频，特别是当电话那头年幼的二娃叫爸爸的时候，总让人觉得心里酸酸的。一年来，他克服了饮食、气候、工作环境的种种困难，一直驻守在学校，为城口县实验中学的发展，努力奉献自己的力量。有位学生更是将他称赞为大巴山深处的引路人。还有许多像张朝新一样的支教老师，他们用自己的专业知识和敬业奉献精神，把好的理念、好的经验送到了对口支援学校，用实际行动诠释了两地人民的深情厚谊。

重长远，持续拓宽贫困学生成才通道

教育扶贫，不光要"扶智"，还要"扶业"。我们通过帮助贫困家庭学生接受中高等教育，进一步增强了贫困家庭自我发展的能力。截至2020年底，完成面向农村及贫困地区学生、建档立卡贫困家庭学生的重点高校专项计划审核6973人，地方专项计划审核10751人，高职专项计划审核340人，圆了寒门学子的大学梦。一个孩子掌握一技之长，将成为一个贫困家庭几代人的希望。我们依托职业教育，为全市每名建档立卡贫困家庭的中职学生建立就学就业档案，对其学习生活、就业创业全程跟踪指导。截至2020年底，中职学校累计招收建档立卡贫困家庭学生2262人，毕业生就业率100%。通过对一个学生的培养安置，帮助一个家庭脱贫致富，是我们最想看到的。

通过以上环环相扣、紧密衔接的教育帮扶措施，截至目前，临沂市10.4万人次建档立卡贫困家庭学生享受资助，义务教育巩固率100%，入学率100%。临沂市教育局于2021年被山东省委省政府授予脱贫攻坚先进集体荣誉称号。民生无小事，枝叶总关情。脱贫攻坚战胜利成果的取得，凝聚了万千无名者的努力和奉献，我们很荣幸能够成为其中的一分子，参与它、见证它。这5年来全体教育工作者凝聚起的勇于攻坚克难、为教育事业发展无私奉献的磅礴力量，形成的无数好经验、好做法，也已化作激励我们更好前行的强大动力。脱贫摘帽不是终点，而是新生活、新奋斗的起点。下一步，我们将大力弘扬脱贫攻坚精神，立足教育部门职能，巩固好、拓展好教育脱贫攻坚成果，为实现乡村教育振兴展现新作为、作出新贡献。

我一辈子只做这一件事

徐军

　　我叫徐军，现任临沂市关工委孤困儿童心理辅导志愿服务团团长，做扶贫公益有 18 个年头啦。如今全国脱贫攻坚战打赢了，我们志愿服务团获得全国脱贫攻坚先进集体称号，我个人也被山东省扶贫开发办授予山东省脱贫攻坚先进个人荣誉。为让更多的人了解帮扶孤困儿童这项事业，也了解这支特殊的团队，我说一说自己做公益的初心和在脱贫攻坚工作中与团队成员一起干实事的一些做法和经验。

想给父老乡亲干点事儿

　　2001 年，临沂批发城的名气已经在全国传开，我从地摊做起，后来拥有了属于自己的门头。在国家经济政策的扶持下，慢慢地，我从一个个体户小老板干成了一个集礼品、家庭生活用品、农副产品线上线下销售于一体的供应链公司董事长。

　　兜里有钱了，我就想着能不能给父老乡亲干点事儿。从 2003 年开始接触慈善公益，每年从企业拿出 40% 的利润用于扶老助残、捐资助学、建扶贫项目，到现在投入的资金有 1.1 个亿了，帮了差不多 16 万人。其中，帮助 1300 名大学生圆了大学梦，资助 1.2 万名贫困中小学生完成学业，为残疾人购买了 1.7 万辆轮椅，救助 450 名困难大病患者，为全市孤寡老人改善生活环境，帮扶孤困儿童健康成长，帮助 56 个贫困村脱贫致富。

2013 年底，习近平总书记到临沂考察时指出，沂蒙精神与延安精神、井冈山精神、西柏坡精神一样，是党和国家的宝贵精神财富，要不断结合新的时代条件发扬光大。身为沂蒙人，我特别自豪，很认真地学习、思考了那 32 个字，想把它们融入今后的生活工作里，学后才发现，其实我和很多人一样，都在不知不觉地践行着这种精神！ 2015 年，中央颁布了文件说是要打脱贫攻坚战，市区党委政府都在扑下身子抓精准扶贫，我知道后也是热血沸腾，憋足了劲，想把咱家乡扶贫与正在做的公益结合起来，给干出点样儿来！

"不说话的孩子"启发了我

2016 年的一次进村入户走访中，我在兰陵县磨山镇遇到了一个患有自闭症的男孩，内心很受触动。像这种"不会说话"的孩子还有多少？他们的生活状况是怎样的？除了不说话之外还有哪些表现？怎么样把这些儿童找出来？找出来后怎么能帮到他们？

我带着这些问题，同一些爱心人士一道展开了深入调研，先后走访了 300 多户孤困儿童家庭，召开了 60 多场座谈会。那段时间，我们平均两天入户调查一次，到 2018 年春，已经掌握了大量的第一手资料。

调查发现，全市的脱贫攻坚取得了喜人的成绩，可对孤困儿童这个群体关注还不够。这类孩子在生活上有政府和慈善机构的帮助，能吃饱穿暖，但心理和情感上因为缺少亲人的关怀，过得并不快乐，有的内心封闭、有的行为孤僻，还有的甚至受到过歧视和嘲讽……这一残酷的现实，让人揪心。

我请来志愿者、爱心人士、学校校长和心理咨询师，就如何建立一种长效帮扶机制反复展开讨论。经过多种想法相互碰撞，我的思路渐渐明晰起来，就是要在党的政策号召下，主动担当时代使命，创新模式成立专门的志愿服务组织。

随后，我就这一想法拟了个帮扶孤困儿童计划，汇报给了时任临沂市关工委主任。市关工委又把这个帮扶计划上报给临沂市委、市政府，很快就得到了肯定性答复：市委、市政府全力支持，由市关工委牵头，各有关部门配合，全力推进这项工作。2018年4月19日，临沂市关工委孤困儿童心理辅导志愿服务团正式成立。市、区领导亲临成立大会，这让我倍感鼓舞的同时，又深知责任重大。这之后，我几乎把所有时间都给了团队和志愿服务活动。

经过精心筹划，全市12个县区团迅速成立起来，到那年的6月底，全市156个乡镇（街道）也都成立了分团，形成了市、县（区）、乡镇（街道）三级全覆盖志愿服务网络。各级服务团通过线上线下等多种形式大力宣传招募志愿者，各界人士争先恐后地报名。经过资格审查、集中培训、考察认定后，让符合条件的志愿者与孤困儿童进行了对接，形成精准的"一对一"帮扶。截至目前，我们已经拥有了8000多名志愿者，他们已经成功对接并开展了常态化的帮扶活动。这些志愿者来自社会各界，有的是企业界的老板、个体户，有的是教育工作者、医护人员、公职人员，有的是退休的老干部、老战士、老专家、老教师、老模范。

为帮助我们志愿者顺利地开展孤困儿童摸排工作，市关工委、市慈善总会、市民政局联合下发了文件，各乡镇（街道）志愿者带着文件到驻地民政办衔接，由各村联络员领着入户座谈，为符合条件的孩子进行《儿童信息登记卡》填写。经过3个多月的时间，1000多名志愿者走遍了12个县区、156个乡镇（街道）、9494个村庄，共摸排出孤困儿童5317名，并为他们建立了个人档案。

创新帮扶模式

通过工作实践，我们志愿服务团总结出一种新型帮扶模式，即"扶困、扶心、扶智、扶技"帮扶模式，采取"一对一"帮扶，要求一"盯"20年。近4年来，共举办夏令营、冬令营、参观航天科普展、走进武警支队、陪孩子过大年等活动2000多场。

在具体的帮扶中，我们按照孩子们的实际情况，分门别类，梳理归纳了九种帮扶类型，再有针对性地制定了相应的帮扶办法。

针对未成年人犯罪预防的帮扶。孤困儿童因为亲情缺失，家庭环境不稳定，自小缺少相应的关爱和教育管理，学习和生活没有保障，有的自卑自闭、心理扭曲，有的学会了抽烟、喝酒，有的小偷小摸、打架斗殴、骚扰异性，有的厌世悲观、仇视社会，个别还有自杀倾向。针对这些实际，志愿团把错过接受九年义务教育、年龄较大的少年，安排到传统文化学校或者技术类院校，培养他们"成人"的同时，学得一技之长。针对问题较严重的，举办特训营，强化孩子集体意识，互帮互助意识和风险意识，目前已举办规模较大的特训营8期。周末或假期，再把这些孩子交给"大能量"（有耐心、能奉献，有较大影响力）志愿者，采取"一盯一"陪伴照顾的方式，让孩子们感受到家庭温暖，一点点改变不良习性。在学校里，还为他们配备了专门的生活老师进行引导，有针对性地开展心理疏导。目前已帮扶这类孩子170多名。

针对女童安全保护的帮扶。女童是孤困儿童中的弱者，在生活中容易受到社会不良人员的骚扰和侵犯，对孩子的身心健康造成不利影响。为预防和避免她们受到伤害，我们将无人保护、无人引导的女童妥善安置到寄宿制学校，让她们脱离现有的生活环境，同时选择有爱心的女性志愿者采取"一对一"的帮扶方式，一直持续帮扶到她们参加工作、结婚成家。目前已帮扶此类女童100多名。

针对自卑自闭孩子的帮扶。有些孩子长期得不到父母的关爱，有的跟着年迈的爷爷奶奶长大，有的无人照管，遭到欺负和歧视后，没人倾诉，也没人能为他们做主，时间长了，这些孩子就会出现严重的心理障碍，容易自卑自闭，缺乏自信，甚至会影响到正常学习和生活。服务团通过举办夏令营、冬令营、特训营、参观游览等活动，引导孩子打开封闭的内心，重树自信。目前已帮扶自卑自闭等心理有问题孩子近2000人。

针对精神病家庭孩子的帮扶。我们采取帮扶孩子也帮扶患病监护人的"双帮扶"措施。先是摸底走访掌握到精神病家庭的详细情况，与市关工委、市卫健委等部门及时沟通争取支持，同时对接协调精神病医院，免费接收精神病监护人到院治疗。我们再把孩子接到寄宿制学校学习，让他脱离原有存在不安全因素的环境，使其在安全健康的校园里安心学习、生活。学费、生活费由服务团与学校、慈善部门协商后全部免除。目前已帮扶此类家庭600多户。

针对服刑人员家庭孩子帮扶。针对父母都在服刑或一方服刑，另一方无抚养能力的家庭孩子，服务团把孩子接送到寄宿制学校上学，免除所有费用，让孩子多参加活动，学会与人交流、配合，进一步提升信心。我们还与司法部门、监狱联系，通过视频连线方式，让孩子与服刑的父母线上"见面"，享受亲情关爱。目前已帮扶此类家庭300多户。

针对孩子及监护人的大病救助。我们首先联系爱心单位和医院对孩子的病情进行检查，确定治疗方案，再协调民政、残联等相关部门单位对孩子进行救助，为他们购买人身意外保险。对于孩子的监护人，我们会与当地民政部门进行沟通，按政策申请救助，然后安排孩子的监护人到对接的爱心医院进行治疗，治疗费用一般情况全免。如孩子或监护人的大病治疗费用仍有巨大缺口的，我和志愿者们就自掏腰包进行爱心捐助。目前已帮扶救助重病、眼疾的孩子及监护人患者100多名。

为无户籍孩子落户。对无户口孩子因落户需要做亲子鉴定的，我们安排孩子及父母或相关亲属到司法鉴定机构进行亲子鉴定，还帮助协调鉴定机构并承担相关费用。让他们凭借亲子鉴定结果和出生证明等资料到户籍部门落户，如因特殊情况仍不能落户的，再由服务团出面协调有关部门帮助解决。目前已解决300多名孩子的户籍问题。

为无学籍、失学辍学孩子联系入学。遇到孩子没有学籍的情况，我们会通过对接学校，了解孩子没有学籍的具体原因，如果是缺少材料的，我们就帮他们补充完善材料，如果是需要多方协调的，我们就出面协调教育部门或者汇总上报给有关部门帮助解决。遇到失学、辍学或面临辍学的孩子。我们要了解原因，再通过教育部门帮助协调学校，就近入学，或者送到寄宿制学校学习，继续完成学业。对初中毕业后未升学的孤困儿童，就将其安置到技术类院校，让他们学得一技之长，以便将来在社会上立足。目前已解决 200 多名孩子的学籍问题，并安置 500 多名孩子入学接受教育。

针对孤困儿童生活环境脏乱差改善工作，我们经常组织志愿者们到孤困儿童家庭里走访，有时帮助修缮房屋、打扫卫生，有时帮着添置些必要家具和生活用品，目的就是为了改善孩子们的居住环境。目前已帮助 1000 多个家庭修缮房屋，打扫卫生，为 600 多个家庭添置了家具及生活必需品，帮助建设了 1000 多间"希望小屋"。

将帮扶工作进行到底

我一直在思考一个问题，如何建立一种机制，能够确保这么多志愿者能够长久地、始终如一地、充满爱心和激情地、保质保量地把帮扶工作做下去。

为此，我们进行了多种形式的探索。一是通过学习优秀传统文化、红色文化和英模事迹，让我和众多志愿者心灵品质得到不断提升。二是我们制定了互相配套、细致完善的规章制度。比如，我们规定对女童要同性别对接，不准认领和认养孤困儿童，不允许为其改名和过户，不准称呼爸妈。三是对帮扶资金和物资作了严格的管理制度，对骨干志愿者的辞职免职和劝退也都有严格的要求。

我经常这样想也这样说："这些孤困儿童都是国家的孩子，我有责任保护他们，做这件事比挣多少钱都有意义，我一辈子就只做这一件事了！"同时，我要求自己终生做好孤困儿童成长道路上的引路人。

为了让全国孤困儿童健康成长，我先后到济南、青岛、枣庄、淄博、宿迁、襄阳、淮南等地，宣讲帮扶模式和志愿者故事，发起两次全国"天下无孤"研讨会。目前，已有27个地市借鉴了"临沂模式"成立孤困儿童志愿服务组织，另有20多个地市正在筹划成立。

近年来，中央、省、市主流媒体大力宣传推介我们服务团的做法和志愿者的帮扶事迹。《人民日报》、中央电视台、新华社、《光明日报》等也对服务团作了专题报道。

我们服务团先后获得全国脱贫攻坚先进集体、全国最佳志愿服务组织、全国关心下一代工作先进集体和全省抗击疫情优秀志愿服务组织等荣誉称号，还被省委宣传部表彰为齐鲁时代楷模，并定位为"天下无孤·沂蒙精神的弘扬践行者"。孤困儿童帮扶项目被中华慈善总会评为2020年度中华慈善品牌项目，获评全国十大民生示范工程。我本人被授予全国劳动模范、全国道德模范提名奖、全国农村留守儿童关爱保护和困境儿童保障工作先进个人、全国关心下一代工作先进个人、全国慈善会爱心企业家等荣誉。

荣誉是鼓励、鞭策，也是压力。在今后的帮扶工作中，我一定会再接再厉，勇担当，敢作为，全力以赴地和8000多名志愿者一起，将这一神圣的事业进行到底，造福千万个孩子和家庭，为实现"天下无孤"宏伟目标而奋斗终生！

庆云县"三帮一"扶贫助学在行动

王晓东

习近平总书记在打好精准脱贫攻坚战座谈会上强调，要注重激发内生动力，加强扶贫同扶志、扶智相结合。庆云县深入贯彻落实习近平新时代中国特色社会主义思想，按照省委"八个精准"要求，从根子抓起、从未来抓起，自 2017 年 4 月份开始，筹集设立扶贫助学基金，创新实行一名科级以上干部、一名优秀教师、一名爱心企业家组成志愿者小队，共同结对帮扶一名贫孤孩子的"三帮一"扶贫助学机制，激发了贫孤孩子立志改变命运的内生动力，切断了贫困代际传递的内因，闯出了一条可复制、可推广的脱贫之路，为决胜全面建成小康社会奠定了坚实基础。

"三帮一"扶贫助学模式提出的背景

庆云县曾是国家级贫困县，2014 年共精准识别出省扶贫工作重点村 70 个，贫困户 10782 户，贫困人口 23385 人。庆云县按照中央、省市关于坚决打赢脱贫攻坚战部署要求，坚持以问题为导向，瞄准贫困村"五通十有"基础设施提升和贫困户"两不愁三保障"难题,最大限度聚焦贫困重点、最广范围聚集攻坚力量、最大程度聚合各类资源,通过实施产业扶贫、行业扶贫、金融扶贫、社会扶贫、兜底保障等各项措施,全县脱贫攻坚工作取得了阶段性成效。截至2017年底,我县70个省级扶贫工作重点村全部实现脱贫退出,建档立卡贫困人口减少至248户414人,贫困发生率从7.8%,降至0.1%。

但在工作过程中,我县各级扶贫干部和帮扶干部反映,贫困户子女受教育问题虽然已经实现了全覆盖,但是仍需要从更深层次研究解决。有的贫困户由于家庭贫困,缺少基本的学习用品和读物,缺乏良好的学习环境,有的由于缺少父母关爱,家庭教育引导不到位,使得这些家庭中的孩子性格内向,不愿和外界沟通,学习成绩差,甚至出现自卑、仇视社会走向犯罪等现象。而对贫困家庭的主要帮扶措施很多仍然停留在给钱给物的物质救济层面,这与上级要求"扶志、扶智"和"阻断贫困代际传递"等要求有很大差距。也让我认识到,结合县情、贫困家庭的现实需要和未来发展,探索一条保障贫困家庭子女健康学习成长的有效路径迫在眉睫、刻不容缓。在此情况下,我提出了建立"三帮一"扶贫助学的新型教育扶贫工作机制。

"三帮一"扶贫助学模式的主要做法

"三帮一"扶贫助学机制的建立,从2017年5月份开始,经过了有关部门、乡镇(街道)和县委、县政府领导机构的几上几下的反复研究,由县委办、扶贫办、妇联、团委、民政局、教体局、关工委和各乡镇(街道)联合开展专题调研,经县委常委扩大会议研究,确定了"三帮一"扶贫助学机制,做到从义务教育一直到大学,全面兜底保障。

"三帮一"扶贫助学机制,就是由一名副科级以上干部、一名优秀教师、一名社会爱心人士结成志愿帮扶组,共同结对帮扶一名贫孤孩子。在具体帮扶过程中,科级干部、教师、爱心人士各自承担不同的责任，扮演不同的角色：

其中，科级干部帮助贫孤孩子立志奋发。由副科级以上干部负责孩子的亲情陪护、家庭教育、家庭事务的协调解决，帮助孩子树立正确的世界观、人生观和价值观，树立积极向上的生活态度，做孩子健康成长的人生导师。

优秀教师帮助贫孤孩子学有所教。由优秀教师负责对贫孤孩子定期走访、教育辅导，让他们平等享有受教育的机会，让孩子通过教育成长为对国家和社会的有用之才，做孩子茁壮成长的学习导师。

爱心人士帮助贫孤孩子脱离困境。由社会爱心人士和企业家负责孩子的物资救助，解决孩子们生活和学习上的经济负担，解决他们成长中的经济难题，做孩子无忧成长的感恩导师。

对贫孤孩子进行帮扶，不仅要"富口袋"，更要"富脑袋"，既要提供良好的物质条件，更要在精神层面解决孩子性格和价值观引导等方面的问题。

"三帮一"扶贫助学机制顺利成功运行，也面临着很多困难问题。一是如何确定帮扶对象？二是以什么方式帮扶？三是帮扶人员？四是如何解决资金问题？五是如何确保帮扶实效？我们的具体做法是：

（一）建立一本台账，精准定位扶贫对象

一是全面摸底，严格筛查，确定帮扶对象。按照"为群众负责、为贫孤孩子负责、为资助者负责"原则，由县扶贫办和团委牵头，组织妇联、民政、教育等部门和各乡镇（街道）联合开展了对建档立卡贫困家庭孩子和孤儿基本情况调研摸底工作。经过入户调查、初审、复核等步骤，最终确定将 505 名贫孤孩子纳入帮扶范围。

二是详细记录，建立台账，科学分类登记。对贫困家庭孩子、孤儿等 505 名贫孤对象的个人信息、家庭状况、致贫原因和入学情况，全部逐一详细记录，登记造册，建立台账。经统计核实，学龄前儿童 64 人，占总人数的 12.7%；小学阶段 252 人，占总人数的 49.9%；初中阶段 112 人，占总人数的 22.1%；高中和中专阶段 43 人，占总人数的 8.6%；

大学阶段 34 人，占总人数的 6.7%。

三是进出有序，动态调整，实现精准帮扶。按照"贫困进、脱贫出"原则，对贫孤孩子现实情况入户调查登记，每月开展动态调整，对完成学业的，调整出帮扶名单，不再进行资助；对家庭脱贫的，按照"脱贫不脱政策"的原则，在一段时间内仍享受救助政策，对新发现或申报核实新产生的贫困家庭孩子和孤儿，及时列为资助对象。截至目前，受帮扶贫孤学生调整为 494 人。

（二）营造一个氛围，掀起扶贫助学热潮

虽然说全县需要帮扶的贫孤孩子数量已经确定，孩子各方面信息情况已经摸清楚，结合贫孤孩子面临的问题，已经确定"三帮一"扶贫助学帮扶机制；但是，如何把下一步具体帮扶工作做好、做出真正的成效，成为我们面临的一大难题。因此，我们通过各种渠道广泛营造全社会共同参与的浓厚氛围，作为开展好这项活动的一个重要抓手。

一是广泛宣传发动。针对广大党员干部印发《致全县广大党员干部的一封信》5000 余份，针对城区门店、市场业户、企业等，印发《扶贫助学倡议书》3 万余份，印制扶贫助学海报 5000 余份，在商场、公园、车站等人员密集场所张贴，充分展示前期 505 名贫孤孩子的家庭和生活学习情况；通过庆云电视台和"庆云发布""智慧庆云"等新媒体宣传扶贫助学活动，宣传对贫孤孩子帮扶的典型案例，营造了全社会参与扶贫助学的浓厚氛围。

二是开发助学平台。建设扶贫助学爱心手机平台——"大爱庆云"，以群众喜闻乐见的形式宣传各类扶贫助学活动，接收来自微信、支付宝等方面的网络捐助，方便社会各界通过网络奉献爱心，并通过平台了解助学资金使用情况，确保捐资工作在阳光下运行。

三是举办主题晚会。2017 年 6 月 30 日，举办"众志成城、奋发图强，扶贫助学立志在行动"慈善晚会，现场播放《贫孤孩子生活学习》纪录片，真实反映贫困孩子基本情况；讲述 30 年来一位北京普通职工帮助庆云贫困孩子学习就业的真实故事——《"焦锋"的故事》；为爱

心企业颁发荣誉奖牌；我和县四大班子领导干部带领干部代表、受资助贫困孩子集体立志，在全社会引起强烈反响。

通过广泛宣传发动，社会各界迅速并普遍认可了庆云县"三帮一"扶贫助学机制，全县党员干部和社会各界踊跃报名和捐钱捐物，全县分别有 800 多名科级干部、优秀教师和爱心人士第一时间分别到县委组织部、教体局进行了参与"三帮一"登记报名，活动开展的第一个月帮扶资金就超过了 3000 万元，后期又有爱心人士捐助善款，到目前资金总量已达到 4430 万元。

（三）设立一支基金，兜底解决教育难题

资金短缺是影响教育扶贫工作的首要问题。庆云县是财政小县，通过县财政一次性拿出几千万来兜底保障全县这么多孩子教育问题十分困难。帮扶资金主要来自社会各界的捐助，如何壮大基金规模、合理使用基金成为开展好活动的重要一环。

一是多渠道壮大资金。在全县机关企事业单位中开展"扶贫助学慈心捐款"活动，动员广大党员干部踊跃捐款。各乡镇（街道）、住建局、城管局、交通局等单位发动本辖区、本领域企业和爱心人士捐款。深化巩固与烟台市芝罘区的扶贫协作关系，接收其 160 万元帮扶资金。举办爱心助学书画展，所有作品集中拍卖所得善款，全部捐助为扶贫资金。

二是合理有效使用基金。立足我县的基本情况，结合居民生活水平和各学龄段学费情况科学测算并确定资助标准，制定基金管理办法予以明确。其中，义务教育阶段、中职阶段 3000 元／人／年，高中阶段 5000 元／人／年，大学阶段 6000 元／人／年，每月通过扶贫助学专项基金账户直接划转至受助人账户，定期公开基金使用情况。同时，县里专门成立心理健康团队，设置心理辅导室，时刻关注他们心理变化，为他们的健康成长保驾护航。

三是特设扶贫助学专项基金。为做好扶贫助学资金的使用与管理，由县慈善总会特设扶贫助学专项基金，用于资助贫孤孩子生活和学习。

专项基金将长期设立，随着社会爱心人士的不断捐赠，基金总额持续增长。

四是建立基金长效管理机制。成立由县关工委主要负责人为组长，团县委、扶贫办、教体局、民政局、工会、妇联等单位负责人为成员的扶贫助学基金管理小组。主要负责制定、修改管理规程，决定重大业务活动计划。包括基金的募集、管理和使用计划，年度收支预算和决算审定，制定内部管理制度等。

五是形成助学基金监督机制。成立由捐款大户、社会名望人士、监督部门为成员的扶贫助学专项基金监督小组。主要负责依照管理规程规定的程序检查基金财务和会计资料，监督小组遵守法律和管理规程的情况；列席管理小组会议，有权向管理小组提出质询和建议，并应当向登记管理机关、业务主管单位以及税务、会计主管部门反映情况；应当遵守有关法律法规和基金管理规程，忠实履行职责。

六是严格助学基金审计。基金管理小组定期向社会公布资金使用情况和受资助学生名单并接受监督。县审计部门负责扶贫助学专项基金的审计工作，跟踪指导，形成监管合力，确保基金使用规范。

"三帮一"扶贫助学模式的主要成效

从总体帮扶效果来看，通过"三帮一"结对帮扶后，这 745 名贫孤孩子在生活上得到照顾、行为上得到管教、学习上得到辅导、经济上得到保障，不管是孩子们的学习环境、学习成绩，还是个人价值观、心理性格等方面都有很大的改观，逐步从畏首畏尾、缺乏自信的自卑心理中走了出来，真正改变了贫困孩子的人生轨迹。三个帮扶主体把这些孩子真正当作自己的孩子来对待，把保障孩子们的正常生活学习作为自己的一份责任，对于所结对的孩子帮扶周到全面、细致入微。除了给孩子一月一次发放生活学习资助费用，他们还经常性地给孩子做学习辅导，到孩子们的家中跟他们的家长拉拉家常、问问困难需求，利用周末或者节假日带着孩子参加一些公益类的活动或出去游玩散心，把孩子领回家吃顿便饭，到了换季、开学或者过节的时候给孩子们买点学习用品、买件衣服等等。看似这些比较平常、比较小的事情，足以感动孩子们的心，促进他们健康成长。

比如，受帮扶学生中的黄平凯，帮扶人员第一次去他家时，家里就几件破旧的家具，一台黑白电视机，床上两床黑黝黝的被子，孩子穿的衣服脏兮兮的，吃过的饭碗在桌子上七零八落，该洗的衣服鞋子满屋都是。帮扶人员跟孩子交流的时候，他不吱声、不言语，总是低着头呆呆地站在那里，学习成绩也很差，多次萌生辍学的想法。经过帮扶人员的多次交流沟通和实际帮扶，不仅生活能够自理了，也能够和身边的同学们打成一片，时常能看到洋溢在孩子脸上的自信和笑容。黄平凯以优异的成绩考入庆云县第一中学就读高中，学习成绩目前在班级中上游水平。

李磊，东辛店镇张立村人，在庆云一中读高三。他的大姐李阳，23岁，今年从山东第一医科大学完成专科学业，考入济宁医学院就读本科，学习护理专业，享受"三帮一"扶贫助学政策及雨露计划；二姐，李悦，19岁，2020年6月份在德州交通高级技工学校毕业，曾享受"三帮一"扶贫助学政策及雨露计划，现在济南务工。这个家庭原本是一个幸福的五口之家，生活虽不说多宽裕，但一家人过得也很美满。在李磊上一年级的时候其父亲遭遇了车祸，不幸去世。失去了主心骨，李磊和他的两个姐姐又都在上学，母亲一个人靠打工扛起整个家，困难程度可想而知。2017年6月，李磊姐弟三人被纳入"三帮一"扶贫助学，其家庭的困难得以解决，学业得以继续。除了每个月按时发放助学金外，帮扶小组还经常到他家看望他们。"三帮一"扶贫助学机制带给这个家庭的不仅是一次次经济援助，更为重要的是，它在孩子们心中生成了一种无形的精神动力，这种力量给了孩子生活和学习上的勇气和动力。现在庆云一中高三年级有1800多人，李磊的成绩在全校是200名左右。

常家镇张巧村的程思瑜，是一名孤儿。思瑜的父亲在她1岁时因恶性脑瘤去世，家里因此背上了五六万元外债。2岁时，母亲改嫁；7岁时，爷爷在一次押车送货途中，突发心脏病离世。家里只剩思瑜和她的奶奶两个人，奶奶腿脚不好，患有心脏病，常年药不离身，经常还要住院治疗，家里的外债像滚雪球般越欠越多。"三帮一"扶贫助学机制创建之初，程思瑜被纳入帮扶范围。寡言、内向，天真中有一股不服输的韧劲儿，这是思瑜留给帮扶小组的第一印象。"三帮一"扶贫助学不光给思瑜每月发放助学金，帮扶小组（庆云县产业发展中心主任陈智勇、庆云县第四中学教师边德星、爱心企业家党杰）还给思瑜买新衣服，偷偷给奶奶郑玉枝塞点钱，陪思瑜一起读书、补课，帮她解开心里的疙瘩，他们还为思瑜和另外两名贫孤学生举办生日会。这点点滴滴无时无刻不在温暖、感动着孩子。思瑜刚被纳入帮扶范围时，学习成绩年级排名中下游，受帮扶4年多以来，思瑜的成绩提高了，由入校时的中下游，跃升至上游水平，思瑜以高出录取分数线65分的好成绩被庆云一中录取。现在的思瑜长高了，也自信了，讲起话来不再怯生生的，还竞选上了学习班长，脸上总能看到开心的笑容。

程晓霞，庆云县尚堂镇和睦程村人。2015年程晓霞的父亲程春红被查出患有胰腺癌。经过手术治疗，虽然病情得到控制，但已不能再像以前一样干体力活，一场大病不仅花光了家里的积蓄，还欠下几万元的债务，以后每月还要服用近千元的药品。当程晓霞拿到大学录取通知书并知道父亲的病情时，她一度萌生退意。2018年8月，程晓霞及其弟弟被纳入"三帮一"扶贫助学中来，并于当年9月给程晓霞一次性拨付助学金6000元，这极大地解决了这个家庭的压力。程晓霞大学毕业后对以后的工作生活很迷茫，她有做教师的梦想，却又有心理压力，担心以后做不好。针对这些问题，程晓霞的帮扶干部——庆云县实验小学的副校长范书智从一名老教师的角度出发，与程晓霞沟通，畅谈人生理想，让程晓霞坚定了追梦教师的信心。2019年9月，程晓霞如愿成为云天中学的一名高中老师。"三帮一"改变了这个家庭的命运，让这些贫困学生不仅能够"站起来"，还能"走得远"。如今程晓霞家里的日子越过越好，程晓霞表示将来也想加入教师帮扶队伍，用自己的努力帮助那些需要帮助的孩子，把这份爱传递下去。

"三帮一"扶贫助学机制运行四年多以来，已累计发放助学金

838.49 万元，帮扶学生 745 人。受助学生中，102 人考入高中，57 人考入中专，93 人考入大专院校。先后有 1 人研究生毕业，36 人大学毕业并实现就业。越来越多的受助学生回到家乡工作，用实际行动回报社会、回报家乡。

庆云县"三帮一"扶贫助学机制，契合党中央和习近平总书记精准扶贫的有关要求和工作精神，贴合基层精准扶贫工作实际，让贫困孩子享受到了良好的教育，彻底阻断了贫困代际传递，为落实"扶贫同扶志、扶智相结合"开辟了新路，探索了经验，在全社会范围内引领了扶贫助学的新风尚。2017 年 12 月，国务院扶贫办专题调研组赴庆云进行专题调研，对"三帮一"扶贫助学工作给予了高度评价。该机制被共青团中央收入《共青团扶贫实践 20 例》给予推广，被山东省民政厅授予山东慈善奖，被山东省教育厅作为经验典型在全省推广。

我所经历的临邑县脱贫攻坚战

马太廷

　　脱贫攻坚以来，我作为一线"施工长"，在县委县政府的坚强领导下，有幸参与和见证了全县上下勠力同心、踔厉奋发，取得脱贫攻坚战全面胜利的奋斗历程，印象深刻，难以忘怀。68 个省定扶贫工作重点村（以下简称"省定贫困村"）全部实现了"五通十有"，11269 名建档立卡贫困人口全部实现了"两不愁三保障"和饮水安全，家庭年人均纯收入由 2016 年的 2430 元提升到现在的 11180 元。5 所社区中心卫生室建成使用，13 处农村幼儿园改善了设施条件，自来水和有线电视实现了"户户通"，"四好"农村路修到了每家每户的大门口，帮助 1065 户住上了遮风挡雨冬暖夏凉的安居房，安置 365 人实现了就近就业、"以贫扶贫"，累计发放小额扶贫信贷 1.07 亿元，为所有贫困人口落实了基本医保、大病保险、医疗救助、特惠保等"N 重保障"政策，切实织密兜牢了基本民生保障网。县扶贫办、宿安乡邢仙龙村、林子镇东张村等多个单位先后被评为全省脱贫攻坚先进集体，临盘街道前杨村登上《新闻联播》专题报道，50 余名扶贫一线党员干部先后荣获国家、省市级扶贫荣誉称号。

知难而进，勇于担当

2016 年 9 月份，县委根据打赢脱贫攻坚战需要，调整我到县扶贫办主持工作。在全县响鼓重锤，加快推进脱贫攻坚的关键节点上，我接过了精准扶贫这份线长面广、滚石爬坡的硬任务。当时也的确承受了不小的压力。家人反对、同事不解、年长体弱……心里也进行了短暂的思想斗争，但最终是党员的担当占了上风。上任之前，我对全县的贫困状况有了一个大致了解，但通过对基层实际接触，发现工作的难度仍出乎我的意料。68 个省定贫困村，有的环境脏乱、有的班子涣散，将近 50 个村几乎没有村集体收入；5391 户建档立卡贫困户，多数家庭环境脏乱差，有的住着漏雨的危房，有的因患大病一贫如洗，有的孩子因为家庭困难无法继续学业。同时，我也看到县乡有 75 名专职扶贫干部、136 名驻村"第一书记"和工作队员风雨兼程，不辞劳苦，倾心付出。从那时起，我就暗暗下定决心，一定不辜负县委县政府期望和群众期盼，"咬定青山不放松"，即使身上掉几层皮，也要确保让每个村、每个户、每个人都要稳定达到脱贫标准，让他们同全国一道步入小康社会。

躬身调研，精准施策

习近平总书记说，脚下沾有多少泥土，心中就沉淀多少真情。通过一次次调研，我看到有很多村街道并不窄，而是由于群众私搭乱建、圈地种养、随意堆放，导致环境脏乱；在村子内部及周边，还存在不少的边角地、闲散地、空宅基、废弃坑塘等，也普遍被杂草乱木占领。于是，经过反复思考，一条唤醒沉睡资源助力脱贫攻坚和乡村振兴的路子逐渐在我脑海中清晰起来。一经汇报，县委大力支持。于是，我们先选取林子镇东张村、西张村作为试点，街道两旁统一种植核桃树，坑塘内种植莲藕，发展边角经济，当年实现收益 3 万多元，把这些"包袱"变成了财富。后来这个模式得到大范围推广，先后创建 336 个示范村，激活土地、坑塘等闲置资源 7900 亩，带动村集体平均增收 2 万元，贫困户平均增收 800 元，基层干部群众无不拍手称赞。通过发展"村域沉睡资源聚合经济"，实现了带动群众增收、壮大集体经济、美化亮化村庄、拓宽产业路径、强化班子建设、提高幸福指数的"六重"收效。时任省委书记刘家义莅临考察，对该发展模式给予充分肯定，列入全省"八八"发展战略予以复制推广。

聚焦产业，"严"字为要

产业扶贫是稳定脱贫的根本之策，直接关系到农民的"钱袋子"。但绝大多数贫困村和贫困户底子薄、抗风险能力弱，没有参与市场竞争的优势和经验，经不起折腾，容不得闪失。为此，我坚定地提出了多条腿走路、多渠道增收，统筹使用专项扶贫、金融扶贫、社会扶贫等多措施，打"组合拳"的产业增收促致富理念。2017 年 3 月，制定了《临邑县产业扶贫项目管理办法》，在全省首先推行产业扶贫项目"三堂会审"制度，在每一个项目上马前，都严格执行"三级联审"程序（即乡镇初审、专家会审、县级终审），对项目的发展前景、市场风险、环保方案、产业规划等进行综合分析，为项目建设系上"保险绳"。

5 年多来，我带领分管副主任、科长和乡镇扶贫站长，查资料、访院所、请专家，立足临邑资源禀赋和产业基础，围绕市场需求，积极发展增收带动作用明显的特色种植、养殖、电商等产业，确保产业扶贫精准到村到户到人，确保效益和质量。先后统筹整合专项扶贫、政府债券、协作扶贫等各类资金 1.36 亿元，实施了 91 个扶贫产业项目，涵盖特色种养、光伏发电、休闲农业、扶贫车间等多个产业领域。已实现收益 3018.39 万元，带动 3992 户 7763 人，年人均增收 1400 余元。仅德州"壹号食品"、汉世伟生态循环养殖两个项目，每年就实现扶贫收益 160 余万元，有效助力贫困群众稳定增收。

巩固衔接，"防"字当先

习近平总书记说，胜非其难也，持之者其难也。为切实巩固拓展脱贫攻坚成果，我带领班子成员研究推行了"个人申请、数据比对、干部排查"三种渠道实时检测，"红、黄、蓝"三个等级预警防控，"帮、扶、引"三类措施精准帮扶的"3331"返贫预警机制，做到早发现、早干预、早帮扶，被《中国扶贫》列为脱贫攻坚 100 计之第 15 计。2020 年，我又带领同志们承担了全省解决相对贫困试点任务，创建了"三库两指数"智能研判体系、"家庭年人均收入 + 困难指数"多维认定办法，开发了贯通县乡村三级的反贫困社会综合救助服务平台，提供了解决相对贫困长效机制的"临邑方案"。目前，已采集监测农村低收入人口信息 22244 人，占常住人口的 4.8%，其中城乡低保对象 5068 人、特困供养 2517 人、建档立卡脱贫户 7850 人，其他低收入农户 6809 人，发放低保补助、特困供养、两残补贴、临时救助、高领津贴等 23 项救助补贴 1687 万元，办理助学贷款、医保理赔、就业援助等 44 类惠民事项 3960 人次。另外，还通过开展新时代文明实践、金晖助老、"牵手扶贫·温润童心"等活动惠及 135 名老人和孩子，为他们送去温暖关爱，解决了实际困难。

为了充分调动脱贫和监测人口的积极性、主动性，长久保持内生动力，我还探索施行了"积分管理·志智双扶"激励办法。社区组织帮扶测评团，围绕自主发展、清洁卫生、知悉政策、文明感恩四个方面，每月对所辖脱贫户开展量化评估，发放励志积分卡。在中心枢纽村设置"奋进励志超市"，脱贫户可凭积分自行兑换米、面、油等生活用品或化肥、农药等生产物资。每月邀请积分高的脱贫户讲述自己的劳动感言，对好的经验做法进行宣传，不断丰富活动内容，提高参与热情。对多重原因致贫的深度贫困户，通过扶贫专岗"助"，村干部"督"，包户干部"帮"，社会力量"扶"，村委会"评"，乡镇政府"奖"六种方式，重点帮促提升。通过这种坚持"扶"，强化"管"，辅以"奖"的做法，帮助脱贫户摒弃了等靠要思想，改善了人居环境，提高了文明素养，激励他们以感恩的心态、智慧的头脑和勤劳的双手缔造属于自己的幸福生活。

携手奔康，与民同乐

老朋友老同学经常问我："老马，你离开财政局这么好的单位去干扶贫，心里到底亏不亏啊？"说实在话，我们服务的都是经济收入很低、能力素质不高、卫生习惯也不怎么好的群众，但他们也是社会的一员，也用自己最真挚的言行表达着对党对国家的感恩和敬意。临邑镇靳家村的靳吉青老人，见到我进门走访，打老远儿就放下手中的活儿，小跑过来握着我的手请到屋里坐，倒杯热水，一句一条向我诉说生活的变化。说着说着，他起身拿出了18年没动的二胡，邀我同唱《社会主义好》和《没有共产党就没有新中国》，嗓音不美，技艺一般，但深切表达了他们最朴实的感情。2020年8月的一天上午，我刚从临南农业产业园现场回来，快下班的时候，有个70多岁的老人蹬着三轮来到了办公室，手里拿着面锦旗，张口称呼我"马主任"，令我感到很是意外。后来慢慢了解到，他是林子镇马寺村的窦培然，老伴精神不好，大儿子去世后病情加重，时常离家出走，流浪无着，本人患有肺气肿、心衰、风湿等多种疾病，生活困难，通过这几年扶贫，他家三口人纳入了特困供养、医疗救助，享受了特惠保险和"金晖助老"，对今后的日子心里有底了，衷心感谢党委政府，感谢帮扶干部。这些年来，这样的情况还有很多，这样的场景也历历在目，在我余生中，永远将不会忘怀。

老骥伏枥，擘画振兴

由于年龄原因，县委于 2021 年 9 月份调整我到县政协工作，担任农业和农村委员会副主任。这是对我的信任，更是对我的充分肯定。我将牢记习近平总书记"脱贫摘帽不是终点，而是新生活、新奋斗的起点"的殷殷嘱托，秉承发扬好"上下同心、尽锐出战、精准务实、开拓创新、攻坚克难、不负人民"的伟大脱贫攻坚精神，甘当一心为民的孺子牛、勇于创新的拓荒牛、吃苦耐劳的老黄牛，在巩固拓展脱贫攻坚成果上下更大功夫，在推动乡村振兴上出更多办法。

扛牢政治责任　决胜脱贫攻坚

孙爱军

从党中央提出精准扶贫精准脱贫基本方略，到举全党全国之力打赢脱贫攻坚战的这八年中，我一直在地方担任主要负责同志，是这段历史的全程参与者、亲身经历者。工作中，我积极响应党中央号召，一直把脱贫攻坚作为头等民生大事、摆在突出位置来抓，拿出主要精力投入到精准扶贫事业上来，与干部群众共同见证了这个史无前例的人间奇迹。下面，我将个人所了解和经历的聊城脱贫攻坚有关历史记述如下：

聊城脱贫攻坚工作的基础和优势

2019 年 2 月，组织派我到聊城担任市委书记。这一年，正值脱贫攻坚最吃劲的时候，党中央把精准脱贫作为三大攻坚战之一部署推进，习近平总书记在全国两会期间参加甘肃代表团审议时，号召"不获全胜、决不收兵"，在重庆主持召开解决"两不愁三保障"突出问题座谈会时，进一步明确了脱贫攻坚的方向和重点。我了解到，聊城是全省脱贫任务较重的市之一，仅次于菏泽、临沂，居全省第三位。当时的聊城，经过 3 年集中攻坚，累计完成农村贫困人口脱贫 25.85 万人、退出省扶贫工作重点村 676 个，已经基本完成脱贫攻坚任务，在经济发展相对落后、政府财力有限的局面下，取得这样的脱贫成效殊为不易。工作中，还探索形成了一些有效做法和典型经验。比如，创新开展片区集中攻坚行动，划定偏僻边远、贫困程度深的金堤河片区、黄河滩区、黄河故道西片区和北片区 4 个集中连片贫困区，采取市级领导帮包、行业部门牵头等工作机制，加大政策、资金、资源倾斜力度，集中力量攻坚突破，加快基础设施、产业发展、民生工程项目实施，推动片区加快改变面貌。其中，投资 5.7 亿元建成金堤河交通扶贫大通道，全长 103.8 公里，横穿阳谷县、莘县 11 个乡镇、159 个村庄，让 13 万人口直接受益。比如，在构建专项扶贫、行业扶贫、社会扶贫"三位一体"大扶贫格局上，也探索形成了一系列典型做法和经验。深入实施产业扶贫，推进养驴扶贫、光伏扶贫、电商旅游扶贫、金融扶贫，抓好十大扶贫项目建设，扶持 33 个省旅游扶贫村发展。扩大产业帮扶项目覆盖面，切实做到"一户一策"。加大行业社会扶贫力度，深入推进教育、医疗、就业、社会保障等扶贫政策落实。广泛动员社会组织、企业、志愿者、爱心人士等社会力量参与脱贫攻坚，实施"百企帮百村""金晖助老""过暖冬、过好年"等社会扶贫专项行动，凝聚起强大的攻坚力量。创新开展的贫困失能人员集中供养、贫困户邻里互助护理等经验模式，受到国务院扶贫办、中国残联的肯定和推广，等等。

尽锐出战、合力攻坚的 2019 年

尽管聊城脱贫攻坚工作总体上比较扎实，工作中既有基础、也有优势，但也存在不少短板和弱项。在 2018 年度全省扶贫开发工作成效考核中，由于行业扶贫成效不好、扶贫领域信访底线守得不牢等多方面因素，聊城扶贫工作在全省考核中位列一般等次，于 2019 年 4 月被省委省政府约谈，全市脱贫攻坚工作一度陷入被动，干部队伍士气低落、人心浮动、作风散漫，给如期打赢脱贫攻坚战蒙上了一层阴影。

到聊城工作后，我首先把推动全市干部队伍解放思想、转变作风作为工作的着力点和主抓手，在脱贫攻坚工作上更是如此。我提出，聊城要尽锐出战、合力攻坚，全力打赢脱贫攻坚"翻身仗"，从市委做起，领导干部以身作则、率先垂范，一级抓一级、层层抓落实，补短板、强弱项，抓整改、促落实，全力扭转扶贫工作被动局面。我还提议，市委常委会会议每季度研究一次扶贫工作，市扶贫开发领导小组每月召开一次会议，高标准、严要求、快节奏推进脱贫攻坚，及时研究解决存在问题，持续压紧压实工作责任。工作之所以被动，根子在干部队伍的能力不足、作风不硬。当时，市委副书记同时兼任冠县县委书记，工作精力有限，经市委研究，重新调整工作分工，由市委常委、组织部部长分管扶贫工作，并责成其拿出专门精力用于扶贫工作，亲力亲为抓推进、促落实，及时研究解决工作中的突出问题。市委还对聊城扶贫干部队伍进行了优化调整，精挑细选了一名基层经验丰富、能力强、作风硬的同志担任市委副秘书长、市扶贫开发办主任，并根据工作情况，由市委组织部统一调配，分批抽调精干力量到扶贫系统完成重点任务。通过各种举措，拉开了触底反弹、全面赶超的序幕。

没有调查就没有发言权，抓脱贫攻坚必须用好调查研究基本功，从基层一线、田间地头、群众家中摸清情况、掌握实情、发现问题，进而研究制定针对性举措，精准施策、靶向治疗。4月23日，我到东昌府区沙镇镇油坊村实地调研脱贫攻坚工作，仔细察看村容村貌、道路房屋，并就村党支部建设、村集体收入、扶贫成效等，与村干部群众进行深入交流。此后，我又带头走遍了全市8个扶贫工作重点扶持乡镇，带动县乡村各级书记遍访贫困村、贫困户，走村入户了解情况、查找问题，寻找根除贫困的关键症结。通过调研发现，聊城脱贫攻坚剩下的都是老弱病残等难啃的"硬骨头"。要啃下这些"硬骨头"，必须聚焦贫困群众"两不愁三保障"，全面压实帮扶责任，细化完善政策措施，确保政策覆盖不漏一户、不落一人。针对贫困群众住院看病报销难的问题，我们对原有医疗费用联网结算机制进行完善，将9家市级医院纳入结算范围，在全省率先实现市县乡三级定点医疗机构"一站式"结算服务全覆盖；落实"先诊疗后付费""两免两减半"等优惠政策，对贫困白内障患者、先天性心脏病患者免费手术，为全市 15 万余名贫困人口购买医疗商业补充保险，累计理赔 4.5 万人次，理赔金额 20436 万元。针对贫困群众住房安全方面的问题，明确由住建部门牵头开展贫困户危房等级鉴定，落实市级补助资金 2000 万元，对发现的贫困户危房及时修缮、改造，确保应改尽改。针对贫困学生上学方面的问题，由教育部门定期开展家庭困难学生信息比对，及时更新受助学生信息，免除学前教育保教费、高中学杂费、市属高校学费、发放"雨露计划"补助金等落实各项教育政策。针对贫困户内生动力不足的问题，开展生活水平、居住环境"双提升"工作，覆盖 1 万余户贫困户，有效改善了贫困群众的精神面貌；强化正反双向约束，在度假区、东昌府区等 4 个县（市区）探索实施"积分制"管理办法，对贫困户进行量化考核，以此作为依据，进行扶贫收益差异化分配或发放实物，调动群众自主增收脱贫积极性。针对特困群体，采取措施予以重点关注、重点帮扶，持续关注严重精神障碍患者、重度残疾人、贫困老人等深度贫困群体，实施分类精准帮扶；对严重精神障碍患者，由市卫健委牵头，按照居家随访、居家服药和住院治疗三种模式，实行分类救治，救治率达 100%；对贫困残疾人，由市残联牵头积极提供康复服务，覆盖建档立卡残疾人 20667 名、残疾儿童 659 名；对贫困老人，由市民政局牵头推进农村养老周转房建设，完成了 738 套周转房建设任务。

在脱贫攻坚最后阶段，最不容忽视的就是由于战线长、时间久、强度大，干部队伍中产生了一些厌战情绪、懈怠心理、麻痹思想，体现到工作中，表现为标准降低、要求不严、督查不力，不少工作存在短板漏洞，一些问题反复发生、多次整改不到位，极大影响了脱贫攻坚质量和成色。抓好这个时期的工作，必须始终坚持问题导向，针对各级巡视巡察、审计考核等反馈问题和工作中存在的短板弱项，开展持续不间断的暗访、调研和督导活动，逐村逐户、逐个项目查找并解决问题，先后开展了三次比较大的集中行动：一是"大回访"全面排查。4 月份开始，开展为期 3 个月的精准扶贫"大回访、大整改、大提升"集中行动，抽调 1532 名机关干部，组成 107 个工作组，对全市 8.29 万户贫困户、425 个扶贫工作重点村进行拉网式走访。按照边访边改、日清日结的原则，逐条梳理列出问题清单，逐一落实整改，发现并解决"两不愁三保障"政策落实不力、帮扶措施不精准、帮扶责任落实不到位等问题 7000 余个。二是"沉一线"暗访调研。6 月中旬开始，采取"普遍暗访、重点关照、全面解剖"的做法，开展脱贫攻坚"沉一线"调研活动，采取"四不两直"方式，对各县（市区）、各乡镇开展常态化暗访。深挖问题根源，形成问题清单在全市通报，并根据问题数量和严重程度，从严追究责任，问责处理到人。三是规范产业扶贫项目集中行动。从 9 月上旬至 10 月中旬，由市扶贫开发办组织开展"扶贫政策集中宣传月"活动，优化调整帮扶责任人和村级扶贫专干，进行 4 轮"覆盖式"集中轮训，并组织开展了乡镇扶贫办主任业务知识测试。建立帮扶日志、工作日志等制度，由各级干部入户时随访随填，加强帮扶工作管理和约束。增加干部入户频次，规范完善扶贫手册、帮扶之窗等资料，积极做好政策宣传和群众思想引导工作，提高贫困群众政策知晓率和工作满意度。

这一年，全市上下以背水一战的坚定决心和不胜不休的必胜信念，全力抓责任、促落实，各级投入财政专项扶贫资金 5.23 亿元，整合财政涉农资金 5.7 亿元，实施产业扶贫项目 99 个，带动 4.89 万户 9 万余名贫困人口增收，脱贫成果持续巩固，各项工作都迈上了新台阶，在 2019 年度全省扶贫开发工作成效考核中，聊城市位列第四名，一举扭转了被动局面，打了一场漂亮的"翻身仗"，极大鼓舞了人心、振奋了士气、增强了信心，也为即将到来的决胜之年奠定了坚实基础。

全面总攻、决战决胜的 2020 年

2020 年是脱贫攻坚收官之年。当时开展的核查、暗访、评估验收等工作一环扣一环，要求越来越高、标准越来越严。为保证一鼓作气、乘势而上，保持攻坚态势，市委全面加强扶贫干部队伍力量，保持脱贫

任务较重的县乡党政正职相对稳定，8个重点扶持乡镇（街道）党政正职不调离岗位，424名"第一书记"年内不调整撤换。从市直部门抽调35名素质能力高、年富力强、作风务实的年轻干部集中办公，组建评估验收、作风整治、总结宣传等工作专班，全市扶贫系统专职干部达到1800余人。优化基层帮扶力量，调整帮扶责任人增加至2.42万人、村级扶贫专干6302人，全力打造懂扶贫、会帮扶、作风硬的扶贫队伍。

这一年不仅工作上时间紧、任务重，还遭遇了一系列意想不到的困难和挑战。突如其来的新冠肺炎疫情影响了全市贫困人口增收和脱贫成果巩固；受8月强降雨影响，全市7406名贫困群众受灾，637户贫困家庭房屋损坏，175个产业扶贫项目被淹或主体损坏，造成经济损失1594.6万元，聊城是全省受灾比较严重的4个市之一。越是面对困难挑战，越是考验干部的能力素质、责任担当和工作作风。我们认真分析疫情灾情对脱贫攻坚带来的不利影响，强化举措，消除隐患，有效防止因疫因灾致贫返贫。有效保障贫困群众基本生活。疫情防控期间，将80%的资金提前拨付到各县（市区），推动资金早支出、项目早见效、贫困群众早受益。充分发挥基层扶贫干部、村级扶贫专干作用，逐户排查贫困群众身体健康和生活状况，帮助落实防护措施。疫情防控期间，免费为贫困户发放医用口罩18万余只、消毒液14万余件，发放蔬菜水果、肉类等生活物资，累计折合195万元，覆盖9万余名贫困人口。对洪涝灾害影响严重，出现农作物、畜禽养殖减产或绝产的，按程序办理保险赔付，帮助贫困群众开展生产自救，全力保障生产生活及时恢复。积极推动扶贫项目复工复产。全面摸排扶贫项目运营管理和受疫情灾情影响情况，对40个受疫情影响的产业扶贫项目逐一研究分析，按照生产资料供应不足、产品滞销等不同类型，实施分类指导处置，有效解决产品销售不畅、劳动力短缺、技术力量不足等问题。对175个受大风、强降雨等极端天气影响的产业扶贫项目，根据项目受灾情况，实施修缮改造、恢复使用，对受灾严重、失去修复价值的，按规定核销资产，有效降低受灾项目对贫困人口收入产生的影响。发动扶贫领域干部群众积极参与。疫情发生以来，2000余名扶贫干部、4000余名贫困群众参与联防联控，部分贫困群众主动捐款捐物、回报社会，捐款总金额4.1万元，在全市扶贫系统形成了众志成城、共克时艰的强大合力。

再大的困难，也阻挡不了我们带领群众脱贫致富的脚步。3 月 6 日，习近平总书记出席决战决胜脱贫攻坚座谈会并发表重要讲话，号召我们"坚决克服新冠肺炎疫情影响，坚决夺取脱贫攻坚战全面胜利，坚决完成这项对中华民族、对人类都具有重大意义的伟业"。3 月 18 日，我主持召开全市决战决胜脱贫攻坚座谈会，明确提出要进一步巩固持续向好的工作局面，尽锐出战、合力攻坚，夯实工作基础，补齐短板弱项，提升脱贫质量，力争取得更大的工作成效，争取在全省率先交卷、走在前列。我专门调度市扶贫办主任，详细了解当前存在的问题，强调要精准帮扶、加强督战，推动最后的各类问题"村村清零、户户清零、项项清零"，清零就是脱真贫，并且达到群众满意。工作中，必须坚持打基础、补短板、促提升并重，确保方向不偏、靶心不散，巩固脱贫成效，提高脱贫质量。全面推行"遍访找问题，解剖找症结，挂牌促整改"三步工作法。组建临时工作组、常设暗访组和工作专班，按照"四不两直"方式，对各县（市区）、乡镇实行多轮次、不间断、全覆盖的督查、暗访、调研，直至问题彻底解决、动态清零。锁定问题较多的乡镇、县（市区）开展"挂牌督办"，根据问题数量和严重程度进行全面剖析，对事对人问责处理，累计"挂牌督办"21 个乡镇、1 个县（市区），倒逼责任落实落地落到位。坚持较真碰硬，彻查彻改扶贫领域各类问题。我们开展产业扶贫项目自查评估和"回头看"，采取阅卷方式对 1329 个项目逐一评估验收。组织"抓重点促攻坚，大调研大整改"调研活动，紧盯"两不愁三保障"政策落实的薄弱环节、扶贫资金资产使用管理中的短板弱项，逐一核查整改落实情况，逐项对账销号、动态整改清零，不断提高问题整改的精细化和专业化水平，有效防止了老问题反弹、新问题出现。持续强化增收措施，夯实脱贫致富发展支撑。全力加强资金支持，确保与脱贫攻坚收官要求相匹配。投入各级财政专项扶贫资金 6.2 亿元。发放富民生产贷 8.7 亿元、扶贫小额信贷 2800 多万元，近 2 万名贫困人口实现自主创业、就业务工、脱贫增收。投入产业扶贫资金 4.6 亿元，建成蔬菜种植、特色养殖、扶贫车间等项目 120 个，帮助 6 万余名贫困群众实现增收，带动 450 名贫困劳动力就业。探索建立扶贫资产综合管理平台，依托综合实力较强的国有企业，对现有扶贫资产进行统一集中托管，确保扶贫资产保值增值、长期发挥作用。

为实现脱贫攻坚"巩固、接续、长效"，我在部署工作时，反复要求各级干部提前谋划思考，积极探索解决相对贫困的常态长效机制，推动扶贫政策体系、责任体系、工作体系等向乡村振兴平稳过渡。工作中，很多地方和部门不墨守成规，坚持改革创新，创造出一些独具特色的"聊城经验"。探索实践规模农场、就业工场"两场同建"模式。根据贫困群众和企业双向需求，将扶贫资金重点向贫困人口相对集中、往年项目较少的地区倾斜，招引农业龙头企业、劳动密集型企业建设规模农场、就业工场，推动农业提质增效，带动农村富余劳动力就近就业增收，实现收益1950.8万元，辐射带动2600余名困难劳动力在"家门口"就业增收。创新实施消费扶贫模式。开展扶贫产品进机关、进学校、进医院、进企业、进军营、进社区"六进"活动，通过扶贫专柜、直播带货等线上线下多种方式销售扶贫产品，实现产业发展、扶贫企业受益、贫困户增收、消费者满意的"多赢"目标，聊城消费扶贫经验做法在全省予以推广。建立健全动态监测和即时帮扶机制。研究出台相关文件，明确即时帮扶的认定范围、认定程序、帮扶措施、责任主体。发挥村"两委"干部、帮扶责任人、扶贫专干等基层干部作用，持续跟踪监测有返贫和新致贫风险的困难群体，符合条件的及时纳入即时帮扶管理，因户因人落实帮扶政策，有效防止了返贫和新致贫。

坚持严管厚爱相结合、激励约束并重，健全完善扶贫干部评价考核机制，先后提拔重用116名在脱贫攻坚一线表现突出的干部，对7名责任不落实、工作不力的乡镇主要负责人给予免职问责处理。关心关爱脱贫攻坚一线干部，对扶贫干部待遇保障、评先树优等进行明确规定，确保各级扶贫干部队伍保持稳定。加大优秀扶贫干部表彰奖励力度，40名干部受到市厅级及以上奖励，16名扶贫干部、8个集体受到省部级及以上表彰奖励。

面对艰巨任务，全市扶贫干部把精益求精贯穿于脱贫攻坚始终，做到了问题排查整改、户档资料校准、帮扶措施落实、扶贫资金审核、扶贫政策兑现"五个到位"，实现了贫困户退出、贫困户信息、扶贫资金使用、扶贫政策落实、档卡资料"五个零差错",收获了群众的满意,得到了各级的肯定。在 2020 年上半年省年中督查考核中,聊城成为全省唯一一个零问题的市;在 10 月省扶贫开发领导小组组织的脱贫攻坚核查和第三方暗访中,均未发现问题;11 月 28 日顺利通过省级脱贫攻坚评估验收。回头看去,聊城全市上下经过 5 年奋战,全市现行标准下农村贫困人口全部脱贫,676 个省扶贫工作重点村全部退出,7.33 万户13.99 万"已脱贫享受政策贫困人口"稳定实现"两不愁三保障",贫困人口年人均纯收入由 2015 年的 2661 元增长到 2020 年的 8889 元,为决胜全面建成小康社会、推动全市高质量发展打下了坚实基础。

脱贫摘帽不是终点,而是新生活、新奋斗的起点。我们将不忘初心、继续前进,锚定共同富裕目标,带领人民群众共同创造更加幸福美好的明天。

抓住关键精准施策　脱贫攻坚稳步提升

姚炳辉

我从事扶贫开发工作 27 年，全程参与了决战脱贫攻坚，见证了绝对贫困在我们这一代人手里得到历史性的解决。

精心谋划精准识别

2016 年 1 月，根据组织安排，我由东阿县政府副县长调任聊城市扶贫开发领导小组办公室副主任。我也深深感到，2020 年完成脱贫攻坚任务艰巨，使命光荣。从那时起，我就暗暗下定决心，一定提高政治站位，大胆创新，扎实工作，不辱使命，绝不辜负领导和人民的期望。

为推进贫困地区脱贫攻坚战的开展，我市确定了金堤河片区、黄河滩区、黄河故道西片区、北片区四大集中贫困片区。为强化措施，2016年制定了《聊城市四大集中贫困片区脱贫攻坚方案》《聊城市推进贫困地区精准扶贫的实施方案》；为完成"十三五"脱贫攻坚工作，2017 年制定了《聊城市十三五脱贫攻坚规划》；为压实行业部门责任，牵头编制了《行业部门 1+N 脱贫攻坚专项工作实施方案》；为打赢打好脱贫攻坚战，到 2020 年圆满完成任务，2018 年制定了《聊城市打赢脱贫攻坚战的三年行动实施意见》；为抓好责任落实，理清各级责任分工，2018 年起草制定了《脱贫攻坚责任制实施意见》；为应对新冠肺炎疫情，对扶贫企业出台优惠政策，减轻对脱贫攻坚工作带来的不利影响，2020 年 4 月，制定了《统筹抓好新冠肺炎疫情防控和决战决胜脱贫攻坚的实施意见》；为全面规范提升脱贫攻坚工作，迎接省级评估验收，2020 年 7 月制定了《聊城市脱贫攻坚规范提升工作方案》等。这些政策文件的出台，确保了全市脱贫攻坚工作的有序开展。

2015 年 11 月，中央扶贫开发工作会议召开，提出了"扶持谁、谁来扶、怎么扶"的重大问题。为此，2015 年年底在全国范围内围绕"扶持谁"的问题，开展了精准识别"回头看"。根据工作分工，我分管信息中心、行业部和项目部，信息中心负责精准识别工作，我便紧锣密鼓学业务，带领有关人员立即投入到精准识别"回头看"工作中去。我市选调 1000 名大学生，进行全面、系统的培训后，分赴各县（市、区），带领县、乡、村干部进行为期半月的精准识别"回头看"。在识别过程中，同志们坚持"一看粮、二看房、三看劳动力强不强、四看家中有没有读书郎、五看有没有病人在卧床"。以这五方面内容为主要标准，结合该户是否拥有商品房、车辆、银行大额存款、财政人员供养以及是否经营企业等情况，确定是否可以识别为贫困户。从农户申请、代表评议、公示、公告等方面严格掌握标准和程序。由于这次识别严格掌握标准条件，实行责任制，采取谁识别、谁签字、谁负责的办法，识别的精准度明显提高。全市识别贫困户 13.2 万户 24.9 万人，从而实现了致贫原因分析精准、扶贫措施制定精准、项目资金投入精准、组织保障跟进精准，变"大水漫灌"式扶贫为"精准滴灌"式扶贫，较好地解决了底数不清、措施不明、针对性不强的问题，从而增强了扶贫工作的精准度。

较真碰硬　稳步推进

"三保障"和饮水安全是脱贫的核心指标，必须不折不扣地解决，这也是影响脱贫攻坚的突出问题。针对住房、教育、医保、饮水等薄弱环节，需要研究有效措施，制定方案，分年度分批实施。由于财力有限，这项工作完成难度较大，尤其是在危房改造工作中存在问题较多，在我心中始终是最大的事情。我常常下去督导检查，提建议、当参谋，在全市开展大排查、大整改，不间断的多轮暗访督导，采取通报、约谈、考核等办法，"三保障"任务2018年基本完成，2019年巩固提升，2020年全面完成任务。在住房保障中，对贫困户住房安全实现鉴定全覆盖，投资2.79亿元改造贫困户危房1.15万户，实现了住房安全。在教育扶贫中，加大控辍保学力度，符合条件的贫困儿童少年全部接受义务教育，累计发放各项补助2.89亿元，减免各项费用4.48亿元，资助学生43.47万人次。在健康扶贫中，实现基本医疗保险和家庭签约医生全覆盖，落实"先诊疗后付费""两免两减半"及各项诊疗费用减免政策，累计减免9211.5万元，在全省率先实现五重保障"一站式"结算。在饮水安全保障工作中，实现城乡"同源、同网、同质"供水目标，村村通了自来水，饮水安全问题得到全面解决。

针对农村贫困老年人较多，有的无人照顾、有的需要亲人照顾但亲人无法外出务工就导致贫困的实际，在做好"三保障"和饮水安全的同时，我市探索开展邻里互助。2016年年底，市委主要领导提出开展邻里互助的思路。我牵头组织卫健、民政等部门开展调查研究，拿出方案，制定详细的工作标准、工作要求，报领导同意后，在莘县进行试点。邻里互助分三个类型：一是危房集中改造，建设周转房，集中护理；二是建设养老中心，集中居住，集中护理；三是分散居住，居家护理。护理人员的选聘，首先从有劳动能力的贫困人口中选聘；其次是从贫困户的子女中选聘；没有合适人选的采取第三种方式，从党员干部中或一般农户中选聘。护理内容主要是打扫卫生、洗衣做饭、代买物品、代缴费用、聊天、简单的医疗服务等。试点成功后在莘县召开现场会议，在全市推广。经过一年的努力，全市重点贫困村全部实行了邻里互助办法，建设周转房 2243 套，建立贫困户邻里互助护理点 527 处，建立集中供养、日间照料中心 72 处，累计托管失能人员 5326 人，护理困难群众 6351 人，解放贫困劳动力 1.2 万余人，每年增加贫困户收入 2 亿多元。实施邻里互助办法，既解决了贫困老年人的有效照顾，还解放了家庭劳动力，增加了贫困户的收入，得到了贫困户认可，社会更加和谐。这项工作受到中国残联、省残联、省卫健委、省扶贫办多部门的高度评价。在菏泽召开的全省残疾人脱贫攻坚推进会上，我代表聊城市做了典型发言，全国各地陆续来我市参观学习。

老弱病残、呆傻、严重精神病人等特困群体是最弱势群体，也是脱贫攻坚最难啃的"硬骨头"，可以说，他们的脱贫质量直接影响全市脱贫质量。在 2019 年 5 月份全市开展的脱贫攻坚大排查、大整改、大提升活动中，我深入到贫困户家，发现老弱病残这一群体，家中不同程度的存在"脏乱差""三大堆""家畜共居"等问题，甚至还有危害社会倾向问题。我认为这个问题必须重视起来，并且要下力气解决。在一次扶贫工作调度会议上，我大胆提出了特困户的"双提升"建议，即生活水平和居住环境的提升。市委市政府有关领导同志对此表示认可和肯定，当即安排市妇联和市扶贫办共同制定方案，要求立即实施。随后市扶贫办、市妇联联合出台"六净一改善"的双提升方案并付诸实施。围绕门前净、庭院净、室内净、厨房净、厕所净、个人卫生净，改善房内房外的硬件设施，提出了具体的工作措施、工作步骤和工作要求。采取分类施策、因户施策，对有劳动能力的特困户，鼓励自主提升，积分奖励；对劳动能力弱的特困户，由妇联干部、扶贫专干、志愿者帮助提升；对完全丧失劳动能力的特困户，采取第三方购买服务的办法，给予提升；解决了 1 万多户特困户居住环境"脏乱差"、生活设施差的问题，居住生活面貌焕然一新，特困户非常高兴，几十年没有解决的问题终于得到解决。对严重精神障碍患者，实行分类免费救治的办法，对需要住院治疗的采取集中住院治疗；对需要服药治疗的采取统一供药的办法，居家服药治疗；对病情稍轻的病人，采取定期居家随访的办法，确保了全市 9000 多名严重精神障碍患者得到有效免费救治，维护了社会稳定。

脱贫攻坚还要打好组合拳，行业扶贫、社会扶贫、专项扶贫构成三位一体的大扶贫格局。在我看来，行业扶贫是大扶贫格局的重要组成部分，然而，这项工作的推进并非一帆风顺的，特别是 2017 年、2018 年，行业部门积极性不高，认识不到位，措施不力，效果不理想，省年度考核处于末位。为调动行业部门积极性，我牵头制定《关于全市行业部门脱贫攻坚考核方案》，从组织领导、工作推进、信息宣传、协调配合、对上汇报、对下压实责任以及创新工作等方面，分别赋分，一月一调度，一月一排名，一月一通报。行业部门积极性空前高涨，由原来我们催着办到后来的工作主动干，工作推进力度大了，效果明显好转，2019 年度考核名次由全省末位跃升到全省第四位，彻底扭转了全市行业扶贫被动局面，打赢了我市行业扶贫工作的"翻身仗"！

多年的扶贫工作经验告诉我，加大帮扶力度，提高帮扶效果，落实扶贫政策，最有效的方法是压实帮扶责任人的责任。我牵头制定制度，出台《关于加强全市脱贫攻坚帮扶责任人和村级扶贫专职干部规范化管理、落实帮扶责任的指导意见》，要求帮扶责任人每月至少去贫困户家两次，解决具体问题，并创新实行帮扶责任人帮扶日志制度，帮扶责任人详细记录每次到贫困户家中做的具体工作、解决的问题、取得的效果。开展扶贫政策宣传活动，培训帮扶责任人，使每位帮扶责任人都熟练掌握各项扶贫政策，增加入户频次。事实证明，这样做是对的，效果也非常明显，贫困群众的满意度也随之提高。

精神扶贫也是精准扶贫的一个重要方面，贫困群众的内生动力必须激发出来。说到底，贫困群众才是脱贫攻坚的主体。2018 年 2 月通过调查研究，结合我市实际情况，我负责牵头起草了《关于加强精神扶贫的意见》，以精神扶贫推进精准扶贫，有力推动扶贫工作的开展。

整改落实　决战决胜

2020年年底脱贫攻坚要圆满收官，按照上级要求，2020年6月底前"两不愁三保障"等所有问题要见底清零。我负责制定了《聊城市行业扶贫政策落实自查整改方案》，并具体落实实施。在整改落实工作中，坚持"数据共享、分别比对、发现问题、共同整改"的原则，市扶贫办与责任部门之间互相提供贫困人口数据信息，各自对对方数据进行比对，确定应该享受政策的贫困人口，责任部门对应该享受政策的贫困人口进行全面排查，查找出未享受政策的贫困人口，建立台账，立即整改。各相关部门强化领导，协调配合，认真比对，全面排查，全市共排查出疑似问题5万多条，各县（市、区）、市直有关部门对这些问题逐一定性落实，立即整改，利用3个多月的时间，所有问题整改到位，基本上做到了见底清零，为圆满收官奠定了坚实基础。

习近平总书记强调，到2020年要完成脱贫攻坚任务，全面进入小康社会，不落一户，不落一人。所以"即时帮扶"是防止返贫、致贫的有效手段，为了做好这项工作，我建议创新建立健全部门之间的信息共享和即时帮扶预警机制。明确要求这项工作由村干部、专干和包村干部作为责任主体，具体负责排查发现有返贫致贫风险的农户，发现后立即上报，立即启动相关程序，符合条件的即时纳入即时帮扶。同时我们还将市民政、残联、卫健、医保、教体、水利、人社及扶贫开发领导小组成员单位纳入预警体系，每月一比对，对刚性支出明显超过上年度收入的、受灾的、大病的以及重度残疾人、留守儿童、困境儿童、困难老年人，以及新增的低保和临时救助人员、一年内家庭人均自负医疗费用超过1560元的贫困户、大病自负医疗费用超过3万元以上的人员，进行比对，建立台账，交给各县（市、区）扶贫办进行逐一核查，凡符合条件的即时纳入，即时帮扶。2020年，全市纳入即时帮扶人口513户1417人。

新冠肺炎疫情的发生，给我们的脱贫攻坚工作提出重要挑战，特别是给扶贫产品的销售和贫困人口外出务工带来严重影响，我们如何把这种不利影响降到最低呢？为此，我们审时度势，按照上级要求，下大力气开展消费扶贫，拓展外出务工的渠道，想办法增加收入、弥补损失。我牵头组织制定消费扶贫工作方案，出台了《全市大力推进消费扶贫的实施意见》，坚持政府鼓励引导与市场机制相结合，以扩大扶贫产品销售为目标，创新方式、丰富载体，扎实开展扶贫产品进机关、进学校、进医院、进企业、进军营、进社区"六进"活动。突出顶层设计、突出产品认定、突出产销对接、营造宣传氛围，实现了产业发展、扶贫企业受益、贫困户增收、消费者满意的"多赢"目标。全市完成扶贫产品认定 488 种，涉及扶贫经营主体 142 家，覆盖建档立卡贫困人口 6.77 万人。开设消费扶贫专柜（专区）66 个，举办网络直播带货消费扶贫专场 51 场，线上线下齐发力，扶贫产品销售额达到 11.37 亿元。通过扎实开展消费扶贫活动，扶贫企业得到了益处，销量大增，收益颇丰。为感谢我们的工作，扶贫企业代表自愿联合给市扶贫开发办赠送了锦旗。我们的工作也得到了省扶贫办领导的高度肯定。省扶贫办专门向全省扶贫部门转发了我们的经验做法，给予批示："聊城市创新消费扶贫模式，开展扶贫产品'六进'活动，思路新、成效好，对全省消费扶贫工作探索了路子。编印简报发各市学习、借鉴。"由于疫情影响，一大批贫困人口不能外出，务工收入减少，直接影响稳定脱贫。我们等不起也靠不起，按不同区域的疫情程度，有重点、分批次地向外输出，采取有效办法，稳定在岗的不失业，开发公益岗位增就业，不能外出的就近就业，点对点地有序组织外出打工，稳定就业取得良好效果。2020 年全市贫困人口务工人员达到 2.7 万人，是上年同期外出人员的 108 %，在全省位于前列。

脱贫攻坚进入收官的关键阶段后，我们进一步梳理总结五年脱贫攻坚成果，找短板、补弱项、再提升，以向全市人民交一份合格答卷！2020 年 7 月我带领有关人员赴东营、潍坊、济宁等市参观学习，回来研究制定方案，搞试点、抓推进，创新实行"四个一"模式，贫困户的基本情况、脱贫成效、收入真实性、脱贫路径、帮扶情况一目了然。在临清市召开全市脱贫攻坚规范提升现场推进会，利用一个月的时间，聚焦"两不愁三保障"和饮水安全，规范提升贫困户档案管理、扶贫资金项目建设、运营与管理、压实帮扶责任人和扶贫专干责任。整个提升月期间，我既负责面上的方案制定、标准掌握、工作推进，还负责督导冠县的全面提升工作，一个月内我走遍了冠县所有的乡镇，召开培训会、调度会、现场会，正确指导，及时督导，传导压力，推进工作。全市规范提升月两次综合考核排名，冠县均位于第一名。据统计，在本次规范提升活动中，全市为贫困户修缮或加固院墙大门6320户，铺设庭院小道2.71万户，规划建设院内小菜园8104个，规范整理贫困户档案资料6.96万户，推行孝善养老扶贫3.38万户，开展贫困人口慢性病排查鉴定1.5万人，为全面收官验收奠定了坚实基础。

此外，我还直接参与了东西扶贫协作、企业下乡扶贫、贫困人口动态调整、扶贫日宣传、社会扶贫、孝善扶贫、爱心众筹、考核迎检等，脱贫攻坚的工作片段还有很多很多………

实践证明，我们的付出是值得的。在2019年全省年终考核中，聊城取得第四名的好成绩；在2020年上半年全省年中督查考核中，我市是唯一一个零问题的市。2020年10月份，在省扶贫开发领导小组组织的脱贫攻坚核查和第三方暗访中，我市均以零问题的成绩居全省前列。2020年11月28日，我市顺利通过省级脱贫攻坚评估验收。

下沉到户　纾难解困

从2016年到市扶贫办工作5年来，我跑遍了全市139个乡镇（街道），记不清到过多少村庄，走访过多少困难户，也记不清为多少困难户解决了多少实际困难。我常常采取"四不两直"的方式，到贫困村、贫困户家中访谈，特别关注特困户的家庭情况、生活状况、所需所求，在力所能及的情况下千方百计解决问题。2019年8月份的一天，我再次调研走进了临清市康庄镇南刘村贫困户彭某家，该户5口人，户主瘫痪卧床、一级残疾，儿子、儿媳及孙女3人都是智力二级残疾。2018年该户有5人享受低保，2019年，民政部门实施阳光低保大排查时，因为彭某家上年脱贫了，儿子又能零星打工，就把3个人的低保去掉了。我找到乡镇民政部门的同志询问情况，民政部门同志很坦诚地谈了想法，表示确实是工作不到位，回去一定认真研究，按政策落实好。后来为其孙女办理了一个"事实无人抚养儿童待遇"的政策，这个政策标准高，每月补贴900多元，加上户主儿子在村里多少还能务工挣钱，2019年顺利实现脱贫。

2020年7月，在一次"四不两直"调研时，我走进了冠县甘官屯镇张官寨村贫困户许某家。映入眼帘的是家中"脏乱差"的情况。我坐下来与他攀谈，得知全家6口人，生活比较困难。许某54岁，妻子郭某23岁左右（这是许的第三任妻子），育有5个孩子，其中第一任妻子育有1个女孩，2018年结婚。第二任妻子3个孩子，分别是女儿17岁、大儿子15岁、二儿子13岁。第三任妻子1个孩子，还不到1岁。这个家庭只有靠户主捡拾破烂品和几亩地的收入维持生活，家中没有一件像样的家具，没有一张像样的床，许某和大儿子晚上睡在沙发上。我感到非常震惊，当即叫来镇村干部，对他们严肃批评，尽管他违反计划生育政策，但起码的"两不愁三保障"必须要解决，脱贫收入标准要达到。针对孩子小、没有劳动力，收入低、生活用品差、环境脏乱差的实际，我和镇村干部立即研究帮扶措施，限3天内解决问题。镇党委政府高度重视，围绕收入差问题，为许某一家6人办理了低保，为许某安排扶贫公益岗，参与项目分红；围绕生活差问题，配备了3张床、1个钢构厨房；围绕环境差的问题，清理了"三大堆"，硬化了庭院走道。9月份，我再次走进许某家，庭院环境焕然一新，房内家具摆放有序，大人微笑、孩子欢笑，镇村都给予高度评价。

脱贫攻坚功成不必在我，但功成必定有我！

扶贫路上站好最后一班岗

张春兰

2016 年 1 月，组织安排我到茌平县扶贫办任职。5 年来，我带领扶贫办全体同志，紧紧围绕党中央决策部署，按照省、市、区委的工作要求，紧紧抓住"两不愁三保障"和安全饮水这些关键环节，实施了专项、行业、社会三大扶贫工程，脱贫攻坚工作取得了丰硕成果。全区 34 个省定扶贫工作重点村全部摘帽退出，累计 5169 户 9560 人实现脱贫；贫困户人均纯收入由 2016 年初的 3385 元提高到 2020 年的 10564.4 元；2020 年 7 月，茌平区被省政府表彰为 2019 年度全省打好精准脱贫攻坚战专项评价先进县，2021 年，区扶贫办被省委、省政府表彰为全省脱贫攻坚先进集体。"打赢脱贫攻坚战，中华民族千百年来存在的绝对贫困问题，将在我们这一代人的手里历史性地得到解决。"在退休之前的 5 年，赶上这样一项利在千秋的伟业，能够参与到脱贫攻坚当中去，能够坚持 5 年没有掉队，这是一种难得的经历。在承担着巨大压力和责任的同时，我感觉，能从事这样一项工作，确实是人生幸事，所以说我倍感荣幸，万分自豪。

加强党的领导，打造过硬扶贫干部队伍

干好脱贫攻坚，离不开党的坚强领导。作为脱贫攻坚的领导干部，我坚持身先士卒，率先垂范，可以不谦虚地说，带出了一支能打敢拼的扶贫干部队伍。首先，强化组织领导，2016 年 1 月，茌平县按照省市要求，重新组建了县扶贫开发领导小组办公室，成立了由县委书记任组长、县级干部任副组长，43 个行业部门主要负责人为成员的县扶贫开发领导小组。时年 55 岁的我，基于 30 余年的农业农村工作经历和业务能力，担当受命，任县扶贫办主任。在接任这个职位的时候，我就把扶贫工作当成了自己的事业。我一直强调，"我们干扶贫不仅仅是要打好打赢脱贫攻坚这场硬仗，更要为群众谋取实实在在的幸福"。脱贫攻坚任务圆满收官时，大多县（市、区）扶贫办主任均已调整，我依然坚守在这个工作岗位上。

其次，健全组织机构。全县抽调精干力量成立县镇两级扶贫开发办公室，承担贫困人口精准识别退出、产业扶贫、行业扶贫、社会扶贫等相关具体工作任务。各行业部门均明确科级干部和专门科室负责扶贫工作。现在我们全区仍有 60 多名扶贫专职干部，保障各项工作顺利开展。

还一个重要方面就是完善帮扶体系、提高帮扶能力。县里选派第一书记、工作队员助力脱贫攻坚，覆盖省定扶贫工作重点村、党组织软弱涣散村、乡村振兴示范村。还建立起机关干部为帮扶责任人、村干部为扶贫专干的贫困户双重帮包体系。5 年来，累计调整优化帮扶干部 1000 多人、扶贫专干 600 多人。茌平区共有 754 个行政村，其中 649 个村有贫困人口，基数大、分布广、致贫原因复杂。要想开展好精准扶贫，必须精准掌握各项扶贫政策，熟悉贫困群众家庭情况。为此，我十分注意提升自身政策理论和业务水平，确保对各项扶贫政策了如指掌。我经常亲自到乡镇（街道）为帮扶干部作扶贫政策培训，每年在区青年干部培训班上就脱贫攻坚开展专题培训。2016 年以来，我参与培训扶贫干部

18000 余人次。光靠我个人力量肯定不行，为提高干部扶贫能力，培养一支懂扶贫、会帮扶、作风硬的扶贫干部队伍，县里每年组织开展扶贫业务培训。5 年来开展扶贫业务培训 4.8 万余人次，为脱贫攻坚打下良好的基础。

在五年的脱贫攻坚历程中，我从未休过假期，始终坚持深入基层一线调研，始终坚持与同志们一同入户走访、一同加班加点。五年来，踏遍了全区所有贫困村、贫困户，很多贫困户家庭基本情况耳熟能详，做到了对各类脱贫数据、标准、规定、政策的精准掌握。我可以问心无愧地说，自己用实际行动践行了一名扶贫干部的初心和使命。

守住"两不愁三保障"和饮水安全的底线，聚焦核心标准

干好脱贫攻坚，重点就是兜住脱贫底线。我始终把落实"两不愁三保障"和安全饮水等行业政策作为"底线"任务，积极向区委、区政府主要领导汇报工作。凡是需要行业部门配合的工作，我都亲自与行业部门一把手沟通协调解决，直到所有政策落实到位。我们聚焦"三保障"和饮水安全，抓好了四个核心标准。

一个核心标准就是聚焦学有所教。加大农村贫困家庭学生的资助力度。县级财政加大投入，对建档立卡的农村家庭困难学生，从学前教育到高等教育实行资助全覆盖。另外，茌平县每年都安排 30 万元的专项资金，对中、高考贫困家庭学生进行救助，确保每个农村贫困学生不因家庭经济困难而失学。对贫困家庭的学前适龄儿童免收保教费，普通高中免收学杂费，中职教育免收学费。通过助学贷款贴息、风险补偿等方式，进一步做好农村贫困家庭大学生救助工作，助学贷款额度本专科生每年 8000 元、研究生 12000 元，在校期间助学贷款利息由财政全额负担。加大对贫困村"全面改薄"的支持力度，促进贫困人口集中区域薄弱学校改善基本办学条件。鼓励城镇中小学与农村贫困人口集中区域乡

村中小学开展结对帮扶、联建共建。

第二个核心标准就是聚焦病有所医。大力实施健康扶贫"八个一"工程，实现家庭医生签约全覆盖。全面落实两免两减半政策，各级医疗卫生机构门诊减免 27606 人次、住院减免 5855 人次。2016 年以来，累计落实贫困户医疗救助 22975 人次、发放医疗救助金 595.17 万元；投入 500 多万元为建档立卡贫困群众购买扶贫特惠保险，理赔 4163 人次、理赔 517.77 万元。2019 年，全区 23 家定点医疗机构全部实现"一站式"信息交换和即时结算。

第三个核心标准就是聚焦住有所居。5 年来，累计投入资金 2100 多万元、改造贫困户危房 1672 处。为确保贫困群众住房安全，2019 年 11 月，区里委托山东国泰工程检测鉴定有限公司对全区所有建档立卡贫困户房屋进行鉴定，并出具鉴定报告；2020 年 4 月份，全区又逐户开展新一轮住房安全有保障现场核验工作，投入专项资金近 50 万元，为 97 户贫困户修缮危房。

第四个核心标准就是聚焦饮水安全。5 年来，共实施省区市重点饮水项目 4 个，累计完成投资 1600 多万元，解决了全区 366 个村饮水安全问题，这其中就包括 34 个省定扶贫工作重点村。为确保群众饮水水质达标，2020 年，全面检查贫困村贫困户饮水情况 6 次；委托国衡环境监测有限公司对全区重要地下水饮用水水源集中供水点进行了饮用水水样检测，所有检测指标均达标。

落实行业扶贫政策精准到户，提升全县脱贫质量

干好脱贫攻坚，关键就是提升脱贫质量。我们统筹协调，精准施策，落实了各项精准到户的行业扶贫政策。

一是狠抓兜底保障。将全区 3030 名低保贫困对象、1275 名特困供养贫困对象全部纳入兜底保障范围，并逐年提高农村兜底保障标准。2020 年全区农村低保线、特困供养线分别达到 5160 元、6708 元，较

2016 年均有了较大幅度提高。5 年来，累计发放贫困户低保金 4000 万余元、特困金近 3000 万元。

二是狠抓残疾人救助。5 年来，全县共为贫困户办理残疾证 1732 本。在实际工作中，考虑到一些残疾人行动不便，县里倡导服务下沉行动，主动上门为行动不便的残疾人办理残证件 200 余人次。可以说，努力让符合评残标准的残疾人办证实现应办尽办，惠残政策应享尽享，兜底保障应保尽保。及时落实贫困户困难残疾人生活补贴到位，及时落实重度残疾护理补贴到位。投入专项资金，为贫困残疾人适配了辅助器具，累计为 1275 名建档立卡贫困重度残疾人发放无障碍康复床、洗浴坐便椅等无障碍器材。

三是狠抓就业扶贫。5 年来，全区建档立卡贫困群众共有普通劳动力 710 人，现已实现就业 560 人。其中，托底安置贫困人口 211 人，及时发放岗位补贴和社保补贴资金。依托基层农技推广建设补助项目、就业服务平台等，每年培训农民 4000 余人次、培训农业技术人员 110 人。对部分有劳动能力的贫困人口施行了免费职业培训和农业技术培训。

四是狠抓金融扶贫。积极落实金融扶贫政策，2016 年以来全县累计发放扶贫贷款 26 笔 1685 万元，带动贫困群众 338 人次。这里我着重说一下扶贫小额信贷，全部严格按照 5 万元标准、3 年以下、免息免抵押免担保、以基准利率进行发放，做到了应贷尽贷。县里通过扶贫小额贷款权利转让项目，建立了"政府 + 银行 + 企业 + 贫困户"的利益联结机制，政府是引导方，银行是资本方，企业是经营方，贫困户是受益方，破解了小额扶贫信贷资金无处用、不能用、不敢用，只能在银行"睡大觉"的局面，实现了多方共赢。因为，对于老弱病残等缺少致富能力的贫困户来说，适用项目少、贷款风险大，贫困户不愿贷，银行也不敢贸然放贷。而贫困户将这一"权利"让渡给企业，既能让贫困户真正得到实惠，又缓解了企业融资难，还降低了银行信贷风险。这其中的关键是选好受让小额贷款权利的扶贫企业。汇富牧业就是受让小额贷款权利的一个成功典型。一年内，汇富牧业建起了国内最大的单体养兔车间，总投资 1000 多万元，种兔存栏 1 万只，年收入超过 500 万元，实现了企业和对接贫困户的双赢。茌平县还成立了扶贫部门、金融机构及贫困户代表组成的监察小组，不定期到扶贫企业进行实地监督，保证了贫困户的权益。目前，已探索为 8 家企业发放扶贫企业贷款，所有贷款均参照标准利率和贴息标准执行，320 名贫困群众均与帮扶企业签订帮扶协议。

五是狠抓其他行业扶贫。在科技扶贫上，全区现有完成正式认定的科技特派员 72 人，其中已注册 23 人，保证了科技特派员对 34 个扶贫工作重点村的全覆盖；累计培训扶贫重点村创新创业人员 700 余人次。在文化扶贫上，积极推进综合性文化服务中心、农家书屋建设，大力开展送文化下乡等活动。5 年来，累计配送图书 5 万余册、播放电影 4 万余场，并为 34 个省定扶贫工作重点村全部配备信息资源共享工程"村村响"，实现村组联播联控和广播全覆盖。在电力扶贫上，5 年来，累计投入资金 6500 余万元，新建台区 98 个；全区 35 个光伏扶贫项目，电量全额消纳，收益及时兑付。在巾帼扶贫上，为 34 个省定扶贫工作重点村中符合条件的 106 名贫困妇女全部赠送公益保险；争取上级"两癌"救助金，为 57 名贫困"两癌"患者送去温暖；3 处省级"大姐工坊"带动 1000 余名贫困妇女、残疾妇女就业。我的工作也得到了大众和社会的认可，2021 年 3 月 1 日，我很荣幸被全国妇联授予全国巾帼建功标兵荣誉称号。

实施优质产业扶贫项目，促进贫困群众稳定增收

干好脱贫攻坚，少不了产业项目的支撑。我带头深入调研，科学谋划，实施了一批稳定持续的产业扶贫项目。自参加工作以来，我一直奋战在农业农村工作战线上，对发展农业项目具有丰富的工作经验。我充分发挥自己担任科技特派员、科技副区长的优势，始终坚持发展市场预期良好、风险较小、能够带动农村产业发展的农业产业项目和能够吸纳贫困群众就业的劳动密集型产业项目。5 年来，全区累计投入 1.23 亿元用于发展产业扶贫项目，实施了光伏发电、高效蔬菜大棚、特色畜牧养

殖、厂房租赁和特色旅游等 5 大类产业扶贫项目 92 个。目前所有项目运转良好，累计获取产业扶贫项目收益 3515.64 万元，有力带动了全区建档立卡贫困群众稳定增收。

为实施好全区产业扶贫项目，我带领区扶贫办干部深入开展需求调研，坚持"三农优先"原则，优化布局，因地制宜培育壮大特色产业。同时，片区化、同步化推进就业工场、规模农场的布局建设。加强产业项目与乡村振兴的衔接，协同推进。强化扶贫项目的审批、方案编制、政府采购招投标和项目验收等环节，确保项目建设质量。全区 92 个扶贫项目建成后，我指导各乡镇严格按照产权清晰、权责明确、管理科学、经营高效、帮扶精准、监督到位的原则，落实了"四权分置"。按照扶贫资产可盘点、可核查的原则，逐类逐项将资产明细录入了"三资"管理平台，在依法登记的同时，按有关规定进行了会计核算管理。所有扶贫项目都明确了科级帮包责任人，建立扶贫资产管护制度，明确扶贫资产的看管、维修、更新等管护责任和核查制度。光伏电站项目全部委托专业运维机构进行标准化运维管理，确保长期稳定运营。

这里，我要着重介绍一下我们探索出来的"借力优势产业，划重点集中投放"的产业扶贫之路。以往扶贫专项资金下拨到贫困村，各自安排产业扶贫项目，虽然整体带动了全县 34 个省定贫困村全部脱贫，但也暴露出项目零星分散、面广、量多、难以形成良性循环等缺点。过去扶贫资金无偿投放给贫困乡镇，出现过不计成本、不讲效益、只管投不管收的情况。比如，建起大棚没人承包，代养羊收不回等。所以，2017 年，县里探索以耿店村为试点，借力成熟的"耿店产业模式"，集合周边 6 个贫困村 150 万元各级专项资金，建设了 15 个高标准扶贫棚，当年 15 万元的扶贫收益及时准确地惠及 74 户贫困户 198 人。可以说，让会种棚的有钱赚，同时保障贫困户的收益，真正实现了双赢共惠。扶贫大棚落户耿店，也让耿店找到了产业升级的契机，为县里的脱贫攻坚打开了新局面。实践证明，集中将扶贫资金投入优势产业，有助于实现持续稳定脱贫。"划重点投放"就是要"让会种棚的种棚"，将所得收益按比例进行分红，避免扶贫资金因为项目经营不善或承包率低而造成收益率低的情况。同时，将原先分散的资金实行统一管理运营，能更好发挥资金的扶贫作用。确保稳定帮扶，保障贫困户能够长久受益。

另外，为了提高产业扶贫项目档案管理质量，我与各乡镇扶贫办干部一道加班加点，严格按照省办印发的《产业扶贫项目检查指引》要求，从项目建设到资产确权、到项目运营、再到收益分配全过程，进行了"过筛子"式的资料梳理，逐一核对，查缺补漏，发现问题，立即整改，统一标准，统一装订，做到了档案管理分类科学、排列有序。

开展社会扶贫，构建大扶贫格局

干好脱贫攻坚，少不了社会力量的参与。为此，我们积极营造浓厚的社会扶贫良好氛围。作为一名扶贫干部，同时我还是茌平区七彩年轮志愿者协会的一名志愿者。脱贫攻坚之初，我便深刻地认识到，必须全面动员社会各界力量参与到脱贫攻坚工作中来，全区"上下一条心、同下一盘棋"，才能打赢打好脱贫攻坚战。自2016年以来，我带领大家先后组织开展了"万人大走访""10·17扶贫日""过暖冬、过好年"等活动，全区上下共同参与，社会扶贫成效明显，有力推动了脱贫攻坚工作深入开展。

通过学习外地先进经验，立足茌平区扶贫开发工作实际，我协调区直有关部门和社会组织，筹建了"爱心茌平"众筹扶贫平台，创新推出"志愿者+"模式，构建长效工作机制，让精准扶贫更加精准。"爱心茌平"众筹扶贫平台由七彩年轮志愿者协会运营管理，累计动员7000余名志愿者开展"十元未来""金晖助老""爱心义剪"等爱心扶贫活动，服务总时长达4.5万小时。投入资金79万元，帮扶贫困学生、贫困老人近600人。举办募捐活动6次，为贫困群众发放各类物资1000余件。

加强创新平台建设，助力脱贫攻坚

无论是推进脱贫攻坚，还是推进农业农村现代化，都离不开科技创新的推进与科技成果的应用。作为科技特派员、科技副区长，我对这一点深有感触。所以，在整个脱贫攻坚工作中，我们注重引进技术手段，加强创新，加快脱贫攻坚步伐。一方面，借助电商平台，打造脱贫攻坚新引擎。筛选第一书记帮扶村、省定扶贫工作重点村等 129 个试点村，以点带面成立 347 家合作社。同时，整合财政扶持资金 550 万元，选取 11 个合作社与电商扶贫企业田源汇公司合作，打造"田源汇"电商综合体，引导合作社依托电商平台农产品需求大数据，发展订单农业。目前，"田源汇"电商综合体在全区设立服务站点 187 个，对接合作社增至 92 家，实行产品包销。作为区扶贫办主任，我也直接参与了直播卖货，曾做客区宏大海融扶贫商城，线上进行农产品销售，通过快手直播售卖兔肉（冻兔头）、圆铃大枣、葡萄、驴肉、超轻黏土 36 色及乌枣等，效果还不错。

另一方面，我带领大家充分用好法律武器，为扶贫项目保驾护航。以回购扶贫厂房项目为试点，运用法律手段，对产业扶贫项目进行司法公证，办理了资产公证书，明晰了项目土地所有权归属、理清了土地租赁关系及资产权属、资产划分比例等问题，有效保障了扶贫产业项目运营安全。

我们还探索设立爱心基金，凝聚社会力量"斩穷根"。以菜屯镇为试点，建立兴教扶贫爱心基金会。该基金会聘请专职会计负责整理账目。自 2020 年成立以来，基金会通过社会募捐等方式，现已筹集资金 9.5 万元，救助了部分边缘贫困户、家庭遭遇重大变故的困难群众、贫困学生。

利用大数据平台，加强动态监测，科学监控脱贫攻坚各项工作。完善即时帮扶工作机制，建立起区、镇、村三级联动机制，切实发挥帮扶责任人、村级扶贫专干和村"两委"作用。通过加强日常监测、行业部门间数据共享、对比筛查困难群众信息等方式，及时将全区即时贫困群众35户114人纳入政策帮扶范围，落实好各项扶贫政策，并全部配备了帮扶责任人和扶贫专干，确保符合条件的困难群众第一时间得到救助。

脱贫摘帽不是终点，而是新生活、新奋斗的起点。下一步，我们将牢记习近平总书记的嘱托，大力弘扬脱贫攻坚精神，做好巩固拓展脱贫攻坚成果同乡村振兴有效衔接，让广大群众获得感、幸福感、安全感更加充实、更有保障、更可持续，奋力开启铝城枣乡新生活美好篇章。

脱贫攻坚的滨州实践

佘春明

党的十八大尤其是 2015 年 11 月《中共中央、国务院关于打赢脱贫攻坚战的决定》实施以来，滨州市同全国全省一样，在习近平总书记精准扶贫基本方略引领下，上下同心，踔厉奋发，锁定精准，攻坚克难，脱贫攻坚不断取得新成就新突破。2020 年，在滨州这个历史上曾经贫穷落后的地方，596 个扶贫工作重点村、8.9 万余名建档立卡贫困人口告别了贫困，同全市 392 万人民群众一起迈入了全面小康社会。这段历史辉煌壮丽，永载史册；奋斗历程可歌可泣，值得纪念。

扛牢压实脱贫攻坚政治责任

全市各级党组织始终把脱贫攻坚作为重要政治任务和民生工程，持续保持高度重视、高位推进的工作态势。

目标任务确定后，干部就是决定因素。2016 年元月，我们调整充实了市扶贫开发领导小组，组建了扶贫开发领导小组办公室作为领导小组办事协调机构，划拨 20 个编制，配齐了领导班子，通过从领导小组成员单位抽调集中办公、原农业开发办划转、基层遴选和市直部门选调，组成了 30 人的干部队伍。同时，县乡各级也按照省、市部署，调整充实扶贫开发领导小组，抽调精兵强将组建扶贫办，全市组成了 630 多人的专职扶贫干部队伍，抽调近三万党员干部作为帮扶责任人，形成了上下左右贯通、运行流畅高效的脱贫攻坚工作推进机制，为打赢脱贫攻坚战提供了强大的干部队伍力量。

在此基础上，着手健全完善脱贫攻坚推进体系。2016 年 2 月，市委、市政府印发《关于贯彻落实中央、省扶贫开发工作部署，坚决打赢脱贫攻坚战的意见》。以此为指导，市县党委政府每年度制定脱贫攻坚工作要点等系列指导性文件。市县党委常委会、政府常务会最少每季度专题研究部署扶贫工作。市县扶贫开发领导小组定期召开成员会议，针对重点工作适时召开现场观摩会、工作推进会。"四级书记抓扶贫"，实施市委常委"联村为民"帮包联系贫困村制度，市县乡各级党政班子成员都是帮扶责任人。明确县乡党委书记脱贫攻坚主体责任。市县人大、政协每年都组织对脱贫攻坚专项视察，纪检、巡察、审计等部门始终关注扶贫领域作风建设，各级扶贫开发领导小组成员单位认真履职尽责，形成了齐抓共管、合力攻坚的良好氛围。

具体工作中，实行最严格的脱贫攻坚督导考核制度。按照市委、市政府要求，先后印发《滨州市脱贫攻坚工作考核办法》《滨州市脱贫攻坚考核办法实施细则》《滨州市脱贫攻坚责任制实施细则》《县区党政同责攻坚项目担当作为脱贫攻坚专项考核实施细则》《打好脱贫攻坚战考核实施方案》等责任落实考核办法。把脱贫攻坚列入年度经济社会发展综合考核，市县乡逐级签订脱贫攻坚责任书，对落实不到位的及时督导问责。对脱贫攻坚提出"九个一"（动态管理一人不错、资金拨付一分不差、收益分配一点不少、行业扶贫一环不缺、危房改造一间不留、扶贫贷款一天不拖、政策兜底一丝不落、信息数据一项不假、问题整改一个不剩）工作要求。从严从实狠抓扶贫领域作风建设，2017 年开展脱贫攻坚全覆盖审计核查，对扶贫领域工作识别不精准、作风不扎实等问题全面集中整治，树立了严实精准细的脱贫攻坚工作标准；2018

年，针对各级巡视巡查、审计、暗访发现的问题，开展了为期 30 天的脱贫攻坚专项整治行动；2019 年开展问题排查整改暨"回头看、回头查、回头帮"活动，市县乡村"四级书记"遍访贫困户、县市区委副书记遍查扶贫项目、扶贫系统专业遍查所有贫困人口。2020 年，从严从实开展脱贫成效自查评估，运用"建档立卡贫困户脱贫稳定性评估"数据模块逐户排查脱贫成效，各县区乡镇逐户逐项核查评估。组织第三方机构暗访评估。要求市委常委和分管副市长带队，对各县市区脱贫攻坚成效、县乡党委书记脱贫攻坚履职情况进行实地核查评估和专项考察。创新开展"双到双提升"（政策落到位，提升脱贫质量；温暖送到家，提升群众满意度）活动，扶贫干部全员下基层、帮扶干部全部进村入户。全面开展遍访核查，每户必到、有疑必核，对全市所有享受政策户全部核查一遍，对各级遍访核查组发现的疑似问题全部核查清楚、销号清零。可以说，五年来，一年一个大动作，脱贫成效和质量一年一次大进步。

突出精准要义，不断完善贫困动态管理

习近平总书记于 2013 年即提出了"精准扶贫"指示。2015 年 10 月，他在 2015 减贫与发展高层论坛上强调，中国扶贫攻坚工作实施精准扶贫战略。2017 年 10 月，党的十九大报告再次指出，要动员全党全国全社会力量，坚持精准扶贫、精准脱贫；做到脱真贫、真脱贫。

2016 年初，全市针对识别不精准的问题，提出精准识别、动态管理。组织 3 万名干部进村入户，开展大调研大走访、精准识别"回头看"，3.5 万名机关干部进村入户"三看、四问"（看人、看房、看吃穿，问生产、问生活、问收入、问期盼），精准识别建档立卡贫困人口 47881 户 89719 人。在脱贫攻坚实践中，广大基层干部围绕精准脱贫，围绕扶真贫、真扶贫、脱真贫、真脱贫工作目标，积极探索，形成了乡

镇扶贫干部逐村逐户研判、乡镇党委会对村级评议结果逐村审议、贫困户收入计算"小神器"、贫困户信息"二维码"管理等工作机制,确保了贫困识别和脱贫退出精准。

同时,探索借助信息化措施,促进精准管理。2016年,开发了全市精准扶贫综合信息系统,对每一户贫困信息、帮扶措施、政策落实、脱贫过程进行信息化监控,数据化分析,实现了脱贫攻坚全过程"挂图作战"。贫困信息化管理工作被《人民日报》、新华社(山东分社)报道宣传,省委书记刘家义、副书记杨东奇作出批示;央视CCTV-1和CCTV-13《朝闻天下》以《山东滨州:大数据助力精准扶贫巩固脱贫成效》报道依托大数据平台促脱贫攻坚精准高效典型案例;《滨州市"大数据+扶贫"》入选首届"全球110个减贫原创案例"。

在此基础上,进一步健全完善贫困监测机制。2017年,在全省率先制定《市标贫困人口动态管理暂行办法》,在确保建档立卡稳定脱贫不返贫的基础上,对大病、残疾和"档外"边缘群体重点关注,及时将有致贫返贫风险的困难群众纳入市标贫困人口管理帮扶,筑牢了防止返贫和新致贫制度防线。2019年,将市标贫困人口纳入全省"即时帮扶"群体落实帮扶政策。2020年,按照中央和省委克服疫情灾情确保稳定脱贫部署,不断完善落实即时帮扶机制,市委、市政府统一为全市8.4万贫困人口每人发放2斤猪肉、20斤蔬菜,各县市区、乡镇为贫困群众提供500多吨蔬菜、400多吨米面油蛋、25万个口罩、30吨消毒液。加大对独居贫困老人等特殊困难群体电话联系和实地走访频率,及时解决困难问题,有效防止返贫致贫。

在省委、省政府领导和省扶贫开发办公室的支持下,结合滨州实际,开展了解决农村相对贫困长效机制试点工作。建立起相对贫困日常监测、识别、管理机制和帮扶救助政策体系,并将相对贫困人口管理与"全市社会救助管理系统"联网对接。把解决相对贫困问题纳入乡村振兴大框架体系,建立扶贫产业项目与相对贫困群体带动联结机制,实现相对贫困人口扶贫项目受益全覆盖。

注重扶贫实效，管好用好扶贫资金项目

在工作实践中，我们坚持抓扶贫资金资产监管，促扶贫项目效益发挥，努力为贫困群众置办脱贫致富的"家业"。各级时刻牢记扶贫资金是贫困群众救命钱这条红线，对资金严格监管，对每一笔资金的使用都实行"嵌入式"审计监督。脱贫攻坚期间，各级累计投入的专项扶贫资金13.8亿元，历经各级审计检查，没有发生一分一厘违法违纪问题。投入到产业扶贫项目的11.63亿元资金，全部确权到村，建立资产清单和运维台账、收益分配台账等产业扶贫项目全口径台账，做到了账实相符。同时，不断完善扶贫资产长效管理机制，扶贫资产和项目运营全部纳入市精准扶贫综合信息平台，全过程监控管理，扶贫资产所有权、经营权、收益权和监督权"四权分置"落实到位，促进扶贫资产长期良性运营，持续发挥效益。5年里，市县级财政投入实现逐年递增，其中市本级投入2020年比2016年增长38%，县级投入2020年比2016年增长52%。在此基础上，创新扶贫开发投入模式，设立产业扶贫投资基金，重点投向农业龙头企业和规模化农业产业园，每年按8%提取收益，重点扶持特困人口及"插花村"贫困群众。

在产业扶贫工作中，坚持效益原则和带贫作用的发挥，实施了食用菌、肉牛、蛋鸡、冬枣、光伏电站等与当地特色产业紧密融合、带动区域农业产业化发展的713个产业扶贫项目，形成20个2000万元以上的扶贫产业园区，30个500万元以上的扶贫项目示范点，扶贫项目年直接收益1.3亿元，贫困群众年人均受益约1600元以上；累计设置扶贫公益岗位6158个，参与公益岗位务工脱贫群众6735人。同时，健全完善项目运维管理制度机制，确保扶贫资产保值增值不流失。可以说，滨州扶贫资金管得严、用得实、效益实，已成为脱贫群众增收的重要支撑和实施乡村振兴战略的宝贵资源。2019年，省委副书记杨东奇对滨州产业扶贫成效给予批示肯定。

聚焦"两不愁三保障"，全面落实民生救助政策

脱贫攻坚期间，我们把党的各项农村政策精准落实作为打赢脱贫攻坚战的政策保障，组织各级各部门梳理民生救助扶持政策清单，建立问题排查整改台账，疏通政策落实中梗阻，打通党的农村扶贫政策落实"最后一厘米"，先后制定并不断完善《滨州市建档立卡贫困家庭学生教育资助暂行办法》《滨州市建档立卡贫困人口医疗保障暂行办法》《滨州市建档立卡贫困户危房改造暂行办法》等，贫困群众"两不愁三保障"水平逐年提升。可以说，脱贫攻坚过程，是党的农村富民政策、扶贫救助全面精准落地的督促工程，也是一场政策落实的攻坚战。

全市农村控辍保学、教育资助政策措施全面落实，因学返贫现象彻底消除，累计资助贫困家庭学生 4.5 万余人次、5626 万元，6835 人次中高职贫困学生享受"雨露计划"资助资金 1596.2 万元。医疗保障制度更加密实，贫困群众就医负担明显减轻，累计为 15.93 万人次贫困群众减免门诊费、住院费 1156 万元，政策范围内报销比例达到 90% 以上，各类保险报销医疗费用 5.2 亿元；为 2.1 万余名贫困人口办理门诊慢性病证；集中救治 2403 名重度精神病和 303 名肾病透析患者。全面提升贫困群众居住条件，投入危房改造资金 3.4 亿元，通过重建、修缮、集中供养、幸福院等方式，为贫困群众危房改造 2.2 万余户。全面落实低保救助、特困供养和"两项补贴"等兜底保障政策，脱贫享受政策建档立卡户纳入最低生活保障范围 4.9 万余人，纳入特困供养范围 7000 余人，占脱贫享受政策群体的 68%。实施农村饮水安全巩固提升工程，水量、水质、用水方便程度和供水保证率均达到国家饮水安全标准。扎实推进黄河滩区居民迁建工程，外迁社区、旧村台改造提升工程基本完工，临时撤离道路全部完工。

统筹资源力量，营造广泛参与"大扶贫"格局

在党政齐抓共管的基础上，我们广泛动员社会力量，积极探索推进全社会踊跃参与的"大扶贫"格局。其间，深入实施"企业扶贫行动"，扎实开展"金晖助老""泛海行动"、科技扶贫、慈善救助等社会扶贫活动。扶贫工作重点村"五通十有"全面达标，村内道路、公交站点、电网升级改造、标准化综合文化活动室、标准化村级卫生室等村级基础设施建设得到全面提升。加大就业扶贫力度，开展贫困人口就业技能培训，"春风行动"累计提供就业岗位 7426 个，安置贫困劳动力就业 970人；认定扶贫就业基地 30 家，吸纳贫困劳动力就业 500 余人。开展消费扶贫活动，打造市级扶贫产品 236 个，全部入选山东省扶贫产品目录，建成市县级消费扶贫馆 10 个。创新开展"智连乡村""牛县优品"等线上消费扶贫活动。

同时，根据全省统一部署，滨州积极承接淄博市扶贫协作援助。每年度组织扶贫协作联席会议等扶贫协作活动，用好淄博专项帮扶资金，实施 27 个产业扶贫协作项目，带动 3.6 万余人次建档立卡贫困人口增收，46 家淄博协作企业带动滨州 7426 人就近就业。选派 54 名党政干部、783 名专业技术人才到淄博挂职交流。两市就业、教育、健康和社会扶贫协作成效明显，有效推进了全市脱贫攻坚进程。

滨州还与青海省海北藏族自治州祁连县、重庆市奉节县展开东西部扶贫协作，实现优势互补、互惠共赢。

几年中，各级把脱贫攻坚作为践行"不忘初心、牢记使命"主题教育主战场，不断强化扶贫干部责任担当意识、求真务实作风和群众工作能力。县乡党委政府真抓实管，基层干部全员抓扶贫，各级扶贫干部三分之一时间沉基层，进村入户体察贫困状态、了解真实情况。坚持以群众脱贫为己任，急难险重冲在前面，困难面前勇于担当，男同志顾不上家、女同志顾不上孩子，"五加二"，"白加黑"，成为扶贫干部工作常

态。艰苦繁重的工作历练了扶贫干部群众工作能力，积累了基层工作经验，锤炼了"求实、担当、拼搏、敬业、奉献"的新时期扶贫精神。扎实的扶贫作风和真抓实干的付出，换来了贫困群众的获得感、幸福感。滨州连续在全省脱贫攻坚成效考核中位居前列，2018年获得省委省政府脱贫攻坚单项奖。市扶贫办先后被评为全省脱贫攻坚先进集体、全省人民满意的公务员集体、全省"攻坚克难"先进集体。

尤其是在2020年，面对突如其来的新冠肺炎疫情，全体滨州人拿出连续作战的精气神，态度坚决、措施有力，展现出了打赢疫情防控、脱贫攻坚"双战双胜利"的信心和决心，确保了脱贫攻坚战的最终胜利。

脱贫攻坚成果丰硕、成绩斐然，全面乡村振兴任重道远、任务艰巨。面对全面推进乡村振兴战略的新任务，全市以旗帜鲜明讲政治的态度，继续落实"四级书记抓乡村振兴"工作推进机制，发扬和传承伟大的脱贫攻坚精神，在全面推进乡村振兴中积极作为，大胆探索，再立新功，为打造乡村振兴齐鲁样板贡献滨州力量。

永远值得回忆的奋斗历程

张丙煜

2016年元旦，我调整为市委副秘书长、市扶贫办主任。2021年2月，我作为滨州脱贫攻坚战线的代表，有幸参加了全国脱贫攻坚表彰大会。回顾五年多的艰辛历程，回顾走过的沟沟坎坎，扶贫干部走家串户，挑灯夜战的工作情景历历在目。

2016年，全国脱贫攻坚战打响时，滨州现行标准下建档立卡贫困人口共8.9万余人。5年来，市扶贫办作为脱贫攻坚"指挥部""中军帐"，我和同事们认真贯彻落实中央、省脱贫攻坚决策部署安排，坚持"精准扶贫、精准脱贫"方略，锁定"全面小康不落一人"目标，在工作中丝毫不敢懈怠，尽锐出战，上下同心，精准施策，脱贫攻坚战取得了全面胜利。滨州市2017年至2020年连续4年在全省脱贫攻坚成效年度综合考核中位列"好"等次，2018年获得全省脱贫攻坚单项奖。2021年脱贫群众人均收入11998元，比2016年人均增收7420元。

形成高效推进机制

  打赢脱贫攻坚战，党的领导是关键。滨州市委、市政府始终高度重视脱贫攻坚工作，在工作力量、财力物力、组织领导上强力支持，高位推进。《中共中央国务院关于打赢脱贫攻坚战的决定》颁布实施后，滨州即于 2016 年 1 月召开全市扶贫开发工作会议，深入贯彻落实中央和全省扶贫开发工作会议精神，研究和部署全市当前和今后一个时期脱贫攻坚重点工作，动员全市各级、社会各界力量齐心协力打赢脱贫攻坚战。市委、市政府与各县区党委、政府签订了脱贫攻坚责任书。随即，《关于调整滨州市扶贫开发领导小组组成人员的通知》印发，市委书记和市长亲自担任组长，新的市扶贫开发领导小组和工作机构正式成立，担负起指导协调全市脱贫攻坚工作重任。

  为加强脱贫攻坚组织领导，我们精心研究，连续为市委、市政府起草了《坚决打赢脱贫攻坚战实施意见》《脱贫攻坚三年行动实施意见》和年度工作要点等指导性文件，每季度召开市扶贫开发领导小组成员会议对脱贫攻坚进行周密部署。同时，压实各级党委政府脱贫攻坚主体责任，列入年度经济社会发展综合考核，形成市县乡村"四级书记"抓扶贫的责任体系。2016 年 7 月出台《滨州市脱贫攻坚工作考核办法》，2018 年 2 月印发《滨州市脱贫攻坚责任制实施细则》，不断细化夯实责任落实，逐级签订脱贫攻坚责任书，对落实不到位的及时督导问责。2018 年，市委提出了动态管理一人不错、资金拨付一分不差、收益分配一点不少、行业扶贫一环不缺、危房改造一间不留、扶贫贷款一天不拖、政策兜底一丝不落、信息数据一项不假、问题整改一个不剩"九个一"的工作要求，针对个别乡镇问题排查整改不得力问题，市扶贫开发领导小组先后对七个乡镇党委书记进行约谈。

  市委、市政府的高度重视，为强力推进脱贫攻坚扎实深入提供了坚强的组织领导保障。我们把市委、市政府的要求落实到具体工作中，市扶贫干部全员下基层，进村入户到县乡调研指导，与县乡扶贫干部一块谋划群众脱贫思路，落实帮扶措施。工作中严格要求，对工作不扎实的及时黄牌督导，对工作后进的及时督促跟上，在全市扶贫系统形成了真抓实管、求真务实的工作作风。全市 2 个集体、2 个同志荣获全国脱贫攻坚先进表彰；18 个集体、28 名个人进入全省脱贫攻坚先进行列。

创建"大数据＋扶贫"模式

扶贫工作唯有准，才能实；唯有实，才有效。为确保扶真贫、真扶贫，我们运用信息化手段，开发了精准扶贫综合信息平台，探索"大数据＋扶贫"信息化模式。工作中，市县两级发挥大数据的数据化、网格化与动态化等显著优势，创新"大数据＋扶贫"信息化模式，将每一个贫困户家庭状况、收支情况、地理位置、帮扶纪实、救助政策，以及对应的扶贫资金项目全部录入系统，与各相关部门数据信息全面链接及时比对，通过互联网和手机 App 清晰掌握贫困户家庭情况。运用大数据分析，及时发现贫困人口识别、退出中的苗头性倾向性问题。依托信息系统，为每一贫困户量身定做二维码功能，并打印张贴到贫困户家中，利用手机扫描进入，查看贫困户各类信息和脱贫措施等信息，贫困户可以利用二维码扫描看到还有哪些政策可以申报，真正实现了"数据分析精细化、信息核实便捷化、动态管理信息化"，确保了"识别精准、脱贫稳定、群众认可"。

贫困户收入难计算、难识别是脱贫攻坚的"第一道坎"。在这个问题上，我们抓住了两个关键：一是入户查实情；二是信息化监测农户家庭状况，做到贫困信息真实可靠。同时，严格落实贫困识别程序，开会评估，确保了识贫精准、帮扶措施有效。《滨州市"大数据＋扶贫"》案例入选首届"全球 110 个减贫原创案例"，专题片《山东滨州：大数据助力精准扶贫巩固脱贫成效》在央视《朝闻天下》播发。

以信息平台为支撑，我们抓住扶贫对象动态调整"入户核实、开会评议、公开公示"等关键环节，探索建立了扶贫干部逐村逐户研判、村级民主评议、乡镇党委会逐村审核的精准识别、精准退出机制。2017年，在全省率先制定《市标贫困人口动态管理暂行办法》，重点关注大病、残疾和"档外"边缘群体，及时将有致贫返贫风险的困难群众纳入市标贫困人口管理帮扶。2018年，全市建档立卡贫困人口全部"清零"。2019年，将市标贫困人口纳入全省"即时帮扶"群体落实帮扶政策。2020年，全市7.1万脱贫享受政策群众实现脱贫状态稳定。我们的贫困信息化管理做法，《人民日报》以《滨州绘制扶贫地图，同步脱贫进度》为题刊发，新华社山东分社也进行了报道宣传。

发展扶贫产业项目

增收是脱贫的必然逻辑。国家下拨专项扶贫资金，就是让我们把产业扶贫项目建好管好，真正有效益，真正起到扶贫带贫作用。具体工作中，我们在产业扶贫项目建设上，突出一个"实"字，努力把扶贫的资源"蛋糕"做大分均，确保贫困群众得实惠。坚持规划引领、点线结合、园区化集聚的发展思路，科学谋划运营扶贫产业项目，全市累计投入11.63亿元产业扶贫资金，实施了713个产业扶贫项目，打造了20个2000万元以上的扶贫产业园区，30个500万元以上的扶贫项目示范点。

持续实施项目质量提升行动，推动零散小项目整改。自2017年开始，共整合提升项目463个，项目规模和档次明显提升。293个种养加项目对接71个龙头企业和经营主体，形成了食用菌、肉牛、蛋鸡、冬枣等与当地特色产业紧密融合、带动区域农业产业化发展的扶贫项目，特色种养、特色林果、粮油加工等七大扶贫产业规模不断壮大，组织化程度进一步提升。开展村级光伏电站发电质量和运维监测，623个村级光伏扶贫电站全部实现专业化运维，2020年全部纳入国补目录，享受国家补贴，新增国补收入1200多万元。2020年度，全市扶贫项目收益达到 1.3 亿元，贫困群众人均年项目受益 1629 元。

为激发贫困群众活力，增强产业发展与群众利益联结机制，我们利用扶贫项目收益，开发扶贫公益岗位，让具有劳动能力和弱劳动能力的贫困群众通过个人劳动获得岗位工资，实现扶贫与扶志相结合。5 年里，全市共设立扶贫公益岗位 6158 个，带动 6735 名贫困群众务工就业。博兴县兴福镇王桥村设立邻里互助岗位，贫困户王兆周上岗负责照顾单身、无子女、视力一级残疾的贫困户王天津，在王天津家中从事日常生活照料、居住环境整理工作，每月工作 4 天，每次工作 4 小时，每月工资 500 元，工资按季度发放。王天津日常生活得到了保障，家居和生活环境也明显改善，贫困户王兆周通过公益岗位也增加了收入，更对今后生活增添了信心。

扶贫资金是贫困群众的"救命钱"。为用好每一笔每一分资金，我们严格监管资金使用流程，明确要求"五个不准、十一个严禁"，对每一笔扶贫资金项目"全覆盖"审计监督。完善扶贫资金资产管理机制，扶贫资产和项目运营全部纳入市精准扶贫综合信息平台全过程监管，扶贫资产所有权、经营权、收益权和监督权"四权分置"落实到位，对县乡扶贫资产全部确权到村。2019 年，省委副书记杨东奇对滨州产业扶贫成效批示肯定。

精细贫困人口兜底保障

全市贫困群众 70% 左右都是老弱病残，缺乏劳动能力。他们的脱贫必须有救助保障政策兜底。为此，市委、市政府大力实施民生工程，扶贫工作对象作为弱势群体，更要把党的各项惠民扶贫政策落实到位。按照"要聚焦特殊贫困人口精准发力，加快织密筑牢民生保障安全网"的要求，2016 年，我们在全省率先制定出台贫困人口教育、就医、住房"三个暂行办法"，并按照新政策要求，连续 4 年进行修订。适时组织召开相关部门座谈会、通报会，及时研究解决落实意见，强力推动各项政策落地见效，贫困人口切实实现"两不愁三保障"。

为阻断贫困代际传递，扶贫、教育部门密切配合，通过入户走访、学籍信息比对，建立贫困家庭学生台账、问题清单，细致排查贫困家庭学生就学情况，全面落实控辍保学政策，使45046人次贫困家庭学生获得5626万元资助，6835人次中高职贫困学生享受"雨露计划"资助资金1596.2万元。

落实好健康扶贫政策，实施贫困人口"先诊疗、后付费""两免两减半"、医疗机构减免、卫生室服务、签约医生履约等健康帮扶措施，形成常态化机制，严格落实基本医保、大病保险、医疗救助、特惠保险、大病再救助、门诊慢性病、"一站式"信息交换结算等政策，全市累计为15.93万人次贫困群众减免门诊费、住院费1156万元，政策范围内报销比例达到90%以上，各类保险报销医疗费用5.2亿元。

鲁北平原、渤海岸边土坯房多。贫困群众特别是住房安全问题是全市各级高度重视的民生问题。为做到应改尽改，自2016年开始，我们连续组织人员对农村危房进行全面摸排，建立危房改造台账，通过重建、修缮、集中供养、建设幸福院等多种方式实施确保贫困人口住房安全，共投入3.4亿元，为22093户贫困群众的住房进行了改造和重建。

广泛凝聚社会合力

滨州脱贫攻坚取得重大成就，得益于市委、市政府的坚强领导，得益于全社会的共同关注、共同参与。我们从工作伊始就积极鼓励引导社会组织、企业、个人等参与脱贫攻坚。在市委、市政府的领导下，全市各级各部门、社会各界关心支持扶贫工作，积极参与到脱贫攻坚战中，深入实施"企业扶贫行动""金晖助老"、慈善救助、农村基础设施建设、就业技能培训等，构建起了滨州"大扶贫"格局。

截至2020年年底，全市累计投资1.4亿元，为扶贫工作重点村修建改造村内道路349.37公里，增设公交站点562个，升级改造电网

799.3 千米，建设标准化综合文化活动室 556 个，新建 180 个标准化村级卫生室，596 个扶贫工作重点村"五通十有"全面达标。"春风行动"扎实深入，累计提供就业岗位 7426 个，安置贫困劳动力就业 970 人，认定扶贫就业基地 30 家，吸纳贫困劳动力就近就业 500 余人。广泛开展消费扶贫，认定市级扶贫产品 236 个，全部入选山东省扶贫产品目录；建成市县级消费扶贫馆 10 个，"智连乡村""牛县优品"等线上消费扶贫成效明显，消费扶贫产品销售额达到 29265 万元。

滨州市脱贫攻坚成果离不开淄博市人民的无私奉献和大力支持。5 年里，淄博市先后投入专项扶贫资金 1.05 亿元，支援我们实施了 27 个产业扶贫项目。"爱心药箱助力健康扶贫"项目、"情暖童心"农村贫困儿童帮扶计划、"巾帼脱贫行·点亮微心愿""爱心书屋""大街工坊"等活动富有成效。

我，很庆幸参与到脱贫攻坚这项伟大事业！

牢记嘱托 砥砺前行

高质量如期打赢脱贫攻坚战

张新文

　　菏泽曾是山东脱贫攻坚的主战场。按照组织安排，我于2019年7月到菏泽工作，亲身参与了脱贫攻坚"后半程"，见证了菏泽解决绝对贫困问题的历史时刻。2016年初，菏泽市省标以下建档立卡贫困人口高达91.4万人，占全省的37.7%，贫困发生率达11.5%。省委用"4个2"概括全省的脱贫攻坚任务形势，菏泽承担的任务过半。即：省委确定的全省2个扶贫工作重点市菏泽是其中之一，全省20个脱贫任务较重的县菏泽有9个，占比45%，200个扶贫工作重点乡镇菏泽有135个，占比67.5%，2000个扶贫工作重点村菏泽有1480个，占比74%。特别是全省60万人的滩区迁建任务，菏泽占了1/4，而且28个淤筑村台全部在菏泽。由此可见，菏泽脱贫攻坚的担子有多重、情况有多复杂。

　　面对艰巨繁重的脱贫攻坚任务，我们牢记习近平总书记的殷切嘱托，深入落实省委、省政府部署要求，举全市之力精准扶贫、精准脱贫，累计减贫170.15万人，所有省定贫困村全部出列。回顾那段艰苦卓绝的脱贫攻坚历程，我感触颇深、终生难忘。有几个方面我印象很深，这里简单谈一谈。

坚决扛牢脱贫攻坚政治责任

2013 年 11 月 26 日，习近平总书记亲临菏泽视察，对菏泽工作作出四个方面的重要指示，其中就是坚决打好扶贫开发攻坚战，不断改善贫困人口生活，要求我们紧紧扭住发展这个促使贫困地区脱贫致富的第一要务，紧紧扭住包括就业、教育、医疗文化、住房在内的农村公共服务体系建设这个基本保障，紧紧扭住教育这个脱贫致富的根本之策；勉励我们，贫困之冰，非一日之寒；破冰之功，非一春之暖。做好扶贫开发工作，尤其要拿出踏石留印、抓铁有痕的劲头，发扬钉钉子精神，锲而不舍、驰而不息抓下去。习近平总书记的重要指示，既交任务又教方法，为我们打赢脱贫攻坚战指明了方向、提供了遵循，极大鼓舞了全市上下向贫困宣战的昂扬斗志。

面对习近平总书记的殷切嘱托和如山厚望，我深感责任重大、使命光荣。作为全市脱贫攻坚的"第一责任人"，我始终坚持把扶贫工作作为最大的政治任务，时刻把责任放在心上、扛在肩上、抓在手上。我专门向各级党员干部推荐了《贫困的本质》一书，引导大家创新扶贫机制和方式方法，对症下药、精准扶贫，用心用情用力做好扶贫工作，迅速在全市形成了研究如何扶贫、如何脱贫的浓厚氛围，在战略战术上赢得了主动。我举几个亲身经历的例子。我联系的单县张武庄村周传省、周在锁、周传义三户贫困户，整个脱贫过程就比较典型，也是全市脱贫的一个缩影。一年多的时间，我先后六次到他们家中走访帮扶，一家一户分析情况、谋划对策，帮助落实扶贫政策和措施。比如，周传省属于因病致贫，我们帮助他申请了富民农户贷，用于种植山药，获得了稳定收益，很快脱了贫。周在锁家里有三个子女上学，属于因学致贫，我们为其子女申请了雨露计划等扶贫政策，他的大女儿毕业后找到了工作，大儿子也考上了大学，全家实现了稳定脱贫。周传义患有骨关节慢性病，就医负担较重，他的妻子患智力及视力残疾，家中生活较为困难，我们在落实低保政策的基础上，为其申请了残疾生活及护理补贴，通过兜底的方式，帮助他们如期脱贫出列。在菏泽，与这三户群众情况一样的大有人在，他们生活很不容易，如果没有党的好政策，没有各级扶贫干部像帮自己亲人一样拉一把，他们不可能在这么短的时间内脱贫，更不可能从他们这一辈阻断贫困的"代际传递"。

通过不断地统一思想、深化认识，全市各级干部对脱贫攻坚越来越重视，干劲也越来越足。全市5.8万名帮扶责任人、2万余名省市县第一书记和驻村干部常年奋战在扶贫一线，县区干部三分之一精力用于脱贫攻坚，乡镇干部三天两头往村里跑，形成了市县乡村四级书记一起抓、党政一齐上，省市县镇干部齐上阵，企事业单位、社会各界全参与的大扶贫格局，为打赢脱贫攻坚战奠定了坚实的组织保障。

坚决落实精准扶贫、精准脱贫方略

习近平总书记深刻指出，扶贫开发贵在精准，重在精准，成败之举在于精准。工作中，我们牢记总书记重要指示，坚持问题导向、目标导向、效果导向，把解决"三保障"问题作为重中之重，在精准施策上出实招，在精准推进上下实功，在精准落实上见实效，靶向治疗拔"穷根"，确保真正帮到点上、扶到根上。在这方面，我们有四项措施抓得很实。

一是创新开展精准攻坚。重点实施了"三个一"脱贫攻坚工程。第一个是"一户一案"精准扶贫，根据贫困群众的致贫原因和脱贫需求，量身定制帮扶措施，逐户建立扶贫手册，实现了帮扶全覆盖。第二个是"一村一品"产业扶贫，依托龙头企业、家庭农场等新型经营主体，通过订单帮扶、土地流转等方式，探索出了"政府投资、企业运营、贫困村资产收益、贫困户入股分红"的产业扶贫模式，全市"一村一品"示范村镇达到135个，辐射带动贫困群众近10万人。第三个是"一人一岗"就业扶贫，在全国首创"扶贫车间"模式，在贫困村大面积上了一批好学好干好挣钱的项目，帮助有劳动能力的贫困群众在家门口找个活干，让他们挣钱顾家两不误。全市建成运营扶贫车间 3063 个，安置带动 30.5 万名群众就近就业，收到了"群众赢、集体赢、企业赢、产业赢"的良好效果。比如，曹县、郓城、鄄城等地，在扶贫车间里面设了发制品、户外家具等加工点，技术要求不高，六七十岁的老人每天也能挣 50 至 80 元。

二是持续开展精准识别。我体会，脱贫攻坚精准最重要、也最难办，越到最后关头越要精准，越要确保脱贫实效经得起实践检验。最开始的时候，一说脱贫攻坚，大家都知道菏泽贫困人口全省最多，但究竟有多少、分布在哪里、需求是什么，谁都说不清楚。这怎么行！我们一遍一遍地入户摸排，一户一户地建立台账，在此基础上，画出了全市贫困人口分布、贫困村分布、产业扶贫分布"三张地图"，这在全国都是首创性的。对着这"三张地图"，我们又组织近 1300 个市县部门、5 万多名干部，分别与贫困村、贫困户签订了帮扶承诺书，这也是全省首创。通过这些工作，我们迅速摸清了底数，明确了措施，为后面精准滴灌、"靶向治疗"打牢了基础。2019 年，省评定我市建档立卡数据质量位居全省第一。

三是深入开展精准帮扶。贫有百样、困有千种，贫困群众的致贫原因千差万别、需求也各不相同，必须因村因户因人精准施策、对症下药。工作中，我们注重用市场化的手段提高帮扶实效，在全省率先为所有贫困人口购买了医疗补充保险，给所有扶贫项目上了"产业保""效益保"，既减轻了财政负担、又让群众吃上了"定心丸"。我印象比较深的是，单县创新推行"会诊制"。就是由帮扶责任人、镇村干部组成 3 至 5 人工作队，参照医院专家会诊制度，组成工作队入户"访贫问诊""开出药方"，帮扶干部"照方抓药"，扶贫精准度大幅提升。2020年，省第三方评估我市贫困群众满意度达 99.83%，比 2016 年提高了 5.4 个百分点。北京师范大学中国扶贫研究院调研组调研后认为，菏泽贫困群众的满意度明显高于中西部地区。

四是集中开展精准整改。菏泽脱贫任务这么重，存在问题是难免的，有问题不可怕，关键是要把问题整改贯穿脱贫攻坚全过程，只有这样才能确保脱贫成效经得起实践和历史检验。我要求各级把发现解决问题作为提高脱贫质量的重要抓手，持续开展扶贫领域问题专项治理，将省巡视、审计、督查和暗访及我市自查、群众信访反映的各类问题，梳理汇总为2.97万条，集中时间开展了5轮问题排查、整改"双清零"行动，采取交叉互查、挂牌督办等方式，由市级干部带头抓整改，县乡村党组织书记一起上，所有帮扶责任人全参与，实现了问题全面清零，这项工作得到了省验收组的高度评价。

坚决啃下黄河滩区迁建"硬骨头"

黄河滩区居民迁建是菏泽脱贫攻坚的坚中之坚、难中之难，牵涉精力最大，困难问题也最多。可以说，上到党中央和省委、省政府，下到涉迁群众，方方面面都非常重视、非常关注。我到菏泽任职之前，在省发改委工作时就参与了滩区迁建规划编制、项目立项等工作，是这场世纪"大迁建"为数不多的全程亲历者、参与者和见证者之一。说实话，一开始对这项艰巨的迁建任务，菏泽市委、市政府包括我本人感到压力非常大。

黄河号称"铜头铁尾豆腐腰"，菏泽地处黄河入鲁第一站，正位于"豆腐腰"的险要位置，有4个县区的14.6万群众居住滩区，他们生活贫困，人均收入仅为全市的80%、全省的一半。滩区群众生活在黄河主堤和河槽之间，世世代代拉土、垫台、盖房，为防止被淹，都把自家房台垫得很高，村里房屋高低不平，时常被外地人误认为是"山区"。群众"三年攒钱、三年垫台、三年建房、三年还账"，一直摆脱不了"抗洪、建房、受灾、再建房"的悲剧轮回，水患之苦给滩区涂上了悲壮的底色。

俗话说，安居才能乐业。对于滩区群众来说，"安居"是脱贫致富的根本前提，只有搬出滩区、住上新房，才能彻底拔掉"穷根"、走上致富之路。黄河滩区居民迁建是以习近平同志为核心的党中央交给山东的重大政治任务。2018 年 6 月，习近平总书记视察山东时要求我们，要紧盯黄河滩，确保完成脱贫攻坚任务。有这样一个背景，我先说一下。国家原定的黄河滩区迁建政策执行到"十二五"就已结束，但在党中央、国务院的大力支持下，经过省委、省政府积极争取，使迁建在"十三五"时期得以实施，整个规划从上报到获批仅用 41 天。这更让我深深体会到了习近平总书记和党中央决策的科学和英明，体会到了这项工程的艰难和伟大。工作中，主要抓了四点。

一是全面赢得群众支持。实施迁建的首要一步，就是认真细致地做好群众工作。迁建初期，一些群众不理解、不支持，通过与群众面对面交流，了解到主要原因是群众对迁建"心里没底"。过去，省、市多次谋划小范围滩区居民外迁，但由于种种原因，成效不理想。这次一举迁建 14.6 万人，不少群众并不看好，议论纷纷、疑心重重。为做通群众思想工作，我们确定了"党建引领、政府主导、群众自愿"的原则，东明县、鄄城县、牡丹区全面落实指挥部作战机制，一个村台一个指挥部，把党支部建在"村台"上，全市 600 余名党员集结黄河滩、鏖战大迁建、吃住在一线，把深入细致的思想政治工作做到群众心坎里，推动群众思想观念发生了"三个转变"。第一个是由不理解到理解的转变。东明县马集村位于黄河西岸，被称为菏泽的"西伯利亚"，有句形容该村的顺口溜，"山东隔着河，河南管不着，报纸看不到，广播听不着"，群众思想比较封闭。村干部入户做工作、讲政策，部分村民抵触情绪很重，有的不让进门，有的甚至把进村道路挖断，工作难度非常大。当地干部挨家挨户走访串门，与百姓交朋友、唠家常、话前景，用了半年多时间赢得了群众信任，顺利实现搬迁。第二个是由不支持到支持的转变。有个村搬迁时，群众对拆迁款打到银行卡里不放心，让村干部打欠条按手印，情急之下一名干部咬破手指连按 8 个"血手印"，用鲜血取信于民。"流点血不算啥，只要群众认可，哪怕我掉手指"，这个干部朴素的话语道出了心声，也赢得了群众的认可。第三个是由不主动到主动的转变。受传统观念影响，鲁西南一带一直有"三年不动土、正月不迁坟"的习俗，迁坟是老百姓的心中大忌。沙窝 3 号村台启动清障拆迁时，恰逢正月时节，而这个村支部书记的爱人刚过世不到半年，对他来说迁坟可谓"忌上加忌",全村群众都在看他迁不迁。为不影响进度，他强忍悲痛、以身作则，天天跑到岳母家做工作，将心比心给老人叙感情、讲政策，最终征得认可、率先迁坟。在他的示范带动下，该村群众迅速行动起来，不到 10 天全村 504 座坟全部迁完。这件事，东明县当地群众编成了戏，搬上了舞台，一时成了滩区群众口口相传的典型。

二是全力破解"十大难题"。滩区迁建工程体量之大、施工条件之复杂前所未有，没有现成经验可以借鉴。整个迁建过程中，我们连续攻克征地调地、清障拆迁、引黄抽沙、沉降夯实、施工组织、质量监管、群众工作、资金筹措、分房选房、搬迁治理等"十大难题"，确保了工程顺利推进。比如，针对引黄抽沙难题，不仅要解决采沙船点位布置、回沙吹填慢、黄河调水调沙等诸多技术难题，还要克服大风、雨雪等极端天气作业问题。特别是在凌汛期，为防止河水上冻影响抽沙进度，迁建干部春节期间仍坚守在抽沙船上，确保机器全天候运转。历经 23 个月昼夜奋战，累计铺设管道 161 条、920 公里，抽沙 8000 万立方米，相当于两条济青高速公路的土方量，为村台建设提供了坚实的基础保障。再比如，沉降夯实难。群众的智慧是无穷的。由于之前尚无如此大规模的沉降先例，经过反复探索，创造出了"碾压＋震压""井点降水＋震压""快速液压夯"等系列降水模式，硬是将沉降时间从 3 年压缩到 9 个月，节约了宝贵时间，赢得了工作主动。再比如，菏泽整体财力弱，可用财力少，滩区迁建总投资达 150 多亿元，钱从哪里来始终是我揪心的事。我们积极向上争取了大部分项目资金，又想方设法通过美丽村居项目资金、市县配套、增值税返还、群众自筹、土地增减挂钩预期收益、政策性贷款等途径，筹集了一部分资金，可以说是举全市之力办这件事，没有因资金问题耽误一天工期。还有件事我印象很深。我们最初在部分村台采取预制式、装配式建设，也充分征求了群众意见，得到群众同意后开始施工。但由于建设单位没有及时加固，部分墙体因强风倒塌。当时群众情绪很不稳定，对工程质量表示怀疑，甚至不让继续施工。我们及时决策、果断处理，充分尊重群众意愿，重新调整了施工方案，改用小红砖施工，尽管工期有所延误，但赢得了群众认可和支持，保障了工程顺利推进。

三是从严保障工程质量。百年大计、质量为本。我们严格落实省委"统一规划、统一招标、统一标准、统一施工、统一监理、统一验收"的"六个统一"要求,实行工程质量终身责任制,确保工程建设高标准、高质量。从严规范建筑材料采购、进场、验收等流程,设置建筑材料陈列室,实现了全程可追溯。坚持群众的事情让群众做主,各村普遍成立由"五老"、村干部和群众代表组成的迁建工程监督小组,新建村台从规划选址、户型设计、用料用材,包括厕所建在室内还是室外等大事小情,都充分征求意见、寻求最大公约数,确保群众满意。比如,有的房屋建设方案改了又改,个别的甚至半路推倒重新做方案,直到群众满意为止。再比如,我们把工程"零活"交给具备一定建筑技能的群众干,既增加了收入,又能让他们自行监督建设质量,有效调动了群众参与迁建的积极性。

四是聚力打造幸福滩区。产业是巩固滩区迁建成果的治本之策。我们立足滩区生态优势,按照"宜农则农、宜工则工、宜商则商、宜游则游"理念,因地制宜发展特色优势产业,增强滩区自我发展能力,努力推动黄河滩区迁建这一脱贫攻坚的头号工程向乡村振兴的第一工程转变。在产业发展布局方面,抢抓国家实施黄河流域生态保护和高质量发展的战略机遇,对沿黄4县区进行国土空间论证,特别是对黄河入鲁第一县东明县因地制宜作出"北工南农"功能区规划,把工业区限定在北部5乡镇,南部9乡镇全部作为生态保护功能区,发展优质高效农业和生态产业,推动工业反哺农业、农业涵养生态、生态孕育发展、发展惠及群众。比如,东明县长兴集镇依托滩区独特地质条件,引进了格鲁斯虎杖产业园项目,年可加工虎杖1万吨、提取白藜芦醇300万吨、占全球总量的90%;全部达产后,年加工能力达4万吨以上,形成产值30亿元的虎杖深加工产业园,带动周边近千名群众就业。鄄城县左营镇万亩高标准农田改造已全面开展,旧城镇黄金菊产业园迎来了首个花季,滩区群众日子越过越红火,贫穷落后黄河滩正蝶变为"幸福滩""花果滩"。

坚决激发内生动力"拔穷根"

习近平总书记视察菏泽时指出，要紧紧扭住发展这个促使贫困地区脱贫致富的第一要务，因地制宜找准发展路子。习近平总书记的重要指示，为我们高质量完成脱贫任务指明了根本出路。发展是脱贫的基础和前提，实现群众对美好生活的向往最终要靠发展。我们改变过去直接给钱给物的被动式扶贫做法，大力开展生产性扶贫、开发性扶贫，让贫困群众主动发展产业、积极参加就业，更多贫困群众实现了稳定脱贫。

一是抓财源建设。习近平总书记指出，一个地方发展要有一定速度，更要注重质量和效益。我理解这个"质量和效益"，就是要把发展的成效体现到富民、富财政上。与发达市相比，菏泽财政家底薄、可用财力少，扶贫工作经常做"无米之炊"或"等米下锅"，这更加坚定了我们抓好财源建设的决心。近年来，我们把生物医药、高端化工等作为财源型主导产业来培育，9个县区和市开发区、市高新区都明确了建设支柱型财源思路，争取利用5年左右的时间，市县财政都能增加一半以上、力争实现翻番。2021年，全市一般公共预算收入完成283.9亿元、增长19.3%，增幅连续3年保持全省第一；总量跃上全省中游，占全省比重3年提升0.72个百分点，为推进全面脱贫与乡村振兴有效衔接提供了坚实的财力保障。

二是抓扶贫项目。菏泽5000多个扶贫项目中，近三成是种植业，吸纳了近20万贫困人口，但这类项目收益率偏低，一定程度上影响了群众的钱袋子。我们创新采取政府管资金、农户管生产、企业管营销的市场化运作模式，引进龙头企业建设蔬菜种植产业园，从事育苗、种植、加工和销售，每年租金收益150万元，安置就业200余人，务工群众每天保底工资70元，年底还有利润分红，实现了扶贫项目保值增值、长期收益。

三是抓教育扶贫。习近平总书记要求我们，务必把义务教育搞好，确保贫困家庭的孩子也能受到良好的教育。我们聚焦贫困学生教育问题，扎实做好控辍保学工作，累计发放各类教育资金 4.5 亿元，惠及贫困学生 34 万人；针对孤儿、特困和残疾儿童教育问题，创新兴办养教并重的公益博爱学校，采取全日制寄宿式模式，学生的食宿和照管费用全部由学校承担，实现了贫困家庭学生失学辍学"双清零"。

四是抓兜底保障。为解决农村分散居住贫困老年人的住房、养老、医疗等难题，我们探索建设集生活居住、日间照料、休闲娱乐等功能于一体的养老周转房，建档立卡贫困老人、分散供养特困人员、低保老人可免费入住，既改善了居住环境，也化解了散居带来的孤独感及潜在安全问题，确保了贫困老人老有所养、老有所乐。针对群众因病致贫返贫的问题，实施"中医治未病健康扶贫"工程，与中国工程院王琦院士合作，通过培训乡村医生、健康宣传教育，引导群众养成健康的生活习惯，有效降低了群众因病致贫返贫风险。同时，我们还建立了动态监测和即时帮扶机制，认定监测帮扶户 1440 户 4224 人，确保了小康路上一个都不掉队。

习近平总书记指出，脱贫摘帽不是终点，而是新生活、新奋斗的起点。对菏泽来说，完成脱贫攻坚任务之后，接下来最繁重的就是做好乡村振兴这篇大文章。

高质量打赢脱贫攻坚战的菏泽实践

吴振

我是 2021 年 2 月份任菏泽市委农办主任、市农业农村局局长的，并于 8 月 12 日兼任市乡村振兴局局长。在此之前，我曾任郓城县委副书记、市委政法委副书记，分管过扶贫工作，见证了菏泽市打赢打好脱贫攻坚战的全过程。菏泽作为全省脱贫攻坚战的主战场，贫困人口基数大、群众贫困程度深、致贫原因复杂，脱贫攻坚任务艰巨繁重。在脱贫攻坚战中，菏泽干部群众上下同心、尽锐出战、精准务实、开拓创新、攻坚克难、不负人民，脱贫攻坚战取得全面胜利，贫困群众、贫困村面貌焕然一新。回顾菏泽脱贫攻坚战，倍感艰辛、倍感振奋、倍感光荣！

菏泽是省委确定的两个扶贫工作重点市之一，是全省脱贫攻坚的主战场。2016 年初省标以下建档立卡贫困人口 91.4 万人，占全省的 37.7%。全省 20 个脱贫任务较重的县菏泽有 9 个，200 个扶贫工作重点乡镇菏泽有 135 个，2000 个扶贫工作重点村菏泽有 1480 个，贫困发生率达 11.5%。2013 年 11 月 26 日，习近平总书记视察菏泽时，作出要坚决打好扶贫开发攻坚战，不断改善贫困人口生活的重要指示要求。8 年多来，我们牢记习近平总书记嘱托，举全市之力打赢了脱贫攻坚战。

紧紧扭住发展这个第一要务不动摇，
激发内生动力"拔穷根"

习近平总书记视察菏泽时指出，要紧紧扭住发展这个促使贫困地区脱贫致富的第一要务，因地制宜找准发展路子，要求菏泽不能一味等靠、无所作为，为我们打赢脱贫攻坚战明确了根本出路。近年来，我们改变过去直接给钱给物被动式扶贫做法，大力开展生产性扶贫、开发性扶贫，让贫困群众主动发展产业、积极参加就业，带动更多贫困群众实现稳定脱贫。一是抓牢财源建设"钱袋子"。与发达市相比，菏泽经济基础差、底子薄，扶贫工作经常做"无米之炊"或"等米下锅"，这让我们下定决心必须抓好财源建设。目前，我市明确了"231"产业体系，把生物医药、高端化工等作为财源型核心产业来培育，11 个县区都明确了建设支柱型财源思路，争取利用 5 年左右的时间，市县财政都能增加一半以上、力争实现翻番，为推进全面脱贫与乡村振兴有效衔接提供坚实财力保障。二是激活产业扶贫"主引擎"。产业扶贫是脱贫攻坚的治本之策。我们立足农业大市实际，依托龙头企业、合作社等新型经营主体，通过订单帮扶、土地流转、资产收益、股份合作等方式，把贫困户纳入产业化生产经营链条，探索出了"政府投资、企业运营、贫困村资产收益、贫困户入股分红"的产业扶贫模式。全市涌现出"一村一品"示范村镇 135 个，其中省级 19 个、国家级 14 个，辐射带动贫困群众近 10 万人。三是开启就业扶贫"新模式"。针对菏泽有 55% 以上的贫困人口具备劳动能力的实际，我们探索创建"扶贫车间"模式，制定完善扶持政策、管理办法、建设标准，引导就业门槛低、产业发展稳定、增收效果好的劳动密集型项目向贫困乡村布局，帮助有劳动能力且不便外出打工的贫困群众在家门口就业，实现"挣钱顾家两不误"。曹县、郓城、鄄城等地，在扶贫车间设立发制品、户外家具等加工点，手工劳动为主，技术要求不高，六七十岁的老人每天也能挣 50

至 80 元。目前，全市建成运营扶贫车间 3063 个，安置和带动 30.5 万名群众就近就业，收到了"群众赢、集体赢、企业赢、产业赢"的良好效果。

紧紧扭住农村公共服务体系这个基本保障不懈怠，确保小康路上一个都不掉队

习近平总书记视察菏泽时强调，要紧紧扭住包括就业、教育、医疗、文化、住房在内的农村公共服务体系建设这个基本保障，编织一张兜住困难群众基本生活的安全网。菏泽农村教育、医疗、养老等公共服务欠账较多、短板突出，是制约农村发展、影响脱贫质量的瓶颈问题。对此，我们加大资金投入，探索构筑综合保障体系，确保贫困群众稳定脱贫。一是构建因病致贫返贫"防火墙"。我市 50% 以上的贫困人口是因病致贫，为彻底解决这个问题，我们于 2016 年在全省率先为所有贫困人口购买小额人身意外伤害保险和大病医疗商业补充保险，与"基本医疗保险、大病保险、大额医疗费用补助、医疗救助"构建起健康扶贫"六重防线"，贫困群众看病自费部分平均降低到 5% 左右。同时，创新实施"中医治未病健康扶贫"工程，与中国工程院王琦院士合作，通过培训乡村医生、健康宣传教育，引导群众养成健康生活习惯，有效降低了群众因病致贫返贫风险。二是筑牢贫困老人"安居梦"。住房安全有保障是脱贫攻坚"两不愁三保障"的一项硬指标，农村贫困老年人的住房问题是其中最难啃的一块"硬骨头"。为解决农村分散居住贫困老年人的住房、养老、医疗等难题，我们探索建设集生活居住、日间照料、休闲娱乐等功能于一体的养老周转房，建档立卡贫困老人、分散供养特困人员、低保老人可免费入住，既改善了居住环境，也化解了散居带来的孤独感及潜在安全问题，确保了贫困老人老有所养、老有所乐。目前，全市已建成养老周转房 2279 套，入住贫困老人 2848 人。三是打造黄河滩区"幸福滩"。菏泽市是黄河入鲁第一市，境内共有黄河

滩区面积 504 平方公里，滩区内居住 14.7 万人。2014 年，原市扶贫办联合九三学社中央调研组调研黄河滩区扶贫开发情况，形成《关于黄河下游滩区扶贫开发的调研报告》汇报材料，详细记录了菏泽黄河滩区群众"行路难、住房难、上学难、择偶难、饮水难、就医难、致富难、发展难"的生活困境和渴望改观生活、期盼安居乐业的情况，反映了滩区群众的心声。俞正声、张高丽、汪洋等中央领导同志分别作出批示。省委、省政府旗帜鲜明，将滩区迁建作为我省脱贫攻坚的重大举措，2017 年 4 月，我市正式启动黄河滩区居民迁建工程，截至目前，28 个村台、6 个外迁社区全部分房到户，14.6 万滩区群众告别苦日子、开启新生活。四是织牢即时帮扶"保障网"。扎实开展全市脱贫成效"再核查、再评估、再提升"集中活动，组织村"两委"、第一书记、驻村工作队、包村干部、帮扶责任人等加大对建档立卡贫困户和即时帮扶户的监测力度，及时发现存在返贫致贫风险的困难群众，对符合标准的及时全部纳入即时帮扶范围。目前，全市认定即时帮扶人口 796 户 2388 人，已全部纳入帮扶范围，确保小康路上一个都不少。

紧紧扭住教育这个脱贫致富的根本之策不松劲，坚决阻断贫困代际传递

习近平总书记视察菏泽时强调，要紧紧扭住教育这个脱贫致富的根本之策，确保贫困家庭的孩子也能受到良好的教育，不要让孩子们输在起跑线上。我们牢记总书记殷切嘱托，坚定不移把教育摆在优先发展的战略位置，始终把教育扶贫作为最大的民生工程来抓，从规划上重点安排、投入上加大力度、政策上加强支持、工作上狠抓落实，加快补齐教育基础短板，千方百计让贫困家庭孩子接受良好的教育。一是加大教育事业"硬投入"。2019 年全市财政性教育经费投入达 118.4 亿元，比 2013 年增长 65.5%；2013 年以来，全市共补充教师 2 万余名，从 2016 年开始，每年招聘教师 4000 名左右，其中 70% 的新招聘教师分配到农

村中小学任教，农村教育保障能力大幅度提高。二是推进精准资助"全覆盖"。近年来，我市通过奖、贷、助、补、免、减、偿等方式，逐步建立和完善学生资助政策体系，实现资助精准到户、受益到生的"全覆盖"，保障了"不让一名学生因家庭经济困难而失学"。2016年以来，全市累计发放或免除各教育阶段助学金、生活补助、学费等4.45亿元，惠及贫困户家庭学生34万人次。同时，扎实做好控辍保学工作，建立义务教育阶段失辍学孩子"一人一案"台账，全面实现建档立卡儿童、残疾儿童、低保困境儿童失辍学清零。三是探索教养结合"新路径"。针对孤儿、特困和残疾儿童教育问题，单县创新建立养教并重的公益博爱学校，采取全日制寄宿式模式，学生在校期间的食宿和照管费用全部由学校承担，真正让特困学生有学上、有书读、感受到家的温暖。冯春雨是单县马寨村村民收养的一名弃婴，因患有先天性残疾，双腿无法站立。在省委书记刘家义关爱下，通过各方帮助进行康复治疗并能够站立行走，如今已是单县博爱学校三年级的一名小学生，开始了正常的学习和生活，这也成为省市县乡村"五级书记"抓扶贫的生动案例。单县博爱学校办学模式已在全市推广，建成学校12所，正以星星之火燎原之势，点亮着贫困孩子的成长路。

经过8年多艰苦卓绝的努力，菏泽累计减贫170.15万人（其中2017年以来减贫51.5万人），855个省扶贫工作重点村全部摘帽，脱贫攻坚取得了全面胜利，历史性解决了绝对贫困问题，为全省打赢脱贫攻坚战作出了菏泽贡献，展现了菏泽担当。以上成绩的取得，是贯彻落实习近平总书记视察山东、视察菏泽重要讲话精神和重要指示批示精神的结果，是省委、省政府坚强领导、大力支持、关心关怀的结果，也是全市上下齐心协力、团结奋斗、决战决胜的结果。

回顾我市艰苦卓绝的脱贫攻坚历程，有四点体会最为深刻：一是习近平总书记的殷切嘱托是我们打赢脱贫攻坚战的根本动力。总书记视察菏泽时明确提出了"三个紧紧扭住"的重要指示要求，为我们指明了方向、提供了遵循。可以说，菏泽的脱贫攻坚是在总书记的亲切关怀、亲自指引下展开的。七年来，我们时刻牢记总书记的殷切嘱托，精心谋划、精准落实，举全市之力坚决打赢脱贫攻坚战，各县区干部三分之一精力用于脱贫攻坚，各乡镇干部三分之二精力投入帮扶一线，全面高质量完成了脱贫攻坚任务，既提升脱贫质量又确保脱贫成色，打了一场漂亮的脱贫攻坚战役。二是脱贫攻坚带动提升了我市农业农村整体发展水平。我们全力推动所有工作为脱贫攻坚服务、所有资源向脱贫攻坚倾斜、所有力量向脱贫攻坚集中，一批富民产业项目、龙头企业加快向乡村布局，农村人居环境明显改善，农民生产生活方式发生较大转变，农村基础设施和公共服务设施长期滞后的问题得到有效解决，广大农村村容村貌和农民精神面貌得到全方位提升，农业农村发展后劲显著增强，乡村振兴迈上新的台阶。三是党群干群关系在脱贫攻坚中更加密切、融为一体。各级党委、政府始终坚持为贫困群众办实事、办好事，帮助群众摆脱贫困、改变现状；广大贫困群众感党恩、听党话、跟党走，形成了更加密切的党群干群关系，党的执政基础更加稳固。成武县永昌街道郑河村的贫困老人陈庆梅的一封感谢信写道："谢谢国家培养了一批你们这样优秀的扶贫干部，让我感受到党和政府的温暖。"鄄城县箕山镇王老垓村贫困户王全仓，在 2020 年 2 月 15 日疫情刚发生时，就主动捐款 1 万元。镇党委了解情况后，决定将钱退还给他，但这位老人说："现在正是国家需要钱的时候，我得多拿点回报国家，这个钱我必须捐。"这些朴实的话语，充满了贫困群众对党和政府的感恩之情。四是广大党员干部特别是基层扶贫干部经受了实践锻炼、赢得了广泛认可。这场脱贫攻坚战，充分展示了菏泽干部敢打硬仗、能打胜仗的优良作风，提升了菏泽干部形象，培育了自强不息、敢于争先、勇于胜利的精气神。特别是广大基层扶贫干部舍小家、顾大家，基本没有休过周末和节假日，用自己的辛苦换取贫困群众的幸福，有的甚至献出了宝贵生命。牡丹区高庄镇扶贫干部陈世双，常年奔波在脱贫一线，2020 年 10 月 11 日在开展贫困户核查走访时，突发心血管破裂，抢救无效因公殉职，生命永远定格在了他热爱的工作岗位上。定陶区马集镇人社所所长刘访华，五年如一日坚守扶贫一线，2020 年 7 月 13 日晚上 9 点仍在办公室加班，突发心肌梗死因公殉职，直至生命最后一刻还在整理扶贫资料。像这样的例子，菏泽还有很多，他们用生命诠释了扶贫干部的担当与情怀，彰显了我们党决不让一个贫困群众在小康路上掉队的坚定决心。

习近平总书记指出："脱贫摘帽不是终点，而是新生活、新奋斗的起点。"2021 年以来，我市先后召开市委常委会、市政府常务会议、巩固拓展脱贫攻坚成果同乡村振兴有效衔接专题推进会，持续推动脱贫攻坚政策举措和工作体系向乡村振兴平稳过渡。保持主要扶持政策总体稳定。制定下发《关于实现巩固拓展脱贫攻坚成果同乡村振兴有效衔接的实施意见》，对脱贫攻坚期内出台的教育、医疗等各项政策措施进行了梳理，明确 7 大方面 29 条政策 5 年过渡期内原则上保持不变，坚决避免政策"断崖"。持续加大资金投入力度，2021 年以来，已累计投入各级财政衔接推进乡村振兴资金 21.6 亿元。健全防返贫动态监测机制。集中一个月的时间在全市开展了防止返贫监测帮扶全面排查工作，逐村逐户逐人进行拉网式排查，确保不落一户、不漏一人。坚持常态化监测，及时将出现致贫返贫风险的脱贫不稳定户、边缘易致贫户、突发严重困难户等纳入监测范围，对符合标准的按程序纳入帮扶对象。截至 2021 年底，全市共有监测帮扶户 1428 户 4391 人，全部落实了帮扶责任人及针对性帮扶措施，有效防止了返贫致贫现象的发生。持续巩固"两不愁三保障"成果。教育方面，及时发现"应入未入"的儿童少年，"一人一案"跟进劝返措施，实现应入尽入；贫困家庭学生教育资助实现全覆盖，2021 年为 25 万余名家庭经济困难学生发放各类资助资金 1.6 亿元。医疗健康方面，全面完成脱贫享受政策人口和动态监测人口医疗参保工作，资助参保资金 6113.3 万元；实行贫困人口大病保险倾斜政策，报销比例比普通参保居民提高 10 个百分点，全市贫困人口享受大病保险政策 3.1 万人次，支付保险资金 8924.9 万元；享受扶贫特惠医疗保险政策 34 万人次，支付保险资金约 1.8 亿元。住房方面，已完成 2740 户困难群众的危房改造。饮水方面，扎实推动农村供水保障能力，2021 年，全市累计完成 141 处供水提质改造工程和 87 处维修养护工程，投入资金 5741.25 万元，受益人口 240.26 万人。四是加强项目资金管理。不断完善项目资产管理办法，明确归属村集体的资产所有权、与龙头企业或农村经营大户约定经营权、落实县乡村的监督权、确保脱贫享受政策人口和村集体享有收益权，该做法 2021 年被新华社分别以内参选编和新华视点等形式予以报道。同时，严格按照省市有关要求，督促县区以项目库为基础，加快 2021 年度项目实施，全市计划使用各级衔接资金的产业发展和农村小型基础建设项目共计 383 个，已全部开工，完工 82 个。

伟大的脱贫攻坚实践，铸就了伟大的脱贫攻坚精神。下一步工作中，我们将深入学习贯彻习近平总书记重要指示精神，持续推动脱贫攻坚政策举措和工作体系向乡村振兴平稳过渡，健全防返贫动态监测机制，持续巩固"两不愁三保障"成果，加强扶贫项目资金管理，坚决把来之不易的脱贫成果巩固住、拓展好，把广大干部群众在脱贫攻坚中焕发出来的精气神，转化为推动高质量发展的强大动力，努力为全省巩固拓展脱贫攻坚成果同乡村振兴有效衔接蹚出一条路子。

用自己的脚步为贫困群众
踏出一条脱贫幸福路

吴彬

定陶是山东省 20 个脱贫任务比较重的县区之一。在这场以摆脱贫困为终极目的战役中，涌现许多不畏艰苦、攻坚克难的干部群众，发生了许多鼓舞奋进、感人至深的扶贫故事，在定陶扶贫史添上了浓墨重彩的一笔。

深入基层，觅得良方

2016 年 44 岁的我接受组织安排，走上了定陶区扶贫开发领导小组办公室主任的新岗位。

定陶区辖 11 个镇街，总人口 64 万，有建档立卡扶贫工作重点村 71 个，建档立卡贫困户 22365 户。扶贫工作怎么做，该项工作如何开展，要用什么样的扶贫模式才能更贴合当地实际情况……这是摆在我面前的第一道考题。我出生在这里，是这片热土养育了我，凭着我此前担任镇党委书记的基层工作经验，深知要制订出符合当地实际情况的脱贫规划，确保扶贫工作顺利，首先是要做好调研，摸清底子，了解到实情。为此，在工作开展之初我给自己制订了一个计划，无论日常工作多忙、事务多繁杂，我都要在半年时间内遍访全区所有村居，拿到第一手资料，找出让群众摆脱贫困、走向富裕的良方。

我每到一个村庄首先观察整体情况，对居住在破旧房屋的村民重点关注，其次是多和村里的老人聊天，关注他们的生活状况，然后和村里经济条件较好的"致富能手"聊天，吸取经验。并把走访调研中获得的基本信息等情况做尽可能详细记录。记录内容包括了每个村的基本情况、贫困群众家庭现状、联系电话等。通过大量基层走访工作，我总结出来了一套走访调研的方法。这套走访调研方法在日后也被扶贫办的同事们借鉴运用到了实际工作中。

前期的大量走访让我对每个镇街的特色产业和先天自然环境造成的薄弱环节有了一定了解，也让我对全区的贫困人口构成、致贫原因等情况有了更新、更深的认识。例如马集镇白菜王庄的建档立卡贫困户王广民，2013年，其儿子因精神失常离异，年幼的孙子由王广民老两口照料。后来孙子身染重病，东挪西凑终于集齐的几十万的手术费，这让本就不富裕的家庭雪上加霜。同样生活面临窘境的大李庄行政村村民张德强，八年前因车祸致残丧失了部分工作能力……

这样的实例还有很多，每记录一笔，我的心情就多一份沉重，也感觉肩上的担子又重了一分。

对症下药，精准施策

根据走访调研获得的第一手资料，我积极向区委、区政府作了报告，制定了"2016年打基础、2017年抓推进、2018年促突破、2019年补短板、2020年迎大考"的全区脱贫攻坚总体目标和阶段任务。牵头起草了《关于打赢脱贫攻坚战的实施意见》《菏泽市定陶区"十三五"

脱贫攻坚规划》《关于打赢脱贫攻坚战三年行动的实施方案》等72个区级层面的指导性文件，提出了"四个全覆盖""七个确保""十个到位"的工作机制，形成了横向到边、纵向到底、上下贯通的脱贫攻坚制度体系和责任体系。坚持中央精准扶贫方略，积极推行"一户一案、一村一品、一人一岗"，探索出了"产业扶贫＋就业扶贫＋行业扶贫"三业并举、共同发展的新路径，让扶贫工作合民情、接地气、落能地生根。

2016到2020年间，我们利用各级专项扶贫资金4.4亿余元，整合实施特色蔬菜、林木、瓜果、花卉、食用菌、水产、养殖、光伏、电商、农产品加工储藏等产业扶贫项目194个，建起扶贫车间156个。形成了"东蔬（以黄店为主的蔬菜育苗种植）、西加（以张湾镇为主的木制品加工）、南瓜（以南王店镇为主的西瓜种植）、北花（以仿山镇为主的花卉种植）"具有定陶特色的扶贫产业发展格局。

在产业扶贫的种植类中，2016年我们积极推广了大棚种植项目，在全区12个镇街（包含陈集镇）建成12个扶贫大棚基地、1120个扶贫大棚。其中，马集镇的扶贫大棚基地，就建在白菜王庄。我再次找到正在为孙子治疗费用发愁的王广民，与其共同分析市场及蔬菜行情走势，并积极联系行业部门提供蔬菜种植技术支持，完善各项保障措施。经过多次的面谈与鼓励，王广民放下了对蔬菜大棚种植失败的顾虑，率先承包种植了两个蔬菜大棚。经过辛勤的劳作，短短三年时间就还清了所有欠款，家境慢慢好转起来。健康扶贫政策也为王广民一家报销了大部分的医疗费用，孙子的病情也在治疗中逐步好转，现已恢复学业。当我告诉他中央设立了5年"过渡期"，过渡期内保持帮扶政策总体稳定时，王广民激动地说："再给我5年，俺家就要盖楼了！"

5年来，定陶区的产业扶贫政策累计实现收益6444.28万元，贫困户分红4437.22万元。依托产业扶贫项目，建设各类扶贫产业示范基地32个，1.4万户贫困户嵌入扶贫产业链条，产业扶贫成为稳定脱贫的主渠道。

我们积极推行就业扶贫。全区共建成扶贫车间176个，引进服装、食品、工艺品、医疗器械等20个产业门类，带动2900余名无法外出务工的弱劳动力实现了"就地就近就业"。同时，我们还与相关部门对接，大力实施转移就业帮扶，转移农村贫困劳动力 4013 人；开发道路维护、保洁保绿、扶贫联络员等公益岗位 2000 余个；创建"全国就业扶贫基地"9 个、省级扶贫龙头企业 5 个，打造电商产业园区 3 个，培育淘宝镇 4 个、淘宝村 28 个，邮政快递物流站点 204 个，其中残疾人电商创业就业孵化基地被中残联和国家体育总局命名为"国家级残疾人职业培训基地"，大量贫困人口通过电商产业实现线下就业。因车祸致残的大李行政村的建档立卡贫困户张德强受益于就业扶贫政策，不仅成为村里的保洁员，还当上了村扶贫车间的工人，每月有固定收入的同时还能照顾到家庭、子女。提起现在的生活，他常说"做梦都不敢想"。

行业扶贫是提升保障能力、巩固脱贫成果的重要举措，我们积极协调 37 个行业单位，制定了行业扶贫三年行动实施方案，把行业扶贫考核纳入了全区经济社会发展综合考核。2016 年到 2020 年间，全区发放或免除各类教育资助补贴 2976.2 万余元，共资助建档立卡等家庭经济困难学生 44441 人；分别落实"两免两减半、先诊疗后结算"51449、32929 人次，累计减免医疗费用 282.5 万余元；拨付危房改造资金 4928 万余元，完成农村建档立卡贫困户危房改造 3942 户；免费接通自来水 11961 户；为所有贫困人口参保扶贫特惠保险，累计理赔 5611.92 万元，受益 49028 人次；累计发放低保金 2.4 亿余元，纳入最低生活兜底保障建档立卡贫困户 8843 人，纳入最低生活保障兜底即时帮扶户 111 人，使收入最低的贫困群体也达到了稳定脱贫标准。

2016 年 10 月 26 日，山东省产业扶贫工作会议在定陶召开，山东省农业厅副厅长王登启参观了天中南城茗嘉兴食用菌基地、杜堂中远合作社、陈集金硕生态园后，对定陶区产业扶贫工作给予了高度评价，并指出定陶的产业扶贫找对了自己的路子，创出了自己的特色，是值得推广的经验。

2017 年 9 月 23 日，全国扶贫车间现场会召开，定陶区为全国扶贫车间现场会提供了现场。国务院扶贫办副主任洪天云带领国家部委工作人员和各省领导实地考察定陶区就业扶贫和产业扶贫情况，听取脱贫攻坚工作情况经验汇报，对定陶区的整体工作情况给予了高度评价。

脱贫路上，一个不少

　　"两不愁三保障"是脱贫的基本要求和核心指标，是衡量贫困人口是否真正脱贫的硬杠杠。为了确保"两不愁三保障"落实到户、到人，我们督促成立了安全住房、健康扶贫、教育扶贫等 8 个工作专班，建议区委向 11 个镇街派驻了由区委常委、人大常委会主任、政协主席任大队长的脱贫攻坚工作大队，协调组织部门选派驻村扶贫工作队 338 个，帮扶责任人 4976 人，帮扶责任人到位率达到 100%，构建了区有领导小组、镇有工作大队、村有工作队、户有帮扶人的扶贫网络格局。

　　脱贫之后如何做到不返贫，是脱贫攻坚战的一个重要课题。2020年，我们组织开展了"找差距、抓落实""决战脱贫攻坚巩固提升月"等 8 次集中活动，围绕"两不愁三保障"、行业政策落实、项目建设运营等，对存量问题发起总决战，坚决做到脱贫攻坚一个都不能少。组织制定了《定陶区财政专项扶贫项目暂行管理办法》，对项目建设进行全过程监管，形成了一整套监管机制，扶贫项目收益成为保障贫困群众长期收益、稳定脱贫的有效平台。

　　对脱贫享受政策户、边缘易致贫户，以及因病因灾因意外等刚性支出较大或收入大幅缩减导致基本生活出现严重困难户，组织制定了《定陶区健全防止返贫致贫动态监测和即时帮扶工作方案》，规范认定程序，分类进行动态管理，并按照"缺什么补什么"的原则，即时发现、即时帮扶，杜绝了新的返、致贫情况的发生。

　　面对贫困户中最难照料、也是最容易被忽略的群体——老年人，我们结合实际与镇村党支部联合，探索出了以"南王店沈庄村扶贫助老服务中心"为代表的农村老年人"日间照料＋邻里互助"新模式，让老人们老有所养、老有所乐，离家不离村，空巢变暖巢。

　　为了激发贫困户脱贫的自身动力，做到扶贫与扶志扶智相结合，我们挖掘了一系列干事创业、依靠自身脱贫致富、创业致富带动周边群众脱贫的典型人物事件和成功经验做法，并积极联合各级媒体、电视台、区文联和文艺爱好者，采用图、文、视频展示等形式开展全方位宣传，先后制作发表了《看得见风景的村庄》《沈庄村的老人们》《豆腐小作坊圆了脱贫梦》《聊聊定陶扶贫事》《扶贫干部暖心间》等优秀作品，被多家媒体报道和转载，真实记录了全区精准扶贫、精准脱贫带来的新变化、新风貌，营造出全社会关注扶贫、关心贫困户的良好社会氛围，有效催生了贫困户的内生动力。

百年大计，教育为本。扶智是彻底摆脱贫困的根本之策。针对适龄学生我们联合教体局、学校和教师加强控辍保学管理，2018 年到 2020 年间累计劝返建档立卡辍学学生 205 名。针对辍学学生学业水平差、厌学情绪重的情况设立特长班和兴趣班，引导他们培养学习的兴趣，做到有教无类因材施教。在职业中专组建初中部，让愿意学习一技之长的学生到职业中专边学习文化知识，边接受职业技术教育培训；针对想要学习一技之长的一般建档立卡贫困户，我们联合各行业单位开展各类技能培训。培训内容涵盖餐饮、种植、养殖、电商等多个领域。

康庄大道，乡村振兴

"努力到无能为力，拼搏到感动自己"是我的人生格言，也是我工作的方式。我最感到高兴欣慰的是，我们定陶全体扶贫人的努力最终迎来了硕果，2020 年底全区累计减贫 97684 人，71 个建档立卡扶贫工作重点村全部退出，79 个省扶贫工作重点村（含 3 个建档立卡扶贫工作重点村）全部提升，现行标准下农村贫困人口全部脱贫，22318 户 48781 名脱贫享受政策贫困群众全部达到稳定脱贫标准，定陶区的脱贫攻坚战取得全面胜利。

2017 年到 2020 年间，定陶区被授予全省脱贫攻坚先进集体；区扶贫办先后获得山东省扶贫系统先进集体、省级文明单位、菏泽市担当作为先进集体；我被评为 2019 年度全省脱贫攻坚先进个人（贡献类）。

2021 年 2 月 25 日，我作为全国脱贫攻坚先进个人代表，怀着万分激动的心情赴京参加了全国脱贫攻坚总结表彰大会。今后我们将继续坚守习总书记的谆谆教导，接续秉承伟大的脱贫攻坚精神，绘制乡村振兴的宏伟蓝图。

大伙信任我，我就要带全村蹚出致富路

张庆涛

我叫张庆涛，1971年2月出生，大专学历，现任郓城县南赵楼镇甄庄村党支部书记，兼任山东绿禾农业综合开发有限公司董事长。2021年2月，我被党中央、国务院授予全国脱贫攻坚先进个人称号。现在最让我幸福的是看着红艳艳的西红柿如灯笼般挂在枝头，排排藤架上缀满了鲜绿色的黄瓜，圣女果挂在绿叶下面，大棚内一片农户忙采摘、整理装箱的繁忙景象。

三次土地流转蹚出致富路

我自幼在农村长大，从小就想干一番事业，让家乡的父老乡亲过上富裕的好日子。2000年，我正在县城经营钢铁生意，生意蒸蒸日上。听说村"两委"换届，我毅然回家参选，高票当选了村主任。甄庄村共有耕地2100余亩，人口378户1268人，党员29名，村庄占地380余亩，当时村里又脏又乱，只有一条两米宽的小路通往镇政府驻地。我下决心要改变村面貌，3年里我自费去了4次华西村、寿光、大寨学习考察，寻求带领群众致富的门路。通过考察学习，我深刻意识到，农村唯一的资源是土地，要想发家致富，就得从土地上入手，改变原来传统的耕作模式，走现代农业的路子。我的想法引来了不少议论，不少人说这是在做梦。

2004年，我担任甄庄村党支部书记。通过外出考察学习，2005年，我决定走"劳务输出＋土地流转"的路子。村里成立劳务输出公司，组织男劳力外出务工，村内的土地统一流转，种植高效作物。然而，村里人念家，最开始送出去的100多人，不到两个月就回来了一半。通过挨家挨户发动流转的100多亩土地，本就不成方连片，加上回来的人纷纷要回土地，首次土地流转也以失败告终。我感到要想干成事，必须要得到群众信任和支持。2006年到2008年，我积极向上级争取政策，多方筹集资金，村里安装了自来水、路灯，修了水泥路，打了机井，挖了排水沟，村民渐渐开始信任我。2009年，搞现代设施农业的意念又一次次在我脑海里涌现，开始了第二次土地流转。即使村里补贴粮食、租金，村民心里依旧不踏实，无论怎么做工作，依旧有超过两成的村民不同意。土地不能连成片，无法规模种植，第二次土地流转又一次失败。

时间一天天过去，经验也在点点积累，实现建设现代设施农业的意念越来越强烈。2014年下半年，我又开始了第三次土地流转。我带领村民去成功的地区学习考察后，有5名村民参与入股，流转了400亩地，种植了圆葱和黄秋葵。可因技术管理跟不上，种地一年赔了18万元，5名股东纷纷撤股。第三次土地流转再次失败。

技术难题成为现阶段前进道路上的拦路虎。为了掌握技术，2015年，我到寿光拜师"蔬菜大王"王乐义，回村自掏腰包建起50多个设施大棚，组建农业合作社，村民加入合作社以土地入股年底分红，也可在合作社务工，迈出了设施农业建设和管理的关键一步。

强化党建引领　助推脱贫攻坚

通过选优配强支部班子，抓严抓实支部工作，提高基层党建质量，把基层支部的组织优势、组织资源转化为推动产业发展、脱贫致富的强大动力，让支部真正成为党员群众的"主心骨"和"火车头"。按照围绕发展抓党建、抓好党建促发展的总体思路，我多次组织召开村"两委"干部、党员、群众会议，坚持党建引领、支部带头、干群一心，助推脱贫攻坚。

为充分发挥甄庄村蔬菜种植优势，确定了党支部领办合作社、发展蔬菜大棚的思路，带领甄庄村通过流转土地的方式，成立了郓城县和平盛世谷物种植专业合作社，由我担任合作社理事长，组织村内党员致富能手、专业大户等7名"土专家""田秀才"率先带头，先后到淄博、潍坊等地学习蔬菜种植先进经验，建立了科学完善的合作社章程、分红办法，采取"党支部＋合作社＋基地＋农户"模式，农户以土地入股、村集体以资产入股，流转土地2000余亩，进行统一管理、统一种植、统一销售，实行集团化管理、订单式销售，打通了蔬菜销售渠道，示范带动周边村先后成立了12个党支部领办的合作社，并于2016年合并成立了集科研、开发、种植、销售于一体的山东绿禾农业综合开发有限公司，由我担任公司法人，陆续流转土地2000余亩，给村集体12%的股份，用于村里的发展建设。公司先后与省农科院蔬菜研究所、南京农业大学、华中农业大学建立长期合作关系，为公司发展奠定了良好基础。公司吸纳村里43%的人口入社，按股分红，累计吸纳社员530余名，聘请寿光、聊城等地的专业技术人员免费为社员指导，注重提高产品质量，社员年收入由5000元增加到2万余元，村集体增收50万元以上，带动109户贫困群众实现了脱贫，走出了一条集体增收、群众致富的双赢之路。

夯实产业基础促脱贫

我带领党支部一班人通过产业与扶贫相结合助力脱贫攻坚。一是通过土地流转支付租金，公司以高于市场价流转贫困户土地，定期支付租金，户均增收 2000 元；二是吸纳务工支付酬金，吸纳 170 余名有劳动能力的贫困户到产业园从事力所能及的工作，月工资 1500 元—4000 元不等，同时设置爱心扶贫岗，吸纳贫困户从事保洁、保卫等技术要求不高的工作；三是没有劳动能力的贫困户以土地入股到产业园，与没有劳动能力的贫困户签订保底帮扶协议，通过入股分红方式参与公司经营，除保底收益外同时享受企业利润分红，户均年增收 1.5 万元；40 户贫困户利用小额扶贫信贷入股合作社，年增收 1.5 元以上；对缺乏资金的贫困户，给予全额无息资金支持等多种路径。

目前公司下设农业综合开发、生物科技研发、食品、餐饮 6 个公司和 4 个合作社。农业综合开发公司总投资就达 2.2 亿元，有职工 240 余人，有 30 多人的研发队伍。建有年出栏万头的养猪场、年生产 3 万吨有机肥制造厂、年生产 6000 万棵的瓜果蔬菜育苗工厂、食用菌菌种生产流水线、酱菜腌制厂、休闲观光采摘园，年产各类优质蔬菜达 1000 万公斤。村民生产的蔬菜、粮食等通过绿色无公害有机产品认证，一方面通过网络销售有机农产品，增加了村民收入，赢得了市场占有率和用户好口碑；另一方面，由于我们的有机种植方式，蔬菜、育苗、养猪、食用菌、酱菜、有机肥等各种业态形成了一个生态系统，休闲观光采摘园的出现，吸引城市居民来参观，所以说，生态效益和经济效益齐头并进，这是一个良性循环的互动过程。

山东绿禾农业综合开发有限公司成立至今，已发展冬暖式高标准大棚 135 个、大拱棚 20 个、食用菌大棚 80 个、连栋育苗温室大棚 2 个、年出栏量 5000 头的生猪养殖场 2 处、库存量 500 吨的时蔬保鲜库 1 座、年产 40 万吨的微生物菌肥项目 1 个，种植露地秋葵 400 亩、洋葱 200

亩、休闲采摘园 200 亩。生产的蔬菜因无公害、质量好，深受消费者欢迎，年销售蔬菜 0.66 万吨，销售收入 2240 万元，利润 112 万元。通过 9 个无公害产品认证、14 个绿色产品认证，注册"自由地""仙姑情""自家院子"等 5 个商标。积极围绕专业淘宝村创建，建设甄庄村专业合作社网站，开展"农超对接""出口外销"，先后与银座超市、三信超市、大福源购物中心等周边十多个县区的 50 余家大型商超签订购销合同，基地蔬菜供不应求。开展育苗、技术推广、病虫害植保服务等农技服务，得到了群众认可。

2020 年 6 月，绿禾公司投资 1.1 亿元建成占地面积 1 万余平方米的智能化中央厨房，拥有 10 条熟食流水生产线、18 辆物流配送车、138 辆早餐车。中央厨房把村民生产的绿色蔬菜加工成各种配菜、套餐、营养餐，送到学校、医院、大型商场、机关、酒店及百姓餐桌。中央厨房每天可为 10 万人配送营养餐。每年总收益达 600 万元，为甄庄村集体经济增加收入 50 万元，为村民提供就业岗位 500 余个。为了不落下一户贫困户，绿禾公司让没有劳动能力的贫困户以土地入股，年底分红；有劳动能力的贫困户来公司务工，每月有 2500 元左右的工资。实现了一二三产业融合发展，拉长了农业产业链条，最终蹚出了"党支部＋合作社＋基地＋农户"的发展路径，带领全村走上了一条集育苗、种植、养殖、加工、销售于一体的产业融合发展之路。

我把对公司未来发展影响大、业务能力强的 12 名核心骨干纳入持股范围。让员工变股东，告别只拿工资的时代，使员工的生活更有保障，工作更有干劲。员工拥有股权后，就变成了股东，还可以获得股权分红。他们不仅关心自身的利益，也关注公司的利益，把员工个人利益和企业的长远利益结合起来了。

加强助学扶贫，斩断贫困代际传递

我高中毕业未能考上大学成为一生挥之不去的遗憾。"再苦不能苦孩子，再穷不能穷教育"，作为村支书我觉得自己有义务办好学校，让孩子们都受到良好的教育，为他们铺就一条通向未来的光明之路。十多年前，我就垫资建设了学校教学楼，绿化了校园，硬化了甬道，配齐了教学设施，使校容校貌焕然一新，这里的一草一木无不凝聚着我的辛劳和汗水。如何让村里的孩子飞出农门一直是萦绕在我心头的大事。何不成立一个爱心基金会，让贫困学生都能上得起大学？在我的倡导下，甄庄村贫困学生爱心基金会正式成立，村委会向全村发出号召，为贫困学子募捐。2004年，我们筹集了1.2万元，镇里听说后又送来5000元。那一年，4位困难学生成功进入大学。第一年，我捐了2000元，此后每年都捐款3000元以上，至今我已累计捐了十多万元。村委会累计募集资金20余万元，帮助18名困难学生圆了大学梦。

自2014年以来，为支持村里教育，每年的教师节来临之际，我自掏腰包，每年拿出5万元，设立中小学教学质量奖，奖励教学一线有突出贡献的老师。2020年受新冠疫情的影响，开学日期一再被推迟。5月25日是全县小学生开学的日子，一大早，我带领村委一班人来到学校，把厚厚的一万元现金交到刁爱林校长手里，甄魏小学全体师生深受感动。我在公司成立了专门的助学扶贫基金会，每年给予村里上不起学的家庭现金补助，一直扶持到大学毕业参加工作，累计帮扶20余名贫困学子圆了大学梦。

加强民生建设促脱贫

我自担任甄庄村党支部书记以来，始终坚持以民为本、富民为先，围绕全村群众最关心的衣、食、住、行等方面的问题，带领全村投资50万元高标准提升建设了2层14间、580平方的村级活动场所，配备了警务室、老年活动中心、人民调解室、党员活动室等。实行农民住宅排房化、街道庭院绿色化，村腹地绿化率达45%。从2016年至今甄庄村修建水泥路面16750平方，南北大街7条，东西大街4条。全村安装了自来水，安装上了路灯，晚上亮到 10 点。修了下水道，改造了厕所，建了 1000 多平方米的文化广场。全村安装监控摄像头 32 个，铺设污水排网 8000 米，极大改善了群众的出行难问题，群众满意度大幅提高。每年春节、中秋节村党支部拿出 10 万元看望慰问基地辐射村庄的孤寡老人。农业农村要发展，关键靠人才。采摘季节，我常看到有孩子在蔬菜大棚里玩不够，哭着闹着被大人拉走。要留住孩子们对农业的好奇，对土地的感情。我萌生了办农学课堂的想法，并积极付诸行动：引进葡萄、火龙果、百香果、四季梨等 20 多种 5000 多棵果苗，建起占地 4000 平方米的研学教室，和山东农业大学联合成立教学科研、实践育人基地，请全国优秀教师实地参观、研讨课程，把有经验、有能力的员工送出去参加专业培训；把大棚棚头绘上农业知识并用卡通形式表现出来。投资 1000 多万元，经过两年多的准备，再加上公司基地原有的资源，绿禾公司农学课堂形成了"种养循环一条链、自古至今一条线、现代农业一个面"的课程架构。2019 年 9 月，农学课堂开门迎客。科学的设计理念、生动的教学方式、贴近生活的内容，吸引了当地及周边的孩子。每到周末，农学课堂少则七八十人，多则二三百人。

2018 年全省抓党建促乡村振兴现场会现场观摩了甄庄村，经验做法先后被中央、省、市主流媒体宣传报道。我先后被授予中国好人、全省担当作为好书记、全省乡村振兴好书记、山东省扶贫工作先进个人、山东十佳三农人物、齐鲁乡村之星、第三届菏泽市乡村之星、第七届全市道德模范、菏泽市优秀共产党员等荣誉称号，并被山东省委记个人三等功一次。2021 年 2 月，我被党中央、国务院授予全国脱贫攻坚先进个人称号。2021 年 2 月 25 日，我有幸在北京人民大会堂参加全国脱贫攻坚表彰大会。2021 年 7 月 1 日，我荣幸地受邀参加了在北京天安门广场举行的庆祝中国共产党成立 100 周年大会，又一次聆听了习近平总书记的教导。甄庄村及合作社先后被评为全国一村一品示范村、山东省一村一品示范村镇、省级美丽乡村、省级绿化示范村、山东省 AAA 级示范社、山东省农民乡村振兴示范站、农民合作社 500 强、山东省农业产业化重点龙头企业、菏泽市第六届文明诚信企业。

　　如今全国脱贫攻坚战取得了全面胜利，下一步，在全面实施乡村振兴战略新征程上，进一步扩大高效特色农业产业发展规模，为持续巩固提升脱贫攻坚成果，实现乡村振兴打下坚实基础。

后　记

为总结脱贫攻坚的历史和实践经验，推进中国特色社会主义新时代口述史资料征集研究工作，2021年中央党史和文献研究院第七研究部组织全国各省区市党史和文献部门，对征集到的一些领导同志、亲历者的口述史料进行整理，选取反映党和国家脱贫攻坚重大决策在地方贯彻执行情况、本地区具有全国意义或地方特色的重大事件、帮扶对口支援地区合作中的重大事件等史料，编辑了脱贫攻坚口述史丛书。

本丛书在策划、选稿、编辑、出版过程中，得到地方党史和文献部门以及各位作者的大力支持。中央党史和文献研究院院长曲青山和副院长、中央编译局局长柴方国给予了精心指导，中央党史和文献研究院第七研究部刘荣刚、李树泉、徐鹏堂、谢文雄、宿凌、刘一丁、孙迪、张晓飞等同志承担了具体选编工作。中共党史出版社领导和编辑为本丛书的编辑、出版付出了辛勤劳动。中共山东省委党史研究院邱从强等同志承担了本书大量编务工作。在此表示衷心感谢。

由于编辑时间紧迫，编者水平有限，书中难免存在不当之处，欢迎广大读者提出宝贵意见。

编　者
2023年10月